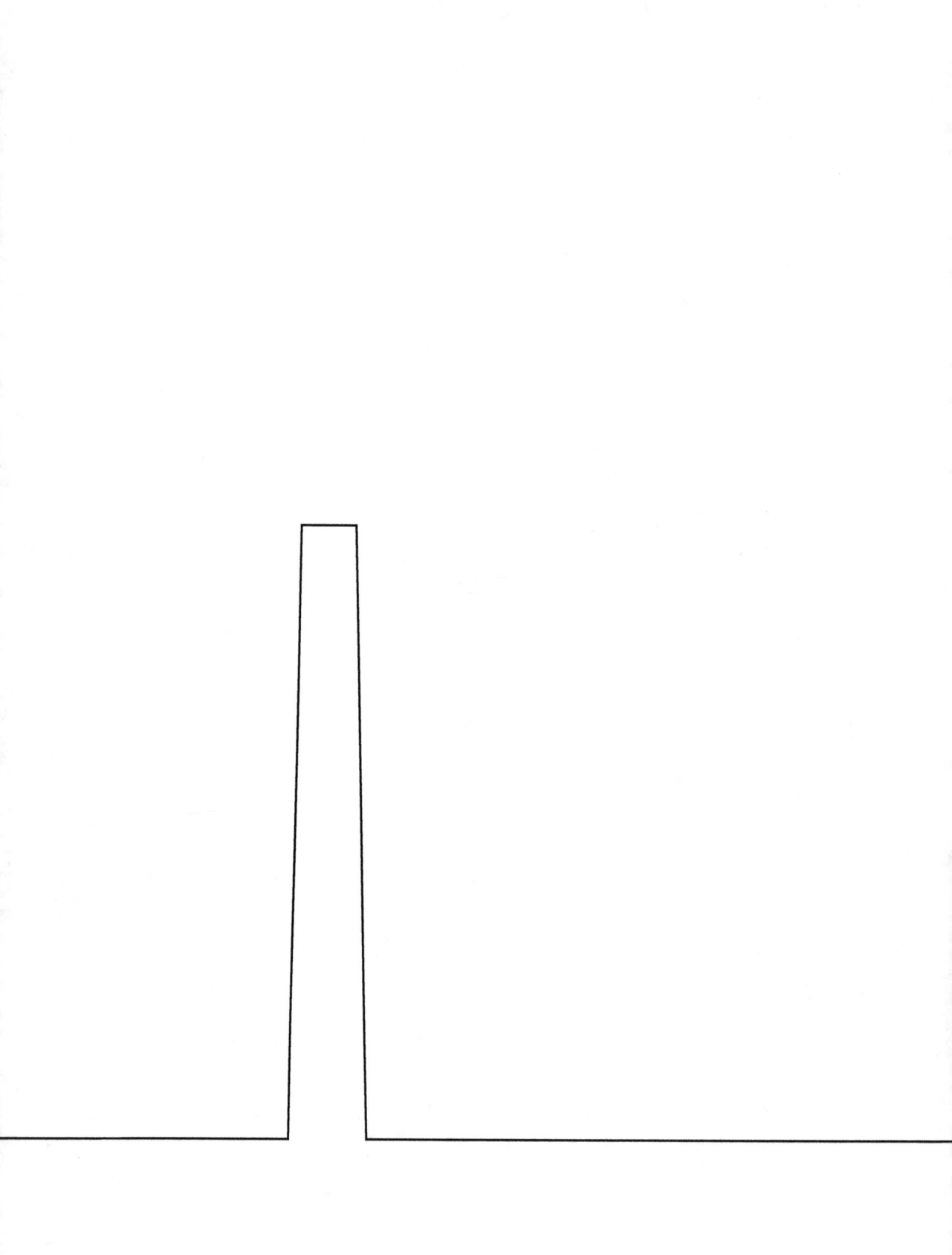

LAPIDARI
I

Edited by · Redaktuar nga
Vincent W.J. van Gerven Oei

Punctum Books

First published in 2015 by · Botuar për herë të parë në 2015 pranë
Punctum Books, Brooklyn, NY & The Department of Eagles · Departamentit të shqiponjave, Tiranë.

ISBN-13: 978-06-923504-6-1

Translations · Përkthime
Jonida Gashi (23–7; 81–8; 97–104; 115–24) & Vincent W.J. van Gerven Oei (29; 33–7; 45–7; 53–5; 125–8; 133–40)

Design by · Dizajn nga
Vincent W.J. van Gerven Oei

Cover image · Në kopertinë
Lapidar dedicated to the 1st Offensive Brigade, Pishkash · Lapidari kushtuar Brigadës së 1-rë Sulmuese, Pishkash [ALS–38]

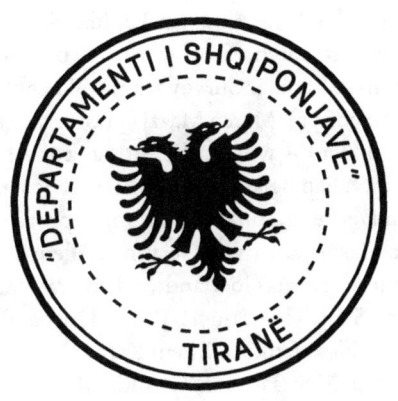

Many people have helped the Albanian Lapidar Survey, either through contributing to our research, field work, or by means of financial support. The Albanian Lapidar Survey team – Vincent W.J. van Gerven Oei (researcher and editor), Marco Mazzi (photographer), Xheni Alushi (assistant photographer) – would like to thank the following people: Barend Beekhuizen, Julian Bejko, Matthias Bickert, Joseph Bonk, Mariusz Czepczyński, Eda Derhemi, Jonathan Eaton, Ekphrasis Studios, Jeremy Fernando, Jonida Gashi, Wim van Gerven, Willem-Victor van Gerven Oei, Kosta Giakoumis, Iannis Goerlandt, Adam Staley Groves, Armando Guçe, Valter Gjoni, Sanja Horvatinčić, Pajtim Hoxha, Elvis Hoxhaj, Dan Hughes, Raino Isto, Nico Jenkins, Xheni Karaj, Vasilika Laci, Jérôme Le Page, Armando Lulaj, Melissa Luna, Grisilda Manjani, Giovanni Mazzi, Carrie Morgan, Oei Swan Ien, Theo Ploeg, Iris Pojani, Artan Puto, Seth Pyenson, Robert Renxa, Kailey Rocker, Gëzim Qëndro, Jonas Staal & Younes Bouadi (New World Summit), Katharina Stadler, Carlo Staldegger, Ardian Vehbiu, Maks Velo, Luis Vivaldi, Samuel Vriezen, Michelle Warren, Muharrem Xhafa, Anisa Zakolli, Katarina Živanović, as well as several anonymous donors.

We are also grateful for the support of the following Albanian institutions: Ministry of Culture, Central Albanian State Archive, Institute of Monuments, Central Albanian State Film Archive, Albanian Telegraphic Agency.

Shumë njerëz e kanë ndihmuar Hulumtimin mbi Lapidarët e Shqipërisë, duke kontribuar në kërkim, punë në terren, ose nëpërmjet ndihmës financiare. Ekipi i Hulumtimit mbi Lapidarët e Shqipërisë – Vincent W.J. van Gerven Oei (kërkues dhe redaktor), Marco Mazzi (fotograf), Xheni Alushi (asistent fotografe) – duan të falendërojnë të mëposhmit: Barend Beekhuizen, Julian Bejko, Matthias Bickert, Joseph Bonk, Mariusz Czepczyński, Eda Derhemi, Jonathan Eaton, Ekphrasis Studios, Jeremy Fernando, Jonida Gashi, Wim van Gerven, Willem-Victor van Gerven Oei, Kosta Giakoumis, Iannis Goerlandt, Adam Staley Groves, Armando Guçe, Valter Gjoni, Sanja Horvatinčić, Pajtim Hoxha, Elvis Hoxhaj, Dan Hughes, Raino Isto, Nico Jenkins, Xheni Karaj, Vasilika Laci, Jérôme Le Page, Armando Lulaj, Melissa Luna, Grisilda Manjani, Giovanni Mazzi, Carrie Morgan, Oei Swan Ien, Theo Ploeg, Iris Pojani, Artan Puto, Seth Pyenson, Robert Renxa, Kailey Rocker, Gëzim Qëndro, Jonas Staal & Younes Bouadi (New World Summit), Katharina Stadler, Carlo Staldegger, Ardian Vehbiu, Maks Velo, Luis Vivaldi, Samuel Vriezen, Michelle Warren, Muharrem Xhafa, Anisa Zakolli, Katarina Živanović, ashtu si disa dhurues anonim.

Gjithashtu jemi mirënjohës për mbështetjen nga institucionet shqiptare të mëposhtme: Ministria e Kulturës, Arkivi Qendror i Shtetit, Instituti i Monumenteve, Arkivi Qendror Shetëror i Filmit, Agjencia Telegrafike Shqiptare.

CONTENTS · PËRMBAJTJA

I

II

IMAGES, PART I · PAMJE, PJESA E I-RË
N42°27′23″ E19°56′19″ until · deri në N40°42′41″ E19°56′48″

III

IMAGES, PART II · PAMJE, PJESA E II-TË
N40°42′38″ E19°56′18″ until · deri në N39°39′24″ E20°10′22″

Marco Mazzi
Note – 332
Shënim – 333

TEXTS · TEKSTE

Rendre une période illisible, c'est autre chose,
c'est beaucoup plus que de simplement la condamner.

– Alain Badiou, "Le courage du présent"

Introduction

Vincent W.J. van Gerven Oei

To a large extent, the period between 1945–1990 in Albanian history, and the type of monumentality created during this period, is still unreadable to us today. This unreadability is partially the result of a politicization of the monumental heritage from this period, if not its entire historiography, as evidenced by the many conflicting descriptive adjectives launched like missiles into the past: "socialist," "communist," "dictatorial," "scientific-stalinist," "terrorist," "totalitarian," and so on. This situation, however, has led to a climate of insistent negligence, if not outright condemnation and destruction, as well as various gaps in the scholarly tradition attending to the various sorts of monumentality in the Albanian cultural landscape. The most recent overview of Albanian monumentality was published in 1973, entitled *Përmendore të heroizmit shqiptar* (*Memorials of Albanian Heroism*).[1] This album was published as a part of the campaign of what then Secretary of the Central Committe of the Albanian Labor Party Ramiz Alia called "monumental propaganda," being an integral element of the Cultural and Ideological Revolution. As a project, the Albanian Lapidar Survey (ALS), conducted by the Department of Eagles in 2014, aimed to give a first, and general, overview of Albanian monumentality from the period 1945–1990.

As the title of this publication already suggests, ALS focused mainly on documenting a monumental form that in Albanian is called *lapidar,* although, as will be discussed below, we have also documented other forms. We have decided to leave this word untranslated, as it forms a category of monumentality that is as difficult to translate as it is to define. There are several issues we have had to deal with during our field work that touch upon the practical problems of defining lapidars as a closed and coherent category.

First, on a formal level. Within Albanian monumental propaganda there appears to have been a hierarchy of monuments, starting with commemorative plaques and busts, then sculptures and lapidars, and finally sculptural complexes and martyrs' cemeteries. The precise definitions and criteria for these different types of monuments are not entirely clear, and the archival documents often enumerate a subset of them, followed now and then by an indefinite "etc." Objects are also sometimes classified differently in different documents. That this situation is not particular to the textual tradition of the socialist period may be observed in the texts collected in this catalogue. Moreover, there are many hybrid monumental forms, in which busts or sculptural groups are combined with a lapidar element, lapidars or sculptural complexes in martyrs' cemeteries, and bas-reliefs mounted onto or next to lapidars. The group of monuments documented during the fifty days of fieldwork in June and July 2014 generally consists of the larger monuments, that is, anything from the size of a lapidar and up; it was simply impossible to locate and photograph all busts and plaques as well within that limited timeframe.

Second, on the level of content. By and large, the lapidars and other documented monuments commemorate fallen partisans, specific battles, military units, or the achievements of socialist statecraft. Moreover, there are a few lapidars commemorating the battles of Skënderbeg and several other events that precede the National Anti-Fascist Liberation War.[2] We have chosen not to include any non-lapidar monument that commemorates an event preceding the National Anti-Fascist Liberation War, which therefore means that the Skënderbeg statues in Tiranë and Krujë are not documented. However, the survey did include the Monument for the Independence in Vlorë [ALS–460], as it in fact appears to effectively incorporate the form of a lapidar. This principle, as well as others that constrained the object of our investigation, sometimes emerged *ad hoc* "in the field," and without the possibility of revisiting certain sites, may be considered subjective, and to some extent, it is. In general, the more remote and difficult to reach the monumental site was, the more we felt impelled to document it, even if not precisely fitting our preconceived categories, simply because no one knew who would visit next.

Third, on the temporal level. The majority of lapidars and other monuments were planned, built, restored, or

---

1 Kujtim Buza, Kleanth Dedi, Dhimitraq Trebicka (eds.), *Përmendore të heroizmit shqiptar* (Tiranë: Tipografi ushtarak "Ndërmarrje e Kulturës së lartë", 1973). See also Valter Gjoni, *Gjurmime historike në parkun e madh të Tiranës* (Tiranë: West Point, 2012); Bardhyl Ylli, *Simbole të heroizmit në Skrapar* (Tiranë: Shtëpia botuese "8 Nëntori", 1988).

2 The qualification "Anti-Fascist" is not consistently present on all forms of socialist monumentality.

updated during the Cultural and Ideological Revolution. There are very few left that with certainty predate this period, and these have been included whenever we have been able to locate them. Notable examples are a lapidar on Qafë e Gjarpërit [ALS–237], a lapidar for the First Brigade near Vithkuq [ALS–148], a lapidar in Rehovë [ALS–275], and the curious constellation of wo lapidars in Mashkullorë [ALS–378]. Although we have chosen to exclude those lapidars newly constructed after 1990 that do not clearly sustain the formal characteristics of earlier monumental forms, lapidars that have been restored, updated, or moved after their pre-1990 construction have been included, in spite of the fact that this has often led to loss of their original form or at least a rewriting of their inscription to suit the new post-socialist reality, for example by euphemistically referring to the martyrs of the National Anti-Fascist Liberation War as "martyrs fallen after 1939" [ALS–529]. Most lapidars therefore do not show a simple reference to a single historical event from the perspective of the communist regime, but incorporate the traces of post-socialist developments in political discourse. There are also a few monuments, such as Odhise Paskali's *Luftëtar Kombëtar* (*National Warrior*) [ALS–123], that predate the National Anti-Fascist Liberation War.

All in all, this means that *Lapidari* offers a representative overview of the large majority of Albanian monumentality produced between 1945 and 1990. It does in no way aspire, nor could it have aspired, to be complete and all-inclusive; the extant archives are incomplete, lapidars and other monuments are not protected by the Albanian legal code, and many have been damaged, covered in (political) graffiti, destroyed, or moved. To trace the production and the different transformations of each of the objects that are gathered in these three volumes have undergone remains a task for future researchers, as well as the investigation into the collective memories that these objects have shaped. All too often, our field work felt like a drive-by shooting, recording the monument and its location, before darting off to the next one, onward across the seriously neglected Albanian secondary and tertiary road system.

Of the 659 locations surveyed, 651 have been indexed and 649 included with images in volumes 2 and 3.[3] The

following data were gathered for each location using a Garmin eTrex 20 GPS tracker: latitude, longitude, and elevation, as well as accessibility, type of location, type of monument, material, general condition, visible repaintings and restorations, graffiti, destruction, and whether the monument had been repurposed. All locations were also documented photographically using a Canon 5D camera with tilt/shift lens. Moreover, the entire documentation process itself was captured on photo and video.[4] Of the 651 documented sites, 96% contained a lapidar, 11% a bas-relief in concrete or bronze, and 6% of them contained specifically marked graves (including martyrs' cemeteries). Busts, statues, sculptural groups, mosaics, and plaques all comprise less than 5% of the documented sites. Of all monuments, a majority of 79% is constructed using concrete, whereas 33% also utilizes carved stone or marble plaques. Bronze elements are visibly used in 8% of the cases, although it seems that many of the original bronze elements were removed after 1990 to be sold as scrap and/or smelted. This is for example the case with bronze bas-reliefs of the lapidar dedicated the Artillery Forces in Sauk [ALS–13], and the lapidar dedicated to the Land Reform in Gorrë [ALS–324]. The same holds for bronze lettering, which is very often removed. Less than 1% of the monuments uses non-bronze metals.

In their governmental report "Disa probleme dhe masa për të ngritur me kritire më të drejta monumentet, përmendorët, bustet, lapidarët dhe pllakat përkujtimore" ("Several problems and measures to erect monuments, memorials, busts, lapidars, and commemorative plaques with the most correct critera") from 1970[5] and subsequent article in *Drita*, entitled "Dignified Symbols for Historic Events,"[6] Kujtim Buza and Kleanth Dedi remark that lapidars were showing a tendency to approach city centers and roads, instead of being erected on the locations pertaining to the events they commemorate. This observation seems to be confirmed by our findings. From the 651 documented sites, 55% was found inside or close to an agglomoration (village or city), 40% alongside roads, and only 5% in remote locations. Of these sites, 85% was easily accessible, whereas at least 11% required off-road vehicles, and an additional 4% extensive hikes due to the absence of any road whatsoever.

3   Two additional lapidars were located and documented, but not photographed, during the production of this book. Eight monuments that turned out to be post-1990 have not been included. Additionaly, due to weather, road, or time conditions, the following suspected or confirmed locations could not be documented: Ballenjë (Bulqizë); Bashaj (Vlorë); Bënjë (Përmet); Çemericë (Korçë); Çikallesh (Kavajë); Fratar (Përmet); Godolesh (Elbasan); Kaçinar (Mirditë); Kuturman (Librazhd); Lavdar (Korçë); Laku i Dardhës (Kukës); Luaras (Kolonjë); Lis-Patros

(Kavajë); Orenjë (Librazhd); Panarit (Korçë); Protopapë (Korçë); Qafë e Martës (Skrapar); Steblevë (Librazhd); Surroj (Kukës); Shalë (Shkodër); Vërmik (Vlorë); Zikxhafaj (Kavajë). This list is by no means exhaustive.

4   See the documentation gathered on http://albanianlapidarsurvey.tumblr.com and http://vimeo.com/channels/albanianlapidarsurvey (Accessed December 15, 2014).

5   AQSH, f. 511 v. 1970 d. 86, pp. 2–22.

6   Kujtim Buza and Kleanth Dedi, *this volume*, pp. 45–8.

As regards the general condition of the monuments surveyed, about 27% seems to be in good to excellent condition, meaning that either their original form has been retained, or that they have been repainted or restored in a manner that is relatively respectful to the suspected original state of the monument. Nevertheless, in almost all cases, more invasive restoration attempts seem to have avoided conventional practices, often leading to what can only be judged to be the destruction of the monument, such as in the case of Thoma Thomai's restructured Skënderbeg Lapidar in Krujë [ALS–594] and the disastrous restoration attempt of the monument for the First Offensive Brigade in Pishkash [ALS–38], undertaken after it was documented during the Albanian Lapidar Survey. There are, however, exceptions, such as the lapidar in Topojan [ALS–566], which appears to have been restored in a way fathful to its original form and color scheme. Another 33% of the sites are in moderate to good condition, sometimes overpainted or with new, post-1990 plaques (41% of all monuments), or with visible graffiti (19% of all monuments). Most politically oriented graffiti is for the PD (Democratic Party, 3%) and LSI (Socialist Integration League, 1%). PS graffiti is nearly absent (Socialist Party, <1%). Of all monuments, 38% shows signs of destruction, such as the removal of bronze elements, the (partial) destruction of plaques, gunshot holes, complete destruction of parts of the monument, etc. Additionally nearly all lapidars have had their stars removed,[7] and 12% has been nearly or completely destroyed. About 1% of all monuments has been incorporated into recent structures, as parts of buildings or walls. Notable examples are the lapidar for Mine Peza in Tiranë [ALS–6] and a lapidar integrated into a house in Bardhoc [ALS–563].

According to the list of monuments appended to the abovementioned report of Buza and Dedi,[8] the entirety of Albania contained 513 lapidars, whereas the Albanian Lapidar Survey has recorded 509 locations that feature only a lapidar, i.e., not in conjuction with a buste, sculpture, sculptural group, or cemetery. The following table shows all lapidars in 1970 and 2014, split out according to region.

REGION	1970	2014
Tropojë	15	19
Berat	55	22
Kuçovë		8
Dibër	50	31
Bulqizë		4
Durrës	14	3
Kavajë		8
Elbasan	14	17
Peqin		14
Ersekë	9	17
Fier	18	22
Mallakastër		17
Gjirokastër	38	28
Gramsh	10	9
Korçë	22	72
Devoll		27
Krujë	23	12
Kurbin		2
Kukës	4	17
Has		3
Librazhd	40	11
Lezhë	4	5
Lushnjë	13	22
Mirditë	21	6
Mat	7	10
Përmet	25	23
Pogradec	26	20
Pukë	7	9
Shkodër	10	20
Malësi e Madhe		6
Sarandë	9	15
Delvinë		5
Tepelenë	21	32
Vlorë	18	47
Skrapar	10	20
Tiranë	24	24

The difference in numbers is to be accounted for both by the construction of new lapidars between 1970 and 1990, and the continuous destruction and physical degradation of lapidars after 1990. For example, although the number of lapidars in the Tiranë region appears to be the same in 1970 and 2014, the lapidar of Misto Mame, which was inaugurated on August 16, 1969, has been destroyed to make way for a private parking space. Therefore the current number of monuments supposedly includes at least one erected after 1970. Due to lack reliable data between 1970 and 2014, it is impossible to arrive at any more detailed conclusions based on these numbers alone. One of our working hypotheses was that the lapidars and monuments in the north were in a worse state than the ones in the south of Albania, considering that the power base of the Communist Party, later the Labor Party of Albania was mainly in the Tosk speaking area of the country. This hypothesis seems to be confirmed by

---

7   Due to its common occurrence, removal of the star has not been marked as destruction.

8   AQSH, f. 511 v. 1970 d. 86, pp. 23–35.

our data: regions in which more than 60% of the lapidars is in a state between moderate and destroyed are all to be found in the northern half of Albania: Kurbin (100%), Mat (80%), Tropojë (70%), Kukës (65%), and Dibër (61%).

The first volume of this catalogue brings together a number of materials and reflections related to the Albanian monumental heritage from the period 1945–1990. It includes two texts selected from the National Archive, a newspaper article by Kujtim Buza and Kleanth Dedi from 1971, and a contribution by the current Secretary of the Labor Party of Albania, Muharrem Xhafa, which provide a historical context for monumental production during the socialist regime. The contributions of art theorist Gëzim Qëndro, art historian Raino Isto, and historians Kostandinos Giakoumis and Chris Lockwood address specific monuments, respectively the Martyrs' Cemetery in Përmet with the sculptural group *Shokët* (*The Comrades*) by Odhise Paskali [ALS–244], the National Martyrs' Cemetery in Tiranë [ALS–12], and the lapidar dedicated to the First Offensive Brigade in Pishkash [ALS–38]. Finally, the texts by geographer Matthias Bickert, sociologist Julian Bejko, and semiotician Ardian Vehbiu attempt to place the monuments in a larger field of research on cultural landscapes, cultural production, and language acts. Beside this documentary and critical background, the first volume also includes a full overview of all monuments documented in the second and third volumes as well as a full index of names, places, dates, and military units, and party structures based on the indexation model of *Historia e Luftës Antifashiste Nacionalçlirimtare të popullit shqiptar* (*History of the National Anti-Fascist Liberation War of the Albanian People*).[9]

The index of names includes all names present in inscriptions, including fallen partisans, war victims, patriotic figures, military leaders, and in a few cases private sponsors of the monuments. Often, partisan names occur on more than one inscription, being featured on for example the lapidar in their home village, the lapidar dedicated to their military unit, and the lapidar dedicated to the battle in which they were killed. For example, partisan Astrit Toto was from the Palorto neighborhood in Gjirokastër [ALS–392], served in the Battalion "Asim Zeneli" [ALS–379], and was killed near Manastir on October 2, 1943 [ALS–416].[10] I have tried to reduce the number of redundancies and duplicates, although only

a full cross-check with the extant archives will allow for a completely clean indexation.[11] Many names seem to have varying spellings on different inscriptions, and often it has been impossible to verify whether similar names refer to identical or different persons, owing to a lack of secondary sources. This problem is compounded by the fact that the difference between *c* and *ç* is not consistently made even on the same inscription, and the trema on *ë* is nearly always missing. I have corrected this in all inscriptions as far as I was able to reasonably verify. I have been able to distinguish about 4200 distinct names, although this number most certainly includes orthographical variants of the same name. Also it should be noted that this list does not include all partisans interred on martyrs' cemeteries, as the names in the index have only been gathered from inscriptions on plaques, and not from individual graves. Nevertheless, it gives us an indication of the order of magnitude of the number of partisans that died during National Liberation War.

The index of places includes all place names mentioned in inscriptions, including places of birth and death, battle grounds, provenance of military units, and lapidar locations.[12] The index of dates includes all dates on inscriptions, including dates of birth and death, the founding dates of military units and party structures, and dates referring to battles.[13] Finally, the index of military units and party structures refers to all organizational structures mentioned in inscriptions pertaining to the National Liberation War and the organization of the People's Republic of Albania thereafter. It should be evident that, taking into account the incompleteness or illegibility of many of the inscriptions, as well as the fact that not all extant inscriptions in Albania (including all commemorative plaques) were documented, this index may only serve as a starting point for further research.

The second and third volumes of the catalogue contain the photo documentation of all 651 locations, organized by GPS coordinates, from Dragobi in the north until Konispol in the south, with the halfway line running through Berat. We have explicitly chosen to accord each monument the same space, two images on a single page. Nearly all these monuments commemorate lost lives, lives lost for survival, adventure, an ideal, or simply a desire for the new. These lives, and the many others that were never commemorated in stone, deserve our insistent attention and care. Therefore, at the close of the 70th anniversary of Albania's liberation, I hope that

---

9 Instituti i Studimeve Marksiste–Leniniste pranë KQ të PPsh, *Historia e Luftës Nacionalçlirimtare të popullit shqiptar*, 4 vols. (Tiranë: Shtëpia Botuese "8 Nëntori," 1984–9).

10 Cf. Komiteti Kombëtar i Veteranëve të Luftës të Popullit Shqiptar në bashkëpunim me Komitetet e Veteranëve të Rretheve (ed.), *Yje të pashuar: Dëshmorë të Luftës Nacionalçlirimtare*, vol. 4 (Tiranë: Shtëpia Botuese "8 Nëntori," n.d.), pp. 60–4.

11 Each name has been checked against all volumes containing biographical data of partisan martyrs that I could access. See for a full bibliography the Index of Names.

12 The orthography of place names in the index was standardized whenever possible.

13 Initial and final dates have been indexed separately.

this catalogue will contribute to a broader debate on the past, present, and perhaps even future meaning Albanian monumentality from the socialist period within Albania itself as well as within the international scholarly community at large.

– Tiranë & Singapore, 2014.

Parathënie

Vincent W.J. van Gerven Oei

Në historinë e Shqipërisë, periudha midis viteve 1945–1990 dhe llojet e monumentalizmit që u prodhuan, janë më së shumti të palexueshme për ne sot. Shkak për këtë palexueshmëri, të paktën pjesërisht, është politizimi i trashëgimisë monumentale, në mos i gjithë historiografisë së kësaj periudhe, siç evidentohet ndër të tjera nga cilësimet e tipit: "socialiste", "komuniste", "diktatoriale", "shkencore-staliniste", "terroriste", "totalitare" e kështu me rradhë, që lëshohen si predha mbi të kaluarën. Për pasojë, është krijuar një klimë mospërfilljeje kronike, në mos ndëshkimi e shkatërrimi të mirëfilltë, dhe janë hapur boshllëqe të ndryshme në traditën shkollare që merret me format e ndryshme të monumentalizmit në peizazhin kulturor shqiptar. Botimi i fundit kushtuar monumentalizmit shqiptar në tërësi, i titulluar *Përmendore të heroizmit shqiptar*, daton në 1973.[1] Ky album qe pjesë e fushatës që Sekretari i atëhershëm i Komitetit Qendror të Partisë së Punës së Shqipërisë, Ramiz Alia, quajti "propaganda monumentale", që konsiderohej një pjesë e rëndësishme e Revolucionit Ideologjik e Kulturor. Projekti "Hulumtim mbi Lapidarët e Shqipërisë" ("Albanian Lapidar Survey", shkurt ALS) i Departamentit të Shqiponjave zhvilluar në 2014, ka për qëllim të ofrojë një pasqyrë fillestare e të përgjithshme të monumentalizmit shqiptar të periudhës 1945–1990.

Siç evidentohet edhe nga titulli i këtij katalogu, qëllimi kryesor i këtij projekti qe dokumentimi i një forme monumentale që në shqip quhet *lapidar*, ndonëse siç do të shohim më poshtë u dokumentuan edhe forma të tjera. Kemi vendosur të mos e përkthejmë këtë fjalë në anglisht, pasi ajo i referohet një kategorie monumentalizmi që është po aq e vështirë për t'u përkthyer sa edhe për t'u përkufizuar. Dhe në të vërtetë, edhe gjatë punës në terren kemi hasur probleme të ndryshme që lidhen me vështirësitë praktike sa i përket përkufizimit të lapidarëve si një kategori e mbyllur dhe koherente.

Pikë së pari, në rrafshin formal. Duket se në propagandën monumentale të Shqipërisë, ka patur një hierarki monumentesh, duke filluar me pllakat dhe bustet, ër të vijuar me skulpturat dhe lapidarët, e më pas komplekset skulpturore dhe varrezat e dëshmorëve. Përkufizimet dhe kriteret që përmbushin apo duhet të përmbushin monumente të llojeve të ndryshme nuk janë plotësisht të qarta, dhe në materialet arkivore shpesh herë hasim edhe nënbashkësi të tyre, që pasohen herë pas here nga një "etj." e papërcaktuar. Gjithashtu, në disa raste, i njëjti objekt klasifikohet tjetërsoj në dokumenta të ndryshme. Kjo nuk përbën në vetvete një traditë të periudhës socialiste, siç evidentohet edhe nga tekstet në këtë katalog. Për më tepër, ekzistojnë shumë forma monumentale hibride, ku bustet apo komplekstet skulpturore kombinohen me një element lapidari, dhe lapidarët ose komplekset skulpturore në varrezat e dëshmorëve dhe bazorelietet fiskohen mbi apo ngjitur me lapidarë. Gjatë pesëdhjetë ditëve të punës në terren në qershor dhe ko-rrik 2014, jemi përqëndruar tek monumentet e mëdha, që do të thotë gjithçka me përmasat e një lapidari e sipër; e patëm thjesht të pamundur të identifikojmë e të fotografojmë të gjitha bustet e pllakat brenda kohës së limituar që kishim në dispozicion.

Së dyti, në rrafshin e përmbajtjes. Në pjesën dërrmuese të rasteve, lapidarët dhe monumentet e tjera përkujtojnë partizanë të rënë, beteja të caktuara, njësi ushtarake, ose arritjet e ndërtimit të socializmit. Megjithatë, ka edhe disa lapidarë që përkujtojnë betejat e Skënderbeut si dhe ngjarje të tjera që paraprijnë Luftën Antifashiste Nacionalçlirimtare. Kemi vendosur të mos përfshijmë asnjë monument që nuk mund të cilësohet si një lapidar dhe që i referohet një ngjarjeje që i paraprin Luftës Antifashiste Nactionalçlirimtare,[2] si për shembull statujat e Skënderbeut në Tiranë dhe në Krujë. Nga ana tjetër, kemi vendosur të përfshijmë Monumentin e Pavarësisë në Vlorë [ALS–460], pasi duket se përfshin formën e një lapidari. Ky kriter, si dhe kritere të tjera që ngushtuan objektin e hulumtimit tonë, në disa raste lindën në mënyrë spontane gjatë punës në terren, dhe në pamundësi për t'iu rikthyer vendngjarjeve të caktuara, mund të konsiderohen subjektive, dhe deri në një farë pike janë të tilla. Në përgjithësi ama, sa më i largët e i vështirë për t'u arritur monumenti, aq më të nxitur e ndjemë veten për ta dokumentuar atë, edhe kur nuk

---

1   Kujtim Buza, Kleanth Dedi, Dhimitraq Trebicka (red.), *Përmendore të heroizmit shqiptar* (Tiranë: Tipografi ushtarak "Ndërmarrje e Kulturës së lartë", 1973). Publikimet e tjera që u konsultuan përfshijnë: Valter Gjoni, *Gjurmime historike në parkun e madh të Tiranës* (Tiranë: West Point, 2012); Bardhyl Ylli, *Simbole të heroizmit në Skrapar* (Tiranë: Shtëpia botuese "8 Nëntori", 1988).

2   Jo çdo formë monumentalizmi e periudhës socialiste mund të cilësohet si "antifashiste".

përshtatej plotësisht me kategoritë tona të paramenduara, vetëm për faktin se nuk dihej se kur dhe kush do të mund ta vizitonte sërish.

Së treti, në rrafshin kohor. Shumica e lapidarëve dhe monumenteve të tjera u planifikuan, ndërtuan, restauruan ose rinovuan gjatë Revolucionit Ideologjik dhe Kulturor. Shumë pak monumente kanë mbetur për të cilat mund të themi me siguri se i paraprijnë kësaj periudhe, dhe këto janë përfshirë sa herë që kemi arritur t'i gjejmë. Disa shembuj të spikatur janë lapidari në Qafën e Gjarprit [ALS–237], një lapidar kushtuar Brigadës së Parë afër Vithkuqit [ALS–148], një lapidar në Rehovë [ALS–275], dhe një grup i çuditshëm lapidarësh në Mashkullorë [ALS–378]. Ndonëse kemi vendosur të mos përfshijmë lapidarët që janë ndërtuar pas vitit 1990 që nuk kanë karakteristikat formale të formave monumentale të mëhershme, kemi përfshirë lapidarët e ndërtuar para vitit 1990 që janë restauruar, rinovuar ose zhvendosur pas ndryshimit të regjimit, pavarësisht se gjatë procesit ata kanë humbur shpesh herë formën e tyre origjinale ose u janë ndryshuar mbishkrimet në përputhje me realitetin e ri post-socialist, si për shembull në rastin e dëshmorëve të Luftës Antifashiste Nacionalçlirimtare që cilësohen si "dëshmorë të rënë pas vitit 1939" [ALS–529]. Kështu pra, shumica e lapidarëve nuk i referohen vetëm një ngjarjeje historike nga pikëpamja e regjimit komunist, por përfshijnë edhe gjurmët e zhvillimeve post-socialiste në ligjëratën politike. Shumë pak monumente, si për shembull *Luftëtar Kombëtar* i Odhise Paskalit [ALS–123], i paraprijnë Luftës Antifashiste Nacionalçlirimtare.

Në tërësi, kjo nënkupton se lapidarët janë një formë përfaqësuese e monumentalizmit shqiptar prodhuar gjatë viteve 1945–1990. E megjithatë, ky projekt nuk pretendon, dhe nuk do të mund të pretendonte, se është tërësor dhe gjithëpërfshirës; arkivat ekzistuese nuk janë të plota, lapidarët dhe monumentet e tjera nuk mbrohen nga kodi ligjor shqiptar,[3] dhe shumë prej tyre janë dëmtuar, mbuluar me grafiti (me mesazhe politike), shkatërruar, ose zhvendosur. Ndjekja e gjurmëve të objekteve të përfshira në këto tri vëllime, duke filluar nga prodhimi i tyre e duke përfshirë çdo transformim që i janë nënshtruar, si dhe një studim i kujtimeve kolektive që këto objekte kanë formësuar, mbeten për t'u kryer nga studiues të tjerë në të ardhmen. Shumë shpesh gjatë punës tonë në terren, jemi detyruar të fotografojmë një monument e të përcaktojmë vendndodhjen e tij me shpejtësi para së të niseshim drejt monumentit ngjitur me të, përgjatë rrugëve dytësore e tretësore të braktisura të Shqipërisë.

Nga 659 vendndodhjet që kemi inspektuar, 651 janë

indeksuar dhe 649 janë përfshirë në imazhet në vëllimin e dytë dhe të tretë.[4] Në çdo rast, të dhënat e mëposhtme u mblodhën duke përdorur një Garmin eTrex 20 GPS Tracker: gjerësi, gjatësi, lartësi mbi nivelin e detit, si dhe aksesibiliteti, lloji i vendndodhjes, lloji i monumentit, përbërja, kushtet e përgjithshme në të cilat ndodhet, restaurime dhe lyerje të dallueshme me sy të lirë, grafiti, shkatërrim, dhe nëse monumenti ishte përdorur për qëllime të tjera. Gjithashtu, të gjitha vendndodhjet u fotografuan me një kamera Canon 5D, me lente *tilt/shift*. Për më tepër, i gjithë procesi i dokumentimit u dokumentua me fotografi dhe video.[5] 96% e 651 vendndodhjeve të dokumentuara kishin një lapidar, 11% një bazorelief në çimento ose bronx, dhe 6% varre të shënuara posaçërisht (përfshirë varrezat e dëshmorëve). Bustet, statujat, grupet e statujave, mozaikët dhe pllakat përbëjnë së bashku më pak se 5% të vendndodhjeve të dokumentuara. Rreth 79% e të gjithë monumenteve janë në çimento, kurse në 33% të rasteve janë përdorur gur i gdhendur dhe pllaka mermeri. Elemente në bronx janë përdorur dukshëm në 8% të rasteve, ndonëse duket se shumë prej elementeve origjinale në bronx janë vjedhur pas vitit 1990 për skrap dhe/ose janë shkrirë. Një rast konkret është ai i bazoreliefeve në bronx të lapidarit kushtuar Forcave të Artilerisë në Sauk [ALS–13], dhe të lapidarit kushtuar Dorëzimit të Tapive në Gorrë [ALS–324]. E njëjta gjë vlen edhe për mbishkrimet në bronx. Vetëm në më pak se 1% të rasteve janë përdorur metale të tjera.

Në raportin e tyre qeveritar "Disa probleme dhe masa për të ngritur me kritire më të drejta monumentet, përmendorët, bustet, lapidarët dhe pllakat përkujtimore" të 1970[6], dhe artikullit vijues publikuar në gazetën *Drita* "Simbole dinjitoze ngjarjeve historike"[7], Kujtim Buza dhe Kleanth Dedi theksojnë se lapidarët në vend që të ngriheshin në vendet ku kishin ndodhur ngjarjet që shënonin po tregonin tendencën për t'iu afruar rrugëve dhe qendrave të qyteteve. Ky vrojtim mbështetet edhe

---

4   Kemi identifikuar dhe dokumentuar edhe dy lapidarë të tjerë gjatë prodhimit të këtij libri, por që nuk kemi arritur t'i fotografojmë dhe kësisoj nuk janë përfshirë në këtë katalog. Tetë monumente të ndërtuara pas vitit 1990 nuk janë përfshirë. Gjithashtu, për arsye që kanë të bëjnë me kushtet atmosferike, të aksesibilitetit dhe të kohës së limituar në dispozicion, vendndodhjet e mëposhtme nuk janë dokumentuar: Ballenjë (Bulqizë); Bashaj (Vlorë); Bënjë (Përmet); Çemericë (Korçë); Çikallesh (Kavajë); Fratar (Përmet); Godolesh (Elbasan); Kaçinar (Mirditë); Kuturman (Librazhd); Lavdar (Korçë); Laku i Dardhës (Kukës); Luaras (Kolonjë); Lis-Patros (Kavajë); Orenjë (Librazhd); Panarit (Korçë); Protopapë (Korçë); Qafë e Martës (Skrapar); Steblevë (Librazhd); Surroj (Kukës); Shalë (Shkodër); Vërmik (Vlorë); Zikxhafaj (Kavajë). Kjo listë nuk është përfundimtare.

5   Shih http://albanianlapidarsurvey.tumblr.com dhe http://vimeo.com/channels/albanianlapidarsurvey.

6   AQSH, f. 511 v. 1970 d. 86, f. 2–22.

7   Kujtim Buza and Kleanth Dedi, *ky vëllim*, f. 49–51.

3

nga të dhënat që ne kemi mbledhur. Nga 651 monumentet e dokumentuara, 55% ndodhen brenda ose pranë një fshati ose qyteti, 40% përgjatë rrugëve, dhe vetëm 5% në vende të largëta. Në 85% të rasteve, ato ishin lehtësisht të arritshme, kurse në 11% të rasteve mund të arriheshin vetëm me fuoristrade, dhe në 4% të rasteve mungesa e rrugëve të çfarëdo lloji bëri të nevojshëm marshimin me këmbë.

Sa i përket kushteve të përgjithshme të monumenteve të shqyrtuara, rreth 30% janë në gjendje të mirë e deri të shkëlqyeshme, që do të thotë se ato ende ruajnë formën e tyre origjinale, ose që janë rilyer apo restauruar në përputhje me gjendjen e tyre fillestare. Megjithatë, pothuajse në të gjitha rastet, përpjekje më invazive restaurimi duket se u janë shmangur praktikave konvencionale, si në rastin e Lapidarit të Skënderbeut në Krujë të Thoma Thomait [ALS–594] dhe atë të "restaurimit" skandaloz të Brigadës së Parë Sulmuese në Pishkash [ALS–38] që u krye pas përfundimit të Hulumtimit mbi Lapidarët e Shqipërisë. Ekzistojnë megjithatë përjashtime, si rasti i lapidarit në Topojan [ALS–566], që duket se është restauruar sipas formës dhe ngjyrave të tij origjinale. 33% e monumenteve janë në kushte mesatare e deri të mira, në disa raste të tejlyera ose me pllaka të post-1990 (41% e gjithë monumenteve), ose me grafiti të dallueshëm (19% e gjithë monumenteve). Në shumicën e rasteve, grafiti me përmbajtje politike i referohen PD (3%) dhe LSI (1%). Grafiti i PS-së janë thuajse inekzistente (<1%). 38% e të gjithë monumenteve tregojnë shenja shkatërrimi, si heqja e elementeve në bronx, shkatërrim të pjesshëm ose të plotë të pllakave, vrima plumbash, shkatërrim të pjesshëm ose të plotë të disa pjesëve të vetë monumentetit, etj. Për më tepër, thuajse të gjithë lapidarëve u janë hequr yjet pjesë përbërëse e tyre[8], dhe 12% janë shkatërruar thuajse tërësisht ose tërësisht. Rreth 1% e monumenteve janë përfshirë në struktura të ndërtuara rishtazi si pjesë ndërtesash ose muresh. Shembuj që spikasin janë lapidari i Mine Pezës në Tiranë [ALS–6] dhe një lapidar i integruar në një shtëpi në Bardhoc [ALS–563].

Bazuar në listën e monumenteve bashkëngjitur raportit të sipërpërmendur të Buzës dhe Dedit,[9] në vitin 1970 në Shqipëri gjendeshin 513 lapidarë. Gjatë studimit tonë kemi identifikuar 509 vendngjarje ku ka *vetëm* lapidarë, d.m.th. jo lapidarë së bashku me buste, skulptura, grupe skulpturash dhe varreza. Tabela e mëposhtme pasqyron të gjithë lapidarët në vitet 1970 dhe 2014 të ndarë sipas krahinave.

---

8   Për shkak të shpeshtësisë, heqja e yjeve nuk është cilësuar si shkatërrim.
9   AQSH, f. 511 v. 1970 d. 86, f. 23–35.

RRETH	1970	2014
Tropojë	15	19
Berat	55	22
Kuçovë		8
Dibër	50	31
Bulqizë		4
Durrës	14	3
Kavajë		8
Elbasan	14	17
Peqin		14
Ersekë	9	17
Fier	18	22
Mallakastër		17
Gjirokastër	38	28
Gramsh	10	9
Korçë	22	72
Devoll		27
Krujë	23	12
Kurbin		2
Kukës	4	17
Has		3
Librazhd	40	11
Lezhë	4	5
Lushnjë	13	22
Mirditë	21	6
Mat	7	10
Përmet	25	23
Pogradec	26	20
Pukë	7	9
Shkodër	10	20
Malësi e Madhe		6
Sarandë	9	15
Delvinë		5
Tepelenë	21	32
Vlorë	18	47
Skrapar	10	20
Tiranë	24	24

Diferenca mund t'i atribuohet si ndërtimit të lapidarëve të rinj gjatë periudhës 1970–1990, ashtu edhe shkatërrimit të vazhdueshëm dhe degradimit fizik të lapidarëve pas vitit 1990. Për shembull, ndonëse numri i lapidarëve në zonën e Tiranës është i njëjtë në vitet 1970 dhe 2014, lapidari i Misto Mames, që u inaugurua më 16 gusht 1969, është shkatërruar për t'i bërë vend një parkingu privat. Kësisoj, numri aktual i monumenteve përfshin të paktën një monument të ngritur pas vitit 1970. Fatkeqësisht, për shkak të mungesës së të dhënave mbi periudhën 1970–2014, është e pamundur të arrijmë në përfundime më të detajuara bazuar në këto shifra. Një nga hipotezat tona qe se lapidarët dhe monumentet në veri të Shqipërisë janë në gjendje më të keqe se ato në jug të Shqipërisë, duke pasur parasysh se baza e pushtetit të Partisë Komuniste, më pas të Partisë së Punës së Shqipërisë, qe në pjesën toske të vendit. Edhe kjo hipotezë mbështetet nga të dhënat që mblodhëm: krahinat ku mbi 60% e lapidarëve janë në kushte nga të pranueshme deri të shkatërruar gjenden në gjysmën veriore të Shqipërisë: Kurbin (100%), Mat (80%), Tropojë (70%), Kukës (65%), dhe Dibër (61%).

Vëllimi i parë i këtij katalogu sjell një sërë materialesh dhe reflektimesh mbi trashëgiminë monumentale të Shqipërisë gjatë periudhës 1945–1990. Aty përfshihen dy tekste nga Arkivi Shtetëror, një artikull gazete i Kujtim Buzës dhe Kleanth Dedit i vitit 1970 dhe një kontribut nga Sekretari aktual i Partisë së Punës së Shqipërisë Muharrem Xhafa, që i japin një kontekst historik prodhimit të monumenteve gjatë regjimit socialist. Kontributet e historianëve të artit Gëzim Qëndro dhe Raino Isto, dhe të historianëve Kostandinos Giakoumis dhe Chris Lockwood, trajtojnë monumente të veçanta, më konkretisht, Varrezat e Dëshmorëve në Përmet dhe kompleksin skulpturor *Shokët* të Odhise Paskalit [ALS–244], Varrezat e Dëshmorëve në Tiranë [ALS–12], dhe lapidarin kushtuar Brigadës së Parë Sulmuese në Pishkash [ALS–38]. Kontributet e gjeografit Matthias Bickert, sociologut Julian Bejko dhe gjuhëtarit Ardian Vehbiu përpiqen t'i shqyrtojnë monumentet në kuadrin e një fushe më të gjerë kërkimi mbi peizazhet kulturore, prodhimin kulturor, dhe aktet gjuhësore. Përveç këtij sfondi dokumentar dhe kritik, vëllimi i parë përfshin gjithashtu një pasqyrë të përgjithshme të të gjitha monumenteve, të dokumentuara edhe në vëllimin e dytë dhe të tretë, si dhe një indeks të plotë të emrave, vendeve, datave dhe njësive ushtarake dhe strukturave partiake bazuar në modelin e indeksimit të *Historisë së Luftës Antifashiste Nacionalçlirimtare të popullit shqiptar*.[10]

Indeksi i emrave përfshin të gjithë emrat e përmendur në mbishkrime: ato të partizanëve të rënë, viktimave të luftës, figurave patriotike, prijësve ushtarakë, dhe në disa raste edhe të financuesve privatë të monumenteve në fjalë. Shpesh ndodh që emri i disa partizanëve të përmendet në më shumë se një mbishkrim: në lapidarin që ndodhet në fshatin e tyre të lindjes, në lapidarin kushtuar njësisë së tyre ushtarake, dhe në lapidarin kushtuar betejës gjatë së cilës ata vdiqën. Për shembull, partizani Astrit Toto ishte nga lagjja e Palortos në Gjirokastër [ALS–392], luftoi në batalionin "Asim Zeneli" [ALS–379], dhe u vra afër Manastirit në 2 tetor 1943 [ALS–416].[11] Ndonëse jam përpjekur ta reduktoj numrin e dublikatave e të përsëritjeve sa më shumë, vetëm një verifikim i plotë krahas arkivave ekzistuese do të bënte

të mundur një indeksim të pastër.[12] Gjithashtu, shumë prej emrave duket se janë shqiptuar ndryshe në mbishkrime të ndryshme, dhe shumë shpesh ka qenë e pamundur për ne të verifikojmë nëse emra të ngjashëm i referohen të njëjtit person apo personave të ndryshëm për shkak të mungesës së burimeve dytësore. Ky problem ndërlikohet edhe më tej prej faktit se në shumë raste autorët nuk i janë përmbajtur dallimit midis shkronjave *c* dhe *ç* as brenda të njëjtit mbishkrim, dhe pikat mbi shkronjën *ë* mungojnë thuajse gjithmonë. E kam korrigjuar këtë në çdo rast që kam mundur të vërtetoj se ka patur një gabim. Kam arritur të evidentoj rreth 4200 emra të veçantë, ndonëse me shumë gjasa tek kjo shifër përfshihen edhe variante të ndryshme ortografike të të njëjtit emër. Duhet theksuar gjithashtu se kjo listë nuk përfshin emrat e të gjithë partizanëve në varrezat e dëshmorëve, pasi emrat në këtë listë janë mbledhur vetëm nga mbishkrimet mbi pllaka dhe jo nga ato mbi varreza individuale. Megjithatë, kjo listë na jep një ide rreth numrit të partizanëve që vdiqën gjatë Luftës Nacionalçlirimtare.

Indeksi i vendngjarjeve përfshin emrat e vendeve të përmendura në mbishkrime: vendin e lindjes dhe atë të vdekjes, fushat e betejës, prejardhjen e njësive ushtarake, dhe vendndodhjet e lapidarëve.[13] Indeksi i datave përfshin të gjitha datat e përmendura në mbishkrime: datat e lindjes e të vdekjes, datat e themelimit të njësive ushtarake e strukturave partiake, dhe datat e betejave të ndryshme.[14] Së fundmi, indeksi i njësive ushtarake dhe strukturave partiake përfshin të gjitha strukturat organizative që përmenden në mbishkrimet që lidhen me Luftën Antifashiste Nacionalçlirimtare dhe ndërtimin më pas të Republikës Popullore të Shqipërisë. Besoj është e qartë se, duke marrë parasysh paplotësinë dhe palexueshmërinë e shumë mbishkrimeve, si dhe faktin se jo të gjitha mbishkrimet në Shqipëri u dokumentuan, ky indeks shërben vetëm si një pikënisje për hulumtime të mëtejshme.

Vëllimi i dytë e i tretë i këtij katalogu përmbajnë fotografi të 651 vendndodhjeve, të organizuara sipas koordinatave GPS, nga Dragobi në veri e deri tek Konispoli në jug, me Beratin në mes. Kemi vendosur qëllimisht t'i japim çdo monumenti të njëjtën hapësirë, dy imazhe në një faqe. Pothuajse të gjitha monumentet përkujtojnë jetë të humbura, jetë të humbura për mbijetesë, aventurë, ideale, apo thjesht për dëshirën për të rënë. Këto jetë, dhe shumë të tjera që asnjëherë nuk u përkujtuan

10   Instituti i Studimeve Marksiste–Leniniste pranë KQ të PPSH, Historia e Luftës Nacionalçlirimtare të popullit shqiptar, 4 vol. (Tiranë: Shtëpia Botuese "8 Nëntori," 1984–9).

11   Shih Komiteti Kombëtar i Veteranëve të Luftës të Popullit Shqiptar në bashkëpunim me Komitetet e Veteranëve të Rretheve (red.), *Yje të pashuar: Dëshmorë të Luftës Nacionalçlirimtare*, vëll. 4 (Tiranë: Shtëpia Botuese "8 Nëntori," n.d.), f. 60–4.

12   Kam verifikuar çdo emër krahas të gjitha vëllimeve me të dhëna biografike mbi dëshmorët partizanë që kam arritur të gjej. Për një bibliografi të plotë shih Treguesin e Emrave.

13   Ortografia e emrave të vendeve në tregues është standardizuar në çdo rast që kjo ishte e mundur.

14   Datat e fillimit dhe ato të fundit janë indeksuar veçmas.

në gur, meritojnë vëmendjen dhe kujdesin tonë. Kështu pra, në përfundim të përvjetorit të 70 të çlirimit të Shqipërisë, shpresoj që ky katalog do të kontribuojë për një debat më të gjerë mbi domethënien e kaluar, të tashme dhe ndoshta edhe të ardhme të monumentalizmit shqiptar të periudhës socialiste brenda Shqipërisë si dhe në komunitetin shkollar në mbarë botën.

– Tiranë & Singapor, 2014.

Circular to the Prefectural Executive Committee (Section Education): Regarding Lapidars

People's Republic of Albania, Ministry of Education, Directorate of Culture

Our National Liberation War has truly been a war of the masses, such that there is no village, neighborhood, and road left where it did not leave its traces.[1] It is our duty that they immortalize this holy and heroic war of our people. We have to realize that each traveller, wherever he may pass, may say: "Here has been fought."

How to make sure that our people and especially the future generations may forever consider the large sacrifices with which the freedom that we enjoy was won?

In the first place we have to immortalize the hundreds and thousands of names of our martyrs. Our government will directly take care of this and has to give all its assistance to the initiative of the people and organizations in this direction.

This Ministry thinks that at the initiative of the Prefectural Section of Education and the Subprefectural Sections of Education commemorative signs in the form of lapidars are to be erected, in all places where martyrs have fallen. Similar lapidars, but larger in form, are to be erected in the places where our battles have been waged.

These lapidars feature the martyr's name, date of birth, date of death, and possibly also some other characteristics. For the lapidars on battle fields the plaque features the place name, army unit, the number of fallen martyrs, etc.

The material taken from destruction of the lapidars that fascism has left in our country is to be used for the construction of these lapidars.

For the erection of the lapidars attention is to paid to differentiate between those that have fallen as martyrs and those that have been killed accidentally by some mortar or in a different way, but without having taking part in the war.

The Clerk of Culture should compile a list of places where martyrs have fallen or battles have been waged, where lapidars will be erected, starting with the most the important ones.

---

1   AQSH, f. 511 v. 1946 d. 43, p. 1, dated August 6, 1946.

Qarkore komitetit ekzekutiv të prefekturës (seksionit t'Arsimit): Mbi lapidarët

Republika Popullore e Shqipërisë, Ministrija e Arsimit, Drejtorija e Kulturës

Lufta e jonë Nacional-Çlirimtare ka qënë me të vërtetë një luftë masash, sa s'ka mbetur katund, lagje dhe rrugë ku të mos ketë lënë gjurmat e saj.[1] Është detyra e jonë që këtë luftë të shënjtë dhe heroike të popullit t'onë t'a përjetësojnë. Ne duhet të bëjmë që çdo udhtar, nga çdo vënd që të kalojë, të thotë: "Këtu është luftuar".

Të bëjmë që populli i jonë e sidomos brezat e ardh-shëm të kenë gjithnjë përparasysh sakrificat e mbëdha me të cilat u fitua lirija që gëzojmë?

Ne duhet të bëjmë të pavdekshme në radhë të parë emrat e qindra e mija dëshmorëve t'onë. Pushteti i jonë do të interesohet direkt për këtë dhe duhet t'u japi gjithë ndihmën e tij inisjativës së popullit dhe të organizatave në këtë drejtim.

Kjo Ministri mendon që me inisiativën e Seksionit t'Arsimit të Prefekturës dhe Seksioneve t'Arsimit në N/ Prefekturat të ngrihen shënja kujtimi në formë lapidari; në të gjitha vëndet ku kanë rënë dëshmorë. Lapidarë të tillë, po me nji formë më të madhe, të ngrihen në vëndet ku janë zhvilluar lufetërat t'ona.

Në këto lapidarë shënohet emri i dëshmorit, data e lindjes, data e vrasjes, mundësisht edhe ndjonjë shënim tjetër karakteristik. Për vendet e luftimeve shënohen në një pllakë emri i vëndit, njësiti luftues, sa dëshmorë kanë rënë etj.

Si material për ngritjen e këtyre lapidarëve të përdo-ret edhe ay që do të nxirret nga prishja e lapidarëve që ka lënë fashizmi në vëndin t'onë.

Për ngritjen e lapidarëve të kihet kujdes dhe të bëhet dallimi për ata që kanë rënë dëshmorë dhe ata që ras-tësisht janë vrarë nga ndonjë mortaj ose në një mënyrë tjetër, por pa qënë në luftë.

Referenti i Kulturës duhet të pirpilojë një listë të vëndeve ku kanë rënë dëshmorë osa janë zhvilluar luftime, në të secilës do të bëhet ngritja e lapidarëve, duke filluar nga më të rëndësishmet.

---

1 AQSH, f. 511 v. 1946 d. 43, fl. 1, me datë 6 gusht 1946.

Report on the State and Measures for the Development and Further Revolutionization of Monumental Propaganda

Ramiz Alia

With the continuous care of the party and government for the preservation and further development of the patriotic and revolutionary traditions of our people, monumental propaganda acquires with us increasingly broader proportions for the immortalization of the most important events and figures, and is transforming into a powerful instrument for the reflection of the glorious history of our people and for the revolutionary and class education of the masses.[1] Nowadays, beside the placement of hundreds of commemorative plaques, dozens upon dozens of lapidars, busts, statues, and monuments have been erected everywhere, reminding the traveller and visitor that the Albanian, as comrade Enver has said, has – sword in hand – cut the road of history in two, and that Albania has turned into a country of lapidars and construction sites.

Especially during the last years monumental propaganda has not been developing badly. Partial data show that, except for the naming of 2900 institutions, cities, cooperatives, military wards, roads, and squares with names of persons and historical events, only after the liberation more than 12 monuments, 145 busts, and 590 lapidars have been erected, and 530 commemorative plaques have been placed.

The places where objects of monumental propaganda have been placed have become the most effective centers for patriotic and revolutionary education of the masses, especially of the young generation. They are used by the party and mass organizations, and especially on the occasion of celebrations and anniversaries, as centers for the organization of a range of mass-political activities such as conversations, excursions, admission to the pioneer and youth organizations, etc.

The organization of various activities near objects of monumental propaganda has inspired deep political emotions in the consciousness of the participants, which has contributed to the growth of the love of the masses for the work of the party. At the same time this shows the extensive militant role played by busts, monuments, lapidars, and other objects of monumental propaganda in the ideo-political and emotional education of the masses with the spirit of the party and the revolutionary and military traditions of our people.

Starting from these factors and with the aim of strengthening and further improving the educational and political role and level of monumental propaganda as a tool that is in continuous contact with the masses, the organizations of the party, its levers, and all other pertinent organs are faced with the duty to understand well and treat correctly the importance and militant effect of this powerful weapon in the hand of the party. There still remains much to be done in this direction.

What are actually the main problems that need to be addressed?

1

The issue of the erection and placement of monumental propaganda objects with the most correct political criteria is of special importance. To this aim, the Politburo of the Central Committee of the PPSH [Labor Party of Albania – trans.] has issued on August 8, 1961, a special decree "About the Criteria for the Erection of Monuments, Statues, Busts, and the Naming of Various Institutions." Nevertheless, this decree, which provides clear and precise outlines of the political criteria and the way of placing monumental propaganda objects, has neither been adopted as it should nor has it always been considered by the party committees and pertinent organs. In a few regions there are cases showing ignorance about the criteria decided upon of local initiatives (for issues that are not their competencies) for the erection of 2–4 busts for some outstanding figures such as Mustafa Matohiti, Gjok Doçi, Kajo Karafili, Ali Demi, Avni Rustemi, and others, whereas for some other figures and important persons from the patriotic movements, from the National Liberation War, or from the post-liberation period, there is no bust at all. So, for example, until today

---

1   AQSH, f. 511 v. 1968 d. 27, pp. 2-12, dated February 1, 1968.

no busts have been erected in public for indispensible figures such as Qerime Galica (Shota), Ded Gjo Luli, Naum Veqilharxhi, Hasan Prishtina, Alqi Kondi, Baba Faja, and others.

This doesn't mean that in the future no more than one bust will be erected for some outstanding figures. At issue here is to be more principled and careful in the precise implementation of the criteria, to correctly value the contribution of each important person in the service of the people and party. This problem has to be seen and treated with a political eye, lest we risk falling into subjectivism, err in the right appreciation of phenomena, arouse bad feelings, and as a result damage the party line in this field. Therefore, it is necessary to think about and work on this important problem according to the orientations of the party, in a programmatic way, based on studies that are serious and offer perspective.

Truly, good work in the placement of different monumental propaganda objects has been done from the liberation onward, and with a thematics that was to a certain extent well studied.

It is a positive fact that many places have been determined and demarcated that are of interest for the history and traditions of our people, although in the field there are still many unknown spots that, without losing time, need to be discovered, recognized, and for now demarcated.

This has to be seen also with regard to the issue of the division of monumental propaganda objects, because their distribution and placement, from the simplest objects to the most complex ones, has not always been done following correct criteria. So for example, while more than 70 lapidars have been erected in several regions such as Korçë and Vlorë, in several other regions such as Librazhd, Gramsh, and Pogradec there are no more than 5–10 or 15 lapidars. Just like the placement of other objects, the erection of lapidars is of course determined by the events that happened in one or the other region. But this has also to do with the insufficient political care and appreciation shown for this problem by the party committees and pertinent organs of local government.

This flaw is also to a certain extent noticed in the division and placement of large objects of monumental propaganda, whose situation can be presented as follows:

- 28 busts erected for important historical figures from before 1939;
- 77 busts erected for the heroes and martyrs of the National Liberation War;
- 25 busts erected for the classic figures of Marxism–Leninism and comrade Enver;
- 16 monuments erected in 10 regions for those three

divisions, including those that have been placed before the liberation.

The above data show that the distribution of the large monumental propaganda objects according to the regions and periods is, as is also shown below, irregular, because there are important cities such as Durrës, Fier, or Lushnjë that do not have any monument. But there are also regions such as Gramsh and Librazhd that have not placed any bust.

As regards the thematics of those objects, it is mainly dedicated to historical events, patriots, heroes, and martyrs of the National Liberation War, border guards, and martyrs that have fallen in struggles with groups of saboteurs. In the large genre of monumental propaganda represented through monuments and sculptural complexes, beside the monuments of Skënderbeg (in the city and the "Stalin" Textile Combines in Tiranë) and of comrade Enver (at the United School), 5 monuments and sculptural complexes have been erected like the one of the first cooperative (in Krutje) [ALS–327], of the martyrs of the National Liberation War (in Përmet) [ALS–244], of the Partisan (in Tiranë) [ALS–1], etc., that symbolize events from the heroical past and present of our people. As such, the thematics of the large genre of monumental propaganda in the field of sculpture is still limited.

1. There are quite a few complexes missing that reflect the most important aspects of the great epic of the National Liberation War, and especially those in which the heroism of our current days is reflected and monuments that treat and generalize the work of the party. (To this end the Ministry of Culture has drafted a 15-year project.)

2. The state related to the representation of the thematics that pertains to the treatment of the Albanian woman is very unsatisfactory. In this direction, except for the bust of Zoja Çurre in Tragjas and Shejnase Juka in Shkodër, there is a total lack of objects that are dedicated to the memory of women in our cities and especially in the large cities where different monumental propaganda objects have been erected by the dozen. Therefore, in the future the thematics and treatment of the work and the figure of the Albanian woman in all types of objects of monumental propaganda remains to be represented. For now we think of taking urgent measures to erect busts of women and girls who have been declared heriones, and to gradually place memorials, and where possible, plaster and cement statues in parks, public gardens, and other places that symbolize the figure of the Albanian woman as a warrior that has played an important role in all periods of our people's

history.

3. Beside the representation of this theme it is necessary that more monumental propaganda objects are placed that treat the revolutionary activity of our children and pioneers, both of whom yesterday in the war and today in the construction of socialism have stood and stand side by side with their parents.

4. At the same time the gaps concerning the disappearance of the limitation in the thematics of memorials that are dedicated to events before 1939 or that have to do with names of persons or events of our days are to be filled. Especially in monumental propaganda we perform poorly in the representation of the theme of class struggle. Therefore the treatment of the role of the masses as moving force is to occupy a key place in this field, highlighting not only the struggle for national liberation, for the building of socialism and the victories that were won, but also for the struggle for social liberation waged by the masses in our country. This is to be represented through the placement of sculptural complexes, panels, murals, and other genres of this profile.

5. Special attention is to be dedicated to the erection of different monumental propaganda objects relating to the representation of current thematics, especially the revolutionary initiatives of our times that have exploded everywhere in our country, where in a special way the role and works of the masses for the further deepening of the ideological and cultural revolution catches the eye.

Another important problem that is related to the political and educational effect of monumental propaganda objects is the issue of their all-round presentation. Considering these objects from this point of view has as a result that in some them there is a lack in effort at national originality, and that some others are such that they do not attract and inspire respect in the visitor.

Quite a few monumental propaganda objects, especially lapidars, commemorative plaques, and an occasional bust have been planned and placed badly. The majority of lapidars has been built the same, with bricks and ugly plastering, without any decorative motive or chiselled basrelief, and nearly all suffer from uniformity. With a few exceptions, the lapidars that commemorate the ancient past and those that commemorate the National Liberation War or the building of socialism are indistinguishable. What is meant is that each epoch has its own characteristic motives. From the other side there are lapidars that do not correspond to the aim for which they were erected, because they do not symbolize concrete events or actions. There are even lapidars that in fact are dedicated to the memory of specific martyrs, but which in reality are not recognized by the visitor because they have no inscription.

The inscriptions on a considerable part of monumental propaganda objects are not striking. The inscriptions suffer from a lack of emotional and political content and as such leave no impression in the visitor's memory. The inscriptions are often lengthy, badly written, and with mistakes. On many objects they have become illegible and on several others they have been destroyed.

This situation speaks for the little care that still is shown for the maintenance of monumental propaganda objects to the extent that in a few cases some of them have been completely destroyed. This carelessness is also noticed in the maintenance of objects from strong materials, such as important monuments and busts, which are painted by incompetent workers of municipal organs. As a result, some of the outstanding figures are damaged and are losing their characteristics. Therefore, except the serious measures that will be taken by the pertinent organs in this direction, starting from the general presentation of those objects until the systematization and decoration of the surroundings, it is necessary that the issue of the maintenance of monumental propaganda objects is made the opinion and education of all masses and especially the new generation.

To this occasion concrete actions can be undertaken by the front and youth organizations by considering them as a factor in the revolutionary education of the masses. The actions that will be taken in this field are to serve, beside the restoration and maintenance of existing monumental propaganda objects, also the erection of new objects that are related to the most marked events of our people, foremost with those events that represent the theme of the National Liberation War, the appreciation of the theme of the building of socialism and of the deepening of the ideological and cultural revolution.

2

It is known that monumental propaganda is not made solely from several specific genres, such as lapidars, busts, or sculptural complexes. Those are just some of its types. The issue is to fully awaken all other components of this branch of party propaganda, from slogans and banners to panels and murals of different types.

To make the role of monumental propaganda in the meanwhile more militant, the time has come to take measures for the development of several more effective artistic genres, such as the placement of basreliefs, different types of statues in parks, panels, murals, and so on. In the first place they need to be placed in those cafeterias, halls, theaters, work centers, military wards, squares, or public gardens that are frequented most by the masses.

On the other hand, the Ministry of Construction and its planning organs, in consultation with the Ministry of Education and Culture as well as the League of Writers and Artists, is to keep in mind prospective special locations for the most important works that will be built after, where eventually monumental propaganda objects can be placed.

The work for settling these issues not only needs to be closely connected to the need for the further revolutionarization of monumental propaganda, but at the same time serves to obliterate all foreign influence of feudo-bourgeois and religious ideology that we inherit in this field from the past and that in one or the other form is active in the conscience of the masses. It is clear that we are speaking about the final obliteration or confiscation – on a case by case basis – of those objects (such as crosses, statues, etc.) that have a religious content and that are still placed here and there. On the other side, paintings that are made with an inadequate ideo-artistic taste and content are to be removed from bars, restaurants, train stations, etc. and gradually replaced with artistic works prescribed by the current spirit. Similarly, all products (cushions, embroidered pictures, etc.) with bad content that are put out on the artisinal market are to be recalled.

Parallel to the work for the further development of monumental propaganda, the issue of the systematic utilization of the objects of that propoganda for the continuous education of the masses acquires special importance. Until now, different activities have been organized in the places where those objects have been placed, but nevertheless the sporadic organization of those activities (only in the case of campaigns) shows that the usage of monumental propaganda objects is still not understood as a necessary requirement that contributes to the knowledge and appropriation of the revolutionary history and traditions of the people. This is the source of the limited and unattractive forms that are practiced as regards the utilization of monumental propaganda objects for the universal communist education of the masses, especially the youth. We are not speaking here of giving recipes about what forms and activities can be practiced afterward for the revolutionary education of the masses by means of lapidars, busts, monuments, etc. Each organization, work center, school, or military ward may solve this issue according to the conditions and possibilities it has, by applying various forms, from those the common ones to the military oath, the organization of concerts with revolutionary songs and poetry, the handing over of flags, etc., near monumental propaganda objects. What is important is that we systematize the work for the education of the masses on the side of monumental propaganda and that we closely connect it to the aim of the Marxist–Leninist ideological tempering of our new man.

To improve the situation and to give a stronger impetus to the development of monumental propaganda, we also propose the following measures:

1. At the occasion of the celebration of the large 25th anniversary of the liberation of the Fatherland a broad national campaign is to be announced for lapidars and other monumental propaganda objects, in two directions:
   a. Restoration and improvement of existing objects.
   b. Placement of new objects.
   To this end, the Ministry of Education and Culture, in cooperation with local organs, is to take measures that within the most feasible deadline all lapidars that are positioned along national roads are covered in marble, and that at the same time inadequate lapidars are replaced.

   From the other side, the Ministry of Education and Culture is to make prototypes (several variants) of lapidars that will be erected, keeping in mind the fact that each prototype contains the characteristic motifs of specific epochs from our people's history.

2. Beside the different monumental propaganda objects that will be erected to commemorate the important events of the history and work of the party and our people from the great epic of the National Liberation War and the construction of socialism, in the framework of the 25th jubileum of the liberation of the Fatherland thematical monuments and sculptural complexes are to be placed treating several of the most marked events of the class struggle waged by the popular masses for social liberation, highlighting the role of mass heroism.

   Special care is to be given notably to the placement of different monumental propaganda objects (panels, murals, sculptural complexes, etc.) that represent the mobilization of the masses and their massive heroism in the struggle for the realization of revolutionary initiatives that have erupted everywhere in our country, as well as for their work for the further deepening of the ideological and cultural revolution.

   In the way that the large needs that are presented in this field are to be confronted, as well as for the planning of lapidars and other memorials, the Ministry of Education and Culture, beside the engagement of sculptures and architects, is to instruct the State University of Tirana and the Higher Institute of the Arts that in their education requirements the students of the Department of Figurative Arts and those of the Faculty of Engineering are charged with the work to do projects of sculptural complexes, lapidars, and other monumental propaganda objects that are related to the representation of aforementioned thematics.

3. In the framework of the campaign for the improvement of the state and further development of monumental propaganda, no event is to remain without being commemorated and fixated in some monumental propaganda object, no matter how simple. On this occasion commemorative plaques are to be placed on each object where labor groups have been founded, schools, etc., so that they carry the names of martyrs or events.

4. All party committees and other pertinent organs are to study the state of monumental propaganda and to determine concretely the duties that follow from them for the solution of this problem. Special committees are to be formed for this issue.

5. To impose a better discipline on the issue of the placement of monumental propaganda objects, those objects that are under the nomenclature of the regions themselves are not to be erected without their project being seen and consulted with the masses and commissions.

6. All monumental propaganda objects are to be registered and identified and to be placed in the full care of the executive committees and local museums.

7. With the start of the campaign for the regulation of the situation and the further development of monumental propaganda there is to be written time after time in the central and local press.

8. On the threshold of the 25th anniversary of the liberation of the Fatherland, Publishing House "Naim Frashëri" is to bring out an album with the most beautiful artworks of monumental propaganda.

We think that the concrete determination of the masses for the further strengthening of the role of monumental propaganda becomes more necessary, especially at this moment when the ideological and culture revolution has entered in a new phase of development.

Relacion: Mbi gjendjen dhe masat për zhvillimin dhe revolucionarizimin e mëtejshëm të propagandës monumentale

Ramiz Alia

Me kujdesin e vazhdueshëm të partisë dhe qeverisë për ruajtjen dhe zhvillimin e mëtejshëm të traditave patriotike e revolucionare të popullit tonë, për përjetësimin e ngjarjeve dhe figurave më të rëndësishme, tek ne, gjithnjë e më shumë, propaganda monumentale po merr përpjestime të gjëra dhe po shndrrohet në një mjet të fuqishëm për pasqyrimin e historisë së lavdishme të popullit tonë dhe për edukimin revolucionar e klasor të masave.[1] Tani kudo, krahas vendosjes të qindra pllakave përkujtimore, janë ngritur dhjetra e dhjetra lapidarë, buste, statuje e monumente që i kujtojnë udhëtarit e visitorit, se shqiptari, siç ka thënë shoku Enver, e ka qarë me shpatë në dorë rrugën e historisë, se Shqipëria është kthyer në një vend lapidarësh dhe kantieresh.

Propaganda monumentale, sidomos vitet e fundit është zhvilluar jo keq. Nga të dhënat e pjesëshme rezulton, se përveç emërtimit të 2900 institucioneve, qyteteve, kooperative, reparteve ushtarake, rrugëve e sheseve me emra personash e ngjarjesh historike; vetëm pas çlirimit janë ngritur mbi 12 monumente, 145 buste, 590 lapidare si dhe janë vendosur 530 pllaka përkujtimore.

Vendet ku janë vendosur objektet e propagandës monumentale janë bërë qendrat më efektive të edukimit patriotik e revolucionar të masave, veçanërisht të brezit të ri. Ato janë përdorur nga partia dhe organizatat e masave, e në mënyrë të veçantë me raste festash e ditësh jubilare, si qendra për organizimin e një varg aktivitetesh politike masive si: biseda, eskursione, pranime në organizatën e pionierit, të rinisë, etj.

Organizimi i aktiviteteve të shumëllojshme pranë objekteve të propagandës monumentale ka ngjallur emocione të thella politike në ndërgjegjen e pjesëmarrësve, fakt ky që ka ndikuar për shtimin e dashurisë së masave ndaj veprës së partisë. Ndërkohë kjo tregon për rolin e madh militues që luajnë bustet, monumentet, lapidarët dhe objektet e tjera të propagandës monumentale në edukimin ideo-politik dhe emocional të masave me frymën e partisë dhe traditat revolucionare e luftarake

të popullit tonë.

Duke u nisur nga këto faktorë dhe me qëllim që të forcojmë e të ngrejmë më tej rolin dhe nivelin edukativ e politik të propagandës monumentale, si një mjet që është në kontakt të vazhdueshëm me masat, përpara organizatave të partisë, levave të sajë dhe gjithë organeve të tjera përkatëse, shtrohet detyra që ato të kuptojnë mirë e të trajtojnë drejt rëndësinë dhe efektin militues të kësaj arme të fuqishme në dorën e partisë. Në këtë drejtim na mbetet ende shumë për të bërë.

Cilat janë aktualisht problemat kryesore ku duhet përqëndruar vëmëndja?

1

Rëndësi të veçantë ka çeshtja e ngritjes dhe e vendosjes me kriter më të drejtë politik të objekteve të propagandës monumentale. Për këtë qëllim Byroja Politike e Komitetit Qëndror të PPSH që më 28.8.1961 ka nxjerrë një vendim të posaçëm: "Mbi kriterët për ngritjen e monumenteve, statujeve, busteve dhe emërtimin e institucioneve të ndryshme". Mirëpo ky vendim, në të cilin janë përcaktuar me qartësi e saktësi kriteret politike dhe mënyra e vendosjes të objekteve të propagandës monumentale, nuk është përvehtësuar si duhet dhe as që është mbajtur gjithmonë parasysh nga komitetet e partisë dhe organet përkatëse. Ka raste që disa rrethe, duke mos i njohur kriteret e vendosura, me inisiativa lokale (për çeshtje që s'janë kompetencat e tyre) për disa figura të shquara si: Mustafa Matohiti, Gjok Doçi, Kajo Karafili, Ali Demi, Avni Rustemi e tjerë të kenë ngritur 2–4 buste, kurse për disa figura të tjera dhe persona të rëndësishëm të lëvizjeve patriotike, të Luftës Nacional–Çlirimtare, ose të periudhës së pas çlirimit të mos ketë asnjë bust. Kështu p.sh. deri më sot nuk janë ngritur buste në natyrë për figura të domosdoshme si Qerime Galica (Shota), Ded Gjo Luli, Naum Veqilharxhi, Hasan Prishtina, Alqi Kondi, Baba Faja e tjerë.

Këtu nuk është fjala për të thënë, që për disa figura të shquara nuk do të ngrihen edhe në të ardhmen më tepër

---

1   AQSH, f.5 11 v. 1968 d. 27, fl. 2-12, me datë 1 shkurt 1968.

se një bust. Çeshtja është për të qenë më parimore dhe të kujdesëshëm në zbatimin e përpiktë të kritereve, për të vlerësuar drejt kontributin e çdo personi të rëndësishëm në shërbim të popullit dhe partisë. Ky problem do parë dhe trajtuar me syrin politik, ndryshe mund të biem në subjektivizëm, të gabojmë në vlerësimin e drejtë të fenomeneve, të nxisim ndjenja jo të mira e për pasojë të dëmtojmë vijën e partisë në këtë fushë. Prandaj për këtë problem të rëndësishëm do menduar e vepruar sipas orientimeve të partisë, në mënyrë të planifikuar e në bazë të studimeve serioze e me perspektivë.

Në të vërtetë që nga çlirimi e këtej është bërë një punë e mirë dhe me tematikë deri diku të studjuar në vendosjen e objekteve të ndryshme të propagandës monumentale.

Është pozitiv fakti që janë përcaktuar dhe piketuar shumë vende që paraqesin interes për historinë dhe traditat e popullit tonë, megjithëse në këtë fushë ka ende shumë pika të panjohura, që duhet, pa humbur kohë të zbulohen, të njihen dhe tani për tani të pikëtohen.

Kjo do parë edhe përsa i takon çeshtjes së ndarjes së objekteve të propagandës monumentale, mbasi shpërndarja dhe vendosja e tyre, që nga objektet më të thjeshta e deri tek ato më të komplikuarat, nuk është bërë gjithmonë me kriter të drejtë. Kështu p.sh. në rast se në disa rrethe si Korça e Vlora janë ngritur mbi 70 lapidarë në disa rrethe të tjera si Librazhdi, Gramshi e Pogradeci nuk ka më tepër se 5–10 ose 15 lapidarë. Natyrisht ngritja e lapidarëve, ashtu si edhe vendosja e objekteve të tjera përcaktohet, nga ngjarjet që janë zhvilluar në njerën apo tjetrën krahinë. Por kjo ka të bëjë edhe me kujdesin e vlerësimin e pamjaftueshëm politik që komitetet e partisë dhe organet përkatëse të pushtetit lokal kanë treguar për këtë problem.

Kjo e metë verehet deri në një farë mase edhe në ndarjen e vendosjen e objekteve të mëdha të propagandës monumentale, gjendja e të cilave paraqitet si vijon:

- për figurat e rëndësishme historike që përfshihen deri në vitin 1939 janë ngritur 28 buste.
- për heronjtë dhe dëshmorët e Luftës Nacional–Çlirimtare janë ngritur 77 buste.
- për klasikët e marksizëm–leninizmit dhe shokun Enver janë ngritur 25 buste.
- tok për të tre këto ndarje në 10 rrethe janë ngritur 16 monumente, duke përfshirë këtu edhe ato që janë vendosur para çlirimit.

Nga të dhënat e mësipërme del se shpërndarja e objekteve të mëdha të propagandës monumentale sipas rretheve e periudhave, ashtu siç rezulton edhe më poshtë, nuk është e rregullt, pse ka qyetete të rëndësishëm si Durrësi, Fieri apo Lushnja që s'kanë ansjë monument. Por ka edhe rrethe si Gramshi e Librazhdit që s'kanë të vendosur asnjë bust.

Përsa i përket tematikës së këtyre objekteve ajo i kushtohet kryesisht ngjarjeve historike, patriotëve, heronjve dhe dëshmorëve të Luftës Nacional–Çlirimtare, rojave të kufirit e dëshmorëve që kanë rënë në përpjekje me bandat diversante. Në gjinin e madhe të propagandës monumentale që përfaqësohet me monumente e komplekse skulpturale, krahas monumenteve të Skënderbeut (në qytetin dhe Kombinatin e tekstilave "Stalin" e në Tiranë), të shokut Enver (në shkollën e bashkuar) janë ngritur edhe 5 monumente e komplekse skulpturale si ai i kooperativës së parë (në Krutje) [ALS–327], i dëshmorëve të Luftës Nacional–Çlirimtare (në Përmet) [ALS–244], i Partizanit (në Tiranë) [ALS–1] etj., që simbolizojnë ngjarje nga e kaluara dhe e tashmja heroike e popullit tonë. Siç del tematika e gjinisë madhe të propagandës monumentale në fushën e skulpturës është ende e kufizuar.

1. Mungojnë mjaft komplekse të tilla që të pasqyrojnë aspektet më të rëndësishme të epopesë së madhe të Luftës Nacional–Çlirimtare e sidomos mungojnë vepra të tilla në të cilat të pasqyrohet heroizmi i ditëve tona dhe monumente që të trajtojnë e përgjithësojnë veprën e partisë. (Për këtë qëllim nga Ministria e Arësimit dhe Kulturës është hartuar një projekt 15 vjeçar).

2. Shumë e pakënaqëshme paraqitet gjendja lidhur me pasqyrimin e tematikës që ka të bëjë me trajtimin e figurës së femrës shqiptare. Në këtë drejtim, përveç bustit të Zoja Çurres në Tragjas dhe Shejnase Jukës në Shkodër, në qytetet tona e sidomos në qytetet e mëdha ku janë ngritur me dhjetra objekte të ndryshme të propagandës monumentale, mungojnë fare objekte që t'i kushtohen kujtimit të grave. Prandaj mbetet që në të ardhmen të pasqyrohet tematika e trajtimit të veprës dhe figurës së gruas shqiptare në të gjitha llojet e objekteve të propagandës monumentale. Tani për tani mendojmë të merren masa urgjente për të ngritur bustet e grave dhe vajzave që janë shpallur heroina dhe gradualisht ndër parqe, lulishte e pika të tjera të vendosen përkujtimore, dhe ku është e mundur, statuje në allçi e çimento, që të simbolizojnë figurën e femrës shqiptare si luftëtare që ka lojtur rol të rëndësishëm në të gjitha periudhat e historisë së popullit tonë.

3. Krahas pasqyrimit të kësaj teme lypset të vendosen më tepër objekte të propagandës monumentale që trajtonjë veprimtarinë revolucionare të fëmijve e pionierëve tanë, të cilët si dje në luftë ashtu edhe sot për ndërtimin e socializmit, kanë qenë dhe janë krah për krah me prindërit e tyre.

4. Njëkohësisht të plotësohen boshllëqet për zhdukjen e kufizimit në tematikën e përkujtimoreve që i kushtohen ngjarjeve para vitit 1939 apo që kanë të bëjnë me emra personash e ngjarjesh të ditëve të sotme. Veçanërisht në propagandën monumentale paraqitemi dobët në pasqyrimin e temës së luftës të klasave. Prandaj në të ardhmen trajtimi i rolit të masave si forcë lëvizëse të zërë vendin kryesor në këtë fushë, duke nxjerrë në pah jo vetëm luftën për çlirimin kombëtar, për ndërtimin e socializmit dhe fitoret e arritura, por edhe luftën për çlirim social që kanë bërë masat në vendin tonë. Kjo të pasqyrohet duke vendosur komplekse skulpturale, pano, piktura murale dhe gjini të tjera të këtij profili.

5. Vemendje e posaçme t'i kushtohet ngritjes së objekteve të ndryshme të propagandës monumentale, që lidhen me pasqyrimin e tematikës aktuale sidomos me inisiativat revolucionare të kohës që kanë shpërthyer kudo në vendin tonë, ku në mënyrë të veçantë të spikasë roli dhe vepra e masave për thellimin e mëtejshëm të revolucionit ideologjik e kultural.

Një problem tjetër i rëndësishëm që lidhet me efektin politik dhe edukativ të objekteve të propagandës monumentale është çështja e paraqitjes së tyre të gjithëanëshme. Duke i parë me këtë sy këto objekte resulton se në disa prej tyre mungon përpjekja për origjinalitet kombëtar, dhe disa të tjera nuk janë të tilla që ta tërheqin dhe t'i ngjallin respekt visitorit.

Mjaft nga objektet e propagandës monumentale, sidomos lapidarët, pllakat përkujtimore e ndonjë bust janë projektuar e vendosur keq. Shumica e lapidarëve janë të ndërtuar njëlloj, me tulla e suvatim të shëmtuar, pa asnjë motiv dekorativ apo bazorelief të goditur dhe që të gjitha, thuajse vuajnë nga uniformiteti. Me ndonjë përjashtim, nuk dallohen lapidarët që përkujtojnë të kaluarën e lashtë nga ato të Luftës Nacional–Çlirimtare apo të ndërtimit socialist. Fjala është që çdo epokë të ketë motivet e saja karakteristike. Nga ana tjetër ka lapidarë që nuk i përgjigjen qëllimit për të cilin janë ngritur, sepse nuk simbolizojnë ngjarje apo aksione konkrete. Ka edhe lapidarë që në fakt i kushtohen kujtimit të dëshmorëve të caktuar, por që në të vërtetë nuk njohen nga vizitori, sepse në to nuk ka asnjë mbishkrim.

Përsa i përket mbishkrimave në një pjesë të mirë të objekteve të propagandës monumentale ato nuk janë të goditura. Mbishkrimet vuajnë për mungesën e përmbajtjes emocionale e politike dhe si të tilla nuk lën asnjë mbresë në kujtesën e vizitorit. Shpesh mbishkrimet janë të gjata, të shkruara keq e me gabime. Në shumë objekte ato janë bërë të pa lexuashme dhe në disa të tjera po prishen.

Kjo gjendje flet për kujdesin e pakët që tregohet ende për mirëmbajtjen e objekteve të propagandës monumentalem sa që në ndonjë rast disa prej tyre janë prishur krejtësisht. Kjo pakujdesi vërehet edhe në mirëmbajtjen e objekteve me material të fortë; siç janë monumentet e bustet me rëndësi, lyerja e të cilëve bëhet nga punonjës jo kompetentë të organeve komunale. Për pasojë disa nga figurat e shquara po dëmtohen dhe po humbasin tiparet e tyre karakteristike. Prandaj, përveç masave serioze që do të merren nga organet përkatëse në këtë drejtim, duke filluar që nga paraqitja e përgjithshme e këtyre objekteve e deri tek sistemimi e zbukurimi i ambienteve për rreth, është e nevojshme që çështja e mirëmbajtjes të objekteve të propagandës monumentale të bëhet opinion dhe edukatë e gjithë masave dhe veçanërisht e brezit të ri.

Me këtë rast nga ana e organizatave të frontit dhe rinisë mund të ndërmerren aksione konkrete, duke i konsideruar ato si faktor për edukimin revolucionar të masave. Aksionet që do të merren në këtë fushë të shërbejnë që krahas rregullimit dhe mirëmbajtjes të objekteve ekzistuese të propagandës monumentale të vlejnë, gjithashtu edhe për ngritjen e objekteve të reja, që lidhen me ngjarjet më të shënuara të popullit tonë, sidomos me ato ngjarje që pasqyrojnë temën e Luftës Nacional–Çlirimtare, temën e ndërtimit socialist dhe atë të thellimit të revolucionit ideologjik dhe kultural.

2

Dihet se propagandën monumentale nuk e përbëjnë disa gjini të caktuara, siç janë lapidarët, bustet ose komplekse skulpturale. Këto janë vetëm disa lloje të saj. Çeshtja është që të gjallërohen gjerësisht të gjitha komponentet e tjera të kësaj dege të propagandës së partisë, që nga parullat e pllakatat e gjer tek panot e pikturat murale të llojeve më të ndryshme.

Ndërkaq për të bërë më militues rolin e propagandës monumentale, ka ardhur koha të merren masa për zhvillimin e disa gjinive më të efektëshme artistike, siç janë vendosja e bazorelieveve, statujeve të llojeve të ndryshme të skulpturës së parqeve, panove, pikturave murale e tjerë. Domosdo vendosja e tyre të bëhet, në radhë të parë, në ato lokale, salla, teatro, qendra pune, reparta ushtarake, sheshe apo lulishte, që frekuentohen më shumë nga masat. Nga ana tjetër Ministria e Ndërtimit dhe organet e saja projektuese në konsultim me Ministrinë e Arësimit dhe Kulturës si dhe me Lidhjen e Shkrimtarëve dhe Artistëve, të kenë paraqysh që në veprat më të rëndësishme që do të ndërtohen pas këtaj të parashikojnë vende të posaçme, ku me kohë mund të vendosen objekte të propagandës monumentale.

Puna për zgjidhjen e këtyre kërkesave jo vetëm

duhet të lidhet ngushtë me nevojën për revolucionarizimin e mëtejshëm të propagandës monumentale, por njëkohësisht ajo të shërbejë për zhdukjen e të gjitha ndikimeve të huaja të ideologjisë feudo-borgjeze e fetare që trashëgojmë nga e kaluara në këtë fushë e që në njerën apo tjetrën formë veprojnë në ndërgjegjen e masave. Kuptohet se fjala është për të zhdukur përfundimisht ose për të grumbulluar, sipas rastit apo objekte (si kryqet, statujet etj), që kanë përmbajtje fetare e që ende gjenden të vendosura aty këtu. Nga ana tjetër hiqen nga lokalet publike, restorantet, stacionet e trenit etj, pikturat e bëra me shije e përmbajtje ideo-artistike të pa përshtatshëm dhe të zëvëndësohen gradualisht me vepra artistike të përshkruara nga fryma e kohës. Po kështu të pezullohen të gjitha prodhimet (jasteket, tabllot e qëndisura etj) me përmbajtje të keqe, që nxjerr në treg artizanati.

Paralelisht me punën për zhvillimin e mëtejshëm të propagandës monumental, rëndësi të veçantë merr çeshtja e shfrytëzimit sistematik të objekteve të kësaj propagande për edukimin e vazhdueshëm të masave. Deri tani në vendet ku janë vendosur këto objekte janë organizuar aktivitete të ndryshme, por megjithatë organizimi i pakët i këtyre aktiviteteve (vetëm me raste fushatash) tregon se përdorimi i objekteve të propagandës monumentale ende nuk kuptohet si nevojë e domosdoshme, që ndihmon për njohjen dhe përvehtësimin e historisë dhe traditave revolucionare të popullit. Këtej e kanë burimin format e kufizuara dhe jo tërheqëse që praktikohen në drejtim të shfrytëzimit të objekteve të propagandës monumentale për edukimin e gjithanëshëm komunist të masave, sidomos të rinisë. Këtu nuk është fjala për të dhënë receta, se çfarë formash e aktivitetesh mund të praktikohen paskëtaj për edukimin revolucionar të masave nëpërmjet lapidarëve, busteve, monumenteve etj. Këtë çeshtje çdo organizatë, qendër pune, shkollë apo repart ushtarak mund të zgjidh sipas kushteve dhe mundësive konkrete që ka, duke aplikuar pranë objekteve të propagandës monumentale forma të shumëllojshme, që nga ato që njihen e deri tek betimi ushtarak, organizimi i koncerteve me këngë dhe poezi revolucionare, dhënie flamurësh etj. Rëndësi ka që punën për edukimin e masave me anën e objekteve të propagandes monumentale ta ngremë në sistem dhe ta lidhim ngushtësisht me qëllimin për kalitjen ideologjike marksiste–leniniste të njeriut tonë të ri.

Për të përmirësuar gjendjen dhe për t'i dhënë hov më të madh zhvillimit të propagandes monumentale propozojmë të merren edhe këto masa:

1. Me rastin e festimit të jubileut të madh të 25-vjetorit të çlirimit të Atdheut të shpallet një fushatë e gjërë nacionale për lapidarët dhe objektet e tjera të propa-
gandes monumentale në këto dy drejtime:
   a. Të rregullohen e përmirësohen objektet ekzistuese.
   b. Të vendosen objekte të reja.
   Për këtë qëllim Ministria e Arësimit dhe Kulturës në bashkëpunim me organet lokale të marrë masat që brenda një afati sa më të mundëshme, të vishen me mermer të gjithë lapidarët që janë vendosura gjatë rrugëve automobilistike, dhe në të njejtën kohë të zëvëndësohen lapidarët e pa përshtatshëm.
   Nga ana tjetër Ministria e Arësimit dhe Kulturës të bëjë projekte tip (disa llojesh) për lapidarët që do të ngrihen, duke patur parasysh faktin që çdo model tip të përmbajë motivet karakteristike të epokave të caktuara nga historia e popullit tonë.

2. Krahas objekteve të ndryshme të propagandes monumentale, që do të ngrihen për të kujtuar ngjarjet më të rëndësishme të historisë dhe veprës së partisë e popullit tonë nga epopeja e madhe e Luftës Nacional–Çlirimtare dhe ndërtimi socialist; në kuadrin e jubileut të 25-vjetorit të çlirimit të Atdheut, të vendosen monumente dhe komplekse skulpturale tematike që të trajtojnë disa nga ngjarjet më të shënuara të luftës së klasave që kanë bërë masat popullore për çlirimin shoqëror, duke nxjerrë mirë në pah rolin e heroizmit masiv.
   Kudjes i veçantë t'i kushtohet sidomos vendosjes së objekteve të ndryshme të propagandës monumentale (pano, piktura murale, komplekse skulpturale etj.) që pasqyrojnë mobilizimin e masave dhe heroizmin e tyre masiv në luftë për realizimin e iniciativave revolucionare që kanë shpërthyer kudo në vendin tonë, si dhe të veprës së tyre për thellimin e mëtejshëm të revolucionit ideologjik e kultural.
   Në mënyrë që të përballohen nevojat e mëdha që do të paraqiten në këtë fushë, ashtu si dhe për projektimin e lapidarëve e përkujtimorëve të tjera, krahas angazhimit të skulptorëve dhe arqitektëve, Ministria e Arësimit dhe Kulturës të udhëzojë Universitetin Shtetëror të Tiranës dhe Institutin e Lartë të Arteve, që në detyrat mësimore studentët e Degës së Arteve Figurative dhe ata të Fakultetit të Inxhinierisë të ngarkohen me punë për të bërë projekte komplekseseh skulpturale, lapidarësh dhe objekte të tjera të propagandës monumentale që lidhen me pasqyrimin e tematikës së mësipërme.

3. Në kuadrin e fushatës për përmirësimin e gjendjes dhe zvhillimin e mëtejshëm të propagandës monumentale, të mos mbetet asnjë ngjarje pa u përkujtuar dhe fiksuar në ndonjë objekt sado të thjeshtë të propagandës monumentale. Me këtë rast të vendosen pllaka përkujtimore në çdo objekt ku janë themeluar celulat e punës, shkollat etj. që të mbajnë emërtime

dëshmorësh apo ngjarjesh.

4. Të gjitha komitetet e partisë dhe organet e tjera për-
katëse ta studjojnë gjendjen e propagandës monu-
mentale dhe të përcaktojnë konkretisht detyrat që
u dalin atyre për zgjidhjen e këtij problemi. Për këtë
çeshtje të ngrihen komisione të posaçme.

5. Për të disiplinuar më mirë çeshtjen e vendosjes së
objekteve të propagandës monumentale, të mos
ngrihen objekte të tilla që kanë në nomenklaturën e
vet rrethet, pa u parë dhe konsultuar projektet e tyre
me masat dhe komisionet.

6. Të bëhët regjistrimi dhe pasaportizimi i gjithë
objekteve të propagandës monumentale dhe të vihen
ato nën kujdesin e plotë të komiteteve ekzekutive
dhe muzeumeve lokale.

7. Me fillimin e fushatës për rregullimin e gjendjes dhe
zhvillimin e mëtejshëm të propagandës monumen-
tale të shkruhet herë mbas here në shtypin qëndror
dhe lokal.

8. Shtëpia Botuese "Naim Frashëri" në prag të 25-vje-
torit të çlirimit të Atdheut të nxjerrë një album me
veprat artistike më të bukura të propagandës monu-
mentale.

Ne mendojmë se përcaktimi konkret i masave për forci-
min e mëtejshëm të rolit të propagandës monumentale
bëhet më i domosdoshëm, sidomos tani, kur revolucioni
ideologjik e kultural ka hy në një fazë të re zhvillimi.

Dignified Symbols for Historical Events

Kujtim Buza & Kleanth Dedi

As a direct result of the great care of the party and the government, a healthy social opinion has been created in our country to keep alive the mass and individual heroism and to immortalize the different events of local and national importance.[1] There is a sensible growth in the number of memorials in our country. Nowadays, we have about 500 lapidars, over 300 commemorative plaques, 140 busts, and 27 monuments and memorials.

The study of the number of those symbols also brings out problems that show their appreciation by different regions. We do not pretend that there is an equality in number between regions. There are differences and there have to be. Those are related to the number of events or persons that one or the other region has to be commemorated.

There are regions such as Tiranë, Gjirokastër, Berat, and the one of Dibër that, taken together, already possess a third of the number of lapidars located in all other regions. The region of Dibër has as many lapidars as Tiranë and Korçë together, or Berat alone has trice as many lapidars as Kukës and Pukë.

The most emphatic distortion occurs in the placement of commemorative plaques. Tiranë alone, with 103 commemorative plaques, has more than ten regions together. Tiranë, Korçë, and Gjirokastër taken together have more commemorative plaques than the other twenty-three regions.

Incorrect ratios also exist for the erection of busts in comparison with lapidars. So, for example, in the region of Shkodër there are 16 lapidars and 17 busts. There are regions like Librazhd and Gramsh, where no bust at all has been erected, and others which have a very limited number.

We make these comparisons because they show problems that we think the (executive) party commit-

tees of the regions have to stop and bring to an end. There are several causes that have been a negative influence in this direction. We think that not everywhere in the regions the opinion has been created to erect such objects, there is subjectivism, some treat the problem more broadly, some show themselves to be conservative. So there are regions that even for less important events think and take care to place something as a commemorative sign, and they do well. But other regions do not work correctly in the least, leaving the memory of important events to whither. This has been influenced by the level of knowledge. But the lack of the necessary material basis is not without importance either. This last point, apart from the others, explains the fact that several small regions, especially in the north, have a very small number of commemorative works.

We think that what always needs to be kept in mind is that not everywhere symbols have been placed after a thorough study of the history of the region. This has had an influence on both the general number of events within the region and the ratio between historical periods, events, persons, and the type of symbol itself (bust or statue, lapidar or plaque, lapidar or memorial, etc.).

This duty can be realized even better than we have done so far, if we base ourselves fully on precise studies. It is the duty of (executive) party committees to better centralize the work within the region, to secure this study, to choose the order of placement by means of a yearly plan and perspective. The path of subjectivism and a narrow local spirit that creates disorder and anomaly need to be cut off.

It has been a correct action to erect a considerable number of works of this character for the National Liberation War, even though for this grand epic, both on a national and a local level, there are events or persons that are still not commemorated. An similar addition to commemorative plaques will be made this year. Moreover, many regions have foreseen the erection of new lapidars, busts, etc. that belong to that period.

Great attention and appreciation need to be shown to the period of the building of socialism. This can be said both on a national and a local level, because there

---

1   Originally published in *Zëri i Popullit* (May 31, 1971), p. 3; based on a governmental report by the same authors, "Disa probleme dhe masa për të ngritur me kritire më të drejta monumentet, përmendorët, bustet, lapidarët dhe pllakat përkujtimore." AQSH, f. 511 v. 1970 d. 86, pp. 2–22.

are regions such as Tiranë, Vlorë, Gjirokastër, Kolonjë, and Pogradec that do not have any symbol for that period. The region of Dibër is represented relatively well, with 11, as well as the one of Krujë, with 8. According to us, we are dealing here with a shallow treatment of this problem, with incorrect concepts that have suggested that these are events known by all, let's wait for some years to pass and the events have become "stable," become "historical" and after that let's think about how to commemorate them. It may be too much to comment on the great importance of historical events, mass and individual heroism of our people for the building of socialism. As regards this problem we think that a special study is to be done on a national and local level, determining the events and then considering their commemorations with works of a monumental character.

More attention also needs to be shown for the commemoration and immortalization of the events of the period from ancient times until the year 1939, because as is known, this is a long period full with many heroic events of our ancestors. For this period, the gap (especially the 15th century) has been well filled during the festivities of the 500th anniversary of Skënderbeg's death.

We need to turn our attention also to another aspect of the problem, because, as it seems, commemorative symbols are mainly placed for different battles, martyrs, several political events, etc., and deal less with other events from the people's history, such as problems that illustrate several rare characteristics of our people, e.g., word of honor [besë], honor [nder], generosity [bujari], mass and individual heroism, etc. So, for example, a commemorative symbol for the Assembly of the Highlanders could be erected, in which the word of honor was given and bloodfeud was denounced. The role of the woman is also less evidenced in different periods, the role of children, etc.

Another important aspect of this problem is also the artistic realism of those works with a monumental character. The materialization of important events from the history of our country in monumental works shows a great appreciation for the age-old heroism of the people. Even though some of the symbols erected during the last years do not have the right artistic presentation, they have a great benefit, as they have pinpointed events that show the different stages of our development. Now the time has come and there is every possibility to continue to build (as has been successfully done the last years) dignified symbols. As such we may mention the lapidar dedicated to the First Offensive Brigade in Makërzë, Vithkuq [ALS–147], several lapidars built in the Tiranë region, as well as the one of the Third Brigade, Qemal Stafa [ALS–4], Misto Mame, Mine Peza [ALS–6], etc. Several lapidars built in the regions of Gjirokastër, Tepelenë, Berat, Durrës, Librazhd, and Shkodër, etc., are well executed and we honor them. But we also have weakly executed ones without any emotion, built without criteria, and we would say several ugly creations.

An important problem in the execution of those monumental objects is and has been the creation of the spirit of the time to which they are dedicated. Also in this regard we have good examples, such as the lapidars dedicated to Skënderbeg in Krujë [ALS–594], Lezhë, Librazhd, Vlorë [ALS–476], Gjirokastër [ALS–394], and Berat [ALS–213]. These are creations permeated by the spirit of the time to which they are dedicated, andunlocking the concrete event over our ideo-artistical requirements.

Other lapidars dedicated to the National Liberation War have in essence an original new idea, and sometimes, for the sake of architectural–sculptural unity, works are executed that present another epoch with a new generalizing force different from the lapidars dedicated to the epoch of Skënderbeg. Nevertheless, it has to be said that the lapidars dedicated to the National Liberation War and the few ones dedicated to our epoch of the building of socialism are works that repeat each other, built according to several inexplicable templates, uniform, without keeping in mind the event that it is dedicated to, the environment, the time, etc.

The mindless erection of lapidars, as high as possible, cut from the earth high into the sky, to be an absolute, columnal lapidar rising upward – this has gone too far and has become a negative criterion in those executions. In several cases the vertical dimension even became the basic criterion to determine the importance of the event.

There are noted tendencies in the practice of lapidar construction to make them approach the roadside or place them inside the city, with the aim to be closer to the passerby. We think that such a solution diverts their meaning itself, degrades howsoever little the atmosphere and emotion that the environment in which the event happened itself would create. Surely, we are not talking here about delimiting the event to exactly where it happened even if the environment is not adequate. They are to be moved from the true location of the event only for the sake of monumentality, identification, and new conditions that can be created in the service of the memorial, and this not kilometers away, but somewhere nearby.

In the monotony created in several lapidars, except the architectural solutions with upright columns, another downside has been the commonplace and mindless usage of marble as a building material, which, being simultaneously cut in specific formats, creates and dictates by itself templates in terms of dimensions, and consequently, form.

Not everything should be executed in marble. White marble is affixed even to a rock that can be chiseled and stone that can be used, appearing like an esthetically facile and prop material. There are cases, such as the region of Librazhd, which realized a lot of such constructions with chiseled stone, making good use of the conditions, tradition, etc., but also here stones with different dimensions need to be sought and chiseled, according to the place where the memorial would be erected.

And another problem. In general, reading the writings on our memorials, one notices a sort of standardization and unemotional phrase construction, a lack of originality and mania for writing everything on a small plaque. Not only the content of the writing, but also the style of its engraving, the dimensions of the plaques, the material from which they are produced have to be located with care and used in the service of the event.

Also, there is a problem with the content of the writing on the plaques that are dedicated to encounters with the enemy, or assassinations and different actions. In several cases the name of the assassin who accomplished the heroic act is mentioned, in other cases the name of the spy or criminal who was executed, thus immortalizing only the enemy and not the one who condemned him to death.

We think it necessary that on them the two sides are engraved beside one another, emphasizing with an all the more tendentious and empotional language the heroic act of the assassin.

Or how emotionless they speak about a courageous and heroic act such as the one accomplished by Hero of the People Vasil Laçi on the small plaque placed for him in Tiranë! "Here, on May 18, 1941, patriot Vasil Laçi made an assassination attempt against the king of Italy Vittorio Emmanuele III." If one would think about this well, there is a very meaningful saying about this event, an appreciation of the hero and his act, by comrade Enver: "The assassination attempt of the Albanian youth that shot Vittorio Emmanuele III on Durrës Road is the beginning of a great uprising that was being prepared."

It is too much to say that history is not written without names and dates. What is important, is to know how to position them so as to make each passerby stop in front of them, think and take with him the spirit of the time.

Simbole dinjitoze ngjarjeve historike

Kujtim Buza & Kleanth Dedi

Si rezultat i drejtpërdrejtë i kujdesit të madh të partisë dhe të pushtetit, në vendin tonë, për të mbajtur gjallë heroizmin masiv dhe individual, për të përjetësuar ngjarjet e ndryshme me rëndësi lokale e kombëtare, është krijuar një opinion i shëndoshë shoqëror.[1] Ka rritje të ndjeshme të numurit të përkujtimoreve në vendin tonë. Sot kemi rreth 500 lapidarë, mbi 300 pllaka përkujtimore, 140 buste dhe 27 monumente e përmendore.

Nëpërmjet studimit të numurit të këtyre simboleve, dalin edhe probleme që tregojnë vlerësimin që bëhet nga rrethet e ndryshme. Ne nuk pretendojmë të ketë barazi në numur midis rretheve. Ndryshime ka dhe duhet të ketë. Ato janë të lidhura me numurin e ngjarjeve ose të personave që kan njeri ose tjetri rreth për t'u përkujtuar.

Ka rrethe si Tirana, Gjirokastra, Berati dhe ai i Dibrës të marrë së bashku që kanë gati një të tretën e numurit të lapidarëve të vendosur në gjithë rrethet e tjera. Rrethi i Dibrës ka aq lapidarë sa kanë Tirana dhe Korça së bashku, ose vetëm Berati ka trefishin e lapidarëve të Kukësit e Pukës.

Çpërpjesëtime më të theksuara ka në vendosjen e pllakave përkujtimore. Vetëm Tirana, me 103 pllaka përkujtimore, ka më shumë se dhjetë rrethe së bashku. Tirana, Korça, dhe Gjirokastra të marra së bashku kanë më shumë pllaka përkujtimore se njëzet e tri rrethet e tjera.

Raporte jo të drejta ka edhe në ngritjen e busteve në krahasim me lapidarët. Kështu, p.sh., në rrethin e Shkodrës ka 16 lapidarë dhe 17 buste. Ka rrethe si Librazhdi e Gramshi, që s'kanë ngritur as edhe një bust dhe të tjera që kanë një numur shumë të kufizuar.

I bëmë këto krahasime pasi nëpërmjet tyre dalin disa probleme që mendojmë se komitetet e partisë dhe ato ekzekutive të k.p. të rretheve duhet të ndalen dhe të nxjerren përfundime. Ka disa shkaqe që kanë influencuar negativisht në këtë drejtim. Ne mendojmë

se jo kudo në rrethe është krijuar opinioni që të ngremë objekte të ti-lla, ka subjektivizëm, disa e trajtojnë më gjërë problemin, disa tregohen konservatorë. Kështu ka rrethe që edhe për ngjarje më pak të rëndësishme mendojnë e kujdesën të vendosin diçka si shënjë përkujtimore dhe mirë bëjnë, por nuk veprojnë aspak drejt rrethe të tjera që lënë në harresë përkujtimin e ngjarjeve të rëndësishme. Për këtë ka influencuar shkalla e njohjes së ngjarjeve. Por nuk është pa rëndësi edhe mungesa e bazës së nevojshme materiale. Me këtë të fundit, veç të tjerave, shpjegohet fakti që disa rrethe të vogla, sidomos në veri, kanë një numur shumë të vogël veprash përkujtimore.

Mendojmë se ajo që duhet të kihet gjithmonë parasysh është se jo kudo këto simbole janë vendosur pas një studimi të thellë të historisë së rrethit. Kjo ka influencuar si në numurin e përgjithshëm të ngjarjeve brënda rrethit ashtu edhe në raportin midis periudhave historike, midis ngjarjeve, personave dhe vetë llojit të simbolit (bust apo statujë, lapidar apo pllakë, lapidar apo përmendore, etj.).

Realizimi i kësaj detyre mund të bëhet edhe më mirë nga sa e kemi bërë deri sot në qoftë se mbështetemi plotësisht në studime të sakta. Është detyrë e komiteteve të partisë dhe e atyre ekzekutive ta centralizojnë më mirë punën brënda rrethit, ta sigurojnë këtë studim, të zgjedhin radhën e vendosjes nëpërmjet një plani vjetor dhe perspektiv. Këtu u duhet prerë rruga subjektivizmit dhe frymës së ngushtë lokale, që krijojnë çrregullime dhe anomali.

Është vepruar drejt që për Luftën Nacional–Çlirimtare është ngritur një numur i konsiderueshëm veprash të këtij karakteri, megjithatë për këtë epope të madhe, si në rang kombëtar ashtu edhe lokal, ka ngjarje apo persona që akoma nuk janë përkujtuar. Një shtesë e ngjeshme në pllaka përkujtimore (kushtuar dëshmorëve të çdo fshati) do të bëhet që këtë vit. Po kështu, shumë rrethe kanë parashikuar të ngrenë lapidarë, buste, etj. të rinj që i takojnë kësaj periudhe.

Një vëmëndje dhe vlerësim më i madh duhet treguar për periudhën e ndërtimit socialist. Kjo mund të thuhet si në rang kombëtar ashtu edhe lokal, pasi ka rrethe si

---

1 Nga *Zëri i Popullit* (31 maj 1971), f. 3; në bazë të raportit "Disa probleme dhe masa për të ngritur me kritire më të drejta monumentet, përmendorët, bustet, lapidarët dhe pllakat përkujtimore," AQSH, f. 511 v. 1970 d. 86, fl. 2–22.

Tirana, Vlora, Gjirokastra, Kolonja dhe Pogradeci që nuk kanë as edhe një simbol për këtë periudhë. Relativisht më mirë paraqitet rrethi i Dibrës, me 11 dhe ai i Krujës, me 8. Për mendimin tonë, këtu kemi të bëjmë me një trajtim të cekët të këtij problemi, me koncepte jo të drejta që kanë sjellë në mendimin se këto janë gjëra të njohura nga të gjithë, të presim të kalojnë disa vjet që ngjarjet të "staxhionohen", të bëhen "historike" dhe pastaj të mendojmë si t'i përkujtojmë. Është e tepërt të komentojmë rëndësinë e madhe që kanë ngjarjet historike, heroizmi masiv dhe individual i njerëzve tanë për ndërtimin e socializmit. Për këtë problem mendojmë që në shkallë kombëtare dhe lokale të bëhet një studim i veçantë, që të pikëtohen ngjarjet e pastaj të mendohet për përkujtimin e tyre me vepra me karakterit monumental.

Më shumë vëmëndje duhet treguar edhe për përkujtimin dhe përjetësimin e ngjarjeve të periudhës nga kohët më të lashta deri në vitin 1939, pasi siç dihet, kjo është një periudhë e gjatë dhe e ngjeshur me plot ngjarje heroizmi të të parëve tanë. Një plotësim i mirë u bë për këtë periudhë (sidomos për shekullin e 15-të) gjatë festimit të 500-vjetorit të vdekjes së Skënderbeut.

Vëmëndjen tonë duhet ta drejtojmë edhe në një aspekt tjetër të problemit, pasi, siç shihet, kryesisht simbole përkujtimore janë vendosur për luftra të ndryshme, dëshmorë, disa ngjarje politike, etj. dhe trajtohen më pak ngjarje të tjera të historisë së popullit, si bie fjala probleme që ilustrojnë disa veti të ralla të karakterit të popullit tonë, si besë, nderin, bujarinë, heroizmi masiv e ai individual, etj. Kështu, p.sh., mund të ngrihej një simbol përkujtimor kushtuar Kuvendit të malësorëve, në të cilin u lidh besa dhe u dënua gjakmarrja. Më pak evidentohet edhe roli i gruas në periudha të ndryshme, ai i fëmijëve, etj.

Një aspekt tjetër i rëndësishëm i këtij problemi është edhe realizimi artistik i këtyre veprave me karakter monumental. Materializmi në vepra monumental i ngjarjeve të rëndësishme të historisë së vendit tonë është një vlerësim i madh që i bëhet heroizmit shekullor të popullit. Edhe pse disa nga simbolet e ngritura vite më parë nuk kanë paraqitjen e duhur artistike, ato kanë një të mirë të madhe, pasi kanë saktësuar ngjarjet dhe tregojnë stadet e ndryshme të zhvillimit tonë. Tani ka ardhur koha dhe janë të gjitha mundësitë të vazhdojmë të ndërtojmë (siç është arritur me sukses këto vitet e fundit) simbole dinjitoze. Si të tilla mund të përmendim lapidarin kushtuar Brigadës së 1-rë sulmuese në Makërzë të Vithkuqit [ALS–147], disa lapidarë të ndërtuar në rrethin e Tiranës, si ai i Brigadës së 3-të, i Qemal Stafës [ALS–4], i Misto Mamës, i Mine Pezës [ALS–6], etj., disa lapidarë ndërtuar në rrethet e Gjirokastrës, Tepelenës, Beratit,

Durrësit, Librazhdit dhe Shkodrës, etj. janë realizime të mira e që na nderojnë. Por kemi edhe realizime të dobëta e fare pa emocion, ndërtuar pa kriter, dhe do të thoshim disa krijime të shëmtuara.

Një problem i rëndësishëm ka qënë dhe është, në realizimin e këtyre objekteve monumentale krijimi i frymës së kohës, së cilës ato i kushtohen. Edhë në këtë vështrim kemi shembuj të mirë, si lapidarët kushtuar epokës së Skënderbeut në Krujë [ALS–594], Lezhë, Librazhd, Vlorë [ALS–476], Gjirokaster [ALS–394], dhe Berat [ALS–213]. Këto janë krijime që i përshkon fryma e kohës së cilës i kushtohen, zbërthejnë ngjarjen konkrete mbi kërkesat tona ideoartistike.

Të tjerë lapidarë kushtuar Luftës Nacional–Çlirimtare kanë në embrion një mendim të ri origjinal dhe herë-herë, për hir të unitetit arkitekturë–skulpturë, janë realizuar vepra që paraqesin një epokë tjetër me forcë të re përgjithësimi në ndryshim nga lapidarët kushtuar epokës së Skënderbeut. Megjithatë duhet thënë se lapidarët kushtuar Luftës Nacional-Çlirimtare dhe ata të pakët kushtuar epokës sonë të ndërtimit të socializmit janë vepra që përsëritin njera-tjetrën, ndërtuar pas disa shablloneve të pashpjegueshme, uniforme, pa marrë parasysh ngjarjen që i kushtohet, ambientin, kohën, etj.

Ngritje pa kriter, sa më lart, e lapidarëve, shkëputja nga toka lart në qiell, të qënunit pa tjetër një lapidar e një kollone që ngrihet përpjetë. – kjo u tepërua dhe u bë kriter negativ në këto realizime. Bile në disa raste dimensionet në lartësi u bënë kriter bazë për të përcaktuar rëndësinë e ngjarjes.

Në praktiken e ndërtimit të lapidarëve janë vënë re tendenca të afrimit të tyre gjatë rrugës ose brenda në qytet, me qëllim që të jenë sa më pranë kalimtarit. Mendojmë se një zgjidhje e tillë sposton vetë kuptimin e tyre, degradon sado pak atmosferën dhe emocionet që do te krijonte vetë ambienti ku ndodhi ngjarja. Sigurisht, këtu nuk e kemi fjalën që ngjarja të pikëtohet pikërisht aty ku ka ndodhur edhe në qoftë se ambienti nuk është i përshtatshëm. Lëvizja e tyre nga vendi i vërtetë i ngjarjes të bëhet vetëm për hir të një monumentaliteti, evidentimi dhe kushtesh të reja që mund të krijohen në shërbim të përkujtimores, dhe kjo jo me kilometra larg, por diku aty pranë.

Në monotoninë e krijuar në disa lapidarë, veç zgjidhjeve arkitektonike me kollona përpjetë, një minus ka qenë edhe përdorimi kudo dhe pa kriter i materialit të ndërtimit, mermerit, i cili, duke qënë njëkohësisht i prerë në formate të caktuara, krijoi dhe diktoi vetvetiu shabllone në dimensione dhe, rjedhimisht, në formë.

Jo gjithëçka duhej të realizohej me mermer. Edhe mbi një shkëmb ku mund të gdhëndej e të përdorej guri, u ngjit mermeri i bardhë, që tingëllonte estetikisht si një material i lehtë dhe butaforik. Ka raste si rreth i Librazhdit, i cili shumë ndërtime të tilla i realizoi me gurë të gdhendur, duke shfrytëzuar mirë kushtet, traditën, etj., por edhe këtu duheshin kërkuar e gdhëndur gurë në dimensione të ndryshme, sipas vendit ku do të ngrihej përkujtimorja.

Edhe një problem tjetër. Në përgjithësi, duke lexuar shkrimet nëpër përkujtimoret tona, vihen re një farë standardizimi dhe ndërtimi joemocional të frazave, mungesë origjinaliteti dhe mani për t'i shkrojtur të gjitha gjërat në një pllakë të vetme. Jo vetëm përmbajtja e shkrimit, por edhe stili i të gdhëndurit të tyre, dimensionet e pllakave, materiali në të cilin punohen ato duhet gjetur me kujdes dhe përdorur në shërbim të ngjarjes.

Gjithashtu, është problem përmbajtja e shkrimit në pllakat që i kushtohen ndeshjes me armikun, apo atentateve e aksioneve të ndryshme. Në disa raste shënohet emri i atentatorit që kreu aktin heroik, në raste të tjera shënohet emri i spiunit apo kriminelit që u ekzekutua, duke u përjetesuar vetëm armiku dhe jo ai që e dënoi atë me vdekje.

Ne mendojmë se është e domosdoshme në to gdhenden të ballafaquara të dy palët, duke theksuar me një gjuhe sa më tendencioze e emocionale aktin heroik të atentatorit.

Ose sa pa emocion flitet për një akt të guximshëm e heroik si ai që bëri Heroi i Popullit Vasil Laçi në pllakën të vogël me dimensione vendosur për të në Tiranë! "Këtu, më 18 maj 1941, patrioti Vasil Laçi bëri atentatin kundër mbretit të Italisë Vitorio Emanueli i III-të". Në se do të mendohej mirë, për këtë ngjarje kan një thënie shumë kuptimplote, vlerësim të heroit dhe të aktit të tij, nga shoku Enver: "Atentati i djaloshit shqiptar që qëlloi Viktor Emanuelin III në rrugën e Durrësit, ishte fillimi i një kryengritje të madhe që po pregatitej".

Është e tepërt të themi që historia nuk shkruhet pa emra e data. Rëndësi ka të dihet si t'i vemë këto për të bërë që çdo kalimtar të ndalet para tyre, të mendojë dhe të marrë me vete frymën e kohës.

Natural and Cultural Monuments during the Years of Socialism

Muharrem Xhafa

During the years of socialism, the popular government in Albania, even all ofAlbanian society, gave special importance to the issue and values of cultural monuments and as such held them in high regard. Certainly this is not something accidental, but the result of a realistic politics followed by the Labor Party of Albania in power, which always showed itself concerned toward the sector, life, and problems of cultural monuments, and appreciated this activity with value and great importance for society and Albanian history, in the broadest sense of the word. It did not limit the content, meaning, and role of monuments to the framework of cultural monuments alone. So for the party, state, institutions, and public opinion the concept "monument" included cultural monuments, but also an old artisanal house, a bridge, a building, or something else with artistic, cultural and historical, archeological, or architectural value, as well as works, documents, evidence, and early monuments of the writing of the Albanian language, etc. Also a written work of outstanding historical, cultural, or scientific value for the past or present of country, was understood to be part of this. The Albanian state and population valued all riches inherited throughout the centuries and created during the years of the National Antifascist Liberation War and in the decades of the country's building of socialism – erected monumental works, completed monumental studies, created monumental compositions, buildings, bridges, and monumental ensembles, pictures, sculptures, monumental tableaus, monumental centers in cities, inhabited zones, and villages. In its endeavors to create grand, monumental works, which left deep impressions with their large dimensions and thoroughly popular–national content, with the greatness they expressed and incredible generalizing features, rising up high, spreading glory to the heroism of the people, its outstanding sons.

The Labor Party of Albania appreciated cultural monuments as buildings and works with historical, cultural, and artistic value, which were protected by the socialist state and fell under its protection. From the year 1948, the Albanian state, as soon as it emerged from the National Antifascist Liberation War, adopted a special law on cultural monuments and also announced the first list of cultural monuments. Extending this concern, the city–museums of Gjirokastër and Berat, the catacombs of Durrës, and the Old Market of Krujë were brought under the protection of the state. Later, the historical centers of Tiranë, Vlorë, Korçë, and Elbasan were included as well. The cultural monuments in Albania under the care of the state were evaluated, classified, and divided based on rigorously scientific criteria in accordance to their nature and values, historical monuments–buildings, places and things related to historical events and with outstanding figures. In archeological, architectural, artistic, ethnographical, environmental monuments – city and village complexes from different epochs that constitute historical–artistic complexes, together with their natural environment.

In the concept of the state and of institutions specialized in the field, cultural monuments were appreciated as a great national wealth and historical–scientific documents, as art works, which serve the elevation of the culture and civil and patriotic education of the people and the emancipation of society. The legal and actual protection, concretely, of monuments, which was accompanied by their constant maintenance and restoration, constituted a special preoccupation for the popular state during the years of socialism. Any negligence in this field, intentionally or not, was intolerable and punishable by law.

The popular government dedicated special attention to natural monuments. It clearly specified that natural monuments are objects of a living nature with special esthetic, historical, and scientific values, such as different caves, canyons, cliffs, and rocks with uncommon features, unique geological formations, cataracts, forceful underground sources, rare woods and animals, etc. Natural monuments also included territories (an entire territory), which distinguished themselves by original combinations of natural conditions, by natural objects and appearances that are only observed, or are only observed rarely, in other places. During the years of socialism, such territories were declared "national park" or "reserve." Besides this, natural monuments are objects that are related to important historical events such as the Plane of Mashkullorë in Gjirokastër, the Cave of Dragobi and the Chestnut of Bajram Curri in Tropojë, the "Cut Rock," etc. Because of a series of features in its geological and paleogeographical development, Albania has many natural monuments in the lithological make-up of its territory, in its climate, hydrography, biological worlds, etc.

Natural monuments have been forever part of the territory of Albania, but before the liberation of the country, the state's care for them has been almost inexistent. After the liberation of the country on November 29, 1944, with the establishment of popular government and during the process of the building of socialism, a great, organized work has been done, to carefully bring out and conserve them. Because those, just as other cultural monuments, have a powerful role in the esthetic education of the masses, and serve scholarly, scientific, and educational aims.

It has to clarified that the objects and territories that were declared natural monuments and that were placed under the protection of the state, as well as cultural monuments in general, were evaluated and verified only by scientific institutions charged by the state and based on rigorously scientific criteria, while the organs of local government took care of their protection. The appreciation of periods, great events, outstanding figures, heroic acts and works of the sons of the people were in the center of the attention of the Labor Party of Albania and the government of Socialist Albania. This is clearly shown by the erection of a large number of monuments, memorials, statues, busts, graves, bas-reliefs, sculptural complexes, lapidars, monumental painted tableaus, etc., extending to all corners of the country. To make this attitude and immortal work of the Albanian socialist state more clear and concrete, we mention, without following the criteria from when they were placed, some of the most well-known monuments, that even nowadays constitute the pride of the country and the people of the Albanian nation. Such as the Monuments of Skënderbeg in Krujë and in Tiranë, the Monument of Bajram Curri in Tropojë, the Monument of the Heroes of Vig in Shkodër [ALS–575], the Monument of the Congress of Përmet [ALS–246], the Monument of Mushqeta [ALS–504], the Monument of Independence in Vlorë [ALS–460], the Monuments of Lenin and Stalin in Tiranë, the Monument of Enver Hoxha in Tiranë, the Monumental Ensemble of the Martyrs' Graves in Tiranë [ALS–12] and the Martyrs' Graves in the regions, the Monument of the Partisan in Tiranë [ALS–1], the Museum of Skënderbeg in Krujë, the National Historical Museum, the Monument of the Heroines of Mirditë, not to men-

tion the busts, lapidars, bas-reliefs dedicated to heroic partisan brigades, etc.

The popular government spared no expenses on cultural and natural monuments, on martyrs' cemeteries, lapidars, and everything else in the honor of the history, culture, and heritage of the Albanian people. One may say that everything has been built and restored in the years of popular government, of socialism. There was not a year that the Albanian state did not give funds to this important sector for the life of the country, there was not a Congress of the Labor Party of Albania that did not determine the concrete duties for the sector of natural and cultural monuments, for the pertinent leading state organizations and for the organs of the national government. The State had established a special Institute, the Institute of Cultural Monuments, a special Sector of the Academy of Sciences, not to speak of the Ministry of Culture. There was also a periodical, half-yearly organ of the Institute of Cultural Monuments – *Monumentet* – which since 1971 published studies on architectural and artistic monuments in Albania, on works and restorations. The articles were also accompanied by many illustrations and a summary in French.

The procedures for the immortalization of important historical events and dates in busts, lapidars, monuments, etc., were thought out well, far from the everyday routine and according to the care of the party and the Albanian state. They predicted the fulfillment of this state task to be a continuous proces, which had to be realized bit by bit and year after year, not immediately, in accordance to the economical possibilities of the state, as well as to the cultural growth and increase in national awareness of the people. Ever since the liberation of the fatherland from the foreign nazi-fascist occupiers, the central state organs have tasked the governmental organs in the regions to study and bring out the real situation as regards outstanding figures, martyrs and heroes, and major events, and to plan, on this basis and supported in economic and material possibilities, the annual erection of objects that immortalize the heroic work of the martyrs and heroes of the fatherland and the massive heroism of the people in the struggle for freedom and national independence. This entire proces was under control and had the help and support of the highest organs of the party and the Albanian state, which were informed by the lowest dependent organs about the work that was done.

The state organs of culture in the regions had the competence to construct lapidars, busts, and monuments to immortalize the work of those who fell for freedom and the independence of the country in consultation with the Ministry of (Education and) Culture.

In each case, the propositions were made by the Section of (Education and) Culture and the decision was made by the Executive Committee of the regions. The Ministry of (Education and) Culture had the competence to work on the erection of memorial works that crossed regional borders, while there were other works of a great national importance which were decided on by the Council of Ministers, in collaboration with the central organs of the Labor Party of Albania in accordance to its political line and orientations. It may be said that in the decision process regarding the erection of the objects in the honor of the fallen and important events of the history of our country the Committees of Veterans of the National Anti-Fascist Liberation War were also broadly consulted, both in the regions and in the center, as well as the organs of the organization of the Democratic Front in the regions and the center. This was the way of working until the year 1990, when socialism and the people's government in Albania were overthrown. After the establishment of the bourgeois governement, the cultural objects that immortalized the heroic deeds of war of the Albanian people for freedom and national independence, especially those of the National Anti-Fascist Liberation War and the building of socialism, were subjected to a criminal vandalism. It is a shame that all this wealth of extraordinary value, well-known within Albania and outside, is currently damaged and destroyed, which without hesitation has to be called a veritable crime, an antinational attitude. The problems regarding the cultural and natural monuments remain unaddressed by the current Albanian government and are treated like problems of little importance, not to say that they are completely ignored. Nowadays there are still the possibilities to restore, as much as possible, what has been damaged, but this depends on the appreciation of this sector of importance to the life of a nation, of a country.

The voluminous study completed by Vincent W.J. van Gerven Oei constitutes, in my opinion, a unique case and an expression of the high level of culture that he possesses, which makes him, without exaggeration, a great personality and scholar. I cannot fail to mention that the fact that through this study of excellent value Vincent expresses respect for the Albanian people and a high internationalist spirit, which he carries as scholar and Dutch citizen to the benefit of a people and nation with an ancient history, such as our nation. Without a doubt, the scholar has had to confront an enormous task, to overcome many obstructions and difficulties, and to make a selection from an endless amount of materials, to arrive at the realization of the work in question, *Lapidari*, which, according to me, he has completed with the utmost quality. As a professor with an extensive experience in the university, and as an Albanian, I hereby express my highest regard for Vincent W.J. van Gerven Oei, a true European, for the respect and love he has shown for Albania and the Albanian people in preparation of this work as monumental as its title, *Lapidari*.

Monumentet e natyrës dhe të kulturës në vitet e socializmit

Muharrem Xhafa

Në vitet e socializmit, pushteti popullor në Shqipëri, madje e gjithë shoqëria shqiptare, u jepnin rëndësi të posaçme dhe kishin, po kështu, edhe vlerësim të lartë për çeshtjen e vlerat e monumenteve të kulturës. Sigurisht, kjo nuk ishte diçka e rastit, po ishte rrjedhojë e politikës realiste, që ndiqte Partia e Punës së Shqipërisë në pushtet, e cila gjithnjë tregohej e vëmendshme ndaj sektorit, jetës e problemeve të monumenteve të kulturës, e vlerësonte këtë veprimtari me vlera e rëndësi të spikatur për shoqërinë e historinë shqiptare, në kuptimin më të gjerë të fjalës. Ajo nuk i kufizonte përmbajtjen, kuptimin e rolin e monumenteve thjesht në kuadrin e monumenteve të kulturës. Partia, shteti, institucionet, opinioni shoqëror, në konceptin monument perfshinin, monumente të kulturës, po edhe një ndërtesë të vjetër arti, edhe një urë, një banesa a diçka tjetër me vlera artistike, kulturore e historike, arkeologjike, arkitekturore, edhe veprat, dokumentet, deshmitë e para-monumente të shkrimit të gjuhës shqipe etj. Po kuptohej, gjithashtu, edhe një vepër e shkruar, me vlera të shquara historike, kulturore, shkencore për të shkuaren e vendit e për të tashmen e tij, për qenien e popullit shqiptar. Shteti e populli shqiptar çmonin të gjitha pasuritë e trashëguara në shekuj dhe ato të krijuara në vitet e Luftës Antifashiste Nacionalçlirimtare dhe në dekadat e ndërtimit socialist të vendit – veprat monumentale të ngritura, studimet monumentale të kryera, kompozimet monumentale të bëra, ndërtesat, urat e ansamblet monumentale, pikturat, skulpturat, tablotë monumentale, qendrat monumentale në qytete, zona të banuara e fshatra. Në përpjekjet e saj për të krijuar vepra monumentale, madhështore, të cilat linin mbresa të thella me përmasat e veta të mëdha e me përmbajtjen e tyre të thellë popullore–kombëtare, me madhështinë që shprehnin e trajtat përgjithësuese të papara, që ngrinin lart e i thurnin lavdi heroizmit të popullit, bijve të shquar të tij.

Partia e Punës e Shqipërisë i vlerësonte monumentet e kulturës si ndërtime e vepra me vlera historike, kulturore e artistike, të cilat mbroheshin nga shteti socialist dhe ishin nën kujdesin e tij. Që në vitin 1948, shteti shqiptar, i posa dalë nga LANÇ-i, miratoi një ligj të posaçëm për monumentet e kulturës dhe shpalli listën e parë të monumenteve të kulturës. Në vijim të kësaj përkujdesjeje, në vitin 1961, u vunë nën mbrojtjen e shtetit qytetet-muze të Gjirokastrës e Beratit, nëntoka e Durrësit, Pazari i Vjetër i Krujës. Më pas u përfshinë në këtë përkujdesje qendrat historike në Tiranë, Vlorë, Korçë dhe Elbasan. Monumentet e kulturës në Shqipëri nën kujdesin e shtetit, bazuar në kritere rigorozisht shkencore, vlerësoheshin, klasifikoheshin e ndaheshin në përputhje me natyrën e vlerat e tyre, në monumente historike–ndërtimet, vendet e sendet e lidhura me ngjarjet historike e me figurat e shquara. Në monumente arkeologjike, arkitektonike, artistike, etnografike, mjedisore – komplekset qytetare e fshatare të epokave të ndryshme, që përbëjnë tërësi historike–artistike, bashkë dhe me mjedisin natyror.

Në konceptin e shtetit e të institucioneve të specializuara të fushës, monumentet e kulturës vlerësoheshin si një pasuri e madhe kombëtare e dokumente historike–shkencore, si vepra arti, të cilat shërbejnë për ngritjen e kulturës dhe të edukimit qytetar e patriotik të njerëzve, të popullit, emancipimit të shoqërisë. Për shtetin popullor në vitet e socializmit përbënte një preokupacion të veçantë mbrojtja me ligj dhe në jetë, konkretisht, e monumenteve, e cila shoqërohej me mirëmbajtjen dhe me restaurimin e tyre të vazhdueshëm. Çdo neglizhencë në këtë fushë, me dashje ose jo, ishte e patolerueshme dhe ligjërisht e dënueshme.

Pushteti popullor i kushtonte një vëmendje të veçantë monumenteve të natyrës. Ai përcaktonte qartë se monumentet e natyrës janë objekte të natyrës së gjallë me vlera të veçanta estetike, historike e shkencore, sikurse janë shpellat e ndryshme, kanionet, shkëmbinjtë e guret me trajta jo të zakonshme, zhveshjet gjeologjike unikale, kataraktet, burimet hidrike të fuqishme nëntokësore, drurët e kafshët e rralla etj. Po keshtu në monumente të natyrës përfshiheshin edhe territore (një territor i tërë), të cilat dallohen për ndërthurje origjinale të kushteve natyrore, për objekte e dukuri natyrore, që nuk vërehen ose vërehen pak në vende të tjera. Në vitet e socializmit territore të tilla qenë shpallur "park kombëtar" ose "rezervat". Jo vetëm kaq, monumentet e natyrës janë objekte të cilat lidhen me ngjarje të rëndësishme historike si Rrapi i Mashkullorës në Gjirokastër, Shpella e Dragobisë dhe Gështenja e Bajram Currit në Tropojë, Guri i Prerë etj. Për shkak të një radhe veçorish në zhvillimin gjeologjik e paleogjeografik, Shqipëria në përbërjen litologjike të territorit, në klimën, hidrografinë, botën biologjike etj. ka monumente të natyrës të shumta.

Monumentet e natyrës kanë qenë mot e jetë këtu në territorin e Shqipërisë, po kujdesi për to i shtetit, para çlirimit të vendit, ka qenë thuajse inekzistent. Pas çlirimit të vendit, më 29 nëntor 1944, me vendosjen e pushtetit popullor dhe në procesin e ndërtimit socialist të Atdheut është bërë punë e madhe e organizuar dhe e kujdesshme për nxjerrjen në dukje dhe për vënien në ruajtje. Sepse edhe ato si monumentet e tjera të kulturës kanë një rol të fuqishëm në edukimin estetik e kulturor të masave, shërbejnë për qëllime studimore shkencore e mësimore.

Duhet vënë në dukje se evidentimi e vlerësimi i objekteve dhe territoreve, që shpalleshin monumente të natyrës dhe që viheshin në ruajtjen e shtetit, ashtu si në përgjithësi monumentet e kulturës, bëheshin vetëm nga institucionet shkencore të ngarkuara nga shteti dhe bazuar në kritere shkencore, ndërsa me ruajtjen e këtyre merreshin organet e pushtetit lokal. Ishte në qendër të vëmendjes së politikës së Partisë së Punës të Shqipërisë e të pushtetit në Shqipërinë Socialiste vlerësimi i periudhave, i ngjarjeve të mëdha, i figurave të shquara, i akteve e veprave heroike të bijve të popullit. Për këtë flet qartë ngritja e një numri të madh monumentesh, përmendoresh, shtatoresh, bustesh, varrezash, bazore-lievesh, komplekesh skulpturorë, lapidarësh, tablosh monumentale në pikturë etj., të shtrira në të gjitha anët e vendit. Për të bërë më të qartë e më konkret këtë qendrim e vepër të pavdekshme të shtetit socialist shqiptar po përmendim, pa ndjekur kriterin kohor të vendosjes së tyre, disa prej monumenteve më të dëgjuara, që edhe sot e kësaj dite përbëjnë krenarinë e vendit, e popullit dhe kombit shqiptar. Si Monumenti i Skënderbeut në Krujë e në Tiranë, Monumenti i Bajram Currit në Tropojë, Monumenti i Heronjve të Vigut në Shkodër [ALS–575], Monumenti i Kongresit të Përmetit [ALS–246], Monumenti i Mushqetasë [ALS–504], Monumenti i Pavarësisë në Vlorë [ALS–460], Monumenti i Leninit dhe i Stalinit në Tiranë, Monumenti i Enver Hoxhës në Tiranë, Ansambli Monumental i Varrezave të Dëshmorëve në Tiranë [ALS–12] dhe Varrezat e Dëshmorëve në rrethe, Monumenti i Partizanit në Tiranë [ALS–1], Muzeu i Skënderbeut në Krujë, Muzeu Historik Kombëtar, Monumenti i Heroinave të Mirditës, pa folur për buste, lapidarë, bazorelieve kushtuar brigadave partizane heroike etj.

Pushteti popullor bënte shpenzime jo të pakta për monumentet e kulturës e të natyrës, për varrezat e dëshmorëve, për lapidarët e gjithçka tjetër në nderim të historisë, të kulturës e të trashëgimisë së popullit shqiptar. Mund të thuhet se gjithçka është ndërtuar e restauruar në vitet e pushtetit popullor, të socializmit. Nuk kishte vit që shteti shqiptar të mos jepte fonde për këtë sektor të rëndësishëm të jetës së vendit, nuk kishte Kongres të Partisë së Punës të Shqipërisë që të mos përcaktoheshin detyra konkrete për sektorin e monumenteve të kulturës e të natyrës, për organizmat drejtuese përkatese shtetërore dhe për organet e pushtetit vendor. Shteti kishte ngritur një institut të posaçëm, Institutin e Monumenteve të Kulturës, sektor të posaçëm në Akademinë e Shkencave, pa folur për Ministrinë e Kulturës. Kishte dhe një organ periodik gjashtëmujor të Institutit të Monumenteve të Kulturës – Monumentet – që në vitin 1971, në të cilin botoheshin studime për monumentet e arkitekturës e të arteve në Shqipëri, për punimet e restaurimet. Artikujt shoqëroheshin dhe me ilustrime të plota dhe me një përmbledhje në frëngjisht.

Për përjetësimin në buste, lapidarë, monumente, etj. të heronjvë dhe dëshmorëve të atdheut, të ngjarjeve dhe datave historike të rëndësishme, procedurat ishin të menduara mirë, larg rutinës së ditës dhe në përputhje me kujdesin e partisë e të shtetit shqiptar. Përmbushjen e kësaj detyre shtetërore, e parashikonin si një proces në vijim, që duhej të bëhej realitet shkallë-shkallë e vit pas viti, jo menjëherë, në përputhje me mundësitë ekonomike të shtetit, si edhe me rritjen kulturore e të ndërgjegjes kombëtare të njerëzve. Qysh pas çlirimit të atdheut nga pushtuesit e huaj nazifashiste, organeve të pushtetit në rrethe u ishte vënë detyrë nga organet shtetërore qendrore, që të studionin e të evidentonin gjendjen reale të figurave të shquara, të dëshmorëve e heronjve dhe të ngjarjeve madhore dhe, mbi këtë bazë, mbeshtetur në mundësitë ekonomike e materiale, të planifikonin ngritjen vit pas viti të objekteve, të cilat përjetësonin veprën heroike të dëshmorëve e heronjve të atdheut dhe heroizmin masiv të betejave të popullit në luftën për liri e pavarësi kombëtare. I gjithë ky proces ishte i kontrolluar dhe gëzonte ndihmën e mbështetjen e organeve më të larta të partisë dhe të shtetit shqiptar, të cilat edhe informoheshin nga organet më të ulta vartëse për punën që kryhej.

Organet shtetërore të kulturës në rrethe kishin në kompetencë të ndërtonin për të përjetësuar veprën e të rënëve për lirinë e pavarësinë e vendit në lapidarë, buste e monumente, në konsultim me Ministrinë e Kultures ose Ministrinë e Arsimit e Kulturës. Për çdo rast, propozimet bëheshin nga Seksioni i Kulturës ose i Arsimit e Kulturës dhe vendimi merrej nga Komitetet Ekzekutive të rretheve. Dhe Ministria e Kulturës ose Ministria e Arsimit e Kulturës kishte kompetencat e saj për të vepruar në ngritjen e veprave përkujtimore, të cilat i kalonin kufijtë e një rrethi, sikurse kishte vepra të tjera të një rëndësie më të madhe kombëtare për të cilat vendoste Keshilli i Ministrave, në bashkëpunim me organet qendrore të PPSH e në përputhje me vijën e orientimet politike të saj. Mund të thuhet se në marrjen e vendimeve për ngritjen e objekteve në nderim të të rënëve e të ngjarjeve të rëndësishme të historisë së vendit tonë tërhiqej gjerësisht edhe mendimi i Komiteteve të Veteranëve të LANÇ-it në rrethe e në qendër, madje edhe i organeve të organizatës së Frontit Demokratik në rrethe e në qendër. Kështu është vepruar deri në vitin 1990, kur u përmbysën socializmi e pushteti i popullit në Shqipëri. Pas vendosjes së pushtetit borgjez, objektet e kulturës, që përjetësonin veprat heroike të luftës së popullit shqiptar për liri e pavarësi kombëtare, në veçanti të LANÇ-it e të ndërtimit të socializmit, iu nënshtruan një vandalizmi kriminal. Është për të ardhur keq që gjithë kjo pasuri e madhe me vlera të jashtëzakonshme, e njohur në Shqipëri dhe jashtë saj, sot është dëmtuar e shkatërruar, që, pa ngurrim, duhet thënë se përbën një krim të vërtetë, një qendrim antikombëtar. Problemet e monumenteve të kulturës e të natyrës për pushtetin e sotëm në Shqipëri janë lënë në harresë dhe trajtohen si probleme të dorës së fundit, për të mos thënë se injorohen krejt. Sot mundësitë për të korrigjuar, aq sa mund të bëhet, ajo çka është demtuar, ekzistojnë, por kjo varet nga vlerësimi që do t'i bëhet këtij sektori të rëndësishëm për jetën e një kombit, e një vendit.

Studimi voluminoz, i kryer prej Z. Vincent W.J. van Gerven Oei, përbën, sipas mendimit tim, një rast unikal dhe shprehje të kulturës së lart që ai zotëron, e cila Vincentin e bën, pa e tepruar, një personalitet e studiues të përmasave të mëdha. Nuk mund të mos vë në dukje faktin që Vincenti shpreh nëpërmjet këtij studimi me vlera të spikatura respekt për popullin shqiptar dhe frymë të lartë internacionaliste, të cilën ai bart si studiues e qytëtar hollandez në dobi të një populli e kombi me histori të lashtë, siç është kombi ynë. Pa diskutim, studiuesit i është dashur të përballojë një punë voluminoze, të kapërcejë pengesa e vështirësi të shumta, të përzjedhë midis materialesh të pafund, për të dhënë atë çka i duhej për të realizuar, veprën në fjalë *Lapidari*, që, sipas meje, e ka realizuar në mënyrën më cilesore të mundshme. Si profesor me përvojë të gjatë universitare, po dhe shqiptar, unë shpreh konsideratën më të lartë për Z. Vincent W.J. van Gerven Oei, një evropian i vërtetë, për respektin e dashurinë që ai ka treguar për Shqipërinë e popullin shqiptar në përgatitjen e kësaj vepre lapidar, ashtu siç dhe ajo titullohet *Lapidari*.

The Thanatology of Hope

Gëzim Qëndro

When confronted with an oxymoron like the title "The Thanatology of Hope," the reader will probably think that it suffers from a referential uncertainty: the words seem to work separately, creating an ambiguous and unconvincing fusion of the two. Furthermore, in our culture death and hope seem to exclude each other (hope dies last!). This is why the cemetery is perceived as a place of sorrow and loss which annihilates any discourse of hope, a *topos* where one thinks that Death was the end of the hopes of the unfortunate inhabitants of the necropolis.

By introducing the concept of the heterotopic space, Michel Foucault enables us to escape from the rigid frame of the conventional time and the phenomenology of death because, as he points out, the cemetery, as a typical heterotopic space: it "represents, reinterprets and re-models the relationship of a person to nature."[1]

This relationship is linked to the total break with the conventional time in which we are living, producing what Foucault qualifies as heterochronies, another undeniable proof of the complete annihilation caused by death.

Based on the capacity of the heterotopic space of the cemetery to "display, contest and inverts social relationships."[2] we would like to widen the concept of the heterotopic space including the Martyrs' Cemeteries of the National Liberation War which at the time of communist Albania were build in almost every town. The heterotypic quality of these spatio-temporal enclosures combined with their highly complex and ambiguous relationships challenges, beside others, the positivist belief of the Marxist dogma that we live in a unique and homogeneous space. Precisely in the process of the creation of heterotopic spaces we will try to find the potentiality of hope, optimism, and belief in the bright

1 Michel Foucault, *Le Corps utopique – Les Hétérotopies* (Paris: Lignes, 2009), p. 34.

2 Ibid.

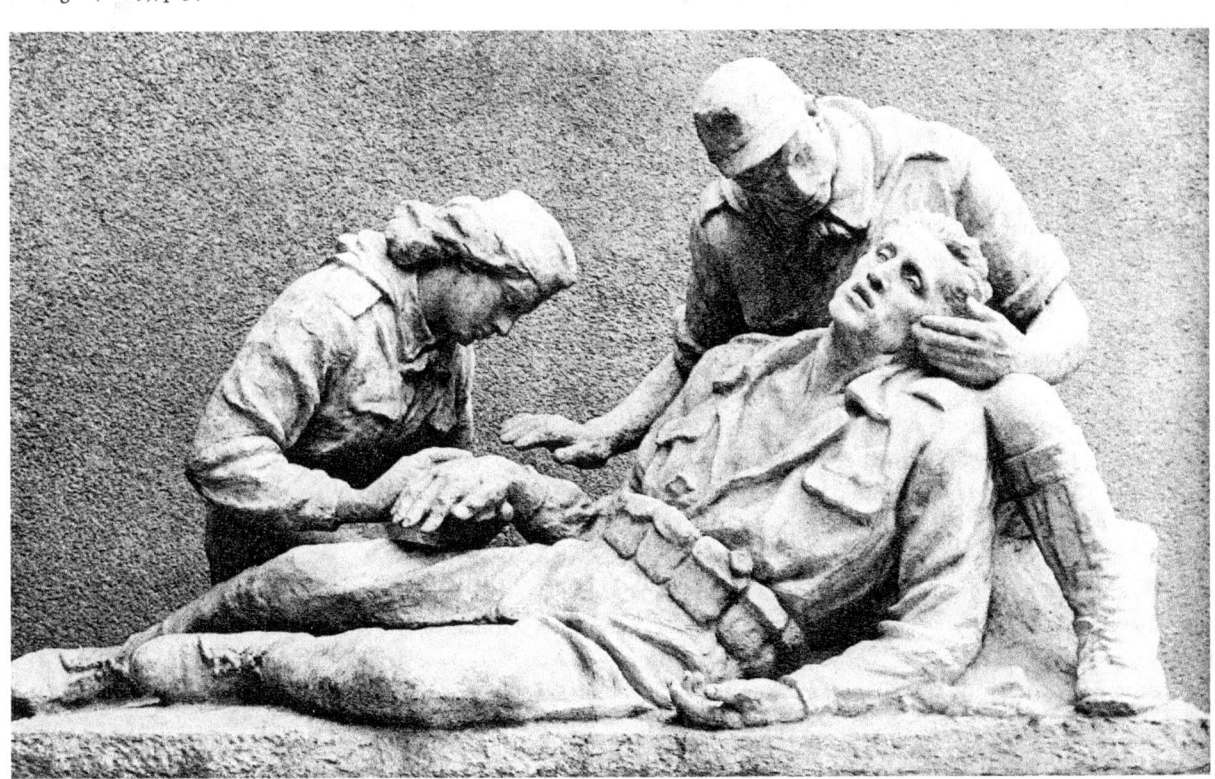

Fig. 1 Odhise Paskali, *Shokët* (*The Comrades*) (Përmet, 1964, concrete).

future of the communist society generated by the typology of the Martyrs' Cemetery. They were not only conceptialized as a *memento mori*, a space that "re-models the relationship of a person to nature," but mostly as a space generating a remarkable educational potential through the evocation of the recent past.

I still remember the collective visits with my schoolmates from elementary school every May 5th, the Day of the Martyrs, at the Cemetery of the National Martyrs in Tirana. Although, as we just mentioned, according to popular view the cemetery is a gruesome and frightful place, especially for children, we really enjoyed being there. We strolled around the narrow paths between the graves, looking curiously at the photos of the martyrs, reading their names aloud and then trying to capture grasshoppers and butterflies for our insect collection. Finally, tired, we sat down to listen patiently to the stories of a war veteran about the sacrifices of the martyrs and the deep gratitude we owed to them for the peaceful and happy childhood we enjoyed. At the end, as usual, we answered loudly and affirmatively to the question of our teacher whether, if needed, we would give our life, as the martyrs had done, for Fatherland and Party.

The heterotopic space of the Martyrs' Cemetery, the impressive visual impact of the huge monument, the stories of the veterans, were all aimed to spatialize the memory, to create "another space," transcending "the here and now" by connecting the glorious past with the bright future in order to create an "elsewhere" in an attempt to plant in our simple minds the axiomatic belief that the road to the happy future was paved with the sacrifices of the martyrs and that in similar historical situations we ought to act in their example defending the fatherland and socialism. The Martyrs' Cemeteries were part of the national education system, aiming to promote the values of *homo socialisticus* by developing educational and historical functions, thus creating one of the most heterotopic sites of that time.

In order to discover the potentiality of hope in the heterotopic space of a graveyard, we chose the Martyrs' Cemetery of Përmet [ALS–244] and the monument entitled *Shokët* (*The Comrades*) by the well-known sculptor Odhise Paskali placed inside its space (*fig.* 1).

Inspired by a secular religion such as the communist dogma, the Albanian regime based education on the emphasis on sacrifice and gratitude. But this was in no way their invention. Surprisingly, the atheist regime borrowed the concept of the thanatology of hope from the art of their fierce enemy, the Christian Church which since the early Christian art of the Roman catacombs used them to promote the hope of salvation in the cemetery of the Christian martyrs. Among many others, a significant example is the painted ceiling of a cubiculum in the Catacomb of Saints Peter and Marcellinus in Rome.

The lunettes in this Early Christian cubiculum contain the key episodes from the Old Testament story of Jonah, a popular figure in Early Christian painting and sculpture, especially in funerary contexts. The Christians honored him as a prefiguration (prophetic forerunner) of Christ, who rose from death as Jonah had been delivered from the belly of the sea monster also after three days.[3]

The custom to use the potentiality of hope of a cemetery may have originated in the use of the painted cubicula situated in the network of tunnels containing bodies of dead Christians for regular memorial services and celebrations of the anniversaries of Christian martyrs starting from the official status of the Christian faith at the 4th century CE.

The Jacobins were the first modern secular regime that understood the potential of the heterotopic space of the cemeteries to produce also the thanatology of hope. Jacques-Louis David, the first revolutionary artist, was not only convinced of the educational value of monumental sculpture, but to him the numerous monuments placed at the cemeteries to honor the heroes of the French Revolution were effective places for the education of the young generations with the highest values of abnegation and sacrifice. Our visits during elementary school were in line with this ancient tradition originating from the early times of the Christian faith.

The formal resemblance with the *Pietà*

From the rational organization of the conventional space of the Martyrs' Cemetery in Përmet it becomes clear that its epicenter is the Odhise Paskali's *Shokët*. The thanatological discourse of hope is enhanced by the obvious and stunning resemblance of the compositional schema of the monument with the Christian subject of the *Pietà*. The altar itself, on which the sculptural group is standing, is similar in form and function to the structures erected by stone blocs which for centuries served as sacrificial places for many cultures to soothe the gods to bestow on men their grace and rewards. Through his resemblance to Christ, the agonizing partisan who sacrifices his youth on the altar of freedom and future, by its resemblance with Christ, draws a clear parallel that his death too will bring hope and salvation to the others.

From the two variants of the *Pietà* (Mary keeping the Son on her lap) and the lamentation of the dead Christ

3   Helen Gardner et al. (ed.), *Gardner's Art through the Ages* (Orlando: Harcourt College Publishers, 2001), p. 339.

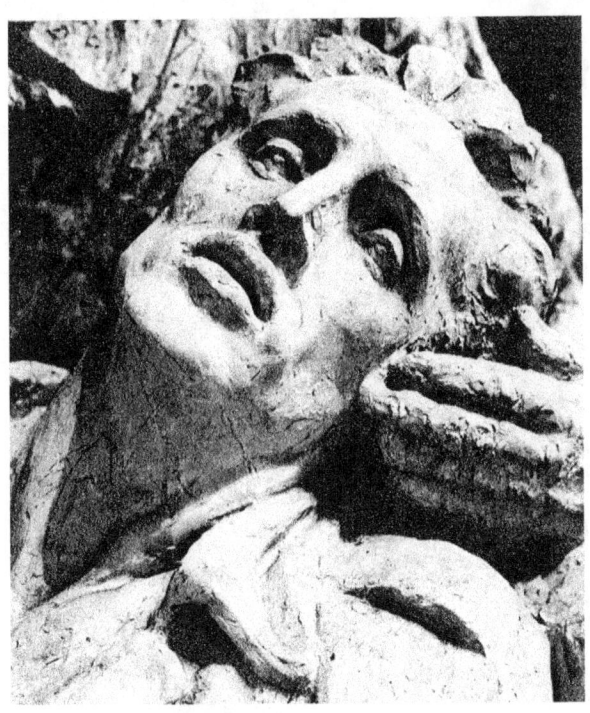

Fig. 2 Portrait of the dying partisan,
detail of the sculptural group *Shokët*.

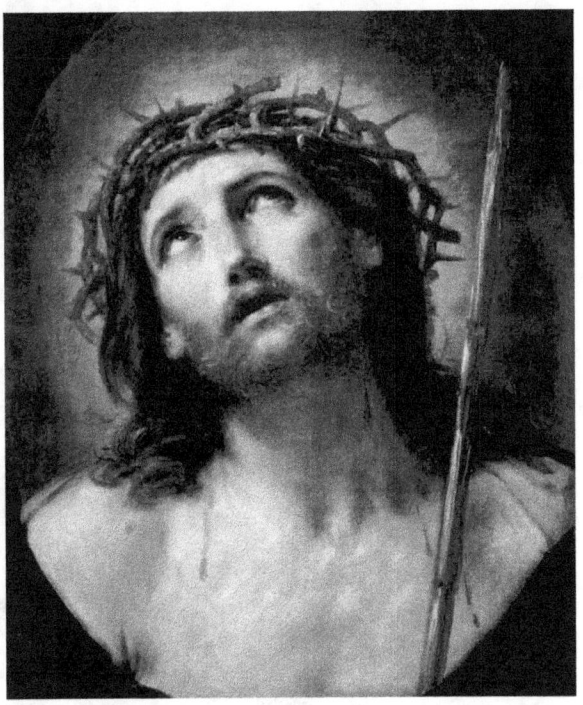

Fig. 3 Guido Reni, *Ecco Homo* (1640, oil on canvas).

by Mary and other witnesses the author of the monument chose the last one. If in the composition of the first variant the tension created by the horizontal lifeless body of Christ and the vertical ascent of the triangular composition meeting at the head of Mary forebodes his Ascension to Heaven, the second variant of the *Pietà* (with witnesses) underscores the sorrow for the death of Christ through its horizontal organization. The sculptural group "The Comrades" contains a well-known feature of the classical and neoclassical mortuary monuments: the synthetic frontal representation – typical only to painting – which allows to the spectator to observe the monument only from a single frontal stationary perspective, an obligatory concept because these kind of public sculptures are usually placed in front of a flat vertical plane. Although the monument in Përmet is conceived as a round sculpture, it adheres to the same principle. We realize this fact if we try to escape from its frontal perspective: moving to the left we see the back of the girl (aesthetically unpleasant), while passing to the right we miss the face of the agonizing partisan (the meeting point of all energy lines of the sculptural group).

The heterotopic space of the monument generated by the specular and speculative play of spaces is created by the compositional scheme which is at the same time real and utopian. The combination of the three triangles (the three bodies of the characters) inscribed inside a pyramidal form emphasizes the phenomenological quality of the event if the side wings will be stretched to meet somewhere up above the figures. This is probably the reason why the author has removed the "top" of the pyramid, typical for the first variant of the *Pietà* choosing for the scheme of the horizontal organization of the event. By a careful examination it becomes obvious that the meeting points of the monuments energy lines is the portrait of the partisan (*fig.* 2), the place where we find the main element of the specular play of spaces: the gaze through the half-closed eyelids directed upwards as if looking at an epiphany that only he can see in his last moments, an ideal utopian space consecrated by the unconditional hope for the communist future. The head of the agonizing partisan leaning to one side is maintained carefully by his comrade standing behind him, while his portrait with a slightly open mouth resembles the frozen masque of the face of the dead Christ that we often find in the religious visual art of the same subject. The classic spirit of the modeling of the portrait fully complies with the iconographic representation of Christ's *Pietà*. There is a stunning the resemblance of the partisan's portrait with the well-known portrait *Ecce Homo* by the prominent baroque painter Guido Reni (1575–1642) creating multilayered meanings of the dialectic of death and salvation, death, future, and hope (*fig.* 3).

The heterotopic quality of the space is further accentuated by the gestures of the other characters.

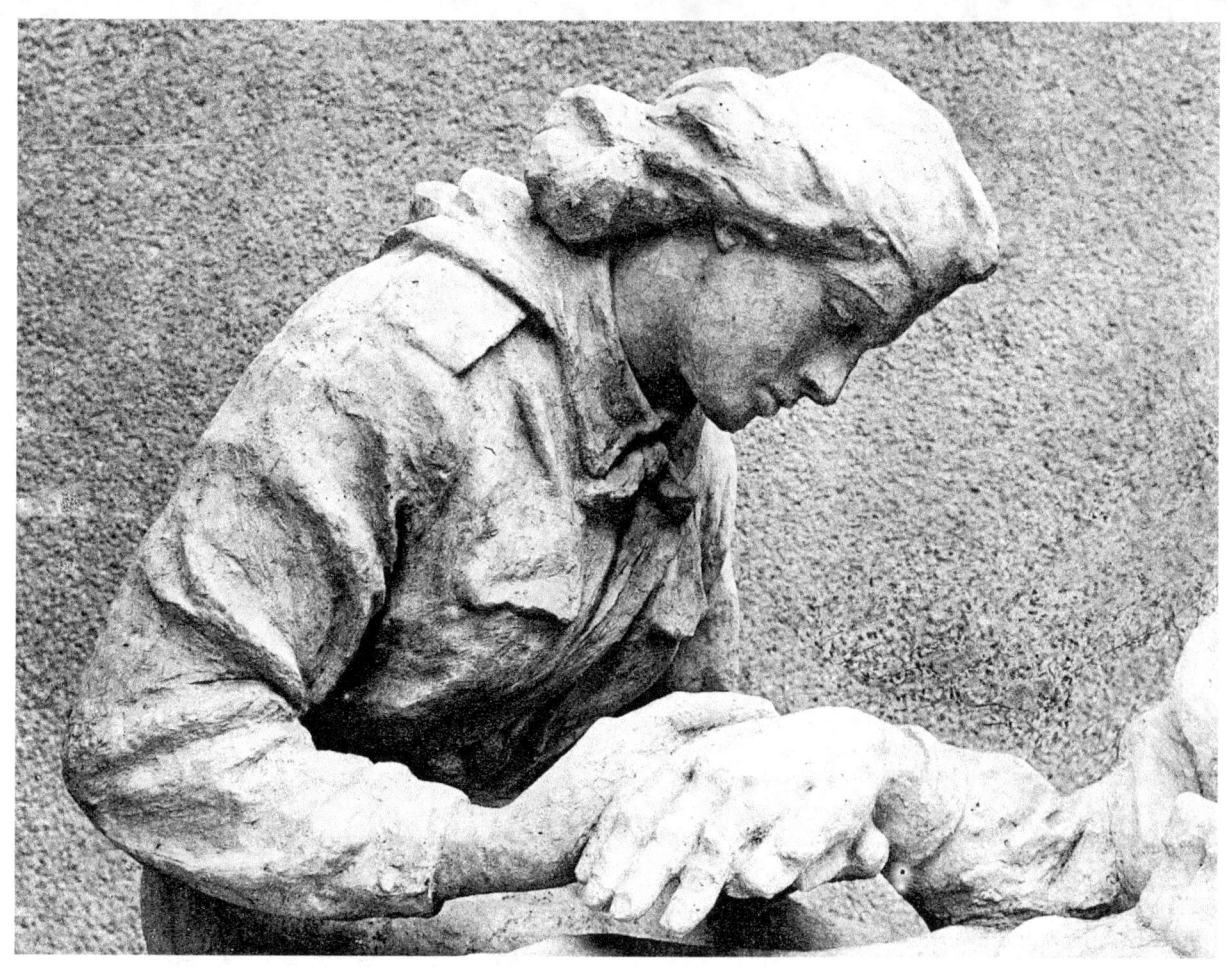

Fig. 3 Partisan girl holding the hand of her comrade,
detail of the sculptural group *Shokët*.

Through her curved back the partisan girl not only makes us feel the heavy burden of the grief, but her head bent over her comrade's hand directs our attention to the hand of the agonizing partisan, reminding us of the familiar image of the woman which in the artistic depictions of the *Pietà* (usually Mary Magdalene) holds the hand of Christ, looking compassionately at the wound of the nail in his palm, which after the thirteenth century, with the stigmata of St. Francis will receive a special significance in Christian iconography. Surprisingly the girl repeats the same gesture; as if even she too sees "the wound caused by the crucifixion" in the hand of her comrade which she is holding with the same compassion as Mary Magdalene (*fig.* 4).

Organic body – political body

"In any case, there is a certain thing, that the human body is the principal actor of all utopias"[4] says Foucault, pointing out the fact that signifying is not a function that we add to our body. "The basic feature of the body, linked to its fundamentally signifying nature, is to move places, operating always shifts through which we are never only here.[5] The heterotopic interrelation of spaces created by the context (the cemetery) and the text (the monument) is based mainly on the dialectic of the visibility and the invisibility of the human body.

The moribund partisan has two bodies, one organic, which as Foucault points out, is divisible and functional because it is related to a visible and identifiable *topos* in the space, its own weight and mass while imposing on us the visual presence typical for the material body. The organic bodies of the comrades of the dying partisan have the same quality related to the conventional

4   Michel Foucault, "Different Spaces," in *Aesthetics, Method, and Epistemology, Essential Works of Foucault, 1954–1984*, vol. 2, ed. James D. Faubion (London: Penguin, 1998), p. 175.
5   Ibid.

space. Through their postures and behavior, as we just mentioned, they are part of the phenomenology of the situation and create, from a topological point of view, a clear and isolated real space. But differently from them the agonizing partisan seems to transcend the conventional space, having a "body" from which "all possible places, real and utopia, emerge and radiate."[6] His political body created by the sacrifice and the clear parallel to the passion of Christ (the partisan too is innocent; he is giving his life for the happiness of the others in name of hope and salvation that his death will bring). The official propaganda kept the same spirit in the art related to the martyrs. Just to mention one case, in one well-known popular song of the time we find verses like "Your blood became light!" which contains obvious religious connotations.

The essence of the political body of the partisan is its status of martyr. Strictly speaking, the word martyr originates from the Greek *martus, marturia, marturion* and *martureō*, which are usually part of the legal jargon having the meaning of *witness*, someone called to give evidence before a secular court. In philosophical language, this word has a very ambiguous meaning which Aristotle describes as follows: "Testimony about an event watched closely, that can be linked to truths the speaker is quite convinced, truths that might be a manifestation of moral convictions."[7] In the early fifth century, seeing that the term *martyr* had lost its original meaning, Saint Augustine reminded his Roman contemporaries: "There are among us brothers who do not know the Greek language, which do not realize that this Greek word is translated witness."[8] Isidore of Seville says the same thing: "They are called *martus* in Greek and *testis* in Latin because they suffer and have suffered for their faith in Our Lord, Jesus Christ and fought to the end for the Truth."[9] In Albanian, the term *martir* has the same root. The word *dëshmor* (martyr) derives from *dëshmitar* (witness). Even the word *shahit*, borrowed from Arabic, widely used for nearly five centuries under the Ottoman occupation, had the same double meaning of witness and martyr.

All started when the day of his Ascension, Jesus left his apostles saying: "[...] and you will be my martyrs" (Gr. *kai esesthe mou martures*, Acts 1:8).[10] For the apostles, this announcement had nothing tragic, because at that time, the Greek word *martus* meant only *witness*, but when they had to sacrifice their lives to legitimize the authenticity of their witnessing, submitting to the extreme test of martyrdom, the apostles discovered its new meaning. After the first Christian martyr, Stephen, the deacon of the Church of Jerusalem was stoned to death defending the name of Jesus, the word *witness* received a new meaning – that of "witness to the death." "Christian martyrs followed their Lord's example. They saw Christ as the Martyr par excellence, the faithful and true witness,"[11] who, after announcing his message proclaimed in a language that is universally understandable and unambiguous delivered his organic body to martyrdom. The evolution of the meaning of *martus* shows what the distinguishing feature of the martyr is: the evidence on something sublime that others fail to see or feel whose value is more precious than life itself.

The partisan too is giving his organic body to testify his faith in the becoming of the future communist society. But his political body, which, as we know is invisible, eternal, indivisible, made visible only through action, sacrifice, gestures which project our attention to other spaces. "But perhaps the most obstinate, the most powerful of those utopias with which we erase the sad topology of the body has been since the beginning of the western history supplied to us by the great myth of the soul" says Foucault. His political body, which curiously has all the characteristics of the soul – indivisible, invisible and eternal – brings a metaphysical concept into a public monument of the atheist art of socialist realism.

By his act of sacrifice the partisan's political body accomplishes a passage, a kind of bridge to another utopian space creating two spaces: one real, phenomenological (the here and now) experienced by the characters and the utopian space (the elsewhere) created by the political body of the partisan.

The author has respected the unwritten taboo of socialist realism on mentioning the death of the organic body of the hero, by avoiding the presentation of physical death. Through its energy lines the iconographic composition of the sculptural group does not emphasize the dead partisan (his organic body), but the death of the partisan (the political body). The organic body of the partisan is "an irremediable here and now,"[12] opposed to any utopia because it stands, as if in a rite of passage, at the liminal space of agony between life and death, under the cures and attention of his comrades. If his organic

6 Michel Foucault, "Utopia Body," in *Sensorium: Embodied Experience, Technology and Contemporary Art*, ed. Caroline A. Jones (Cambridge, MA: MIT Press, 2006), p. 233.

7 Chadwick Owen, *History of Christianity* (London, Weidenfend-Nicolson, 1986), f. 134.

8 Ibid., p. 148.

9 Ibid., p. 142.

10 John Yang, *Christianity* (London: Hodder Stoughton, 1999), p. 89.

11 John Fleetwoord, *The History of Holy Bible: From the Creation of the World to the Incarnation of Our Lord Jesus Christ* (New York: Robert Carter & Brothers, 1855), p. 68.

12 Michel Foucault, "Utopia Body," p. 233.

body will soon perish after being involved in the "last fight"[13] his political body, like the soul will transcend his death bringing hope and salvation. With the victory of the revolution, the punishment of injustices, the disappearance of private property, source of all evils according to Marx, the disappearance of the classes in the ideal communist society will, by consequence, eliminate class struggle, the cause of endless wars and suffering for the dominated layers of the human society.

The context of the heterotopic space of the martyrs' cemetery, the resemblance with the well-known theme of the *Pietà* and the significant parallels drawn in such case, the specular play of spaces created by the portrait and the look of the agonizing partisan, the postures and the gestures that transcend his organic body into the political body, and all this in contrast with the phenomenological real space created by the bodies of the two other partisans, inscribe the martyrs' cemetery and the monument in question into an ancient tradition where the dialectic of death and hope, unusual as it may sound, is able to create a typical religious discourse which, after being appropriated by the totalitarian regimes of the 20th century, including the Albanian regime, gave to some of their official artworks the aura created by the thanatological discourse of hope. Thus, the monument *Shokët* is a clear testimony of the presence of the religious connotations in the atheist art of Albanian socialist realism.

13 Eugène Pottier, *The Internationale*: "So comrades, come rally, / And the last fight let us face. / The Internationale, / Unites the human race.

Thanatologjia e shpresës

Gëzim Qëndro

Kur përballet me një togfjalësh kundërthënës si titulli "Thanatologjia e shpresës" lexuesi ka të ngjarë të mendojë se ai vuan nga njëfarë paqartësie ndaj referentit: fjalët duken sikur veprojnë veçmas duke krijuar një shkrirje dykuptimëshe aspak bindëse. Për më tepër, në kulturën tonë vdekja dhe shpresa duket sikur përjashtojnë njëra-tjetrën (shpresa vdes e fundit!), prandaj varreza perceptohet si vend pikëllimi dhe humbjeje ku asgjësohet çfarëdo diskuri rreth shpresës, një *topos* që na shtyn të mendojmë se Vdekja ishte fundi i shpresave për banorët fatkeqë të nekropolit.

Duke propozuar konceptin e hapësirës heterotopike Michel Foucault na mundëson t'i shpëtojmë kornizës së ngurtë të kohës konvencionale dhe fenomenologjisë së vdekjes sepse, siç e thekson ai vetë, varreza, si hapësirë heterotopike: "paraqet, riinterpreton dhe rimodelon marrëdhënien e njeriut me natyrën."[1] Kjo marrëdhënie lidhet me prerjen e plotë të kohës konvencionale në të cilën gjallojmë, duke prodhuar atë që Foucault e cilëson si heterokroni, një tjetër prove e pamohueshme e asgjësimit të pakthyeshëm të vdekjes.

Mbështetur në aftësinë e hapësirës heterotopike të varrezës për të "shpalosur, vënë në dyshim apo përmbysur marrëdhëniet shoqërore"[2] do të përpiqemi ta zgjerojmë konceptin e hapësirës heterotopike duke përfshirë edhe një tipologji të saj, Varrezat e Dëshmorëve të Luftës Nacional–Çlirimtare të cilat gjatë regjimit komunist u ngritën thuajse në çdo qytet të Shqipërisë. Cilësia heterotopike e këtij qerthulli kohor – hapësinor e ndërthurur me marrëdhëniet shoqërore tejet komplekse dhe të dykuptimta që krijohen sfidon, ndër të tjera, besimin pozitivist të dogmës marksiste se ne jetojmë në një hapësirë të vetme dhe homogjene. Pikërisht në procesin e krijimit të hapësirave heterotopike do të përpiqemi të gjejmë potencialitetin e shpresës, optimizmin dhe besi-

---

1 Michel Foucault, *Le Corps utopique – Les Hétérotopies*, (Paris: Lignes, 2009), f. 34.

2 Po aty.

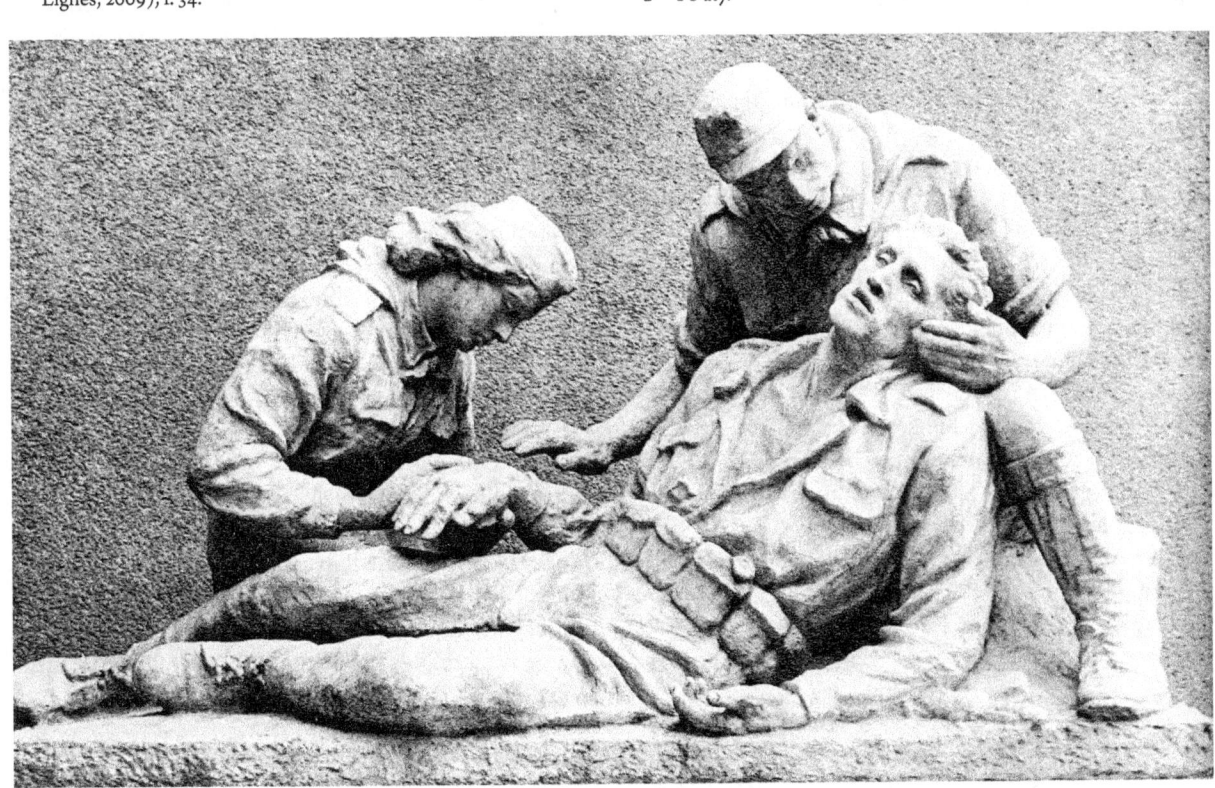

Fig. 1 Odhise Paskali, *Shokët* (Përmet, 1964, beton).

min në të ardhmen e ndritur të shoqërisë komuniste që gjeneron tipologjia e Varrezave të Dëshmorëve. Ato nuk ishin konceptuar vetëm si *memento mori*, një hapësirë që "paraqet, riinterpreton dhe rimodelon marrëdhënien e njeriut me natyrën" por kryesisht si hapësirë që gjeneron potencial të konsiderueshëm edukues përmes kthimit në të shkuarën e afërt.

Ende i kujtoj vizitat kolektive me fëmijët e shkollës fillore çdo 5 maj, ditën e dëshmorëve në Varrezat të Dëshmorëve të Kombit në Tiranë. Ndonëse, siç e cekëm më lart, opinioni i përgjithshëm i sheh varrezat si një vend i zymtë dhe i frikshëm, veçanërisht për fëmijët, ne kënaqeshim paq aty. Ne bridhnim nëpër rruginat e ngushta mes varreve duke parë me kureshtje fotot e dëshmorëve dhe duke lexuar me zë emrat e tyre, pastaj harroheshim duke u përpjekur të kapnim karkaleca dhe flutura për koleksionin tonë të insekteve. Pastaj, të lodhur uleshim të dëgjonim me durim historitë e veteranëve të luftës rreth sakrificave të martirëve dhe për mirënjohjen e thellë që u detyroheshim atyre për fëmijërinë e paqtë dhe të lumtur që po gëzonim. Në fund, si zakonisht i përgjigjeshim me zë të fuqishëm pozitivisht pyetjes së mësueses nëse, po të ishte nevoja edhe ne do ta jepnim jetën si dëshmorët për Atdheun dhe Partinë.

Hapësira heterotopike e Varrezave të Dëshmorëve, fuqia pamore mbresëlënëse e monumentit madhështor, historitë e veteranëve synonin të gjitha të hapësironin kujtesën, të krijonin një "hapësirë tjetër", duke transhendentuar "këtu-në dhe tani-në" duke e lidhur të shkuarën e lavdishme me të ardhmen e ndritur me synimin të mbjellin në mendjet tona fëminore besimin aksiomatik se udha drejt të ardhmes ishte shtruar nga sakrificat e dëshmorëve dhe se në situata të ngjashme historike ne duhej të mbronim atdheun dhe socializmin duke ndjekur shembullin e tyre. Potenciali edukues i *topos*-eve të tilla ishte pjesë e sistemit të arsimit kombëtar, i cili synonte nxitjen e vlerave të *homo socialisticus*-it përmes zhvillimit të funksioneve edukuese dhe historike, duke krijuar kështu një nga hapësirat më mirëfilli heterotopike të asaj kohe.

Me synimin për të zbuluar këtë potencial shprese zgjodhëm Varrezat të Dëshmorëve të Përmetit [ALS–244] dhe monumentin *Shokët* e skulptorit të mirënjohur Odhise Paskali të vendosur brenda saj (fig. 1).

Regjimi shqiptar i frymëzuar nga një fe shekullare si dogma komuniste e mbështeti edukimin mbi theksimin e sakrificës dhe mirënjohjes.Por kjo nuk ishte aspak shpikja e tyre. Për çudi, regjimi ateist e huazoi konceptin e thanatologjisë së shpresës nga arti i armikut të tij më të egër, Kishës së krishterë e cila qysh në kohët e hershme të artit të krishterë të katakombeve të Romës e përdori për të lartësuar në varrezat e martirëve të kri-

shterë shpresën e shëlbimit. Midis shumë të tjerëve, një shembull domethënës është tavani i pikturuar i një kubikule në katakombin e shën Pjetrit dhe Marcelinus-it në Romë.

Hënëzat e kësaj kubikule të hershme të krishterë përmbajnë episode kyç nga historia biblike e Jonait, një figurë që ndeshet shpesh në pikturën dhe skulpturën e hershme të krishterë, veçanërisht në kontekstet mortore. Të krishterët e nderonin atë si një parafigurim (pararendës profetik) i Krishtit i cili u ngrit së vdekuri njëlloj si Jonai që doli nga barku i përbindëshit të detit pas tre ditësh.[3]

Zakoni për të përdorur potencialitetin e shpresës në një varrezë mund ta ketë zanafillën te përdorimi i kubikulave të pikturuara, pjesë e thurimës së tuneleve me trupa të krishtersh të vdekur, për ceremoni përkujtimore dhe kremtuese përvjetorësh të dëshmorëve të krishterë duke filluar prej statusit zyrtar krishterimit në shekullin IV pas Krishtit.

Jakobinët ishin regjimi i parë laik modern që e kuptoi potencialin e shpresës që përmbante hapësira heterotopike e varrezës. Jacques-Louis David-i, artisti i parë revolucionar jo vetëm ishte i bindur për vlerat edukuese të skulpturës monumentale, por sipas tij, monumentet e shumtë të vendosur në varreza për të nderuar herojtë e Revolucionit francez ishin vende të efektshme edukimi të brezave të rinj me vlerat sublime të vetëmohimit dhe sakrificës. Vizitat tona gjatë shkollës fillore ishin në një linjë me traditën e lashtë që zë fill në kohët e hershme të fesë së krishterë.

Ngjashmëria formale me *Pietà*-në

Prej organizimit racional të hapësirës konvencionale të Varrezave të Dëshmorëve në Përmet del qartë se epiqendra e saj është monumenti *Shokët* i Odhise Paskalit. Diskursi thanatologjik i shpresës përforcohet nga ngjashmëria e hapur dhe befasuese e skemës kompozicionale të monumentit me subjektin e krishterë të *Pietà*-së. Vetë altari, mbi të cilin qëndron monumenti ngjan në formë dhe në funksion me strukturat e ngritura me blloqe guri të cilat për shekuj me radhë shërbyen si vende sakrifikimi në shumë kultura për të zbutur perënditë, duke u kërkuar të hedhin mbi njerëzit hirin e tyre dhe dhurata. Partizani në agoni që po sakrifikon rininë e tij në altarin e lirisë dhe të së ardhmes, me ngjashmërinë e tij me Krishtin heq një paralele të qartë duke dëshmuar se vdekja e tij po ashtu sjell shpresë dhe shpëtim për të tjerët.

---

3   Helen Gardner dhe të tjerë (red.), *Gardner's Art through the Ages* (Orlando: Harcourt College Publishers, 2001), f. 339.

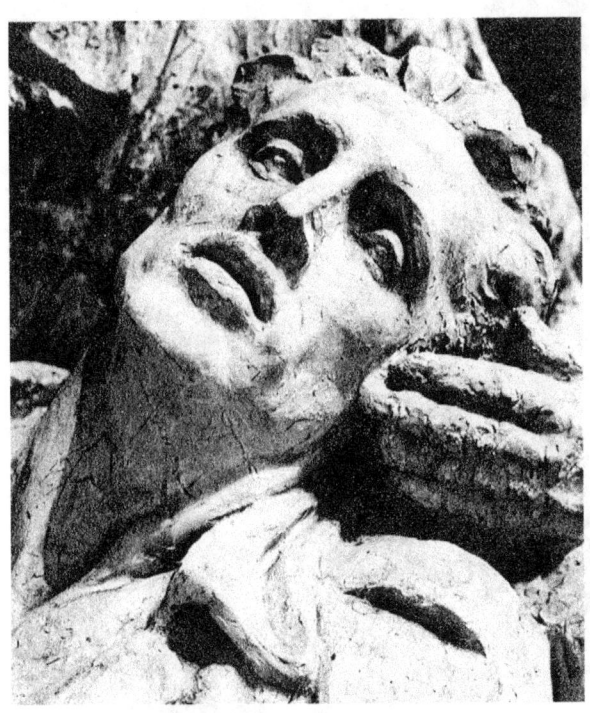

Fig. 2 Portreti i partizanit në agoni,
detaj i grupit skulpturor *Shokët*.

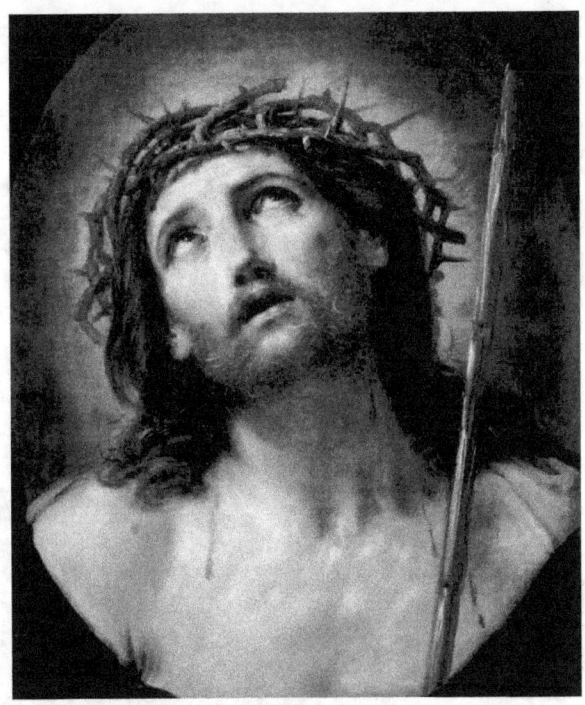

Fig. 3 Guido Reni, *Ecco Homo* (1640, vaj në kanavacë).

Nga të dyja variantet e *Pietà*-së (Maria që mban Birin në prehër) dhe vajtimit të Krishtit nga Maria me dëshmitarë të tjerë duket se autori i monumentit ka zgjedhur variantin e dytë. Nëse në kompozimin e variantit të parë tensioni i krijuar nga trupi i pajetë horizontal i Krishtit dhe linjat ngjitëse vertikale të Nënës së Tij që takohen mbi kokën e Maries paralajmërojnë Ngjitjen e Tij në Qiell, varianti i dytë i *Pietà*-së me dëshmitarë, me organizimin e tij tërësisht horizontal nënvizon hidhërimin për vdekjen e Krishtit. Grupi skulpturor *Shokët* përmban një tipar të mirënjohur të monumenteve mortore klasike dhe neoklasike: paraqitjen sintetike ballore tipike vetëm për pikturën e cila i lejon shikuesit ta shohë vetëm nga një pikë e palëvizshme dhe ballore. Ashtu si piktura, edhe kjo tipologji monumentesh e kthen pikëvështrimin ballor të detyrueshëm sepse pas këtyre monumenteve publike vendoset gjithmonë një mur apo një rrafsh i sheshtë. Ndonëse monumenti i Përmetit është konceptuar si skulpturë e rrumbullakët, ai brendashkruhet në të njëjtin parim. Ne ndërgjegjësohemi për këtë fakt nëse përpiqemi t'i largohemi pikëvështrimit ballor: nëse zhvendosemi majtas do të shohim shpinën e partizanes (e pakëndshme estetikisht), ndërsa nëse shkojmë në të djathtë nuk arrijmë të shohim fytyrën e partizanit në agoni (pikëtakimi i të gjitha linjave të energjisë së grupit skulpturor).

Hapësira heterotopike e monumentit që gjeneron loja spekulare dhe spekulative e hapësirave që krijon skema kompozicionale është njëkohësisht sa reale, aq edhe utopike. Ndërthurja e tre trekëndëshave (trupat e personazheve) të brendashkruar në një formë piramidale, nëse drejtëzat anësore do të zgjateshin për t'u bashkuar diku mbi figurat, thekson cilësinë fenomenologjike të ngjarjes. Kjo mbase është arsyeja përse autori ka hequr "majën" e piramidës, tipike për variantin e parë të *Pietà*-së, duke zgjedhur skemën me organizim horizontal të ngjarjes. Nga një shqyrtim i vëmendshëm bëhet e qartë se pikëtakimi i të gjitha linjave të energjisë së monumentit është portreti i partizanit (*fig.* 2), vendi ku gjejmë elementin kryesor të lojës spekulare të hapësirave: vështrimi lart përmes qepallave gjysmë të mbyllura a thua se po sheh një epifani që vetëm ai mund ta shohë në çastet e tij të mbrame, një hapësirë ideale dhe utopike e shenjtëruar nga shpresa e pakushtëzuar te e ardhmja komuniste. Koka e vaisur në një krah e partizanit që mbahet me kujdes nga shoku që i qëndron prapa dhe portreti i tij si maskë e ngrirë me gojën paksa të hapur brendashkruhen në tipologjinë e Krishtit të vdekur që e gjejmë shpesh në artin pamor të krishterë me të njëjtin subjekt. Fryma klasike e modelimit të portretit përputhet plotësisht me paraqitjen ikonografike të Krishtit në temën e *Pietà*-së. Është po ashtu shtangëse ngjashmëria e portretit të partizanit me portretin e shumënjohur *Ecce Homo* të piktorit të shquar barok Guido Reni (1575–1642), i cili krijon shtresëzime kuptimore të dialektikës së vdekjes dhe shëlbimit, vdekjes, të ardhmes

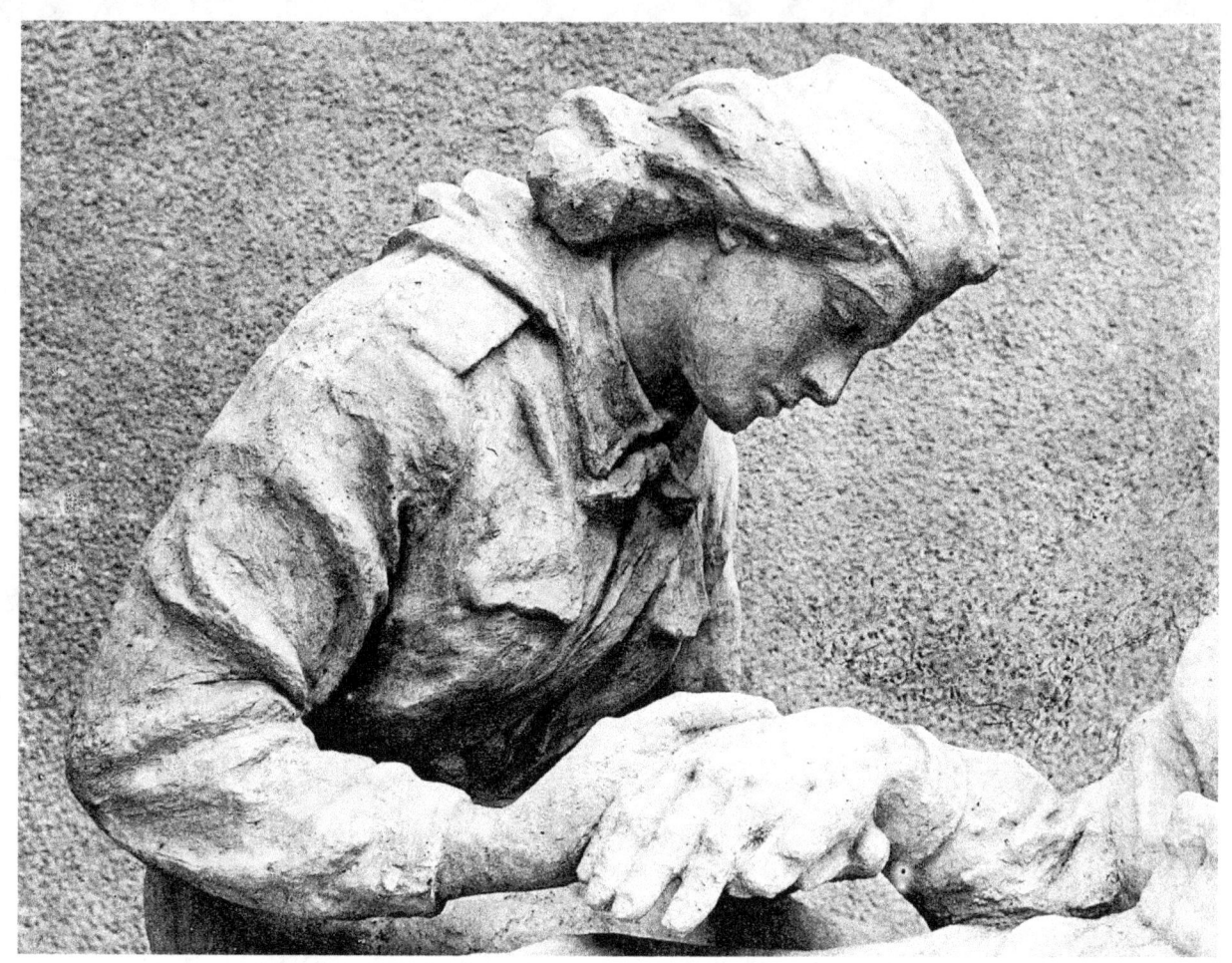

Fig. 3 Partizania duke mbajtur dorën e shokut,
detaj i grupit skulpturor *Shokët.*

dhe shpresës (*fig.* 3).

Cilësia heterotopike e hapësirës theksohet më tej prej gjesteve të personazheve të tjera. Partizania, me kurbën e shpinës përkulur jo vetëm na bën të ndjejmë peshën e rëndë të pikëllimit por me kokën e ulur e drejton vëmendjen tonë mbi dorën e partizanit në agoni, duke na sjellë kështu ndër mend figurën e njohur të gruas që në skenën e *Pietà*-së (zakonisht Maria Magdalena) mban gjithmonë dorën Krishtit të martirizuar duke i parë me dhembshuri plagën që ka lënë gozhda gjatë kryqëzimit, gjurmë e cila pas shekullit XIII-të, me stigmatat e shën Françeskut do të merrte një rëndësi të veçantë në ikonologjinë e krishterë. Për habinë tonë edhe partizania përsërit të njëjtin gjest; a thua se edhe ajo po sheh "plagën që ka lënë kryqëzimi" në dorën e shokut që e mban me po aq dhembshuri sa Maria Magdalena (*fig.* 4).

Trupi organik – trupi politik

"Sidoqoftë, një gjë është e sigurt, trupi njerëzor është

aktori kryesor i të gjitha utopive"[4] thotë Foucault duke theksuar faktin se shenjimi nuk është ndonjë funksion që ne ia shtojmë trupit tonë. "Tipari kryesor i trupit, i lidhur me natyrën e tij kryesisht shenjuese është të zhvendosë vende, duke operuar gjithmonë shmangie përmes të cilave ne nuk jemi asnjëherë vetëm këtu".[5] Ndërlidhja heterotopike hapësinore e krijuar nga konteksti (varreza e dëshmorëve) dhe teksti (monumenti) mbështeten sidomos në dialektikën e të dukshmes dhe të padukshmes së trupit njerëzor.

Partizani në agoni ka dy trupa, njëri organik, i cili siç vë në dukje Foucault, është i ndashëm dhe funksional sepse lidhet me një *topos* të dukshëm dhe të identifikueshëm në hapësirë, ka peshën dhe masën e tij duke na imponuar praninë pamore tipike për trupin lëndor. Të njëjtën cilësi që lidhet me hapësirën konvencionale

---

4   Michel Foucault, "Different Spaces," në *Aesthetics, Method, and Epistemology, Essential Works of Foucault, 1954–1984,* vëll. 2, red. James D. Faubion (Londër: Penguin, 1998), f. 175.

5   Po aty.

kanë edhe trupat organikë të dy partizanëve, shokët e partizanit në agoni, të cilët me qëndrimet dhe sjelljet e tyre, siç e përmendëm, janë pjesë e fenomenologjisë së situatës duke krijuar, nga pikëpamja topologjike, një hapësirë të qartë dhe të veçuar. Por ndryshe nga ata partizani i plagosur duket se trashendenton hapësirën konvencionale sepse ai ka: "një trup […] nga i cili dalin dhe rrezatojnë të gjitha vendet e mundshme, të njëmendta apo utopike"[6] Trupi i tij politik krijohet prej sakrificës dhe paraleles së qartë me vuajtjet e Krishtit (partizani po ashtu është i pafajshëm; ai po e jep jetën për lumturinë e të tjerëve në emër të shpresës dhe shpëtimit që sjell vdekja e tij). Propaganda zyrtare ruajti të njëjtën frymë në artin e lidhur me martirët. Sa për të përmendur një rast, në njërën nga këngët popullore të njohura të asaj kohe gjejmë vargje si "Gjaku juaj u bë dritë!" ku ndihen ngjyresa të qarta fetare.

Thelbi i trupit politik të partizanit është statusi i tij i martirit. Në terma të ngushtë fjala *martir* rrjedh nga greqishtja *martus, marturia, marturion* dhe *martureō* të cilat zakonisht janë pjesë e zhargonit ligjor dhe kanë kuptimin e dëshmitarit, dikujt që është thirrur për të dëshmuar përpara një gjyqi laik. Në gjuhën filozofike kjo fjalë ka dykuptimësinë të cilën Aristoteli e përshkruan si: "Dëshmi rreth një ngjarjeje të parë nga afër, që mund të lidhet me të vërteta për të cilat folësi është i bindur, të vërteta që mund të jenë shfaqje e bindjeve morale."[7] Në fillimshekullin e pestë, duke parë se termi martir e kish humbur kuptimin zanafillor shën Agustini u kujtonte bashkëkohësve të tij romakë: "Ka midis nesh vëllezër që nuk dinë greqisht dhe që nuk e kuptojnë se kjo fjalë greke përkthehet dëshmitar."[8] Isidori i Seviljes thotë të njëjtën gjë: "Ata quhen martirë në greqisht dhe testis në latinisht sepse vuajnë dhe kanë vuajtur për besimin e tyre në Zotin tonë Jezu Krisht duke luftuar deri në fund për të Vërtetën."[9] Në shqip termi *martir* ka të njëjtën rrënjë. Fjala *dëshmor* rrjedh nga dëshmitar, pra, dikush që dëshmon. Edhe fjala *shahit* e huazuar nga arabishtja, e përdorur gjerësisht për pothuaj pesë shekuj nën pushtimin otoman ka të njëjtin kuptim të dyfishtë të dëshmitarit dhe dëshmorit.

Gjithçka nisi ditën e Ngjitjes në Qiell kur Krishti i la apostujt duke u thënë: "[…] ju do të bëheni dëshmitarët e mi" (gr. *kai esesthe mou martures, Veprat* 1:8).[10] Për apostujt kjo deklaratë nuk kish asgjë tragjike sepse asokohe fjala greke *martus* kishte vetëm kuptimin e dëshmitarit, por kur atyre iu desh të flijonin jetën e tyre për të legjitimuar vërtetësinë e dëshmisë së tyre duke iu nënshtruar provës së skajshme të martirizimit, atëherë zbuluan kuptimin e saj të ri. Pas vrasjes me gurë të dëshmorit të parë të krishterë, Stefanit, dhjakut të kishës së Jeruzalemit që mbrojti emrin e Jezuit, fjala dëshmitar mori kuptim të ri, atë të dëshmitarit deri në vdekje. "Dëshmorët e krishterë ndoqën shembullin e Zotit të tyre. Ata e panë Krishtin si Martirin *par excellence*, dëshmitarin e besueshëm dhe të vërtetë"[11] i cili e shpalli kumtin e tij me një gjuhë të kuptueshme nga të gjithë duke ofruar trupin e tij organik për martirizim. Zhvillimi i kuptimit të termit martus tregon se cili është tipari dallues i martirit: dëshmia rreth diçkaje sublime që të tjerët nuk arrijnë ta shohin apo ta ndjejnë, vlera e së cilës është më e çmuar se vetë jeta.

Partizani po ashtu po e ofron trupin e tij organik për të dëshmuar besimin në shoqërinë e ardhme komuniste. Por trupi i tij politik, siç e dimë, është i padukshëm, i përjetshëm dhe shfaqet vetëm përmes veprimit, sakrificës, gjesteve që e projektojnë vëmendjen tonë në hapësira të tjera. "Por mbase më kokëforti, më i fuqishmi i të gjitha këtyre utopive – thotë Foucault – qysh nga fillimi i historisë perëndimore ka qenë miti madhështor i shpirtit".[12] Karakteristikat e trupit politik të partizanit çuditërisht përkojnë me ato të shpirtit (i pandashëm, i padukshëm dhe i përjetshëm) duke sjellë një dozë metafizike në përmbajtjen e një monumenti publik të artit ateist të realizmit socialist.

Me aktin e tij të flijimit trupi politik i partizanit kryen një kalim, shërben si njëfarë ure drejt një hapësire tjetër utopike, duke krijuar dy hapësira: njëra e njëmendtë, fenomenologjike (*këtu dhe tani*) e përjetuar nga personazhet dhe tjetra, një hapësirë utopike (*një gjetkë*) e krijuar nga trupi politik i partizanit.

Autori ka respektuar tabunë e pashkruar të realizmit socialist për të mos përmendur vdekjen e trupit organik të heroit, duke shmangur paraqitjen e vdekjes fizike. Përmes linjave të energjisë kompozimi ikonografik i grupit skulpturor na paraqet vdekjen e partizanit (që lidhet me trupin politik) dhe jo partizanin e vdekur (që na shpie te trupi i tij organik) i cili është një "këtu dhe tani e patjetërsueshme"[13] që i kundërvihet çdo utopie pasi qëndron, si në një rit të mirëfilltë kalimi, në hapësirën liminale të agonisë midis jetës dhe vdekjes nën përkujdesjet dhe vëmendjen e shokëve të tij. Nëse trupi i tij organik do të zhduket së shpejti pas përfshirjes

6   Michel Foucault, "Utopia Body," në *Sensorium: Embodied Experience, Technology and Contemporary Art*, red. Caroline A. Jones (Cambridge, MA: MIT Press, 2006), f. 233.

7   Chadwick Owen, *History of Christianity* (Londër, Weidenfend-Nicolson, 1986), f. 134.

8   Po aty, f. 148.

9   Po aty, f. 142.

10   John Yang, *Christianity* (Londër: Hodder Stoughton, 1999), f. 89.

11   John Fleetwoord, *The History of Holy Bible: From the Creation of the World to the Incarnation of Our Lord Jesus Christ* (Nju-Jork: Robert Carter & Brothers, 1855), f. 68.

12   Michel Foucault, "Utopia Body," f. 233.

13   Po aty.

në "luftën finale"[14] trupi i tij politik, njëlloj si shpirti do të trashendentojë vdekjen duke sjellë shpresë dhe shpëtim. Me fitoren e revolucionit, ndëshkimin e padrejtësive, zhdukjen e pronës private, burimi i të gjitha të këqiave sipas Marksit, zhdukja e klasave në shoqërinë ideale komuniste do të eleminojë luftën e klasave, shkakun e vuajtjeve të pafundme të shtresave të shtypura të shoqërisë njerëzore.

Konteksti i hapësirës heterotopike të varrezave të dëshmorëve, ngjashmëria me temën e njohur të *Pietà*-së dhe paralelet domethënëse që hiqen në këtë rast, loja spekulare hapësinore e krijuar nga fytyra dhe shikimi i partizanit në agoni, qëndrimet dhe gjestet që transhendentojnë trupin e tij organik në trup politik, e gjitha kjo në kontrast me hapësirën fenomenologjike dhe reale që krijojnë trupat organikë të dy partizanëve të tjerë, e brendashkruajnë varrezat të dëshmorëve dhe monumentin në fjalë në një traditë të lashtë ku dialektika midis vdekjes dhe shpresës, sado e pazakontë të tingëllojë, arrin të krijojë një diskur tipik fetar i cili, pasi u përvetësua nga regjimet totalitare të shekullit të njëzetë, përfshirë këtu edhe atë shqiptar, u dha disa veprave të artit zyrtar, ndër to edhe monumentin *Shokët,* tipare të diskurit thanatologjik të shpresës çka përbën një dëshmi më shumë të pranisë së ngjyrimeve fetare në artin e realizmit socialist shqiptar.

---

14 Eugène Pottier, *Internacionale*: "Është lufta finale / vendimtarë mbi dhe / Internacionale/ do jete botë e re."

"We Raise Our Eyes and Feel as if She Rules the Sky": The <u>Mother Albania</u> Monument and the Visualization of National History

Raino Isto

1. Introduction

On the morning of May 5, 1972, Enver Hoxha and the party leadership, together with hundreds of citizens of the People's Socialist Republic of Albania, gathered on a hill overlooking Tirana from the southeast, in the Cemetery of the Martyrs of the Nation.[1] This Martyrs' Day celebration was the first to be held in the new martyrs' cemetery, a complex that – in a more modest manifestation – had previously occupied the hill of St. Procopius in Tirana's Great Park [ALS–8]. Those assembled stood on an open platform before the centerpiece of the new cemetery complex, the imposing figure of the *Mother Albania* monument [ALS–12], which rose 22 meters over the crowds below (*fig.* 1).[2] Reporting on the commemoration for the newspaper *Zëri i Popullit,* Agim Shehu described, in particular, those mothers who had come to honor the dead who had given their lives in the struggle against fascist occupation and in support of the Popular Revolution:

> They hold clusters of flowers to their chests as if they held their own sons. They bring these flowers to leave for their sons, together with the feeling of a mother's gratitude and warmth with which they grasp them to their breast. However, they are something greater than simply the mothers of their children. We see their true face before us, above

---

1   ATSH, "Miting Përkujtimor në Varrezat e Reja të Dëshmorëve të Atdheut me Rastin e 5 Majit," *Zëri i Popullit,* May 6, 1972.

2   The statue itself is twelve meters high, mounted atop a ten meter pedestal.

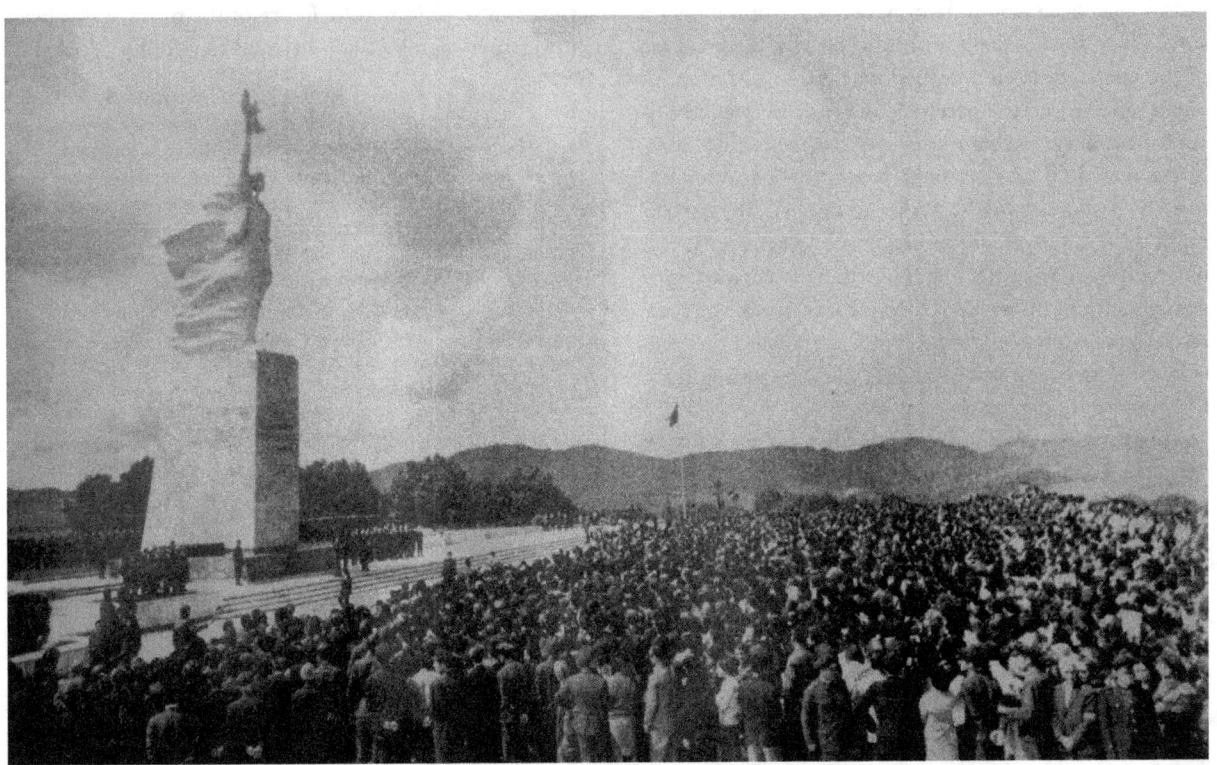

Fig. 1   P. Cici, *Në mitingun përkujtimor (At the Memorial Gathering),* from *Zëri i Popullit,* May 6, 1972.

us, in the great monument *Mother Albania* of the martyrs of the Fatherland. Albania itself lives in the symbol of the mother. […] We raise our eyes and feel as if she rules the sky. In her majesty is the majesty of the struggle of the people, the majesty of the ideals of the party, for which so many sons of the people gloriously fell.[3]

The monument and the cemetery itself ensured that this struggle would not be lost to memory, that it would live on and strengthen the perpetual construction of socialist Albania. In his speech on the occasion, Manush Myftiu, First Secretary of the Party Committee for Tirana, not only described the heroism of those who had given their lives for the fatherland, but also emphasized the crucial role of memorials erected to the fallen. "This martyrs' cemetery, and the thousands upon thousands of lapidars that fill Albania, are a great source of inspiration, especially for our younger generation, so that out of the heroic past [this generation] may draw lessons for the future […]."[4]

If *Mother Albania*'s elemental purview was the vast reaches of the sky, the earth of the cemetery itself democratized the fallen and enshrined the origin of the synthesis that culminated in the symbol of the mother-as-nation. Myftiu stated, "Here before us lies the simple partisan alongside the most distinguished leaders of the people's party, the commander and the commissar, the worker, the villager, the student, […] the communist alongside he who did not have a party membership card." Thus, both visually and conceptually, the great arc of the cemetery itself and the lone figure of *Mother Albania* represented the perennial dialectic between horizontal stability and harmony – the "monolithic unity of the masses"[5] – and vertical dynamism that often appeared in socialist realist sculpture (*fig. 2*). The monument itself, however, embodied a second synthesis, that between the horizontal – and inevitable – forward motion of national history and the ascent towards both collective coalescence and transcendence, toward the realization of an overarching national identity arising from the memory of the dead.

The purpose of this essay is to consider the Mother Albania monument as the materialization of a number of ideas about time, history, and society that characterized the late 1960s and early 1970s in communist Albania, as the locus of a constellation of transformations and syntheses. My goal is in fact quite modest: to offer a typology of these syntheses, to examine the meaning of the work in relation to Albanian communist cultural development from several viewpoints, with particular attention to the significance of its representation of the female form. I will focus primarily on the work's conception and execution during the communist period, and indeed specifically on the years immediately preceding its inauguration, only briefly considering the post-socialist period in the concluding section.[6]

While certain aspects of the monument's meaning will receive more attention than others, my aim is to respect the multivalent character of the work's significance in its own time, to capture the simultaneously monolithic and disparate characteristics that are to be found in the formal qualities of the work itself. However, when encountering works of socialist realism – of which *Mother Albania* represents a particularly unique and at times confounding example – it is necessary to temper the formal considerations common to the practice of art history with a respect for the invisible, conceptual, discursive aspect that plays a fundamental role in the meaning of such works.[7]

As much as *Mother Albania* is the concrete, formal, materialization of (Albanian) History, the work nonetheless also presents the figure of the mother as a form in flux between intangibility and tangibility, a point of

3   Agim Shehu, "…Tek Ata që Ranë për Atdhe," *Zëri i Popullit*, May 6, 1972. Shehu noted that mothers held a particularly distinguished place in commemorative events such as Martyrs' Day: "one cannot think of such days without thinking of mothers." [All translations from Albanian to English, unless noted otherwise, are my own.]

4   Manush Myftiu, "Fjala e Shokut Manush Myftiu, *Zëri i Popullit*, May 6, 1972. Myftiu's reference to "thousands upon thousands of lapidars" is certainly exaggerated; "hundreds" would be a more accurate number.

5   Ibid.

6   I set aside the post-socialist period largely for reasons of space and scope. However, a subsequent consideration of the work's subsequent reception would, as I hope to suggest through an elaboration of its genesis, prove productive for an understanding of both the status of communist cultural heritage in Albania (one of the aims of this publication) and of evolving conceptions of modern Albanian identity.

7   This in turn means considering both the creative genesis of the work and its treatment in the discourse of its time. Such discourse is often far removed from contemporary expectations of "critical" discourse, and might be better termed "poetic." This often leads to the dismissal of such writings as no more than laudatory propaganda meant to celebrate the triumphs of the communist regime. Agim Shehu's quite lyrical description of the mothers gathered below *Mother Albania* is one such example of this type of discourse, which privileges poetic exegesis over critical consideration or "reporting." However, one of the defining characteristics of the communist state in Albania (and elsewhere) might be said to be its embrace of precisely this kind of *totalizing poetics*. Insofar as the totalitarian aspect of communist – or Stalinist – states has an inextricably aesthetic character (as Boris Groys has most famously argued), then the poetic, panegyrical, discussion of such works must be considered a significant aspect of their meaning, alongside their formal qualities. For the aesthetic character of Stalinist states, see Groys, *The Total Art of Stalinism*, trans. Charles Rougle (New York: Verso, 2011).

transition – to put it in Hegel's language, it represents "the woman [...] as the middle term [through whom] the unconscious Spirit rises out of its unreality into actual existence, out of a state in which it is unknowing and unconscious into the realm of conscious Spirit."[8] Understanding *Mother Albania* helps us understand how this collective, national Spirit was constructed in communist Albania: what it looked like, what it meant, and how it shaped the narrative of past, present, and future in the country.

2. The birth of *Mother Albania*

The decision to move Tirana's martyrs' cemetery from the city's Great Park to its new location was first made by the Council of Ministers in April of 1964. As the project developed, its scope widened: the new cemetery was to include not only the graves of partisans and other martyrs of the fight for national liberation, but also the graves of notable party members and martyrs from Kosovo.[9] (This more democratic interpretation of the cemetery's meaning is hinted at in Myftiu's description of those commemorated together in its grounds.) In 1966, a competition to design the new cemetery was announced, and three groups of architects and sculptors were formed: one at the State Project Institute, one at the Architecture Department of the University of Tirana (this group included the well-known trio of sculptors Kristaq Rama, Shaban Hadëri, and Muntaz Dhrami), and one at the Urbanism and Design Office of the Executive Committee of the City of Tirana.[10] The proposed

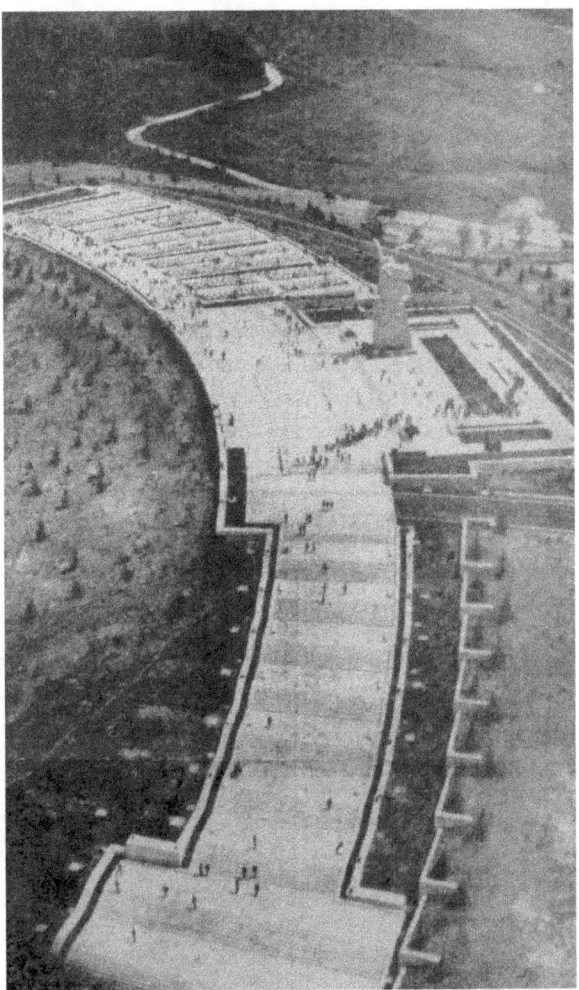

8   G.W.F. Hegel, *Phenomenology of Spirit*, trans. A.V. Miller (New York: Oxford University Press, 1977), p. 278.

9   Enver Faja, "Jetëgjatësia e simboleve në arkitekturë," in *Kush e drejton urbanistikën shqiptare* (Tirana: UFO University Press, 2008), p. 37. As Faja notes, this resulted in a general change in the name of the cemetery to the "Cemetery of the Martyrs of the Nation" (rather than simply "of Tirana" or "of the National Liberation War"). At one point, the project also included, according to Faja, plans for a mausoleum that would one day house Enver Hoxha's body, but this idea was subsequently abandoned (presumably since it acknowledged the inevitable death of the leader). See Faja, "Jetëgjatësia e Simboleve në Arkitekturë," p. 39. Hoxha was buried in the cemetery when he died in 1985. This essay does not specifically address the reasons for relocating the cemetery, nor the specifics governing the expanded interpretation of the "martyrs" to be buried there. It is certainly true that the relocation heightened the majestic quality of the cemetery, increasing its elevation and visibility, and giving it an even more sweeping view of Tirana than its former location had offered. (The replacement of the simple obelisk that had graced the former cemetery with a massive figural sculpture also contributed to this increased visual presence.) Further study of the policies on martyrs' cemeteries in the period under consideration would shed greater light on aspects of Tirana's martyrs' cemetery beyond the *Mother Albania* statue.

10 Petraq Kolevica, *Arkitektura dhe diktatura* (Tirana: Logoreci, 2004), p. 143. The group at the University was composed of

Fig. 2 P. Cici, Varrezat e reja të dëshmorëve të Atdheut (The New Cemetery of the Martyrs of the Nation), from Zëri i Popullit, May 6, 1972.

projects from each group were displayed in the Palace of Culture, and seen by both the public and by party leadership, including Enver Hoxha. The initial project from the group at the Urbanism and Design Office centered around the figure of a massive eagle, which extended one wing horizontally, protecting the graves, with the other wing held high in victory.[11] The group at the University presented a number of different projects, most of which contained a central obelisk or stylized flag form with a sculpture of either a partisan or an embodiment

    professor B. Daja; engineer I. Papanikolla; architects Enver Faja, V. Cicko, and R. Kote; and the three sculptors. The group at the Urbanism and Design Office was composed of architect Petraq Kolevica and sculptors Perikli Çuli and Hektor Dule.

11 Ibid., 142–47. Kolevica notes that this design was ultimately abandoned both for aesthetic reasons and because of the technical difficulties presented by the extended horizontal wing. The second version of the project featured an eagle with both wings vertical, and a smaller figural grouping with a partisan standing before it.

of *Mother Albania* in front of it.

According to sculptor Muntaz Dhrami, the preferred design for the monument (among those working at the University) was a version with two stylized flag forms sweeping upward, framing the central figure at the base.[12] It was Shaban Hadëri who was most enthusiastic about the Mother Albania figure; the other members of the group felt that such a figure might recall the American Statue of Liberty too closely, and that the party officials would prefer the version with the partisan. This version was indeed that preferred, Dhrami recalls, by Mehmet Shehu. However, when Enver Hoxha examined the various maquettes for the projects, he considered the stylized flags too Modernist, and instead exhibited a strong preference for a lone *Mother Albania* figure. Shehu, falling in line with Hoxha's preference, then exhorted the sculptors to "make her a strong Albanian woman, not a ballerina."[13] The decision to eliminate the surrounding sculptural elements and to focus solely on the single figure made the final design for the Tirana Martyrs' Cemetery unique among such cemeteries.[14] Generally, when martyrs' cemeteries included figural compositions in the round, they were accompanied by geometric, architectonic elements (such as a pillar towering behind the figure) in keeping with the visual vocabulary of lapidars. In the case of *Mother Albania*, the human figure both stands alone and takes the place of the geometric ensemble, essentially become a lapidar itself (a point to

Work on the cemetery and the *Mother Albania* monument proceeded during a period of intense cultural activity. From 1966 until 1969, Albania's government was focused on the implementation wide-ranging cultural and political changes (modeled partially on Mao's Cultural Revolution).[15] As Hoxha put it in 1966, "The further revolutionization of the life of the country cannot be understood without the development and deepening of the ideological and cultural revolution."[16] This ideological and cultural development included the construction of an impressive number of new monuments, slated for completion in 1969, for the 25-year anniversary of liberation from fascist occupiers. Among the artworks being created at the time were the Monument to the Four Heroines of Mirdita, the Monument to the Five Heroes of Vig [ALS–575], and the Memorial to the Battle of Mushqeta [ALS–504].[17] At the same time, the trio of sculptors tasked with *Mother Albania* were also at work on the massive Vlora Independence Monument [ALS–460]. This monument was also originally intended to be completed by 1969,[18] but – perhaps unsurprisingly – was not finished till 1972, the same year that *Mother Albania* was inaugurated. During the "further revolutionization" of the country that occurred in the late 1960s and into the early 1970s, a number of ideas were surfacing and circulating that shaped both popular and official expectations regarding the meanings of monumental and commemorative sculpture and its role in the New Life of socialist Albania. It is to these ideas and discourses – evident in both archival documents and published materials – that I now turn, in an attempt to understand *Mother Albania* in relation to the overall cultural and social program of Hoxha's regime.

12 Muntaz Dhrami, discussion with the author, June 16, 2014.

13 Ibid. Presumably Shehu's association of the initial versions of *Mother Albania* with a "ballerina" stems from the pose of the figure, who stood with her feet together, the wind blowing her dress up around her calves, with arms spread out in a V. For images of some of the initial versions of the *Mother Albania* statue, together with the flag forms, see Faja, "Jetëgjatësia e Simboleve në Arkitekturë," pp. 38–9. The design with the partisan standing before the sweeping flags was subsequently used for the martyrs' cemetery in Kukës [ALS–561]. Sculptor Halim Beqiraj created the figure of the partisan and entered the work in the competition dedicated to the 25th anniversary of Liberation. See "Si një shqiponjë," *Drita*, September 21, 1969.

14 Enver Faja also recalls that the other members of the University group were dissatisfied with the decision, which they presumably considered conservative and uninspired ("Jetëgjatësia e Simboleve në Arkitekturë," p. 39). However, at least in published materials, there seems to have been no open criticism of the final version of the monument or the cemetery complex – no doubt in part due to Hoxha's intervention in the decision regarding the design. As the recollections of Dhrami, Faja, and Kolevica (ibid., 144) indicate, the decision over the final design for the cemetery complex reiterated the debate – constant during the years of Hoxha's dictatorship – over the influence of Modernism in Albanian art and literature. However, if the decision to opt for the lone *Mother Albania* figure was a turn against Modernism, it is also undeniable that certain Modernist elements were reintroduced into the final treatment of the figure by Rama, Hadëri, and Dhrami.

15 This set of policies included an emphasis on the abolition of religious practices and the emancipation of women. See Peter Prifti, *Socialist Albania Since 1944: Domestic and Foreign Developments* (Cambridge: MIT Press, 1978), pp. 143–9.

16 Enver Hoxha, *Mbi Letësinë dhe Artin*, p. 241. I should note that I have found no specific documentation that the choice of the *Mother Albania* allegorical figure was specifically chosen to conform to policies or ideologies outlined as part of Hoxha's Cultural Revolution. My subsequent observations are simply intended to orient our understanding of the monument in the midst of certain new currents in cultural emphasis, not to argue that the monument's content was entirely determined by these currents.

17 A document from September 19, 1968, signed by Enver Hoxha, indicates nine major projects, including the monuments listed above as well as the completion of the stone foundations for the placement of the *Mother Albania* monument in the Tirana Martyrs' Cemetery (though the completion of the monument itself is not mentioned). See "Vendim: Mbi Vendosjen e Disa Monumenteve, Busteve, dhe Përmendoreve me Rastin e 25-Vjetorit të Çlirimit të Atdheut", AQSH, f. 511 v. 1968 d. 49, p. 1.

18 "Informacion mbi Masat për Ngritjen e Monumentit të Lirisë në Qytetin e Vlorës," AQSH, f. 490 v. 1967 d. 521, p. 5.

3. Monumental commemorative sculpture and society in 1960s and 1970s Albania

Why Mother Albania? While the trope of associating the female form – and the mother, specifically – with the collective entity of the nation and its ideals already had many precedents in monumental sculpture, what was its significance at this point in Albanian history?

It is perhaps easier to begin by answering a related question: why *not* a partisan as the central figure, as the representative of the nation's fallen? In many ways, Enver Hoxha's preference for Mother Albania over the figure of the partisan prefigures a series of ideas put forward by painter Kujtim Buza (together with historian Kleanth Dedi) in the early 1970s, ideas which address both aesthetic concerns regarding the construction and placement of monuments and memorials and the ideological implications of the relationship between the nation's past, present, and future. In 1970, Buza and Dedi issued a report on the problems and criteria for the development of commemorative public sculpture. Buza subsequently published an article in *Drita* that outlined several of his central concerns specifically regarding the plethora of new martyrs cemeteries constructed for the anniversary of Liberation and the sculptures placed in them. He explained that these sculptures should

> simultaneously honor the fallen and express the optimism that characterized those who fought in the National Liberation War, that they should express that the dream for which they fought and died is now a reality: that socialist Albania […] marches forward from victory to victory.[19]

However, visualizing this dream meant creating sculptural works that did not simply dwell on the figure of the partisan; Buza saw the proliferation of partisan figures in martyrs' cemeteries as a barrier to the true expression of the revolutionary *present* of the country. Buza and Dedi articulated the idea even more clearly in their report from 1970:

> Thus it seems as if only the [figure of the] partisan can honor all the fallen partisans and martyrs. This reduces the historical period of […] pledging oaths in the name of new victories, as if this time belonged only to the partisans in the years of the war, and not to all of the [Albanian] people today, in their battles to construct socialist society.[20]

The problem of the partisan as representative of the collective struggle of the nation was not simply a problem of symbols – it was a problem of *time*. The partisan was problematic not simply because it (most often, he) was repeated far too often for Buza's taste, but because it did not express the *continuity* that the "further revolutionization" of the country required. The sculptural centerpieces of martyrs' cemeteries needed to express not simply the past, but the momentum of the present into the future, the building of socialism.

This same sentiment had been expressed by Enver Hoxha himself in 1969, in the context of a letter to Rama, Hadëri, and Dhrami regarding their work on the Vlora Independence Monument. In the letter, which was published on the front page of *Drita*, Hoxha urged that the Independence Monument should commemorate not simply a past event, but also the

> forward charge to arrive at other, even more important goals. In it we would see our own revolution moving forward, rising up. The imagination of the people should see […] that which it realized in the glorious National Liberation War, that which it is realizing today in the building of socialism.[21]

It is not, I think, unlikely that these ideas were also incorporated by the trio of sculptors into the *Mother Albania* monument.

These debates about the figure of the partisan and the attempt to find a symbol that would glorify Albania's present as much as its past coincided with concern over the representation of women in monuments.[22] Central Committee Secretary Ramiz Alia, in a 1968 report on the development of monumental propaganda, expressed "the representation of the thematics that pertains to the treatment of the Albanian woman is very unsatisfactory," chiefly because of the absence of such themes in extant public art. He insisted that it was urgent that

19 Kujtim Buza, "Skulptura në Varrezat e Dëshmorëve," *Drita*, August 15, 1971.

20 Kujtim Buza and Kleanth Dedi, "Disa Probleme dhe Masa për të Ngritur me Kritere më të Drejta Monumentet, Përmendoret,

Bustet, Lapidarët dhe Pllakat Përkujtimore," AQSH, f. 511 v. 1970 d. 86, p. 20.

21 Enver Hoxha, "Në Gurrën e Pashtershme e Jetëdhënëse të Krijimtarisë së Popullit, do të Gjejmë atë Frymëzim të Madh për të Realizuar Vepra të Bukura e Madhështore për Popullin Tonë," *Drita*, July 13, 1969. For an extended discussion of the letter and the Vlora monument, see Raino Isto, *"In It We Should See Our Own Revolution Moving Forward, Rising Up": Socialist Realism, National Subjecthood, and the Chronotope of Albanian History in the Vlora Independence Monument*, Master's Thesis, University of Maryland (2014), 48–78.

22 There remains a vast amount of research to be done on the representation of women in Albanian communist art, both in painting and in sculpture. The present study of *Mother Albania* represents only an initial step towards a full understanding of how the visual arts constructed the roles and understandings of women during Hoxha's regime.

the Albanian woman was symbolized "as a warrior that has played an important role in all periods of our people's history."[23] This assessment of the representation of women in monumental works certainly parallels the concerns of Hoxha's cultural policies, which placed a great emphasis on the emancipation of women and the development of their role in socialist society. However, these ideas can only partially explain why *Mother Albania* might have represented a particularly satisfactory allegory for a monument first commissioned at the outset of Hoxha's Cultural Revolution.

First of all, *Mother Albania* is not a representation of one of the heroines of the people, nor is she the anonymous figure of the female partisan.[24] If anything, part of the work's uniqueness is precisely that it avoids the obvious solution of celebrating the present by depicting the New Woman of socialism, instead retaining an almost classical allegorical figure. There was, at the time, no *extant* monumental precedent within Albania for the representation of the nation as a woman, but there was such a precedent in the initial 1962 design for the Vlora Independence Monument, which had initially been conceptualized as a figure of "Albania, strong, wise, brave, a kind mother, an undefeated warrior, with a sword at her waist," dressed in national costume.[25] This figure would have held aloft a flag in one hand, while the other extended a golden wreath to crown a group of Albanian fighters. Compared to this overtly classical conception of Albania-as-mother, the *Mother Albania* monument does indeed represent a significant attempt to make the theme more "of its time."

Part of the key to understanding the way in which *Mother Albania* – an allegory with little direct reference to the New Life or the New Woman – could still be a paradigm of the (self-described) innovative tendencies of Albanian socialist realism involves understanding the privileged role of symbol in this type of art. While socialist realism's stated goal was the reflection of socialist reality (a sufficiently ambiguous aspiration), this reflection reached its highest manifestation in works that represented a metaphorical view of 'reality.'[26] In a speech

delivered in April of 1972, at the Writers and Artists Union Plenum on aesthetic criticism, historian Andon Kuqali explained that certain types of artworks belong "to the highest level of artistic realism." These are works that "pass into metaphor, that make figurative associations, that are symbols."[27] Thus, a statement like that by Agim Shehu, quoted at the outset of this essay ("Albania itself lives in the symbol of the mother"[28]) takes on an additional import: the treatment of *Mother Albania* as a *symbol* – the mother-as-nation – in fact only increased the work's ability to represent diverse, more "concrete" aspects of socialist life (the emancipation of women, shared national sacrifice, and so forth). This may seem like a straightforward description of the function of symbols, but its significance lies in the recognition that this system described how art and reality coincided, not how art abstracted itself from socialist reality.

If we return to *Mother Albania* as a quintessentially symbolic work, and thus see it as one of the highest manifestations of socialist *realism,* then we might note one additional significant association that the monument suggests: that between the nation and the family. If *Mother Albania*'s function is to aesthetically crystallize – in a way I will address below – a shared national past that at the same time lives on in the shared national struggle to build socialism, then it does so by suggesting a familial bond between the fallen, the living, and future generations. As Luljeta Ikonomi and Shannon Woodcock have pointed out, a significant piece of Hoxha's cultural policy aimed at the regulation of the family unit and ensuring that the function of this unit supported socialist practices of production and power distribution.[29] Thus, the depiction of the nation as mother is not only (and perhaps, not primarily) explained by the increased focus on women's issues during the period of Hoxha's Cultural Revolution, but also by the focus on the family. Imagining the nation as a family strengthened not only the perception of a single ethno-cultural heritage, but also symbolically translated communist policies of family control into the regime of official aesthetic representation and commemoration.

Up to this point, I have attempted to show the *Mother Albania* monument caught up amidst several transitions and currents: between different understandings of socialist realist aesthetics, in the midst of changing social expectations regarding the role of women, and at

23 Ramiz Alia, "Report on the State and Measures for the Development and Further Revolutionization of Monumental Propaganda," *this volume*, pp. 34–5.

24 The allegorical image of the female-partisan-as-mother was later visualized in the Martyrs' Cemetery in Lushnja [ALS–194].

25 "Mbi Përmendoren e Pesëdhjetëvjetorit në Vlorë," AQSH f. 490, v. 1962, d. 992, p. 4. There was, of course, a rich literary tradition of associating the Albanian nation with a woman, with Pashko Vasa's *O Moj Shqypni* being perhaps the best known example.

26 I place the word 'reality' in quotes to indicate, as the quote below demonstrates, that for socialist realism, there was no contradiction between reality and a metaphorical understanding of the world. In fact, the two were equivalent.

27 Andon Kuqali, "Kritika të Orientojë e të Hapë Horizonte për të Ardhmen," *Nëndori* 4 (April 1972), p. 82.

28 Ibid.

29 Luljeta Ikonomi and Shannon Woodcock, "Imoraliteti në Familje: Nxitja e Ankesave të Grave për të Përforcuar Pushtetin e Partisë në Revolucionin Kulturor Shqiptar," *Përpjekja* 32–3, (Spring 2014), p. 169.

the crux of a new vision of the temporal relationship between past and present. There are almost certainly other such currents that remain to be examined in greater depth. However, I now wish to turn to the monument itself, to consider – concretely – how the work's aesthetics reflect, imagine, and create the reality of Albanian socialism.

4. *Mother Albania* and the winds of history

It is perhaps ironic that one of the ways that Rama, Hadëri, and Dhrami set about making the figure of *Mother Albania* "of its time"[30] was to reintroduce a decidedly "Modernist" aesthetic. If *Mother Albania* no longer looked like a ballerina, it was in part because the figure itself took on the geometric characteristics generally present in the ensemble accompanying figurative sculptures in martyrs' cemeteries. In essence, *Mother Albania*'s body itself became a lapidar: her left arm jutting out horizontally, her right arm holding aloft the star nearly always found atop lapidars.[31] To create the feeling of perpetual forward motion and dynamism, and to counter the rigid frontal verticality of the woman's body, the sculptors extended *Mother Albania*'s robes back, transforming them into angular, almost Futurist waves that terminate in stark, geometric shapes. In doing so, they introduced an entirely new image of the female body: rather than the often quite clingy robes characteristic of classical sculpture, *Mother Albania*'s garb transformed her corporeality into something at once rigid and dynamic. On the one hand, her whole body appears to be dissolving and then reforming, flowing back and out, metamorphosing, abstracting into pure, directed motion. At the same time, however, her starkly vertical poise and stoic visage appear as the coalescence of the abstracted pleats flowing out behind her; in her, the winds of history and change crystallize and become legible. This second reading seems particularly appropriate in light of the sculpture's place in the martyrs' cemetery: *Mother Albania* represents the materialization of the sacrifice of those buried in her shadow. The horizontality of historical narrative is elevated to a higher level of meaning, of metaphor, by the upward thrust of her hand raised and grasping the star and laurel branch.

Seen from a distance, winding one's way up the road leading to Tirana's Martyrs' Cemetery, *Mother Albania* is primarily frontal, rising straight and tall like a guardian. However, upon entering the cemetery complex, one mounts the stairs and approaches the sculpture from the side, finally coming around to stand before the work and gaze up. This trajectory emphasizes the latter reading of the figure, from flow of history, forward into coalesced body, and finally upward into symbol (and thus into 'reality'). The body of *Mother Albania* therefore serves not merely as a symbol of the nation as a whole, but specifically as the visualization of a collective history, creating a unified narrative of the nation.

In 1971, Alfred Çapaliku described the construction underway on the new Martyrs' Cemetery: "Every piece of marble they lay in place in the beautiful, level surface of the martyrs' cemetery links together three times. They extend into the past, in the present, and into the future."[32] *Mother Albania* performs a similar function: it brings together time under the aegis of national history, making the sacrifice of the past tangible and legible even as it gazes with certainty into tomorrow.

5. Enver Hoxha and *Mother Albania*: The dictator, the nation, and history

On May 5, 1985, on the first Martyrs' Day following Enver Hoxha's death, a print by Josif Droboniku was published in *Drita* (*fig. 3*). The image shows the profile of *Mother Albania*, and in her flowing robes the faces of a multitude of partisans, men and women who gave their lives in the struggle to build the nation that communist Albania envisioned. These numerous smaller faces float around one central face, larger than all the others: that of Enver Hoxha. Droboniku's print visualizes another link in the conceptual chain that *Mother Albania*, as a monument, attempts to create: it establishes the relationship between the dictator and the nation-as-mother, and at the same time between the dictator and the course of the nation's collective narrative. It is perhaps fitting that Hoxha, who was instrumental in the choice of the *Mother Albania* motif for the cemetery, finds his own image swept up within the symbolic transformation of time. In *Mother Albania*'s robes, in the flows that ebb between the abstract abyss of the past and the conscious realization of national Spirit, Hoxha – together with the nation itself – crystallizes into the comprehensible form of national history.

Nearly three decades later, on May 5, 2014, this very relationship – between the image of the dictator and that of *Mother Albania* – became an object of controversy. While the Albanian heads of state, including Prime Minister Edi Rama (the son of sculptor Kristaq Rama) placed wreaths of flowers before *Mother Albania* to honor the nation's fallen, several members of the

---

30 And, one imagines, to solve the problem of no accompanying architectonic or abstract elements, as well as to distance the work conceptually from a sculpture like the Statue of Liberty.

31 Here, there is a much deeper discussion to be had about the transformation of the female body in the service of socialist realist (and nationalist) aesthetics, but it is beyond my current scope.

32 Alfred Çapaliku, "Duke Medituar për Dëshmorët," *Drita*, October 3, 1971.

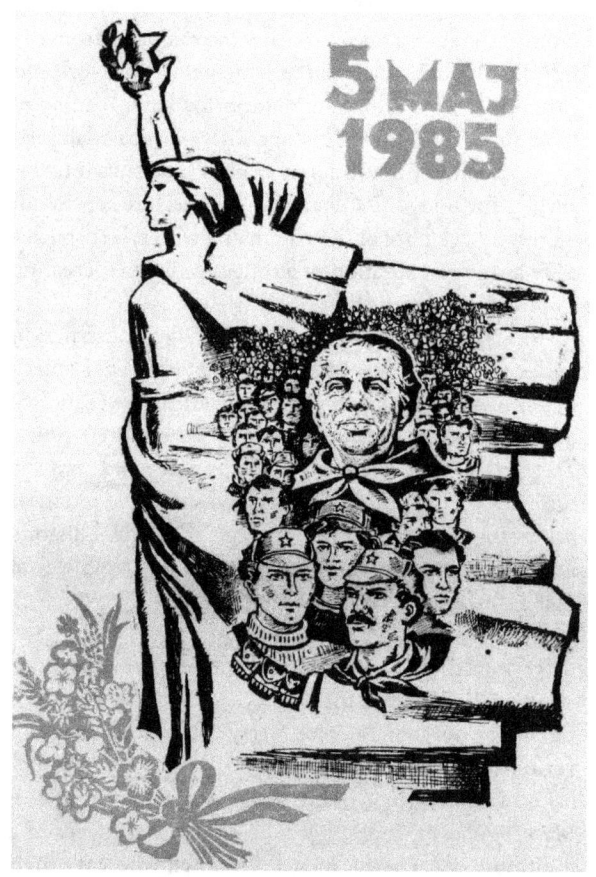

Fig. 3 Josif Droboniku, Untitled print, from *Drita,* May 5, 1985.

its legibility in momentum. In the period following the fall of communism in Albania, history has become – in many instances – unstable, characterized by gaps and forgetfulness, by an often destructive decentering of the past. If the *Mother Albania* monument still stands as a symbol for the nation and its narrative, this narrative is visualized not only in the implacable visage of the mother but also in the abstract and shifting flow of her robes, the flow that sweeps the past into oblivion.

Communist Party of Albania carrying portraits of Enver Hoxha were prevented from entering the cemetery complex by guards.[33] On the previous November 29, for the celebration of national Liberation, the Communist Party had brought their large portrait of Hoxha into the cemetery; it had been seen looming behind the new leaders of Albanian government, and on Martyrs' Day, 2014, a distance needed to be preemptively (re-)established between the image of the dictator and the image of the collective history of the nation. This meant separating Hoxha from *Mother Albania*, extracting him from the flow of history and keeping his representation out of the hallowed space of the Cemetery of the Martyrs of the Nation. This enforcement of distance – begun in April of 1992, when Hoxha's grave was removed from the martyrs' cemetery and relocated to the municipal cemetery – should prompt us to return to the reading of *Mother Albania* that sees her figure dissolving, losing

33 "Homazhet në Varrezat e Dëshmorëve: Garda nuk lejon komunistët me portretet e Enver Hoxhës," *InfoArkiv,* May 5, 2014: http://arkivamediatike.com/lajme/artikull/iden/1047574787/titulli/ Homazhet-ne-Varrezat-e-Deshmoreve-Garda-nuk-lejon-komunistet-me-portretet-e-Enver-Hoxhes (Accessed July 28, 2014).

"Ngremë sytë lart e ndjejmë, se ajo zotëron qiellin": Monumenti <u>Nëna Shqipëri</u> dhe vizualizimi i historisë kombëtare

Raino Isto

1. Hyrje

Mëngjesin e 5 majit 1972, Enver Hoxha dhe kryesia e partisë, së bashku me qindra qytetarë të Republikës Popullore Socialiste të Shqipërisë, u mblodhën në majën e një kodre prej nga ku mund të vëzhgohej gjithë Tirana nga juglindja, tek Varrezat e Dëshmorëve.[1] Kjo ishte hera e parë që kremtimi i Ditës së Dëshmorëve u mbajt tek varrezat e reja të dëshmorëve, një kompleks ky versioni më modest i të cilit ndodhej një herë e një kohë në kodrën e Shën Prokopit në Parkun e Madh të Tiranës [ALS–8]. Të pranishmit ishin mbledhur në një platformë të hapur përballë figurës imponuese të monumentit *Nëna Shqipëri* [ALS–12], i cili ngrihej 22 metra mbi turmën (*fig. 1*).[2] Agim Shehu, në reportazhin e tij

mbi ceremoninë përkujtimore në gazetën *Zëri i Popullit*, i kushtoi vëmendje të veçantë nënave që kishin ardhur për të nderuar djemtë dhe vajzat që kishin rënë në luftën kundër pushtimit fashist dhe që kishin mbështetur Revolucionin Popullor:

> Mbajnë tufa lulesh në duar e i afrojnë herë-herë tek gjiri si t'i kishin bijtë e tyre. Këto lule i kanë sjellë t'ua lënë bijve, bashkë me atë mirënjohje e ngrohtësi nëne me të cilat po i mbështjellnin në gji. Por ato janë më të mëdha se nëna të fëmijëve të tyre. Pamjen e tyre të vërtetë e shohim përballë, lart, në monumentin e madh Nëna Shqipëria të dëshmorëve të Atdheut. Është vetë Shqipëria në simbolin e nënës. […] Ngremë sytë lart e ndjejmë, se ajo zotëron qiellin. Në madhështinë e saj është madhështia e luftës që bëri populli, madhështia e

1   ATSH, "Miting Përkujtimor në Varrezat e Reja të Dëshmorëve të Atdheut me Rastin e 5 Majit," *Zëri i Popullit*, 6 maj 1972.

2   Statuja e gjatë 12 metra qëndron mbi një piedistal 10–metërsh.

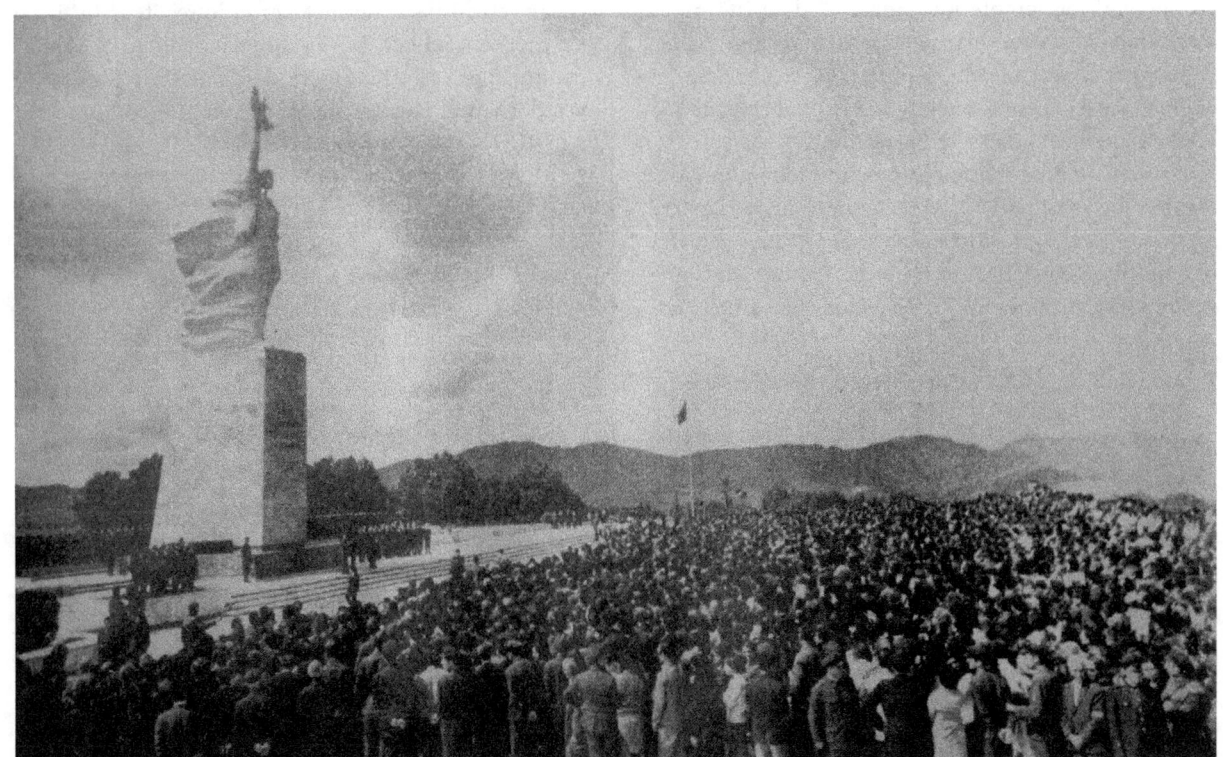

Fig. 1 P. Cici, *Në mitingun përkujtimor*, tek *Zëri i Popullit*, 6 maj 1972.

idealeve të partisë, për të cilat ranë me këngë kaq shume bij të popullit.[3]

Në saj të monumentit dhe varrezave, kjo luftë nuk do të harrohej, përkundrazi, ajo të vazhdonte të jehonte dhe të përforconte ndërtimin e parreshtur të Shqipërisë socialiste. Në fjalën e tij, Sekretari i Parë i Komitetit të Partisë për Tiranën, Manush Myftiu, përshkroi jo vetëm heroizmin e atyre që kishin dhënë jetën për atdheun, por theksoi gjithashtu rolin tejet të rëndësishëm të përmendoreve që ishin ngritur për të rënët. "Ky vend i dëshmorëve dhe mijrat e mijrat e lapidarëve që mbushin Shqipërinë, janë burim i madh frymëzimi sidomos për brezin tonë të ri, që nga e kaluara heroike ai të nxjerrë mësime për të ardhmen [...]"[4]

Ndërsa *Nëna Shqipëri* e kishte drejtuar vështrimin drejt skajeve të qiellit, dheu i varrezës përfaqësonte demokratizimin e të rënëve dhe ruajtjen e origjinës së sintezës që kulminonte në simbolin e nënës-si-komb. Myftiu u shpreh se, "Ja këtu para nesh prehet partizani i thjeshtë krahas udhëheqësve nga më të shquarit të partisë e të popullit, komandanti e komisari, punëtori, fshatari, studenti, [...] komunisti e ai që nuk e kishte teserën e partisë."[5] Kësisoj, harku i madh i varrezës dhe figura e *Nënës Shqipëri* përfaqësonin, si konceptualisht ashtu edhe vizualisht, dialektikën e përhershme midis qendrueshmërisë dhe harmonisë – "bashkimit monolit të masave"[6] – dhe dinamizmit që shfaqej shpeshherë në skulpturën e realizmit socialist (*fig. 2*). Megjithatë, vetë monumenti mishëronte një sintezë të dytë, atë midis marshimit të paevitueshëm në linjë të drejtë horizontale të historisë kombëtare, dhe ngjitjes drejt një koaleshence dhe transhendence kolektive, drejt realizimit të një identiteti kombëtar të lindur nga kujtimi i të vdekurve.

Qëllimi i këtij artikulli është që monumentin *Nëna Shqipëri* ta konsiderojmë si materializimin e një sërë idesh rreth kohës, historisë dhe shoqërisë që karakterizonin Shqipërinë komuniste të fundviteve 1960 dhe në fillim të viteve 1970; si vendndodhjen e një kon-

stalacioni transformacionesh dhe sintezash. Në fakt, synimi im është modest: të ofroj një tipologji të këtyre sintezave, të ekzaminoj kuptimin e kësaj vepre në raport me zhvillimin e kulturës komuniste shqiptare prej disa këndvështrimesh, duke i kushtuar një vëmendje të veçantë përfaqësimit të formës femërore. Do të përqëndrohem kryesisht tek konceptimi dhe ekzekutimi i veprës gjatë periudhës komuniste, duke e marrë në konsideratë periudhën post-socialiste vetëm kalimthi në përfundim të këtij teksti.

Ndonëse disa aspekte të monumentit tërheqin më tepër vëmendje se të tjerat, unë do të përpiqem të respektoj karakterin multivalent të domethënies së veprës në kohën që ajo u krijua, të përcjell njëkohësisht karakteristikat monolitike dhe të tjetërllojshme të saj që gjejmë në cilësitë formale të veprës. Megjithatë, kur përballemi me vepra të realizmit socialist – dhe monumenti *Nëna Shqipëri* përfaqëson një shembull sa unik aq edhe përshtjellues të kësaj rryme – duhet të zbusim vlerësimet që kanë të bëjnë me historinë e artit përkundrejt respektit për aspektin e padukshëm, konceptual dhe ligjërimor që luan një rol kaq vendimtar në domethënien e këtyre veprave.[7]

Për aq sa *Nëna Shqipëri* është materializimi konkret dhe formal i Historisë (së Shqipërisë), kjo vepër përfaqëson gjithësesi edhe figurën e nënës si një formë që lëkundet midis të paprekshmes dhe të prekshmes, një pikë tranziti – siç thoshte Hegel, kjo vepër përfaqëson "gruan [...] si termi nëpërmjet të cilit Shpirti i pavetëdijshëm, ngrihet përtej jo-realitetit të tij në ekzistencën aktuale, përtej një gjendjeje ku ai është i paditur dhe i pavetëdijshëm në domenin e Shpirtit të vetëdijshëm."[8] Nëse arrijmë të kuptojmë monumentin

---

3   Agim Shehu, "...Tek Ata që Ranë për Atdhe," *Zëri i Popullit,* 6 maj 1972. Shehu thekson se nënat zënë një vend të veçantë në ngjarjet përkujtimore si Dita e Dëshmorëve: "Emri i tyre është i pandarë nga ditë të tilla."

4   Manush Myftiu, "Fjala e Shokut Manush Myftiu, *Zëri i Popullit,* 6 maj 1972. "Mijra e mijra lapidarët" që përmend Myftiu janë padyshim një ekzagjerim; "qindra" do të ishte një numër më i përafërt.

5   Po aty.

6   E kam lënë mënjanë periudhën post-socialiste kryesisht për çështje hapësire dhe fokusi. Megjithatë, siç shpresoj të tregoj nëpërmjet diskutimit të gjenezës së saj, një trajtim i pritjes së mëvonëshme të veprës do të ishte produktive për të kuptuar si statusin e trashëgimisë kulturore komuniste të Shqipërisë (një nga qëllimet e këtij botimi), ashtu edhe për konceptime në zhvillim e sipër të identitetit modern shqiptar.

7   Kjo nënkupton një diskutim të zanafillës krijuese të veprës dhe të trajtimit të saj në ligjëratën e kohës kur u prodhua. Në shumicën e rasteve, një ligjëratë e tillë është shumë larg pritshmërive të sotme sa i përket ligjëratave "kritike", dhe për pasojë "poetike" do të ishte një përcaktim më i saktë i saj, që shpesh herë bëhet shkak për shpërfilljen e shkrimeve të tilla si asgjë më shumë se një propagandë lavdëruese qëllimi i së cilës është kremtimi i suksesve të regjimit komunist. Përshkrimi lirik i Agim Shehut i nënave të mbledhura tek këmbët e *Nënës Shqipëri* është një shembull i mire i kësaj lloj ligjërate që privilegjon interpretimin poetik në vend vlerësimit apo "raportimit" kritik. Megjithatë, një nga tiparet dalluese të shtetit komunist në Shqipëri (dhe në vende të tjera) është pikërisht përvetësimi i kësaj lloj *poetike gjithëpërfshirëse.* Për sa kohë që aspekti totalitar i shteteve komuniste (ose staliniste) ka një karakter të pashmangshëm estetik (siç ka argumentuar Boris Groys), atëherë diskutimi poetik, panegjirik i veprave të tilla duhet të konsiderohet si një aspekt i rëndësishëm i domethënies së tyre, përkrah cilësive të tyre formale. Për karakterin estetik të shteteve staliniste shih: Groys, *The Total Art of Stalinism,* përkth. Charles Rougle (Nju-Jork: Verso, 2011).

8   G.W.F. Hegel, *Phenomenology of Spirit,* përkth. A.V. Miller (Nju-Jork: Oxford University Press, 1977), f. 278.

Nëna Shqipëri, kjo do të na ndihmonte të kuptonim se si u ndërtua ky Shpirt kombëtar kolektiv në Shqipërinë komuniste: pamjen e tij, domethënien e tij, dhe ndikimin e tij mbi narrativën mbi të kaluarën, të tashmen dhe të ardhmen e vendit.

2. Lindja e *Nënës Shqipëri*

Vendimi për t'i lëvizur varrezat e dëshmorëve të Tiranës nga Parku i Madh i kryeqytetit në vendodhjen e tyre të re u mor nga Këshilli i Ministrave më 1 prill 1964. Teksa projekti zhvillohej, horizonti i tij u zgjerua: varrezat e reja do të përfshinin jo vetëm varret e partizanëve dhe dëshmorëve të tjerë të luftës kombëtare për çlirim, por gjithashtu edhe varret e figurave të rëndësishme të partisë dhe të dëshmorëve nga Kosova.[9] (Myftiu i aludon këtij interpretimi më demokratik të domethënies së varrezave në përshkrimin e atyre që përkujtohen në hapësirën e tyre.) Konkursi për projektimin e varrezave të reja u shpall në vitin 1966. Paralelisht, u ngritën edhe tri grupe pune me arkitektë dhe skulptorë: një pranë Institutit Shtetëror të Projektimit (ISP), një pranë Departamentit të Arkitekturës në Universitetin e Tiranës (ky grup përfshinte treshen e mirënjohur të skulptorëve Kristaq Rama, Shaban Hadëri dhe Muntaz Dhrami), dhe i fundit pranë Zyrës së Urbanistikës e të Projektimit të Komitetit Ekzekutiv të Tiranës.[10] Projektet që propozuan grupet e lartpërmendura u ekspozuan në ambientet e Pallatit të Kulturës, dhe u vizituan si nga

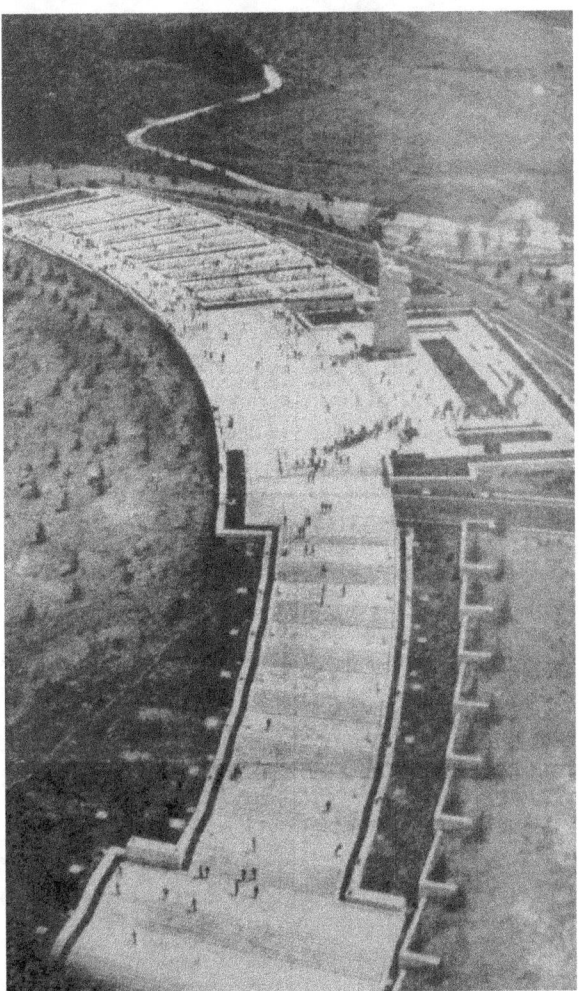

Fig. 2 P. Cici, *Varrezat e reja të dëshmorëve të Atdheut*, tek *Zëri i Popullit*, 6 maj 1972.

publiku ashtu edhe nga kryesia e partisë, duke përfshirë Enver Hoxhën. Projekti fillestar i grupit pranë Zyrës së Urbanistikës përqendrohej tek figura e një shqiponje gjigande, një krah i së cilës shtrihej horizontalisht mbi varrezat duke i mbrojtur ato, ndërsa tjetri ngrihej lart triumfues.[11] Grupi pranë Universitetit të Tiranës paraqiti disa projekte, shumica e të cilëve kishin një obelisk ose një flamur në qendër të tyre dhe skulpturën e një partizani ose të një personifikimi të *Nënës Shqipëri* përballë.

Sipas skulptorit Muntaz Dhrami, version i parapëlqyer i monumentit (mes atyre që punonin në Universitetin e Tiranës) ishte ai me figurat e dy flamujve që valëviteshin lart e që vinin në kornizë figurën e tretë në tokë.[12] Shaban Hadëri ishte më entuziasti mes tyre

9 Enver Faja, "Jetëgjatësia e Simboleve në Arkitekturë," në *Kush e drejton urbanistikën shqiptare* (Tiranë: UFO University Press, 2008), f. 37. Siç shpjegon Faja, kjo u bë shkak për ndryshimin e emrit të varrezave në "Varrezat e Dëshmorëve të Kombit" (në vend të "Tiranës" apo të "Luftës Kombëtare Çlirimtare"). Sipas Fajës, në një moment projekti përfshinte edhe një mauzole që një ditë do të strehonte eshtrat e Enver Hoxhës, ide që më pas u braktis (ndoshta pasi pohonte vdekjen e pashmangshme të udhëheqësit). Shih Faja, f. 39. Megjithatë, kur ndërroi jetë në 1985, Hoxha u varros pikërisht në këto varreza. Kjo ese nuk e adreson drejtpërdrejtë çështjen e arsyeve për spostimin e varrezave, apo kriteret që u përdorën për të përcaktuar "dëshmorët" që do të varroseshin në to. Padyshim që zhvendosja rriti madhështinë e varrezave, duke qenë më lart dhe më e dukshme, dhe duke i ofruar vizitorit një pamje më të gjerë e mbresëlënëse të Tiranës se vendndodhja e mëparshme e varrezave. (Zëvendësimi i obeliskut të thjeshtë në varrezat e vjetra me një skulpturë figurative masive e theksoi akoma më tepër prezencën e rritur vizuale.) Studime të mëtejshme të politikave rreth varrvezave të dëshmorëve gjatë periudhës në fjalë do të hidhnin më tepër dritë mbi aspektet e varrezave të dëshmorëve të Tiranës që shkojnë përtej statujës *Nëna Shqipëri*.

10 Petraq Kolevica, *Arkitektura dhe Diktatura* (Tirana: Logoreci, 2004), f. 143. Grupi pranë Universitetit të Tiranës përbëhej nga professor B. Daja, inxhinier I. Papanikolla, arkitektët Anver Faja, V. Ciko dhe R. Kote, si dhe tre skulptorët që kemi përmendur. Grupi pranë Zyrës së Urbanistikës dhe të Projektimit përbëhej nga arkitekti Petraq Kolevica dhe skulptorët Perikli Çuli dhe Hektor Dule.

11 Po aty, f. 142–47. Kolevica vë re se ky version u braktis për arsye estetike por edhe për shkak të vështirësive teknike që paraqiste krahu i shtrirë horizontal. Versioni i dytë i këtij projekti përmbante një shqiponjë krahëlartë dhe një grupim më të vogël figurativ para të cilit ndodhej një partizan.

12 Muntaz Dhrami në diskutim me autorin, 16 qershor 2014.

për figurën e *Nënës Shqipëri*; anëtarët e tjerë të grupit dyshonin se një figurë e tillë mund t'i ngjante pak si tepër Statujës së Lirisë në SHBA, dhe se zyrtarët e partisë do të parapëlqenin versionin me partizanin. Dhe në fakt, pikërisht ky version qe ai që u pëlqye më shumë, siç kujton Dhrami, nga Mehmet Shehu. Megjithatë, kur Enver Hoxha shqyrtoi maketet e ndryshme të projekteve, flamujt iu dukën tepër modernistë dhe i pëlqeu shumë më shumë figura e vetmuar e *Nënës Shqipëri*. Shehu ndoqi linjën e Hoxhës dhe i kërkoi skulptorëve ta shndërronin atë në "një grua të fortë shqiptare, jo një balerinë."[13] Vendimi për të eliminuar elementet e tjera skulpturore dhe për t'u përqendruar tek figura e vetme e *Nënës Shqipëri* bëri që projekti përfundimtar i Varrezave të Dëshmorëve të Tiranës të ishte unik mes strukturave të ngjashme.[14] Në përgjithësi, në ato raste kur varrezat e dëshmorëve përfshinin kompozime figurative përreth, ato shoqëroheshin nga elemente arkitektonike gjeometrike (si për shembull një pilastër që ngrihej pas figurës), gjë që përputhej me fjalorin vizual të lapidarëve. Në rastin e *Nënës Shqipëri*, figura njerëzore është njëkohësisht e vetmuar dhe zë vendin e kompleksit gjeometrik, duke u shndërruar në një farë mënyre në një lapidar (do t'i rikthehem kësaj pike më poshtë).

Puna mbi monumentin *Nëna Shqipëri* u zhvillua gjatë një periudhe të pasur me aktivitete kulturore. Gjatë viteve 1966–1969, qeveria shqiptare u përqendrua në implementimin e ndryshimeve të gjera politike dhe kulturore (bazuar pjesërisht në Revolucionin Kulturor të

Maos).[15] Siç u shpreh vetë Enver Hoxha, "Revolucionarizmi i mëtejshëm i jetës së vendit nuk mund të kuptohet pa zhvillimin e pa thellimin e revolucionit ideologjik e kulturor."[16] Këto zhvillime ideologjike dhe kulturore përfshinë edhe ndërtimin e një numri mbresëlënës monumentesh të reja për t'u përfunduar në vitin 1969, me rastin e 25-vjetorit të çlirimit nga pushtuesit fashistë. Mes veprave të artit që ishin duke u përgatitur, qe Monumenti i Katër Heronjve të Mirditës, Monumenti i Heronjve të Vigut [ALS–575], dhe Monumenti i Musqetasë [ALS–504].[17] Treshja e skulptorëve që po punonin mbi monumentin *Nëna Shqipëri* po punonin gjithashtu edhe mbi Monumentin e Pavarësisë [ALS–460]. Fillimisht, edhe ky monument qe planifikuar për t'u përfunduar brenda vitit 1969,[18] por nuk u përfundua deri në vitin 1972, të njëjtin vit që u përurua monumenti *Nëna Shqipëri*. Gjatë "revolucionarizimit të mëtejshëm" të vendit, që ndodhi midis fundit të viteve 1960 dhe fillimit të viteve 1970, kishin filluar të qarkullonin një sërë idesh që ndryshuan pritshmëritë e popullit të thjeshtë dhe të zyrtarëve të partisë sa i përket domethënies së skulpturës monumentale dhe përkujtimore dhe rolit të saj në Jetën e Re të Shqipërisë socialiste. Më poshtë do të trajtoj pikërisht këto ide dhe ligjërata, të dokumentuara si në materiale arkivore ashtu edhe në botime, në përpjekje për të kuptuar raportin midis monumentit *Nëna Shqipëri* dhe programit social dhe kulturor të regjimit Hoxha në përgjithësi.

3. Skulptura monumentale përkujtimore dhe shoqëria gjatë viteve 1960 dhe 1970 në Shqipëri

Pse *Nëna Shqipëri*? Ndonëse në skulpturën monumentale shqiptare ekzistonin ndërkaq precedentë sa i përket afinitetit midis figurës femërore – e asaj të nënës në

---

13 Po aty. Ka të ngjarë që arsyeja pse versionet e para të *Nënës Shqipëri* i kujtuan Shehut një "balerinë" është poza e figurës, që qëndronte me këmbët e puthitura teksa era që frynte i ngrite lart fustanin rreth pulpave, dhe krahët e shtrirë në formë V-je. Për të parë imazhe të disa prej versioneve të para të statujës *Nëna Shqipëri*, së bashku me format e flamujve, shih Faja, "Jetëgjatësia e simboleve në arkitekturë," f. 38–9. Versioni me partizanin para flamujve gjithëpërfshirës u përdor më pas për varrezat e dëshmorëve në Kukës [ALS–561]. Figura e partizanit u krijua nga skulptori Halim Beqiraj, që hyri në konkursin kushtuar 25 vjetorit të Çlirimit. Shih "Si një shqiponjë", *Drita*, 21 shtator 1969.

14 Enver Faja kujton gjithashtu se si anëtarët e tjerë të grupit pranë Universitetit të Tiranës ishin të pakënaqur me vendimin, që me sa duket e konsideruan konservativ dhe të pafrymëzuar ("Jetëgjatësia e Simboleve në Arkitekturë," f. 39). Megjithatë, të paktën në materialet e botuara, nuk rezulton të ketë patur kritika të hapura ndaj versionit përfundimtar të monumentit apo të kompleksit të varreza – padyshim për shkak të ndërhyrjes së Hoxhës në vendimmarrje mbi këtë çështje. Siç dëshmojnë kujtimet e Dhramit, Fajës dhe Kolevicës (po aty, f. 144), vendimi për projektin final të kompleksit të varreza përsëriti debatin e vazhdueshëm gjatë viteve të diktaturës së Hoxhës mbi ndikimin e modernizmit në artin dhe letërsinë shqiptare. Megjithatë, nëse vendimi për figurën e vetmuar të *Nënës Shqipëri* ishte një kthim prapa nga modernizmi, është e pakundërshtueshme se disa elemente moderniste u rifutën në figurën përfundimtare të Ramës, Haderit dhe Dhramit.

15 Këto politika theksonin zhdukjen e praktikave fetare dhe emancipimin e grave. Shih: Peter Prifti, *Socialist Albania Since 1944: Domestic and Foreign Developments* (Cambridge, MA: MIT Press, 1978), f. 143–49.

16 Enver Hoxha, *Mbi Letësinë dhe Artin*, f. 241. Më duhet të sqaroj se nuk kam gjetur ndonjë document që vërteton se zgjedhja e figurës alegorike të Nënës Shqipëri u bë pikërisht pasi ajo përputhej me politikat apo ideologjitë pjesë e Revolucionit Kulturor të Hoxhës. Vrojtimet e mia të mëpashshme kanë për qëllim thjesht të orientojnë leximin e monumentit në kontekstin e rrymave të reja në fushën e kulturës, jo të argumetnojnë se brendësia e këtij monumenti qe tërësisht një produkt i këtyre rrymave.

17 Në një dokument të nënshkruar nga Hoxha që mban datën 19 shtator 1968, identifikohen nëntë projekte madhore, ku përfshihen monumentet e sipërpërmendura si dhe përfundimi i bazamentit në gur të monumentit *Nëna Shqipëri* në Varrezat e Dëshmorëve në Tiranë (ndonëse përfundimi i vetë monumentit nuk përmendet). Shih "Vendim: Mbi Vendosjen e Disa Monumenteve, Busteve, dhe Përmendoreve me Rastin e 25-Vjetorit të Çlirimit të Atdheut", AQSH, f. 511 v. 1968 d. 49, fl. 1.

18 "Informacion mbi Masat për Ngritjen e Monumentit të Lirisë në Qytetin e Vlorës," AQSH, f. 490, v. 1967, d. 521, fl. 5.

veçanti – dhe entit kolektiv që ishte kombi dhe idealeve të tij, cila ishte domethënia dhe rëndësia e këtij raporti në këtë moment të historisë shqiptare?

Do të ishte ndoshta më e thjeshtë po të fillonim duke iu përgjigjur në tjetër pyetjeje, që megjithatë lidhet me të parën: pse jo një partizan si figura qendrore që përfaqëson të rënët e kombit? Për shumë arsye, fakti se Enver Hoxha pëlqeu më tepër Nënën Shqipëri se figurën e partizanit i paraprin një sërë idesh të shtruara nga piktori Kujtim Buza (së bashku me historianin Kleanth Dedi) në fillim të viteve 1970, ide të cilat adresojnë si problematikën estetike të ndërtimit dhe vendosjes së monumenteve dhe përmendoreve ashtu edhe atë ideologjike të raportit midis të kaluarës, të tashmes dhe të ardhmes së kombit. Në vitin 1970, Buza dhe Dedi nxorën një raport mbi problemet dhe kriteret për zhvillimin e skulpturës publike përkujtimore. Më pas Buza publikoi një artikull në gazetën *Drita* ku përvijon disa prej shqetësimeve të tij, në veçanti në lidhje me bollëkun e varrezave të dëshmorëve që u ndërtuan me rastin e përvjetorit të Çlirimit dhe të skulpturave që gjendeshin në to. Ai shpjegon në këtë artikull se këto skulptura duhet

> të shprehin njëkohësisht edhe nderimin karshi të rënëve por edhe të mbajnë në vetvete atë notë optimiste që karakterizoi luftëtarët e Luftës nacio-nalçlirimtare, që të shprehin gjithashtu se ëndërra për të cilën ata luftuan dhe dhanë jetën është kthyer në realitet, se Shqipëria socialiste […] marshon përpara nga fitorja në fitore.[19]

Megjithatë, vizualizimi i kësaj ëndrre nënkuptonte ndërtimin e skulpturave që nuk përqendroheshin ekskluzivisht tek figura e partizanit; Buza e shihte përhapjen e figurave të partizanëve në varrezat e dëshmorëve si një pengesë ndaj shprehjes së vërtetë të së tashmes revolucionare të vendit. Buza dhe Dedi e artikuluan këtë ide akoma më qartë në raportin e tyre të vitit 1970:

> Kështu del sikur partizanet e rënë dhe gjithe deshmoret i nderon vetem partizani duke mini-mizuar kohen e nderimit dhe betimit për fitore të reja, sikur kjo i takon vetem partizanit ne ditet e luftes dhe jo gjithe popullit sot ne lufte për beteja të reja për ndertimin e shoqërise socialiste.[20]

19 Kujtim Buza, "Skulptura në Varrezat e Dëshmorëve," *Drita*, 15 gusht 1971.

20 Kujtim Buza dhe Kleanth Dedi, "Disa Probleme dhe Masa për të Ngritur me Kritere më të Drejta Monumentet, Përmendoret, Bustet, Lapidarët dhe Pllakat Përkujtimore," AQSH f. 511, v. 1970, d. 86, fl. 20. Ë-të janë përdorur në mënyrë të parregullt në tekstin original.

Çështja e partizanit si përfaqësuesi i luftës kolektive të kombit nuk ishte thjesht një problem simbolesh – ai ishte gjithashtu një problem që kishte të bënte me *kohën*. Figura e partizanit ishte problematike jo vetëm sepse ajo (përgjithësisht, ai) ishte ca si tepër e kudo-ndodhur për shijet e Buzës, por sepse ajo nuk shprehte *vijimësinë* që i duhej "revolucionarizimit të mëtejshëm" të vendit. Skulpturat që zinin vendin qendror në varrezat e dëshmorëve duhet të artikulonin jo vetëm të kaluarën, por edhe vrullin e së tashmes drejt së ardhmes, ndërti-min e socializmit.

Vetë Enver Hoxha kishte shprehur pikërisht këtë ndjenjë në 1969, në një letër drejtuar Ramës, Hadërit dhe Dhramit në lidhje me punën e tyre mbi Monumentin e Pavarësisë së Vlorës. Në këtë letër, e cila u publikua në faqen e parë të gazetës *Drita*, Hoxha i mëshonte faktit se Monumenti i Pavarësisë nuk duhet thjesht të përkujton-te një ngjarje të kaluar, por gjith-ashtu edhe

> sulmin përpara për të arritur caqe të tjera akoma më të rëndësishme, që të shihet në të se revolucioni ynë ecën përpara, është në ngjitje, imagjinata e popullit të shohë në veprën […] atë që ai realizoi në Luftën e lavdishme Nacionalçlirimtare, atë që po realizohet sot gjatë ndërtimit të socializmit.[21]

Besoj se ka gjasa që këto ide të jenë përfshirë nga treshja e skulptorëve në monumentin *Nëna Shqipëri*.

Këto debate rreth figurës së partizanit, dhe or-vatjet për të gjetur një simbol i cili do të përlëvdonte të tashmen e Shqipërisë po aq sa të kaluarën e saj, koinçi-duan me shqetësimin mbi përfaqësimin e gruas në monumente.[22] Sekretari i Komitetit Qendror, Ramiz Alia, shprehet në një raport të vitit 1968 mbi zhvillimin e propagandës monumentale se "shumë e pakënaqshme paraqitet gjendja lidhur me pasqyrimin e tematikës që ka të bëjë me trajtimin e femrës shqiptare", kryesisht për shkak të mungesës së tematikave të tilla në artin publik ekzistues. Ai këmbëngulte se ishte urgjente që gratë

21 Enver Hoxha, "Në Gurrën e Pashtershme e Jetëdhënëse të Krijimtarisë së Popullit, do të Gjejmë atë Frymëzim të Madh për të Realizuar Vepra të Bukura e Madhështore për Popullin Tonë," *Drita*, 13 korrik 1969. Për një diskutim më të detajuar të letrës dhe monumentit të Vlorës, shih Raino Isto, *"In It We Should See Our Own Revolution Moving Forward, Rising Up": Socialist Realism, National Subjecthood, and the Chronotope of Albanian History in the Vlora Independence Monument* (Master's Thesis, University of Maryland, 2014), 48–78.

22 Do të duhej një punë e madhe kërkimore mbi përfaqësimin e grave në artin komunist të Shqipërisë, si në pikturë ashtu edhe në skulpturë. Studimi i këtushëm i monumentit *Nëna Shqipëri* është vetëm një hap i parë për të kuptuar mirëfilli se si artet pamore ndërtonin rolet dhe mënyrën si kuptohej gruaja gjatë regjimit të Hoxhës.

shqiptare "të simbolizojnë figurën e femrës shqiptare si luftëtare që ka lojtur një rol të rëndësishëm në të gjitha periudhat e historisë së popullit tonë"[23] Padyshim që ky vlerësim i përfaqësimit të grave në veprat monumentale reflekton politikat kulturore të Hoxhës, ku emancipimit të gruas dhe zhvillimit të rolit të saj në shoqërinë socialiste i vihej një theks i veçantë. Megjithatë, këto ide shpjegojnë vetëm pjesërisht se Nëna Shqipëri përfaqësonte një alegori veçanërisht të gjetur për një monument të porositur në fillim të Revolucionit Kulturor të Hoxhës.

Pikë së pari, Nëna Shqipëri nuk përfaqëson një nga heroinat e popullit, ajo nuk është madje as figura anonime e partizanes femër.[24] Përkundrazi, pjesë e asaj që e bën këtë vepër unike është fakti se ajo i shmanget zgjidhjes së thjeshtë që do të ishte kremtimi i së tashmes nëpërmjet portretizimit të Gruas së Re të socializmit, duke ruajtur një figurë alegorike thuajse klasike. Në ato kohë, nuk ekzistonte ndonjë precedent në Shqipëri ku populli të përfaqësohej në formën e një gruaje, por ekzistonte një precendent i tillë në projektin fillestar të Monumentit të Pavarësisë në Vlorë, që ishte konceptuar si një figurë e "Shqipërisë së fortë, të mënçur, trime, nënë e ëmbël, luftëtare e pa-epur, mvartur një shpatë" e veshur me një kostum tradicional.[25] Kjo figurë do të kishte mbajtur lart në njërën dorë një flamur, kurse në tjetrën, të shtrirë, një kurorë të artë mbi kokat e një grupi luftëtarësh shqiptarë. Krahasuar me këtë konceptim tejet klasik të Shqipërisë-si-nënë, monumenti Nëna Shqipëri përfaqëson një përpjekje domethënëse për ta bërë tematikën më "aktuale".

Një nga aspektet që do të na lejonte të kuptonim se si Nëna Shqipëri – një alegori që nuk i referohet në mënyrë të drejtpërdrejtë as Jetës së Re e as Gruas së Re – arriti sidoqoftë të ishte një paradigm i tendencave të (vetëquajtura) inovative të realizmit socialist shqiptar është roli i privilegjuar i simbolit në këtë lloj arti. Ndonëse qëllimi i vetëshpallur i realizmit socialist ishte pasqyrimi i realitetit socialist (një aspiratë jo plotësisht e kthjellët), ky pasqyrim arrinte pikën e tij kulmore në ato vepra që përfaqësonin një këndvështrim metaforik të "realitetit".[26] Gjatë një fjale të mbajtur në prill të vi-

tit 1972 tek Plenumi i Lidhjes së Artistëve mbi kritikën estetike, Andon Kuqali shpjegoi se disa lloje veprash arti "përbëjnë shkallën më të lartë të realizmit artistik". Këto janë vepra që lidhen me "kalimin në metaforë, me krahasime figurative, me simbole".[27] Kësisoj, një konstatim si ai i Agim Shehut në krye të kësaj eseje ("Është vetë Shqipëria në simbolin e nënës."[28]) merr një tjetër peshë: trajtimi i Nënës Shqipëri si simbol – nëna-si-komb – në fakt vetëm rriste aftësinë e veprës për të përfaqësuar aspekte më 'konkrete' dhe më të larmishme të jetës socialiste (emancipimi i grave, sakrifica kombëtare e përbashkët, e kështu me rradhë). E gjithë kjo mund të duket si një përshkrim i zakontë i funksionimit të simboleve, por, në fakt, ky sistem përshkruante se si arti dhe realiteti përputheshin, dhe jo se si arti e abstragonte vetëveten nga realiteti socialist.

Nëse i rikthehemi Nënës Shqipëri si një vepër thelbësisht simbolike, dhe kësisoj e shohim atë si një nga manifestimet më të larta të realizmit socialist, mund të shtojmë edhe një asocim të rëndësishëm që na e sugjeron monumenti: atë midis kombit dhe familjes. Nëse roli i Nënës Shqipëri është të kristalizojë estetikisht – në një mënyrë që do ta artikuloj më poshtë – një të kaluar të përbashkët e cila vazhdon të jetojë në luftën e përbashkët për të ndërtuar socializmin, ajo e bën këtë duke sugjeruar një lidhje familjare midis të rënëve, të gjallëve, dhe brezave të ardhshëm. Siç kanë theksuar Luljeta Ikonomi dhe Shannon Woodcock, një pjesë e rëndësishme e politikave kulturore të Hoxhës lidhej me rregullimin e njësisë familjare, për të siguruar që funksionimi i kësaj njësie mbështeste praktikat socialiste të prodhimit dhe shpërndarjes së pushtetit.[29]

Kështu pra, nuk është aq rëndësia që merr çështja e gruas gjatë Revolucionit Kulturor të Hoxhës sa fokusi tek familja që shpjegon portretizimin e kombit si nënë. Imagjinata e kombit si një familje përforcoi jo vetëm perceptimin e një trashëgimie të vetme etno-kulturore, por edhe përkthimin simbolik të politikave komuniste të kontrollit të familjes në përfaqësimin estetik dhe përkujtimor.

Deri tani, jam përpjekur të tregoj se si monumenti Nëna Shqipëri u përfshi në një sërë momentesh tranzicioni dhe rrymash: midis kuptimeve të ndryshme të estetikës së realizmit socialist, mes ndryshimit të pritshmërive sociale sa i përket rolit të gruas, dhe se si e gjeti veten në qendër të një vizioni të ri mbi marrëdhënien mes të

23 Ramiz Alia, "Relacion: Mbi Gjendjen dhe Masat për Zhvillimin dhe Revolucionarizmin e Mëtejshëm të Propagandës Monumentale," ky vëllim, f. 40.

24 Imazhi alegorik i femrës-partizane-si-nënë u vizualizua më pas në Varrezat e Dëshmorëve në Lushnjë [ALS–194].

25 "Mbi Përmendoren e Pesëdhjetëvjetorit në Vlorë," AQSH f. 490, v. 1962, d. 992, fl. 4. Padyshim që ekzistonte ndërkaq një traditë e pasur letrare ku evidentohej lidhja midis kombit dhe gruas, shembulli më i spikatur i së cilës është ndoshta O Moj Shqypni e Vaso Pashës.

26 E kam vënë fjalën "realitet" në thonjëza për të treguar se, siç vërteton edhe citimi i mëposhtëm, për realizmin socialist nuk kishte kundërshtim midis realitetit dhe një kuptimi metaforik të botës, përkundrazi, ato ishin të barazvlershme.

27 Andon Kuqali, "Kritika të Orientojë e të Hapë Horizonte për të Ardhmen," Nëndori 4 (prill 1972), f. 82.

28 Po aty.

29 Luljeta Ikonomi dhe Shannon Woodcock, "Imoraliteti në Familje: Nxitja e Ankesave të Grave për të Përforcuar Pushtetin e Partisë në Revolucionin Kulturor Shqiptar," Përpjekja 32–33, (pranverë 2014), f. 169.

kaluarës dhe të tashmes. Padyshim që ka rryma të tjera që mbeten ende për t'u ekzaminuar. Megjithatë, më poshtë dua t'i kthehem vetë monumentit, për të trajtuar më konkretisht se si estetika e veprës pasqyron, imagjinon dhe krijon realitetin e socializmit shqiptar.

4. *Nëna Shqipëri* dhe erat e historisë

Është ndoshta pakëz ironike se si një nga mënyrat që Rama, Hadëri dhe Dhrami zgjodhën për ta bërë figurën e *Nënës Shqipëri* më "aktuale"[30] ishte nëpërmjet përdorimit të një estetike "moderniste". Nëse *Nëna Shqipëri* nuk dukej më si një balerinë, një nga arsyet qe sepse vetë figura mori karakteristikat gjeometrike që gjendeshin rëndom në komplekset e skulpturave figurative në varrezat e dëshmorëve. Në thelb, vetë trupi i *Nënës Shqipëri* u transformua në një lapidar: krahu i saj i majtë i shtrirë horizontalisht, kurse krahu i djathë i ngritur lart me në dorë yllin që gjendej gjithmonë në maj të lapidarëve.[31] Për të krijuar ndjesinë e marshimit të përhershëm përpara dhe të dinamizmit, dhe për të kompensuar për vertikalitetin ballor e të ngurtë të trupit të gruas, skulptorët zgjatën mantelin e *Nënës Shqipëri* nga pas, duke e transformuar atë në valë thuajse futuriste me në fund të tij forma të zymta gjeometrike. Nëpërmjet kësaj, ata krijuan një imazh krejt të ri të trupit femëror: në vend të rrobave të ngjitura pas trupit të skulpturës klasike, veshja e *Nënës Shqipëri* e transformoi trupin e saj në diçka njëkohësisht të ngurtë dhe dinamike. Nga ana tjetër, trupi i saj duket sikur tretet e më pas riformohet; sikur tërhiqet pas e më pas vërshon përpara; sikur transformohet e abstragohet në një lëvizje të pastër të qëllimtë. Njëkohësisht, qëndrimi i saj tejet vertikal dhe fytyra stoike ngjajnë si shkrirja e palave abstrakte që derdhen pas saj; në të dallgët e historisë ndryshojnë, kristalizohen e bëhen më të lexueshme. Ky lexim i dytë duket veçanërisht i përshtatshëm parë nga këndvështrimi i rolit të skulpturës në varrezat e dëshmorëve: *Nëna Shqipëri* përfaqëson materializmin e sakrificës së atyre që janë varrosur nën hijen e saj. Horizontaliteti i narrativës historike ngrihet në një tjetër nivel domethënie, atë të metaforës, falë vrullit të dorës që shtrëngon yllin dhe degën e dafinës dhe krahut që ngrihet.

E parë nga larg, përgjatë rrugës që të çon tek Varreza e Dëshmorëve të Tiranës, *Nëna Shqipëri* shafqet kryesisht në pamje ballore, e drejtë dhe e gjatë si një gardian.

Megjithatë, kur hyjmë brenda kompleksit të varrezave, teksa ngjisim shkallët i avitemi skulpturës nga krahu, dhe vetëm në fund e gjejmë veten ballë përballë me të, me vështrimin e ngritur drejt saj. Kjo trajektore thekson interpretimin e lartpërmendur të veprës, nga rrjedha e historisë, përpara drejt trupit të bërë njësh me të, dhe në fund lart tek simboli (dhe kësisoj "realiteti"). Kështu pra, trupi i *Nënës Shqipëri* nuk është thjesht një simbol i kombit në tërësi, por është specifikisht vizualizimi i një historie kolektive, që krijon një narrativë të bashkuar të kombit.

Në vitin 1971, Alfred Çapaliku e përshkroi ndërtimin e Varrezave të Dëshmorëve si më poshtë: "Çdo pllakë mermeri që ata vendosin me kujdes në planimetrinë e rregullt dhe të bukur të varrezave të dëshmorëve lidh tri kohë, shtrihet në të kaluarën, në të sotmen, dhe në të nesërmen."[32] *Nëna Shqipëri* luan një rol të ngjashëm: ajo bashkon kohën për hir të historisë kombëtare, duke e bërë sakrificën e të kaluarës të prekshme dhe të lexueshme teksa e drejton vështrimin me vetësiguri drejt së ardhmes.

5. Enver Hoxha dhe *Nëna Shqipëri*: Diktatori, kombi dhe historia

Më 5 maj 1985, në Ditën e parë të Dëshmorëve pas vdekjes së Enver Hoxhës, u publikua në gazetën Drita (*fig. 3*) një gravurë e Josif Drobonikut. Imazhi tregon profilin e *Nënës Shqipëri*, dhe në rrobat e saj që valëviten fytyrat e një morie partizanësh, burra dhe gra që dhanë jetën në luftën për ndërtimin e kombit që përfytyronte Shqipëria komuniste. Këto fytyra të vogla lundrojnë rreth një fytyre qendrore, më të madhe se të tjerat: atë të Enver Hoxhës. Gravura e Drobonikut vizualizon një tjetër hallkë në zinxhirin konceptual që *Nëna Shqipëri*, si një monument, përpiqet të krijojë: ajo vendos lidhjen midis diktatorit dhe kombit-si-nënë, dhe njëkohësisht midis diktatorit dhe rrjedhës së narrativës kolektive të kombit. Në këto rrethana, është ndoshta me vend që vetë Hoxha, që pati një rol të rëndësishëm në përzgjedhjen e motivit të *Nënës Shqipëri* për varrezat, e gjen imazhin e tij brenda vorbullës së transformimeve simbolike të kohës. Në petkun e *Nënës Shqipëri*, në rrjedhat që dobësohen mes humnerës abstrakte të së kaluarës dhe realizimit të vetëdijshëm të Shpirtit kombëtar, Hoxha – së bashku me vetë kombin – kristalizohen në formën e kuptueshme të historisë kombëtare.

Pothuajse tri dekada më vonë, më 5 maj 2014, pikërisht ky raport – midis imazhit të diktatorit dhe atij të *Nënës Shqipëri* – u bë objekt i një polemike. Teksa kryetarët e shtetit shqiptar, duke përfshirë Kryeministrin Edi Rama

---

30 Dhe, siç mund të imagjinojmë, për të zgjidhur problemin e mungesës së elementeve plotësuese arkitektonike ose abstrakte, si dhe për ta distancuar veprën konceptualisht nga një skulpturë si Statuja e Lirisë.

31 Do të nevojitej këtu një diskutim shumë më i thellë i transformimit të trupit femëror në shërbim të estetikës së realizmit socialist dhe nacionalist, por kjo shkon përtej kufijve të këtij artikulli.

32 Alfred Çapaliku, "Duke Medituar për Dëshmorët," *Drita,* 3 tetor 1971.

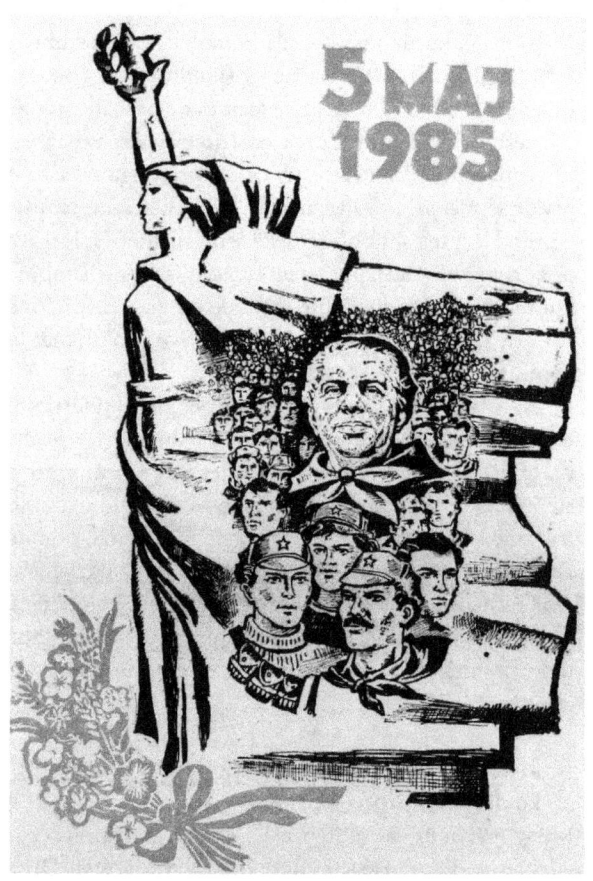

Fig. 3 Josif Droboniku, pa titull, tek *Drita,* 5 maj 1985.

then tek ai lexim i *Nënës Shqipëri* ku figura e saj tretet, teksa humb lexueshmërinë në vrullin e momentit. Në periudhën që pasoi rënien e komunizmit në Shqipëri, historia është bërë në shumë raste e paqendrueshme, e karakterizuar nga boshllëqe dhe harresa, nga një decentralizim i të kaluarës. Nëse monumenti *Nëna Shqipëri* vazhdon të jetë një simbol i kombit dhe i historisë së tij, kjo histori vizualizohet jo vetëm në fytyrën e paepur të nënës, por gjithashtu edhe në rrjedhën abstrakte dhe të ndryshueshme të rrobave të saj, rrjedha që e përpin të kaluarën në harresën më të thellë.

(djali i skulptorit Kristaq Rama) vendos-nin kurora lulesh përpara *Nënës Shqipëri* në nder të të rënëve të kombit, disa anëtarë të Partisë Komuniste të Shqipërisë që mbanin portrete të Enver Hoxhës në duar nuk u lejuan të hynin brenda kompleksit.[33] Me rastin e Çlirimit të vendit më 29 nëntor të vitit të mëparshëm, Partia Komuniste kishte futur një portret të madh të Hoxhës brenda varrezave; ai mund të shihej pas shpinave të kryetarëve të rinj të qeverisë shqiptare, dhe në Ditën e Dëshmorëve në maj 2014, ishte parë e nevojshme (ri)vendosja e një distance midis imazhit të diktatorit dhe imazhit të historisë kolektive kombëtare. Kjo nënkuptonte ndarjen e Hoxhës nga *Nëna Shqipëri,* duke e nxjerrë atë nga rrjedha e historisë dhe duke e mbajtur përfaqësimin e tij jashtë hapësirës së Varrezave të Dëshmorëve të Kombit. Kjo distancë filloi të ruhej qysh në prill të vitit 1992, kur varri i Enver Hoxhës u hoq nga varrezat e dëshmorëve dhe u vendos në varrezat e bashkisë. Ky fenomen na rik-

---

33 "Homazhet në Varrezat e Dëshmorëve: Garda nuk lejon komunistët me portretet e Enver Hoxhës," *InfoArkiv,* 5 may 2014: http://arkivamediatike.com/lajme/artikull/iden/1047574787/ titulli/ Homazhet-ne-Varrezat-e-Deshmoreve-Garda-nuk-lejon-komunistet-me-portretet-e-Enver-Hoxhes (Hyrë 28 korrik 2014).

Pilgrimage Centered at Text and Memory: The Lapidar in Qukës–Pishkash

Konstantinos Giakoumis & Christopher Lockwood

The purpose of this paper is to contextualize the lapidar at Qukës–Pishkash, Librazhd, into the political and social setting of its period and beyond. In doing so, we aim, first, at presenting the monument; second, at demonstrating that lapidars were not static monuments, but rather reference points for the socio-political life of the regional and capital center; last but not least, we shall endeavor to show how Albania's communist regime, in its understanding of the importance of pilgrimage in religious practices, attempted to establish a political religion by creating, through the lapidar at Pishkash, a pilgrimage centered at text and memory to commemorate the 1943–4 winter march of the First Offensive Brigade in the mountainous zones of Çermenikë, Librazhd, Gramsh, and Korçë, in the course of Albania's National Anti-Fascist Liberation War. To this aim, we have assembled factual and empirical evidence regarding the monuments and combined them with socio-anthropological evidence from the study of pilgrimage.

Before delving into our enquiry, it is essential that we provide the meaning of key terms used in this paper. Eade and Sallnow view pilgrimage as a "realm of competing discourses."[1] For them, "the practice of pilgrimage and the sacred powers of a shrine are constructed as varied and possibly conflicting representations" by different sectors within and outside the cultic constituency, centered at the triad of "person," "place," and "text."[2] In a later volume, Coleman and Eade add "movement" as a fourth element to pilgrimage's center, viewing it as "involving the institutionalization (or even domestication) of mobility in physical, metaphorical and/or ideological terms."[3] Differently from scholars who

---

1 John Eade and Michael Sallnow (eds.), "Introduction," *Contesting the Sacred: The Anthropology of Christian Pilgrimage* (London and New York: Routledge, 1991), p. 5.
2 Ibid., p. 9.
3 Simon Coleman and John Eade (eds.), *Reframing Pilgrimage: Cultures in Motion* (London and New York: Routledge, 2004), p. 17.

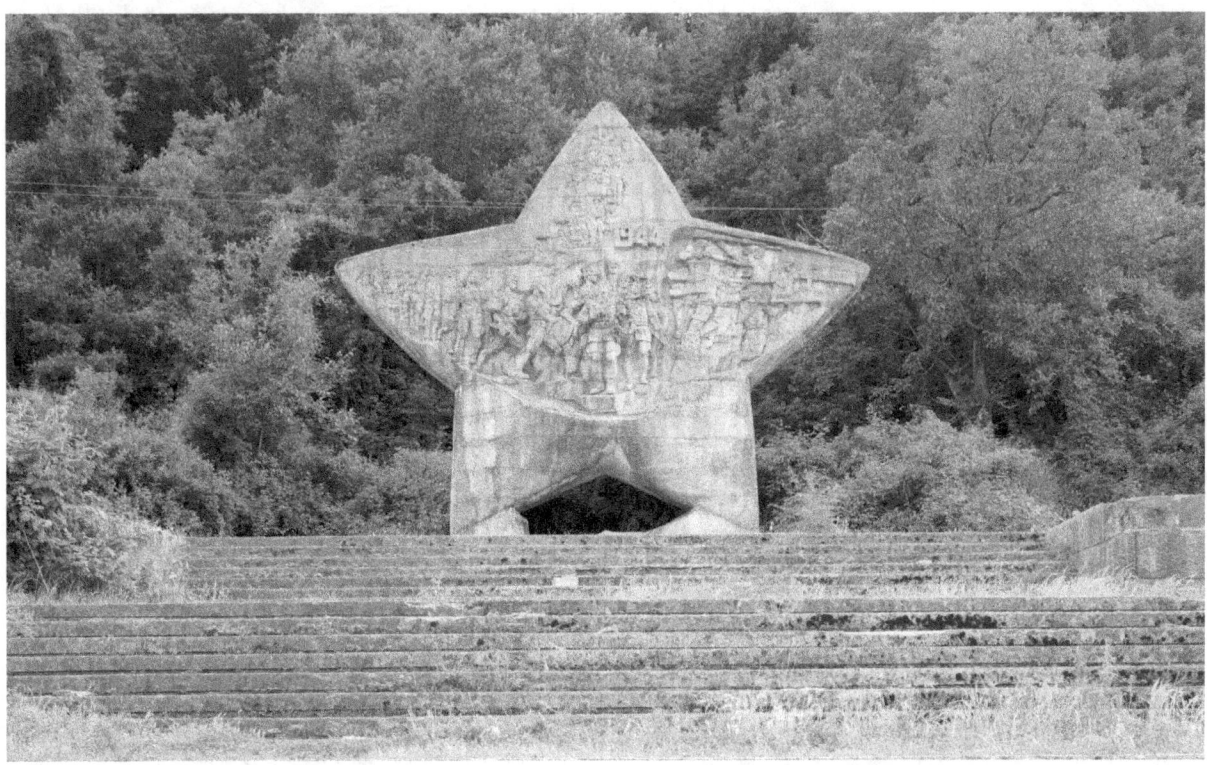

Fig. 1 Perikli Çuli and Agim Rada, *Lapidar dedicated to the Heroic First Offensive Brigade* (1978)

89

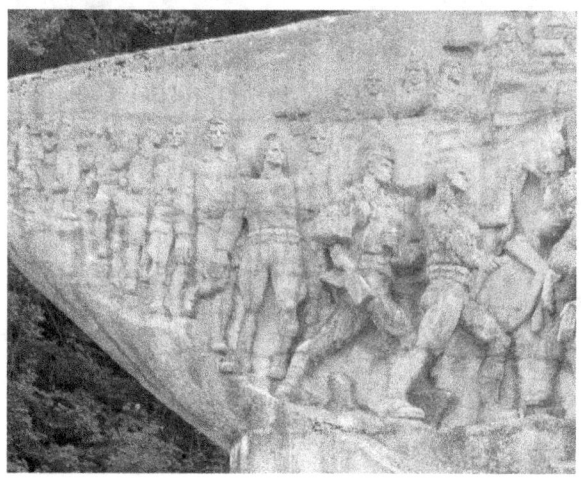

Fig. 2 Detail of Perikli Çuli and Agim Rada,
Lapidar dedicated to the Heroic First Offensive Brigade (1978)

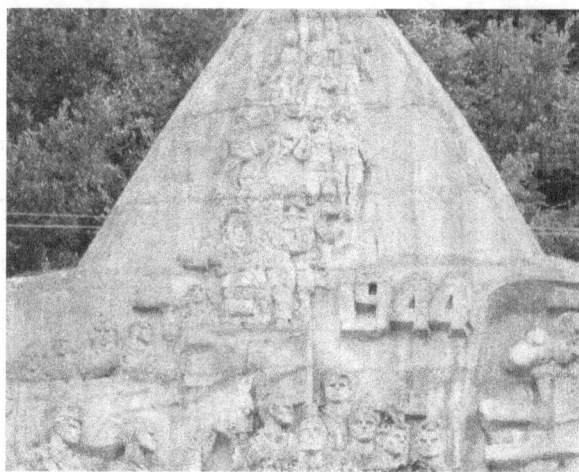

Fig. 3 Detail of Perikli Çuli and Agim Rada,
Lapidar dedicated to the Heroic First Offensive Brigade (1978)

attach a certain religious purpose to pilgrimage,[4] our definition approaches from a different trajectory Blasi's view about the "ultimate or nearly ultimate concerns" in a pilgrimage and shares his belief that "not all pilgrimages are religious."[5] *Pilgrimage, in this paper, is defined as the visitation to a place, where both the journey and its destination are believed to empower individuals or groups to create bonds with a higher state of being and contemplate on matters of life, death, and beyond.* The significance of the pilgrimage's topos has been widely recognized by pilgrimage scholars in terms of natural location "connected with striking natural features, such as mountains, caves, wells, river sources, […] mesas,"[6] etc., which, for some, is "charged with the meaning of the sacred,"[7] and "the presence of the supernatural."[8] Of equal importance is *the journey to or the movement toward* the pilgrimage's *topos,* often purposefully long, tiring, and dangerous for cleansing and penitential purposes.[9] The *initiation,* thor-

oughly studied by Turner[10] and others,[11] and/or *ritual* performed from the outset on the way to and/or at the place of a pilgrimage,[12] in our definition, is a means of empowerment to create bonds with a higher state of being and contemplate on matters of life, death and beyond.

1. The lapidar at Qukës–Pishkash, Librazhd

The lapidar in question is situated about 23 km southeast of the city of Librazhd, on the right-hand side of the highway from Librazhd to Përrenjas, past the village of Qukës and at the junction to the village of Pishkash [ALS–38]. The monument (*fig.* 1) is situated at the base of a hill with a grove. The way to the monument is organized in three terraces mitigating the slope of the hillside and harmonizing the monument with the natural elevation. Access to the monument through these terraces is made through three rows of stairs.

The monument was made in 1978 by the then well-established sculptor Perikli Çuli and Agim Rada, a young sculptor who had just graduated from the Academy of Arts.[13] Their selection was made through a competition for the creation of an artwork on that spot commissioned by the central government. The monument was made of locally available limestone.

The relief sculptures are carved on a partisan five-pointed star, which sets the sculptural space. The compositional solution is interesting because the partisan star is not merely the backdrop of the relief sculptures,

4   Luigi Tomasi, "Homo Viator: From Pilgrimage to Religious Tourism via the Journey," in William H. Swatos and Luigi Tomasi (eds.), *From Medieval Pilgrimage to Religious Tourism: The Social and Cultural Economics of Piety* (Westport, CT: Praeger, 2002), p. 3; p. 207.

5   Anthony Blasi, "Visitation to Disaster Sites," in Swatos & Tomasi, *From Medieval Pilgrimage to Religious Tourism,* p. 159.

6   Victor W. Turner and Edith L.B. Turner, *Image and Pilgrimage in Christian Culture: Anthropological Perspectives* (New York: Columbia University Press, 1978), p. 112.

7   Tomasi, "Homo Viator," p. 10.

8   M.T. Loveland, "Pilgrimage, Religious Institutions, and the Construction of Orthodoxy," *Sociology of Religion* 69.3 (2008), p. 320; cf. Stephen D. Glazier, "Caribbean Pilgrimages: A Typology," *Journal for the Scientific Study of Religion* 22 (1983): pp. 316–25; Mircea Eliade, *Patterns in Comparative Religion* (Cleveland, OH: World Publishing Co., 1963).

9   Tomasi, "Homo Viator," pp. 5–6.

10   Victor Turner, *The Ritual Process: Structure and Anti-Structure* (Chicago: Aldine, 1969).

11   For example, Arnold van Gennep, *The Rites of Passage* (London: Routledge, 2004).

12   Swatos & Tomasi, *From Medieval Pilgrimage to Religious Tourism,* p. 207.

13   Interview with the author on Oct. 26, 2014.

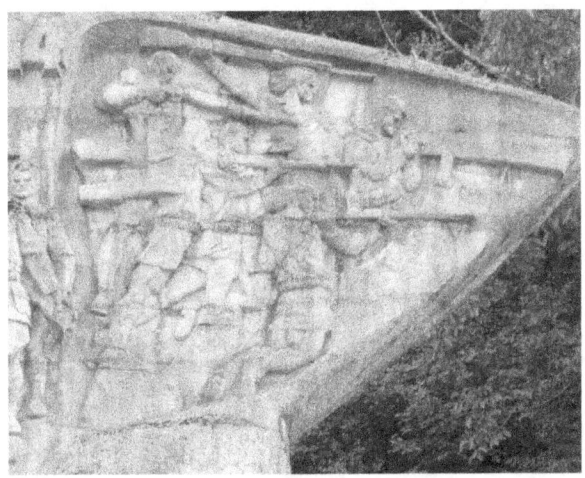

Fig. 4 Detail of Perikli Çuli and Agim Rada,
Lapidar dedicated to the Heroic First Offensive Brigade (1978)

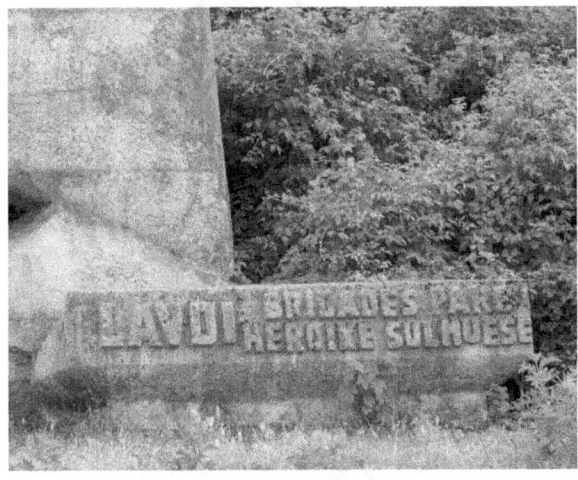

Fig. 5 Detail of Perikli Çuli and Agim Rada,
Lapidar dedicated to the Heroic First Offensive Brigade (1978)

but could stand in itself as an artwork thanks to "its own plastic and voluminous forms."[14] There is no other example in socialist realist art in which a relief basement is made in the form of a partisan star, a symbol which is often represented in various artworks, yet, is never isolated as an artwork in itself.[15]

In spite of the five arms of the star, the lower two were left unadorned; hence, the statue takes up the remaining three arms, thereby allowing for a cross-shaped compositional synthesis. The central part of the upper arm of the cross to the central left part of the star (*fig. 2*) is taken up by the figures of 12 partisan soldiers represented frontally or turning toward the right part of the sculpture, as well as a mule loaded with ammunition. Soldiers are equipped with arms and processional hats. To indicate that the soldiers are all marching in the same direction, the higher figures are rendered in low relief, contrary to the central figures, who thus appear to lead the group to war.[16] At the central right part of the upper arm of the star there is an inscription with the date 1944. Similar conventions in subject, postures, and transition from low to high relief can be observed in the group of six soldiers led by one particular soldier at the centre of the star (*fig. 3*), as well as the group of 12 soldiers at the upper left arm of the star, the majority of which marches rightward. A fourth group of four soldiers, three of whom rendered frontally with the fourth one facing rightward, can be seen at the upper part of the upper left arm of the partisan star, above a horse loaded with am-

munitions. All 27 soldiers are fully armed, some holding their rifles by their straps, the others placing their guns on their shoulders, in the fashion that shepherds do with their crooks. None of the soldiers looks directly at the viewer, they rather peer into distance and over the viewer's head; they are rendered serious and determined, in spite of the apparently non-ceremonial march toward the war front.

The cavity of the upper right arm of the star separates the space and the sculptural mood (*fig. 4*); after all, all soldiers were eventually marching toward this arm. There the sculptors chose to render the battlefront with six soldiers placed in array, who are in turn portrayed with their guns in their hands, shooting or ready to shoot toward the enemy, or alternatively with their arms lifted to fight an enemy at close range preventing fire. The enemy should have been farther to the right and has not been represented in the monument. The omission of the representation of the enemy stressing the tension of a strenuous moment is a classical convention that had been inherited in Renaissance art, such as Michelangelo's statue of David.

The different episodes represented by the various groups of soldiers are easy to grasp and convey in the simplest possible way, the straightforward and uncomplicated narrative. A total of 33 soldiers, 31 men and 2 women, march toward the battlefront, fought by five male and one female soldier, to reinforce the latter. The inscription (*fig. 5*) below the lower right arm of the monument leaves nobody in doubt as to the event the sculpture refers to. Divided across two lines, except the first word that extends to both, the inscription, carved in capital letters, reads: "LAVDI BRIGADES [SE] PARE | HEROIKE SULMUESE" (Glory to the Heroic First Offensive Brigade).

---

14 Gogollari Dhimo, "Një Vepër e Re e Skulpturës Monumentale," *Drita* (August 27, 1978), p. 7.

15 Ibid.

16 Gogollari argues that the throngs of soldiers are represented after the war, on the basis of the relaxed atmosphere ("Një Vepër," p. 7). Yet, this fails to explain why most soldiers face right, i.e. toward the battlefront.

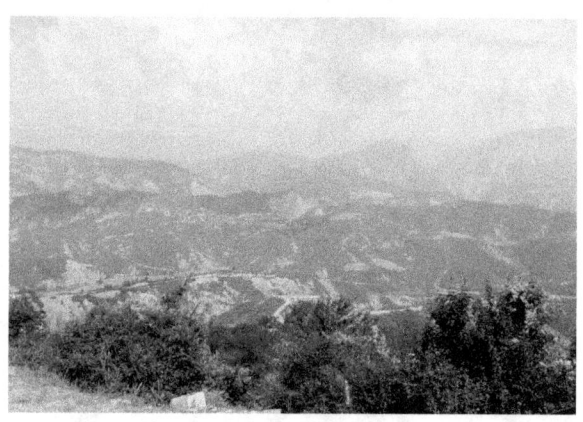

Fig. 6 Former location of the "Hut at Galigat."

2. The monument's socio-economic context

The monument is part of a series of initiatives undertaken by the communist elite of the late 1970s for the purpose of claiming a natural and symbolic space by way of establishing social reference points and "cultifying" the leading figures of the Party, such as Enver Hoxha and Mehmet Shehu. The legendary "Hut at Galigat" (*fig. 6*), the Albanian equivalent of the Razliv hut and barn of N. Emelyanov, where Lenin found refuge toward the end of the summer of 1917, is one relevant example.[17] Galigat is a village on the mountainous zone of Gramsh, where Enver Hoxha sought and found refuge in the hut of Ymer Çoha in early 1944, for which the People's Artist Avni Mula composed a song for the verses "Galigat, Galigat, I'll never forget that warm and fiery heart."[18] According to local inhabitants, on Enver Hoxha's birthday (October 16, 1908), delegations from schools in Elbasan, Gramsh and nearby villages would march to the hut, which was preserved by the state as a Monument of Culture, to address speeches, perform songs, and recite poetry, i.e., the equivalent of a religious pilgrimage's ritual.

Throughout the course of the 1970s Enver Hoxha and Mehmet Shehu set about recording their memories from the anti-Nazi war[19]; these memories became the basis on which a number of memoirs by Enver Hoxha were published in the early 1980s (e.g. *When the Party Was Born*, 1981; *Laying the Foundations of the New Albania*, 1984; *Among the Simple Folk*, 1984), albeit without

Mehmet Shehu's name and role being mentioned, as in 1981 he was discredited as a double agent and forced to commit suicide. His name was subsequently removed from all publications and records. While the second of these books contains extensive parts of the crucial winter of 1943, when communist fighters of the First Offensive Brigade, including Enver Hoxha, were blocked under conditions of polar cold in the mountainous zone of Çermenikë, Librazhd, Gramsh, and Korçë,[20] almost half of the third book is dedicated to stories of simple encounters of partisan fighters with peasants of the mountainous villages they were passing (e.g., at the aforementioned Hut of Galigat).

In January 1979, Prime Minister Mehmet Shehu, the 1943 commander of the First Offensive Brigade, ordered the Brigade's reservist forces to an unmitigated restaging of the winter 1943 itinerary in the form of a military "action" (exercise). A total of 1500 reservists were mobilized in a military exercise resembling a pilgrimage in the footsteps of the former Brigade. Under extremely harsh weather conditions, poor organization and logistics, and a failure of safety plans, four persons lost their lives and dozens of others got injured. The rest of the forces were severely reprimanded or punished by Mehmet Shehu upon their failure to prove worthy of the Brigade's history; they were moreover asked to repeat the march a few weeks later, an order that was later annulled by Enver Hoxha under the pressure of the events.[21]

The lapidar at Qukës–Pishkash, created in 1978, should be attributed to Mehmet Shehu's attempts to revitalize and "cultify" the memory of the First Offensive Brigade, which he led in person. After all, in July 1978[22] the long-brooding Sino-Albanian split reached a climax and Albania entered into a long period of self-isolation; China, a major trade and technology partner for Albania, after the latter's split from the USSR, ceased

17 Cecelia Bobrovskaya, *Lenin's Road to the October Revolution* (London: Modern Books Limited, 1932), pp. 42–3.

18 See Enver Hoxha, *Mes njerëzve të thjeshtë* (Tiranë: 8 Nëntori, 1984), pp. 275–99.

19 Cf. Konstantinos Giakoumis, "From Religious to Secular and Back Again: Christian Pilgrimage Space in Albania," in J. Eade and M. Katić, *Pilgrimage, Politics and Place-Making in Eastern Europe: Crossing the Borders* (London: Ashgate, 2014), pp. 103–18, and Konstantinos Giakoumis, "An Enquiry into the Construction, Deconstruction, Transubstantiation and Reconstruction of Christian Pilgrimages in Modern Day Albania," *Ηπειρωτικό Ημερολόγιο* 32 (2013), 267–318.

20 Enver Hoxha, *Laying the Foundations of the New Albania: Memoirs and Historical Notes* (London: Workers' Publishing House, 1984), pp. 389–401.

21 For the events, see Skifter Këllici, "Shkatërrimi i Brigadës së Parë Sulmuese në Marshimin e Vitit 1979 dhe Ndëshkimet e Mehmet Shehut," *Gazeta Dita* (February 21–25, 2013), at http://gazetadita.al/shkaterrimi-i-brigades-se-pare-sulmuese-ne-marshimin-e-vitit-1979-dhe-ndeshkimet-e-mehmet-shehut/, http://gazetadita.al/marshimi-i-zi-banoret-e-fushe-studes-na-hapen-portat-e-shpetuan-dhjetera-jete-njerezish-gjysme-te-ngrire/, http://gazetadita.al/fillim-shkurti-1979-si-u-shpartallua-brigada-e-pare-dhe-si-humben-jeten-4-veta-gjate-marshimit/, http://gazetadita.al/mehmet-shehu-kercenon-1500-rezervistet-turperuat-emrin-e-brigades-heroine-do-shkoni-ne-burg/ and http://gazetadita.al/perplasja-per-marshimin-e-zi-enver-hoxha-anulon-urdhrin-e-mehmet-shehut-per-perseritjen-e-tij/ (Accessed in March 11, 2013).

22 Enver Hoxha, *Shënime mbi Kinën*, (Tirana: 8 Nëntori, 1979), p. 715.

sending specialists to Albania in 1978 and suspended all economic and military agreements.[23] In order to address any discontent that must have been felt because of the sudden disappearance of China in Albania as well as to prepare the people for the painful path of self-imposed autarchy, Mehmet Shehu and Enver Hoxha were forced to turn back to recent communist history and invest in the memory of events in which the lesser partisan forces defeated superior German military, in a kind of "can do" message.

The endeavor was not easy. By the end of 1970s the generation that had resisted fascism from the lines of communist partisans, or what was left of it, was gradually aging. The new generation did not have an immediate association with these past events. There was, therefore, an inevitable need to reconnect such pages of the past with the new generation, which was the reason that the new text-and-memory pilgrimage was established. The lapidar under consideration must have undoubtedly been a spot in which multiple communism-related rituals must have taken place, utilizing the lapidar as pilgrimage center. As we will show in the following section, this problem of disconnection between the past event and the new generation was as old as Christianity itself, which was often looked upon as a model.[24]

3. The Christian origin of pilgrimage centered at text and memory

From the time of its origins early Christian teaching understood that those who had been baptized into Christ had "put on Christ" (*Gal.* 3:27). Yet, this immediately presented a problem, as the vast majority of Christianity's growth and development had taken place after the life, death, and resurrection of Christ himself, and, therefore, during a period in which he – as their founder and leader – was no longer bodily and historically present. The problem became only more compounded by the gradual death and disappearance of the Apostles and other eyewitnesses. The Christian solution to this problem was resolved in the understanding that the Church's sacraments (*mysteria*) made possible the identification with Christ through an immediate and mystical participation in his life. This was of course reflected fundamentally in Paul's teaching that Christians were the "members" of Christ's body, but also by Christ who proclaimed himself to be a "vine" from which his followers were to grow forth as "branches" (*Rom.* 12:5; 1 *Cor.* 12; *John* 15:1-8). In other words, given Christ's physical

absence, Christians looked at the sacraments as mystical means of sharing timelessly in his life; and it was by those means that they most strongly identified and united themselves with him.[25] This provided a powerful and effective medium through which all subsequent generations could exercise equal ownership over Christ's life, work, and teaching: something which was – according to the Epistle to the Hebrews – "once for all" (*Heb.* 10:10).

Such a timeless and eternal perspective on the life and work of Christ paved the way for a sophisticated symbolic approach to all Christian rituals and rites. This was no more clearly demonstrated than in the Christian celebration of the Eucharist. Meanwhile, the eucharistic meal was at the same time founded on the pattern in the Biblical text, where Christ had instructed his disciples to "do this in remembrance of me" (*Luke* 22:19). The recollection of Christ as a central feature of the eucharistic celebration eventually led to Christians identifying the eucharistic ritual itself, along with its various elements, with the life and work of Christ in certain secondary and illustrative ways. The eminent Orthodox liturgist Fr. Alexander Schmemann has recently attributed such illustrative tendencies to a degradation of the symbol as a powerful and immediate manifestation of the reality,[26] yet this does not nullify the fact that the illustrative aspect of the various elements of the ritual and rite in Eastern Christianity in fact reinforced a sense of timeless participation between the community and their savior Christ. This in turn created a kind of motionless and timeless pilgrimage whereby the members, by reenacting and reliving the events of the Christ's life in an immediate way, attempted to share more directly in those events for which they were not themselves historically and bodily present.[27] In doing so, it facilitated a sense of

---

23 Elez Biberaj, *Albania and China: A Study of an Unequal Alliance* (Boulder, CO: Westview Press, 1986), pp. 134–5.

24 Giakoumis, "From Religious to Secular," pp. 112–13 and Giakoumis, "An Enquiry," pp. 299–301.

25 For a more detailed explanation on how Orthodox Christians see themselves as actually sharing and participating in the life of Christ see: Behr John, *The Mystery of Christ: Life in Death* (Crestwood: svs, 2006).

26 Schmemann's criticism of the illustrative approach to the Liturgy may be found here: Alexander Schmemann, *The Eucharist: Sacrament of the Kingdom*, trans. Paul Kachur (Crestwood: svs, 2003), pp. 38–40.

27 Gabrielle Spiegel has written an excellent piece in which he makes a very similar connection to Judaism's use of liturgy and its consequent effect on time. In it he explains that "…for Jews, historical experience is incorporated into the cyclical reenactment of paradigmatic events in Jewish sacred ritual. Recent or contemporary experiences acquire meaning only insofar as they can be subsumed within Biblical categories of events and their interpretation bequeathed to the community through the medium of Scripture, that is to say, only insofar as they can be transfigured, ritually and liturgically, into repetitions and reenactments of ancient happening. In such liturgical commemoration, the past exists only by means of recitation; the fundamental goal of such recitation is to make it live again in the present, to fuse past

ownership and strengthened Christian identity and the bond between the believers across all ages.

Moreover, this kind of symbolic and illustrative approach to the life of Christ extended into other later practices such as the procession of the *epitaphios* (or burial shroud) on the evening of Good Friday and the practice of pilgrimage to the shrines of various Christian saints. Pilgrimage in this way further reflected the community's desire to share in the life and events of its various heroes by reenacting and recreating those events and myths. This was done through a subtle process of text and memory, but also quite frequently through an attempted proximity to those objects or locations which were considered by the community to be sacred or significant.

4. The appropriation of Christian pilgrimage by the Albanian communist regime

Albania's communist regime under Enver Hoxha has been responsible for a ban on all religious activities by 1967. Enforced by the Marxist–Leninist view of religion, Enver Hoxha adopted the radical Maoist approaches from the Cultural Revolution to deal with religion. In the course of the years 1966–7, the regime undertook a systematic effort to eradicate all religious customs and monuments, as remnants of backwardness in the country; in parallel to this, all religious activities were banned and Albania proclaimed itself the first atheist state worldwide (Article 37 of the 1976 Constitution).[28]

Surprising, however, was the fact that the communist state, instead of effacing everything resembling religion, transubstantiated Christian pilgrimages to communist pilgrimages retaining the form, structure and typology of Christian pilgrimages, thereby crossing over rigid ideological barriers.[29] Re-written in 1981 under utmost censorship controls, the second edition of the *History of the Labor Party of Albania* devotes a section on "the

movement against religion, religious biases and backward customs," in the frame of the Party's war for the further revolutionalization of the country's life (1966–1971).[30] Referring to the post-1967 radicalization of the communist Party's policy toward religious activities, the Institute of Marxist–Leninist Studies by the Central Committee of the Labor Party of Albania boldly admitted that, due to devotional resistance, especially in the countryside, uprooting religious worldviews and convictions had neither been achieved, nor aggressively pursued for the sake of not offending "the feelings of a mass of workers" and that the communist party pursued a policy of assimilating religious feasts and customs providing them a norm and flavor of socialist content.

There are stunning similarities between this policy and the way Christianity struggled to transubstantiate paganism in earlier times, as evidenced in, for instance and amongst others,[31] a letter of Pope Gregory I (d. 604) to Abbot Mellitus, as recorded in Venerable Bede's (d. 735) ecclesiastical history. These similarities become strikingly apparent once we read this letter alongside a fragment from the *History of the Labor Party of Albania*.

> [T]he temples (*fana*) of the idols among that people ought not to be destroyed at all, but the idols themselves, which are inside them, should be destroyed. Let water be blessed and sprinkled in the same temples, and let altars be constructed and relics placed there. For if those temples have been well constructed, it is necessary that they should be changed from the cult of demons to the worship of the true God, so that, while that race sees itself that its temples are not being destroyed, it may remove error from its people's hearts, and by knowing and adoring the true God, they may come together in their customary places in a more friendly manner. And because they are accustomed to killing many oxen (*boves*) while sacrificing to their demons, some solemn rites should be changed for them over this matter. So on the day of the dedication, or the festivals of the holy martyrs, whose relics are placed there, they should make huts for themselves around those churches that have been converted from shrines, with branches of trees, and they should celebrate the festival with religious feasting. Do not let them sacrifice animals to the devil, but let them slaughter animals for eating in praise of God... It is doubtless impossible to cut out from

---

and present, chanter and hearer, into a single collective entity. History, in the sense that we understand it to consist of unique events unfolding within irreversible linear time, is absorbed into cyclical, liturgical memory." From Gabrielle M. Spiegel, "Memory and History: Liturgical Time and Historical Time," *History and Theory* 41 (May 2002), pp. 149–62.

28 Enver Hoxha, *Vepra*, 35 (Tirana: Institute of Marxist-Leninist Studies by the Central Committee of the Popular Party of Albania), pp. 103–13; cf. Article 55 of the 1976 Constitution.

29 Polina Tšerkassova who deals with a similar theme from Estonia (Polina Tšerkassova, "Sterilisation and Reconstruction of the Places of Secular Pilgrimages: Moving Monuments, Meanings and Crowds in Estonia," in John Eade and Mario Katic, *Pilgrimage, Politics and Place-Making in Eastern Europe: Crossing the Borders* [London: Ashgate, 2013], ch. 5) prefers the use of the term "secular pilgrimage," where I use "communist pilgrimage" and the terms "sterilization" and "resacralization," where I use "deconstruction" and "reconstruction."

30 Instituti i Studimeve Marksiste–Leniniste pranë KQ të PPSH, *Historia e Partisë Punës së Shqipërisë*, 2nd ed. (Tiranë: 8 Nëntori, 1981), pp. 430–3.

31 For another example, see *Leviticus* 17:1–9.

their stubborn minds everything at once … Thus the Lord made himself known to the Israelites in Egypt; yet he preserved in his own worship the forms of sacrifice which they were accustomed to offer to the devil and commanded them to kill animals when sacrificing to him (*Leviticus* 17:1–9). He thereby changed their hearts … yet since the people were offering them to the true God and not to idols, they were not the same sacrifices.[32]

The Party and the State did not ban religious beliefs […] albeit essentially reactionary […] The Party could not offend the feelings of a mass of workers, especially in the village, who maintained strong ties with the Party and the popular power, but continued to believe in one or another religion, albeit without excess fanaticism. The uprooting of religious worldviews would follow as a result of the ideological convictions of the masses. […] *Albania thus became the first place in the world without churches and mosques, without priests and without hodjas.* While supporting the popular movement of the war against religion, the Party cautiously directed it. It did not allow any distortions to be made and pushed aside in a timely fashion every rushed deed that was not based on the will of popular masses. It oriented the people to replace feasts and other customs related to religion with new customs and norms of socialist content. Massive actions to destroy religious bases were accompanied by dense clarificatory and atheist-scientific work by the party. […] The vanishing of churches and mosques had not eliminated religion as worldview. Religion has very deep roots, it is intertwined […] with backward customs originating from distant centuries and operating over very long a time […] "We must be realistic, – stressed comrade Enver Hoxha, – the war against the customs, the traditions, old norms, against religious worldviews … has not finished. This is a long war, complex and difficult."[33]

The juxtaposition of the two sources indicates five striking commonalities:

1. The partial destruction or vanishing of the old customs (idols or churches).
2. The switch of "worship" from "the cult of demons" or "reaction" (elsewhere mentioned as "poison," "backwardness," "ideology of exploiting classes," "socialism's enemy," "people's opium," etc.), to "the worship of the true God" or socialist customs and norms.
3. The caution that this endeavor be gradual and non-violent, in order for "that race [to see] itself that its temples are not being destroyed," thereby avoiding offending "the feelings of a mass" of people or workers.
4. The awareness of the difficulties of the "conversion" process, as "[i]t is doubtless impossible to cut out from their stubborn minds everything at once," in view that "religion has very deep roots," hence, transubstantiating it requires "a long war, complex and difficult."
5. The recognition that the sole manner to accomplish this end is to win "their hearts" by "dense clarificatory and atheist-scientific [in the case of the communist regime] work," so that "by knowing and adoring the true God [or the teachings of the communist party], they may come together in their customary places in a more friendly manner."

Regardless of whether or not the Albanian communist party had deliberated on Jesus's "I am not come to destroy, but to fulfil" (*Mt.* 5:17), it seems that, as devoid from religious influences as they could be, communists understood the liminality of religious manifestations and used them from the outset for their own ends. In Enver Hoxha's description of the early formative years of the communist party in the course of anti-fascist resistance (from 1942 onward):

> During this period the Party […] had to carry out a similar study in regard to religious beliefs in Albania. We analysed the religious beliefs in two directions: the concrete influence of religion among the broad masses of the people, and the danger from the religious hierarchy […] So, the Party had the question of religious beliefs at the center of its attention during the whole period of the National Liberation War, but also after the war, because in order to arouse the people to fight for the liberation of the Homeland and build a new Albania we had to avoid hurting their feelings. […] In the face of this imperative duty all the differences in ideological convictions and political sympathies, religious and regional differences, had to take second place … [34]

In fact, this study led to simulating religious rituals with a socialist norm and content. The tone was set by Enver Hoxha already from these very years. When the Bektashi Baba Mustafa (Faja) Martaneshi offered to discard cleri-

32 Bede, *Ecclesiastical History of the English People*, Introduction, Life and Notes by A.M. Sellar (London: George Bell and Sons, 1907), pp. 102–4.

33 Instituti, *Historia e Partisë*, pp. 430–3.

34 Hoxha, *Laying the Foundations of the New Albania*, pp. 29–30, 36–7, 57, 77–8.

cal robes to become a member of the communist party, Enver Hoxha's response was firm:

> [Y]ou should stick to the robes you wear [...], because we have to respect the sentiments of believers and utilize the sympathy which the people have for you and the *tekke* of Martanesh. So, since you are resolutely for the war and love the Party, respect and apply its line, we will admit you as member of the Party.[35]

In this frame, it is not surprising that the Albanian communist regime studied the utility and functions of Christian pilgrimage and was able to appropriate much of its structure. It is based on these that we endeavoured to demonstrate in this paper that the lapidar in Qukës–Pishkash and the attempted 1979 massive text-and-memory-centered pilgrimage attempted to imitate such religious pilgrimages.

35 Ibid., pp. 271–2.

Pelegrinazhi i përqëndruar tek teksti dhe kujtesa: Lapidari në Qukës–Pishkash

Konstantinos Giakoumis & Christopher Lockwood

Qëllimi ynë në këtë artikulli është të kontekstualizojmë lapidarin në Qukës–Pishkash, Librazhd, në kuadrin e rrethanave politike e sociale të kohës kur ai u krijua si dhe ato që vijuan.Nëpërmjet kësaj synojmë, pikë së pari, të prezantojmë monumentin; së dyti, të provojmë se lapidarët nuk ishin monumente statike por pika referimi për jetën socio-politike në qendrat e rajoneve dhe të vendit; së treti, do të përpiqemi të tregojmë se si regjimi komunist në Shqipëri, që e kuptonte rëndësinë e pelegrinazhit në praktikat fetare, tentoi të themelonte një fe politike nëpërmjet lapidarit në Pishkash, një pelegrinazh që përqendrohej tek teksti dhe kujtesa për të përkujtuar marshimin e dimrit të 1943–4 të Brigadës së Parë Sulmuese në zonën malore të Çermenikës, Librazhdit, Gramshit dhe Korçës, gjatë Luftës Antifashiste Nacionalçlirimtare të vendit. Për këtë arsye, kemi mbledhur të dhëna faktike dhe empirike rreth monumenteve dhe i kemi kombinuar këto me të dhëna socio-antropologjike nga studimi i pelegrinazhit.

Përpara se të paraqesim studimin tonë, duhet të shpjegojmë domethënien e termave që kemi përdorur në këtë artikull. Eade dhe Sallnow e kuptojnë pelegrinazhin si një "domen ligjëratash konkurruese".[1] Për ta, "praktika e pelegrinazhit dhe fuqitë e shenjta të një faltoreje marrin formën e përfaqësimeve të larmishme dhe madje edhe konfliktuale" nga sektorë të ndryshëm brenda dhe jashtë komunitetit të kultit, që përqendrohen tek treshja "individ", "vend", dhe "tekst".[2] Në një vëllim të mëvonët, Coleman dhe Eade shtojnë "lëvizjen" si një element i katërt në qendër të pelegrinazhit, duke arsyetuar se ajo "përfshin institucionalizimin (ndoshta zbutjen [*domestication*]) e lëvizjes në terma fizike, metaforike dhe/

---

1 John Eade dhe Michael Sallnow (red.), "Introduction," *Contesting the Sacred: The Anthropology of Christian Pilgrimage* (Londër dhe Nju-Jork: Routledge, 1991), f. 5.
2 Po aty, f. 9.

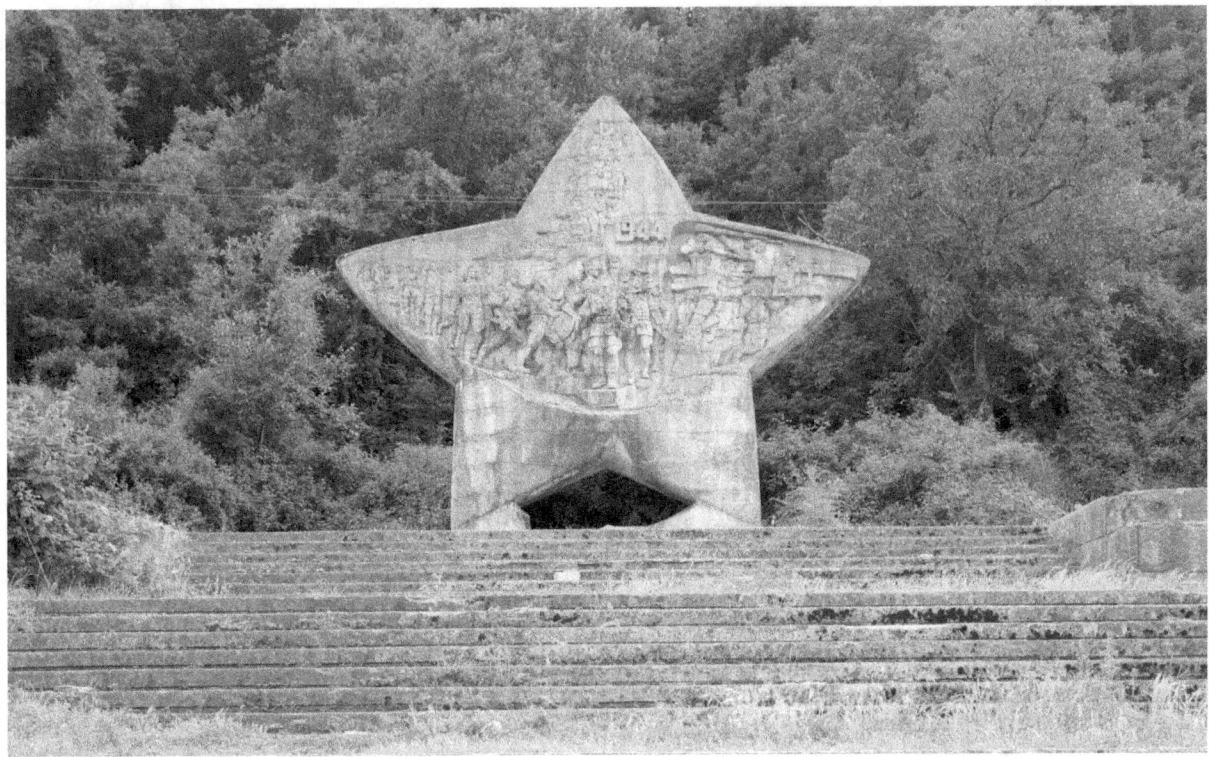

Fig. 1 Perikli Çuli and Agim Rada, *Lapidar kushtuar marshimit të Brigadës së Parë Sulmuese*, gurë gëlqeror (1978)

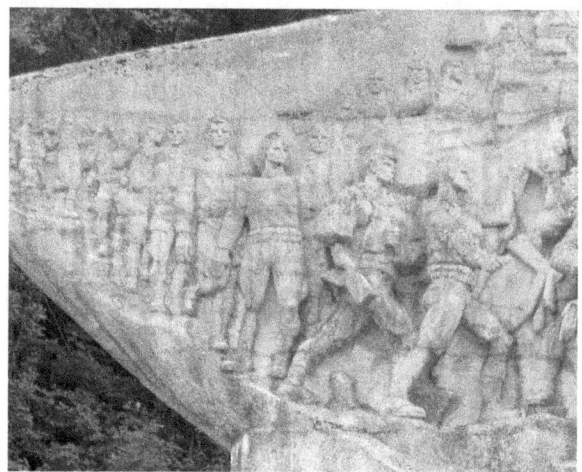

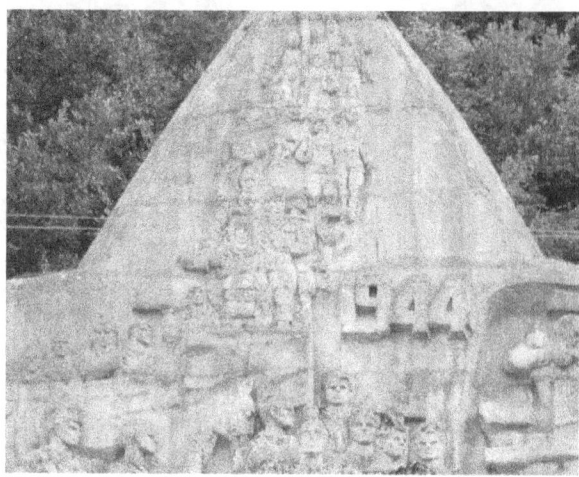

Fig. 2 Perikli Çuli and Agim Rada, *Lapidar kushtuar marshimit të Brigadës së Parë Sulmuese*, gurë gëlqeror (1978), detaj

Fig. 3 Perikli Çuli and Agim Rada, *Lapidar kushtuar marshimit të Brigadës së Parë Sulmuese*, gurë gëlqeror (1978)

ose ideologjike".[3] Ndryshe nga studiuesit për të cilët pelegrinazhi ka një qëllim të posaçëm fetar,[4] përkufizimi ynë ndjek një tjetër trajektore: opinionin e Blasi-t për "objektivin themelor ose thuajse themelor" të një pelegrinazhi, me të cilin ndajmë besimin se "jo të gjitha pelegrinazhet janë fetare".[5] Në këtë artikull, *pelegrinazhin do ta përkufizojmë si një vizitë në një vend të caktuar ku pjesëmarrësit ndajnë besimin se si udhëtimi ashtu edhe destinacioni fuqizojnë individin dhe grupin për të vendosur lidhje me një shkallë më të lartë të qenies dhe të meditojnë mbi çështje si jeta, vdekja e më tej.* Shumë studiues të pelegrinazhit e shohin domethënien e topos-it të tij të pasqyruar në vende në natyrë "që kanë tipare të spikatura si male, shpella, puse, burime lumenjsh, [...] pllaja",[6] etj., që, për disa, "mbartin domethënien e të shenjtës",[7] dhe "praninë e të mbinatyrshmes".[8] Po aq i rëndësishëm është *udhëtimi për tek ose lëvizja drejt topos-it* të pelegrinazhit, shpeshherë qëllimisht i gjatë, i lodhshëm, dhe i rrezikshëm pasi ka si synim larjen e mëkateve dhe pen-

desën.[9] *Nisja*, e studjuar me themel nga Turner[10] dhe të tjerë,[11] dhe/ose *rituali* që kryhet në fillim, gjatë rrugës, dhe/ose në vendin e pelegrinazhit,[12] në përcaktimin tonë është një mjet fuqizimi për të vendosur lidhje me një shkallë më të lartë të qenies dhe për të medituar rreth tematikave të jetës, vdekjes e më tej.

1. Lapidari në Qukës–Pishkash, Librazhd

Lapidari në fjalë ndodhet rreth 23 km në juglindje të qytetit të Librazhdit, në krahun e djathtë të autostradës Librazhd–Përrenjas, pas fshatit të Qukësit në kryqëzimin në hyrje të Pishkashit [ALS–38]. Monumenti (*fig. 1*) gjendet në fund të një kodre me një pemishte. Rruga për tek monumenti ka tre tarraca që e zbusin disi pjerrësinë e shpatit të kodrës dhe që harmonizojnë monumentin me lartësinë e pashmangshme natyrore. Monumenti arrihet nëpërmjet këtyre tarracave falë tri rradhë shkallësh.

Monumenti u krijua në vitin 1978 nga skulptori i mirënjohur Perikli Çuli dhe nga Agim Rada, një skulptor i ri që sapo kishte mbaruar Akademinë e Arteve.[13] Përzgjedhja e tyre u bë nëpërmjet një konkursi për krijimin e një vepre arti pikërisht në atë pikë, që ishte porositur nga qeveria qendrore. Monumenti u prodhua me gurë gëlqerorë të zonës.

Hapësira skulpturore konsiston në një yll partizan me pesë cepa ku janë gdhendur në relief skulpturat. Kjo është një zgjedhje interesante nga pikëpamja e kompozimit pasi ylli partizan nuk është thjesht sfondi i skulptu-

3   Simon Coleman dhe John Eade (red.), *Reframing Pilgrimage: Cultures in Motion* (Londër dhe Nju-Jork: Routledge, 2004), f. 17.

4   Luigi Tomasi, "Homo Viator: From Pilgrimage to Religious Tourism via the Journey," në William H. Swatos dhe Luigi Tomasi (red.), *From Medieval Pilgrimage to Religious Tourism: The Social and Cultural Economics of Piety* (Westport, CT: Praeger, 2002), f. 3; f. 207.

5   Anthony Blasi, "Visitation to Disaster Sites," në Swatos & Tomasi, *From Medieval Pilgrimage to Religious Tourism*, f. 159.

6   Victor W. Turner dhe Edith L.B. Turner, *Image and Pilgrimage in Christian Culture: Anthropological Perspectives* (Nju-Jork: Columbia University Press, 1978), f. 112.

7   Tomasi, "Homo Viator," f. 10.

8   M.T. Loveland, "Pilgrimage, Religious Institutions, and the Construction of Orthodoxy," *Sociology of Religion* 69.3 (2008), f. 320; sh. Stephen D. Glazier, "Caribbean Pilgrimages: A Typology," *Journal for the Scientific Study of Religion* 22 (1983): f. 316–25; Mircea Eliade, *Patterns in Comparative Religion* (Cleveland, OH: World Publishing Co., 1963).

9   Tomasi, "Homo Viator," f. 5–6.

10   Victor Turner, *The Ritual Process: Structure and Anti-Structure* (Chicago: Aldine, 1969).

11   Për shëmbull, shih: Arnold van Gennep, *The Rites of Passage* (Londër: Routledge, 2004).

12   Swatos & Tomasi, *From Medieval Pilgrimage to Religious Tourism*, f. 207.

13   Intervistë me autorin, 26 tetor 2014.

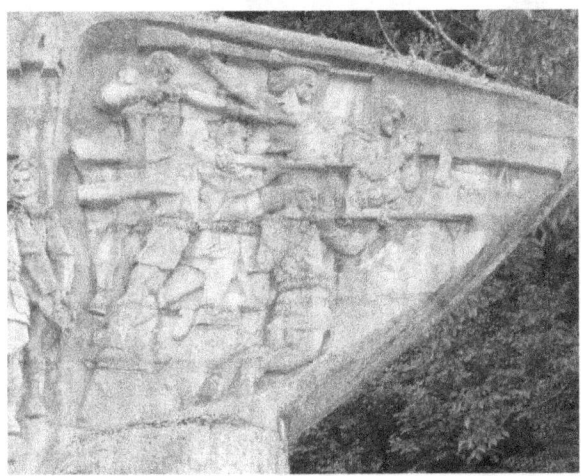

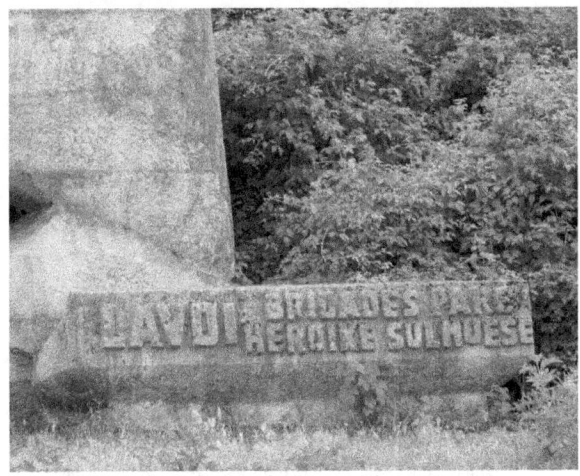

Fig. 4 Perikli Çuli and Agim Rada, *Lapidar kushtuar marshimit të Brigadës së Parë Sulmuese,* gurë gëlqeror (1978)

Fig. 5 Perikli Çuli and Agim Rada, *Lapidar kushtuar marshimit të Brigadës së Parë Sulmuese,* gurë gëlqeror (1978)

rave në relief, dhe "format e veta plastike e voluminoze" e bëjnë atë vetë të duket si një vepër arti.[14] Nuk gjejmë asnjë shembull tjetër në artin e realizmit socialist ku bazamenti i një reliefi të ketë formën e një ylli partizan, një simbol që shfaqet në shumë vepra arti por që asnjëherë nuk përbën një vepër arti në vetëvete.[15]

Megjithatë, dy cepat e poshtëm të yllit nuk u stolisën, dhe statuja u pozicionua në tri cepat e sipërm, duke krijuar idenë e një sinteze kompozicionale që ka formën e një ylli. Duke filluar nga pjesa në qendër të krahut të sipërm të yllit e deri tek pjesa në qendër të krahut të majtë të yllit (*fig.* 2) shohim figurat e 12 ushtarëve partizanë, një pjesë e të cilëve kanë një pozicion ballor kurse pjesa tjetër janë kthyer drejt krahut të djathtë të skulpturës, si dhe një mushkë të ngarkuar me municione. Ushtarët janë të pajisur me armë dhe me kapele kortezhi. Për të treguar se ushtarët po marshojnë në të njëjtin drejtim, figurat që ndodhen më lartë janë në bazorelief, në kundërshtim me figurat në qendër që duket sikur po e udhëheqin grupin drejt luftës.[16] Në qendër të krahut të sipërm të yllit shohim një mbishkrim me datën 1944. Po këto kritere në lidhje me subjektin, pozën, dhe kalimin nga bazorelief tek altorelief, i shohim edhe tek grupi i gjashtë ushtarëve që udhëhiqen nga një ushtar në qendër të yllit, si dhe tek grupi prej 11 ushtarësh në pjesën e sipërme të krahut të majtë të yllit (*fig.* 3), shumica e të cilëve marshojnë djathtas. Në pjesën e sipërme të krahut të majtë të yllit partizan, mbi një kalë të ngarkuar me municione, shohim grupin e katërt të ushtarëve, tri

prej të cilëve janë në ballore ndërsa i katërti ka kthyer kokën djathtas. Të 27 ushtarët janë të armatosur deri në dhëmb, disa prej tyre i kanë kapur pushkat nga rripi, kurse të tjerët i kanë hedhur pushkat mbi supe si çobanët kërrabat. Asnjë prej ushtarëve nuk e ka drejtuar shikimin drejt vizitorëve, përkundrazi, seriozë e të vendosur pavarësisht marshimit të tyre jo-ceremonial drejt luftës, ata e kanë drejtuar shikimin përmbi kokat e vizitorëve.

Zgavra e krahut të djathtë në pjesën e sipërme të yllit ndan hapësirën dhe atmosferën skulpturore (*fig.* 4); në fakt, të gjithë ushtarët janë duke marshuar drejt këtij krahu. Këtu skulptorët vendosën të paraqesin fushën e betejës: gjashtë ushtarë me pushkë në dorë të rreshtuar; disa prej tyre janë duke qëlluar mbi armikun, kurse pjesa tjetër janë gati për të shtënë ose, në pamundësi, gati për t'u ndeshur trup-më-trup. Armiku, që në fakt nuk e shohim, do të duhej të kishte qenë pak më djathtas. Kjo teknikë, që thekson tensionin e një momenti të fuqishëm pikërisht duke mos shfaqur armikun, është trashëguar nga arti i Rilindjes, si për shembull statuja e Davidit të Michelangelo-s.

Episodet e ndryshme për të cilat flasin grupet e ushtarëve janë mjaft të kapshme dhe të kuptueshme, dhe mund të transmetohen në mënyrën më të thjeshtë. 33 ushtarë, 31 burra dhe 2 gra, marshojnë drejt frontit të betejës, për të përforcuar 6 ushtarët, 5 burra dhe 1 grua, që ndodhen aty. Mbishkrimi (*fig.* 5) nën krahun e djathtë në pjesën e poshtme të monumentit të monumentin nuk lë vend për dyshim mbi ngjarjen të cilës skulptura i referohet. Ndarë në dy rreshta, me përjashtim të fjalës së parë që është dyfish e lartë, gdhendur me shkronja të mëdha, shkruhet: "LAVDI BRIGADES [SE] PARE | HEROIKE SULMUESE".

14   Gogollari Dhimo, "Një Vepër e Re e Skulpturës Monumentale," *Drita* (27 gusht 1978), f. 7.
15   Po aty.
16   Gogollari argumenton se, bazuar në atmosferën e qetë, kemi të bëjmë me një pamje pas përfundimit të luftës ("Një Vepër," f. 7). E megjithatë, kjo nuk shpjegon pse shumica e ushtarëve e kanë kthyer kokën djathtas, d.m.th. në drejtimin e fushës së betejës.

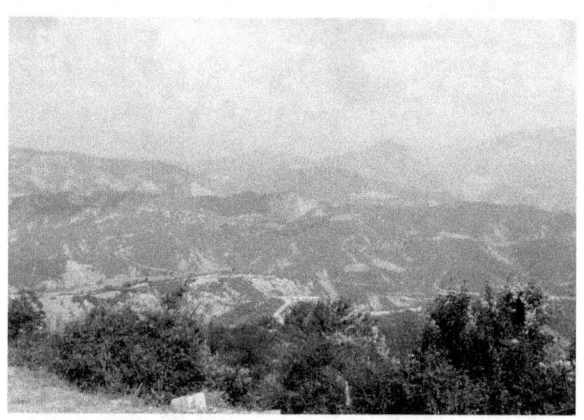

Fig. 6 Kompleksi i shtëpive në Galigat, Gramsh, ku u strehua Enver Hoxha. Kasollja e Galigatit, që dikur ka qenë monument kulture i mborjtur nga shteti nuk ekziston më, pasi u shkatërrua nga vetë pasardhësit e fshatarëve që mikpritën Enver Hoxhën.

2. Konteksti ekonomiko-social i monumentit

Monumenti hyn tek iniciativat e elitës komuniste të fundviteve 1970 me qëllim përvetësimin e hapësirave natyrore dhe simbolike, duke krijuar pika referimi sociale dhe duke "kultifikuar" figurat e larta të Partisë si Enver Hoxha dhe Mehmet Shehu. "Kasollja e Galigatit" (*fig. 6*), versioni shqiptar i kasolles Razliv dhe hangarit të N. Emelyanov, ku u strehua Lenini në fund të verës së 1917, është një shembull i mirë i këtij fenomeni.[17] Galigati është një fshat në zonën malore të Gramshit, ku Enver Hoxha gjeti strehim në kasollen e Ymer Çohës në fillim të vitit 1944, dhe për të cilën Artisti i Popullit Avni Mula kompozoi një këngë për vargjet "Galigat, Galigat, kurrë nuk do ta harroj zemrën e ngrohtë e të zjarrtë."[18] Sipas banorëve të zonës, ditën e lindjes së Enver Hoxhës (16 tetor 1908), delegacione nga shkollat e Elbasanit, Gramshit dhe fshatrave rrethuese marshonin drejt kasolles, që mbrohej nga shteti si Monument Kulture, për të mbajtur fjalime, për të kënduar këngë, për të recituar vjersha, d.m.th. një ritual i ngjashëm me një pelegrinazh fetar.

Gjatë viteve 1970, Enver Hoxha dhe Mehmet Shehu hodhën në letër kujtimet e tyre të luftës antifashiste[19]; mbi të cilat u bazuan një sërë librash me kujtime të Enver Hoxhës që u botuan në fillim të viteve 1980 (p.sh. *Kur lindi Partia*, 1981; *Kur u hodhën themelet e Shqipërisë*

së re, 1984; *Mes njerëzve të thjeshtë*, 1984), ndonëse emri dhe roli i Mehmet Shehut nuk përmendeshin pasi në vitin 1981 ai u diskreditua si agjent i dyfishtë dhe u detyrua të vriste veten. Në fakt, emri i tij u hoq nga të gjitha botimet dhe regjistrat. Në librin e dytë diskutohet gjerë e gjatë dimri vendimtar i vitit 1943, kur luftëtarët komunistë të Brigadës së Parë Sulmuese ku bënte pjesë edhe Enver Hoxha, mbetën të bllokuar nga i ftohti polar në zonën malore të Çermenikës, Librazhdit, Gramshit dhe Korçës,[20] ndërsa gjysma e librit të tretë i kushtohet takimeve të thjeshta me partizanët dhe fshatarët e zonave malore ku kaloi Brigada, si për shembull Kasollja e Galigatit.

Në janar të vitit 1979, Kryeministri Mehmet Shehu, komandanti i Brigadës së Parë Sulmuese dimrin e vitit 1943, urdhëroi rezervistët e Brigadës të ri-inskenonin itinerarin e dimrit 1943 në formën e një "aksioni" ushtarak. 1500 rezervistë u mobilizuan në një stërvitje ushtarake të ngjashme me një pelegrinazh në gjurmët e Brigadës së mëhershme. Për shkak të kushteve të rënda klimatike, keqorganizimit dhe logjistikës së dobët, si dhe mungesës së planeve të sigurisë, katër veta humbën jetën dhe dhjetra të tjerë u dëmtuan. Të tjerë u qortuan rëndë dhe madje u ndëshkuan nga Mehmet Shehu, pasi nuk e treguan veten të denjë për historinë e Brigadës; për më tepër, ata u detyruan ta ripërsërisnin marshimin katër javë më pas, një udhër që u anullua në momentin e fundit nga Enver Hoxha për shkak të situatës së tensionuar që kishin krijuar ngjarjet e rënda që ndodhën gjatë marshimit të parë.[21]

Lapidari në Qukës–Pishkash, që përfundoi në vitin 1978, është një ndër përpjekjet e Mehmet Shehut për të rijetëzuar dhe "kultifikuar" kujtesën e Brigadës së Parë Sulmuese që ai e kishte udhëhequr personalisht. Në korrik të vitit 1978,[22] ndarja e zvarritur prej kohësh mes Kinës dhe Shqipërisë kishte arritur pikën e saj kulmore, dhe Shqipëria po hynte në një periudhë të gjatë vetizo-

17 Cecelia Bobrovskaya, *Lenin's Road to the October Revolution* (Londër: Modern Books Limited, 1932), f. 42–3.

18 Shih Enver Hoxha, *Mes njerëzve të thjeshtë* (Tiranë: 8 Nëntori, 1984), f. 275–99.

19 Cf. Konstantinos Giakoumis, "From Religious to Secular and Back Again: Christian Pilgrimage Space in Albania," në J. Eade and M. Katić, *Pilgrimage, Politics and Place-Making in Eastern Europe: Crossing the Borders* (Londër: Ashgate, 2014), f. 103–18, dhe Konstantinos Giakoumis, "An Enquiry into the Construction, Deconstruction, Transubstantiation and Reconstruction of Christian Pilgrimages in Modern Day Albania," Ηπειρωτικό Ημερολόγιο 32 (2013), 267–318.

20 Enver Hoxha, *Kur u hodhën themelet e Shqipërisë së re: Kujtime dhe shënime historike* (1984): http://enver-hoxha.net/librat_pdf/shqip/kur_u_hodhen.pdf

21 Shih Skifter Këllici, "Shkatërrimi i Brigadës së Parë Sulmuese në Marshimin e Vitit 1979 dhe Ndëshkimet e Mehmet Shehut," *Gazeta Dita* (21–25 shkurt 2013), në http://gazetadita.al/shkaterrimi-i-brigades-se-pare-sulmuese-ne-marshimin-e-vitit-1979-dhe-ndeshkimet-e-mehmet-shehut/, http://gazetadita.al/marshimi-i-zi-banoret-e-fushe-studes-na-hapen-portat-e-shpetuan-dhjetera-jete-njerezish-gjysme-te-ngrire/, http://gazetadita.al/fillim-shkurti-1979-si-u-shpartallua-brigada-e-pare-dhe-si-humben-jeten-4-veta-gjate-marshimit/, http://gazetadita.al/mehmet-shehu-kercenon-1500-rezervistet-turperuat-emrin-e-brigades-heroine-do-shkoni-ne-burg/ and http://gazetadita.al/perplasja-per-marshimin-e-zi-enver-hoxha-anulon-urdhrin-e-mehmet-shehut-per-perseritjen-e-tij/

22 Enver Hoxha, *Shënime mbi Kinën*, 2 (Tirana: 8 Nëntori, 1979), f. 715.

limi; prej vitit 1978, Kina, një aleat mjaft i rëndësishëm tregtar dhe teknologjik i Shqipërisë qysh prej ndarjes së Shqipërisë me BRSS, nuk kishte dërguar më specialistë në Shqipëri dhe kishte pezulluar të gjitha marrëveshjet ekonomike dhe ushtarake.[23] Për të parandaluar ndonjë pakënaqësi që mund të ndjehej për shkak të largimit të papritur të Kinës, dhe për të përgatitur popullin për udhën e dhimbshme të një autarkie të vetimponuar, Mehmet Shehu dhe Enver Hoxha u detyruan t'i riktheheshin historisë së vonët komuniste për të mbrujtur ngjarjet ku forcat më të vogla partizane kishin mundur forcat më të mëdha e më të fuqishme të ushtrisë gjermane, me mesazhin "mund t'ia dalim vetë(m)".

Kjo nuk ishte një gjë e lehtë. Në fund të viteve 1970, brezi që i kishte rezistuar fashizmit, të paktën ata që kishin mbetur nga rradhët e partizanëve komunistë, po plakeshin. Brezi i ri nuk kishte një lidhje të drejtpërdrejtë me këto ngjarje. Pra, këto "faqe" të së kaluarës duhet të merrnin një domethënie të re për brezin e ri, dhe kjo ishte arsyeja pse u krijua pelegrinazhi i ri i tekstit-dhe-kujtesës. Lapidari që jemi duke shqyrtuar patjetër që ishte një pikë ku u zhvilluan rituale të ndryshme të lidhura me komunizmin që e shfrytëzonin atë si qendër pelegrinazhi. Siç do të tregojmë më poshtë, problemi i shkyçjes së ngjarjeve të së kaluarës me brezin e ri është i vjetër sa vetë krishtërimi, që shpeshherë shërbente si model.[24]

3. Origjinat të krishtera të pelegrinazhit të përqëndruar tek teksti dhe kujtesa

Qysh në fillimet e tij, mësimi i krishterë e kishte kuptuar se ata që ishin pagëzuar në Krishtin ishin "veshur me Krishtin" (Gal. 3:27). Megjithatë, kjo paraqiste një problem, pasi pjesa dërrmuese e rritjes dhe zhvillimit të krishtërimit kishte ndodhur pas jetës, vdekjes dhe ringjalljes së Krishtit, dhe, pra, gjatë një periudhe ku ai – themeltari dhe udhëheqësi i tyre – nuk ishte më i pranishëm, as fizikisht e as historikisht. Problemi u ndërlikua edhe më tepër pas vdekjes së Dishepujve dhe dëshmitarëve të tjerë okularë. Në fund, çështja u zgjidh me arsyetimin se besimtarët mund të merrnin pjesë në mënyrë të menjëhershme, ndonëse mistike, në jetën e Krishtit nëpërmjet sakramenteve të Kishës (mysteria), dhe kësisoj të identifikoheshin me të. Patjetër që kjo u pasqyrua rrënjësisht në mësimin e Palit se të krishterët ishin "gjymtyrë" të trupit të Krishtit, por edhe nga vetë Krishti, që deklaroi se ai ishte një "hardhi" prej nga ndjekësit e tij do të mbinin si "shermend" (Rom. 12:5; 1 Kor. 12;

Gjoni 15:1–8). E thënë ndryshe, për shkak të mungesës fizike të Krishtit, të krishterët i konsideronin sakramentet si një mjet mistik për t'u bërë përjetësisht pjesë e jetës së tij; po nëpërmjet tyre ata identifikoheshin me Krishtin dhe bashkoheshin me të.[25] Me kalimin e kohës, kjo u shndërrua në një medium të fuqishëm nëpërmjet të cilit të gjithë brezat e mëpasshëm mund të kishin pronësi të barabartë mbi jetën e Krishtit, punën e tij, dhe mësimet e tij: dhe kjo vlente – sipas Letrës drejtuar Hebrenjve – "njëherë për të gjithë" (Heb. 10:10).

Kjo perspektivë e përjetshme mbi jetën dhe punën e Krishtit hapi rrugën për një qasje të sofistikuar simbolike ndaj të gjitha riteve dhe ritualeve kristiane, gjë që manifestohet më qartë në kremtimin e Kungimit. Ndërkaq, Kungimi bazohej edhe tek motive në tekstin biblik, ku Krishti udhëzon dishepujt e tij: "bëni këtë në përkujtimin tim" (Luka 22:19). Kujtesa e Krishtit si një figurë qendrore e kremtimit të Kungimit u bë shkak që me kalimin e kohës të krishterët ta identifikonin vetë ritualin e Kungimit me jetën dhe punën e Krishtit në mënyra të posaçme dytësore e ilustrative. Liturgjisti i mirënjohur ortodoks Fr. Alexander Schmemann ka argumentuar se këto tendenca janë simptomë e degradimit të simbolit si një manifestim i fuqishëm e i menjëhershëm i realitetit,[26] por kjo megjithatë nuk anulon faktin se aspekti ilustrativ i elementeve të ndryshme të riteve dhe ritualeve të Krishtërimit Lindor në fakt e përforconte ndjesinë e pjesëmarrjes së përjetshme mes komunitetit të besimtarëve dhe shpëtimtarit të tyre, Krishtit. E gjithë kjo u bë shkak më vonë për një pelegrinazh statik e të përjetshëm ku pjesëmarrësit, duke ri-inskenuar dhe rijetuar ngjarjet e jetës së Krishtit në mënyrë të drejtpërdrejtë, përpiqeshin të bëheshin pjesë e atyre ngjarjeve tek të cilat nuk kishin qenë historikisht dhe fizikisht të pranishëm.[27]

23 Elez Biberaj, *Albania and China: A Study of an Unequal Alliance* (Boulder, CO: Westview Press, 1986), f. 134–5.

24 Giakoumis, "From Religious to Secular," f. 112–13 dhe Giakoumis, "An Enquiry," f. 299–301.

25 Për një shpjegim më të detajuar se si ortodoksët mendojnë që marrin pjesë dhe ndajnë jetën e Krishtit shih: Behr John, *The Mystery of Christ: Life in Death* (Crestwood: svs, 2006).

26 Kritikat e Schmemann-it mbi qasjen ilustrative ndaj liturgjisë mund t'i gjeni këtu: Alexander Schmemann, *The Eucharist: Sacrament of the Kingdom*, përkth. Paul Kachur (Crestwood: svs, 2003), f. 38–40.

27 Gabrielle Spiegel ka shkruar një tekst të shkëlqyer në të cilin bën një lidhje të ngjashme midis përodimit të liturgjisë nga hebraizmi dhe efektin e kësaj mbi kohën. Ai shpjegon se "… për hebrenjtë, eksperienca historike bëhet pjesë e ri-inskenimit ciklik të ngjarjeve paradigmatike në ritualin e shenjtë hebraik. Eksperiencat e vonëta apo ato bashkëkohore marrin kuptim vetëm për sa kohë që ato mund të pëfshihen në kategoritë biblike të ngjarjeve dhe interpretimi i tyre mund t'i kalohet komunitetit të besimtarëve nëpërmjet Shkrimeve të Shenjta, që do të thotë, vetëm për sa kohë që ato mund të shndërrohen, nëpërmjet ritualeve dhe liturgjisë, në përsëritje dhe ri-inskenime të ngjarjeve antike. Në përkujtime liturgjike të kësaj natyre, e kaluara ekziston vetëm nëpërmjet recitimeve, dhe qëllimi i këtij recitimi është që e kaluara të jetojë sërish në të tashmen, që e kaluara dhe e tashmja të shkrihen, recituesi dhe dëgjuesi, në një ent vetëm kolektiv.

Gjë që mundësoi ndjenjën e pronësisë dhe përforcoi identitetin kristian dhe lidhjen midis besimtarëve të të gjitha kohrave.

Për më tepër, kjo qasje simbolike dhe ilustrative ndaj jetës së Krishtit u përhap më pas edhe në praktika të tjera, si kortezhi i *epitaphios* (qefinit të vdekjes) mbrëmjen e së Premtes së Madhe dhe pelegrinzhi në faltoret e shenjtorëve të ndryshëm të krishterë. Kësisoj, pelegrinazhi pasqyronte dëshirën e komunitetit të besimtarëve për të ndarë jetën dhe ndodhitë e heronjve të kristianizmit, duke i ri-inskenuar ato pafund. Kjo u mundësua falë një procesi të hollë teksti dhe kujtese, por shpesh edhe nëpërmjet afërsisë me objektet ose vendet që konsideroheshin të rëndësishme ose të shenjta nga besimtarët.

4. Përvetësimi i pelegrinazhit të krishterë nga regjimi komunist i Shqipërisë

Regjimi komunist i Enver Hoxhës është përgjegjës për ndalimin e fesë në vitin 1967. I mbështetur nga pikëpamjet markstiste–leniniste mbi fenë, Enver Hoxha përvetësoi qëndrimet radikale maoiste të Revolucionit Kulturor mbi çështjen e fesë. Gjatë viteve 1966–7, regjimi ndërmori një nismë sistematike për të shkatërruar të gjitha zakonet dhe monumentet fetare, si mbeturina të prapambetjes së vendit; njëkohësisht, u ndaluan të gjitha aktivitetet fetare dhe Shqipëria u vetëdeklarua vendi i parë ateist në botë (Neni 37 i Kushtetutës së vitit 1976).[28]

Ajo që është e habitshme është fakti se shteti komunist, në vend që të shkatërronte gjithçka që i ngjante fesë, ndryshoi përmbajtjen e pelegrinazheve të krishtera dhe i shndërroi ato në pelegrinazhe komuniste, duke ruajtur formën, strukturën dhe tipologjinë e tyre, duke kapërcyer kësisoj pengesa të ngurta idologjike.[29] Në botimin e dytë të *Historisë së Partisë së Punës së Shqipërisë*, që u përgatit në vitin 1981 nën censurën maksimale, i kushtohetnjë seksion "lëvizjes kundër fesë, kundër pa-

ragjykimeve fetare dhe zakoneve prapanike", në kuadrin e luftës së Partisë për revolucionarizimin e mëtejshëm të jetës së vendit (1966–1971).[30] Duke iu referuar radikalizimit të politikave të Partisë komuniste ndaj aktiviteteve fetare pas vitit 1967, Instituti i Studimeve Marksiste–Leniniste pranë Komitetit Qendror të Partisë së Punës së Shqipërisë, pohoi me guxim se jo vetëm që bindjet dhe botëkuptimet fetare nuk ishin çrrënjosur për shkak të rezistencës së besimtarëve, veçanërisht në zonat rurale, por edhe se kjo nuk do të arrihej dhunshëm për të mos "fyer ndjenjat e një masë punonjësish", dhe se partia komuniste po ndiqte politikën e asimilimit të festave dhe zakoneve fetare duke i dhënë atyre normat dhe aromën e përmbajtjes socialiste.

Ka disa ngjashmëri shastisëse midis kësaj politike dhe mënyrës se si në epoka të mëparshme Krishtërimi ishte përpjekur të ndryshonte përmbajtjen e paganizmit duke ruajtur format e tij, siç evidentohet (dhe ka shumë të tillë[31]) në një letër të Papës Gregor I (v. 604) abatit Mellitus, siç paraqitet në historinë kishtare të Shën Bedës i Nderuari (v. 735). Këto ngjashmëri bëhen edhe më të dukshme nëse e lexojmë këtë letër përbri një pasazhi nga *Historia e Partisë së Punës së Shqipërisë*:

Nuk duhen shkatërruar tempujt (*fana*) e idhujve në mesin e asaj popullsie, por vetë idhujt që janë brenda tyre. Le të bekohet uji e të spërkatet në këta tempuj, le të ndërtohen altarë brenda tyre e të vendosen relike. Sepse nëse ata tempuj janë ndërtuar mirë, duhet të ndryshojnë nga kulti i demonëve në adhurimin e Zotit të vërtetë, në mënyrë që, teksa ajo racë e sheh me sytë e saj që tempujt e saj nuk po shkatërrohen, ndoshta do ta çrrënjosë gabimin në zemrat e njerëzve, dhe duke njohur dhe adhuruar Zotin e vërtetë, ata mund të mblidhen bashkë në vendet e tyre të zakonshme më miqësisht. Dhe meqë ata janë mësuar të vrasin shumë buaj (*boves*) gjatë sakrifikimeve për demonët e tyre, duhen ndryshuar disa rite solemne për ta mbi këtë pikë. Kështu ditën e përkushtimit, ose ditët e festivaleve të dëshmorëve hyjnorë, reliket e të cilëve janë vendosur në tempujt që janë shndërruar në kisha, ata duhet të ndërtojnë kasolle rreth këtyre kishave me degë pemësh, dhe duhet të kremtojnë festivalin me një gosti fetare. Mos i lejoni të sakrifikojnë kafshë për djallin, por lëreni të therin kafshë dhe t'i hanë për lavdinë e Zotit … Padyshim që jo gjithçka mund të hiqet nga mendjet e tyre kokëforta menjëherë …

Historia, sipas mënyrës që e kuptojmë ne, që konsiston në ngjarje unike që shpalosen në një kohë lineare të pakthyeshme, përthithet në kujtesën ciklike liturgjike." Shkëputura nga, "Memory and History: Liturgical Time and Historical Time," *History and Theory* 41 (maj 2002), f. 149–62.

28 Enver Hoxha, *Vepra*, 35 (Tiranë: Instituti i Studimeve Marksiste–Leniniste pranë KQ të PPSH), f. 103–13; cf. Neni 55 i Kushtetutës së vitit 1976.

29 Polina Tšerkassova që trajton një temë të ngjashme nga Estonia (Polina Tšerkassova, "Sterilisation and Reconstruction of the Places of Secular Pilgrimages: Moving Monuments, Meanings and Crowds in Estonia," në John Eade dhe Mario Katic, *Pilgrimage, Politics and Place-Making in Eastern Europe: Crossing the Borders* [Londër: Ashgate, 2013], k. 5) parapëlqen përdorimin e termit "pelegrinazh laik" në ato raste ku unë kam përdorur "pelegrinazh komunist" dhe termat "sterilizim" dhe "rishenjtërim" aty ku unë kam përdorur "dekonstruksion" and "rikonstruksion."

30 Instituti i Studimeve Marksiste–Leniniste pranë KQ të PPSH, *Historia e Partisë Punës së Shqipërisë*, bot. i 2-të (Tiranë: 8 Nëntori, 1981), f. 430–3.

31 Për një shembull tjetër, shih *Levitiku* 17:1–9.

Kështu Zoti bëri izraelitët e Egjiptit me dije për ekzistencën e tij; megjithatë ai ruajti tek adhurimi i tij format e sakrificës që ata ishin mësurar t'i ofronin djallit, dhe i urdhëroi të vrisnin kafshë kur të sakri-fikonin për të (*Levitiku* 17:1–9). Kësisoj ai ndryshoi zemrat e tyre … dhe meqë populli po ia ofronte ato Zotit të vërtetë dhe jo idhujve, ato nuk mund të quheshin të njëjtat sakrifica.[32]

Partia dhe shteti nuk ndaluan besimet fetare, […] ndonëse në thelb reaksionare […]. Partia nuk mundtë fyente ndjenjat e një mase punonjësish. Sidomos në fshat, që ishin lidhur ngushtë me Parti-në dhe me pushtetin popullor, por që vazhdonin të besonin në njërën ose tjetrën fe, megjithëse nuk tregonin ndonjë fanatizëm të tepruar. Çrrënjosja e botëkuptimit fetar do të vinte si pasojë e bindjeve ideologjiketë masave. […] *Shqipëria u bë kështu vendi i parë në botë pa kisha e pa xhami, pa priftërinj e pa hoxhallarë.* Duke mbështetur lëvizjen popullore të luftës kundër fesë, kundër paragjykimeve fetare dhe zakoneve prapanike, Partia udhëhiqte atë me kujdes. Ajo nuk lejonte të bëheshin shtrembërime dhe mënjanoi me kohë çdo veprim të nxituar e të pabazuar në vullnetin e masës së popullsisë. Ajo e orientoi popullin që të kremtet dhe zakonet e tjera të lidhura me fenë t'i zëvendësonte me festa, me zakone e me norma të reja mepërmbajtje socialiste. Aksionet e masave për prishjen e bazave të fesë u shoqëruan me një punë të dendur sqaruese dhe ateisto-shkencore të Partisë. […] Zhdukja e kishave dhe xhamive nuk e kishte zhdukur fenë si botëkup-tim. Feja i ka rrënjët shumë të thella. Ajo është përzier, është lidhur […] me zakonet prapanike që e kanë burimin ndër shekujt e largët, […] "Ne duhet të jemi realistë, – mësonte shoku Enver Hoxha, – lufta kundër zakoneve, traditave, normave të vjetra, kundër botëkuptimeve fetare […] nuk ka marrë fund. Kjo është një luftë e gjatë, e ndërlikuar dhe e vështirë."[33]

Ballafaqimi i tyre vë në pah pesë pika të spikatura të për-bashkëta:

1. Shkatërrimi i pjesshëm ose lustrimi i zakoneve të vje-tra (idhujt ose kishat).
2. Kalimi i "adhurimit" nga "kulti i demonëve" ose "rea-gimi" (tjetërkund quhet "helm", "prapambetje", "ide-ologji e klasave shfrytëzuese", "armiku i socializmit", "opiumi i popullit", etj.) ndaj "adhurimit të Zotit të vërtetë" ose normave dhe zakoneve komuniste.
3. Paralajmërimi se ky proces do të jetë gradual dhe jo i dhunshëm, në mënyrë që "ajo racë e sheh me sytë e saj që tempujt e saj nuk po shkatërrohen", duke mos fyer kështu "ndjenjat të një mase" njerëzish apo punëtorësh.
4. Ndërgjegjësimi mbi vështirësitë e procesit të "kon-vertimit", pasi "padyshim që jo gjithçka mund të hiqet nga mendjet e tyre kokëforta menjëherë", sepse "feja i ka rrënjët shumë të thella", dhe zëvendësimi i përmbajtjes së saj do të jetë "një luftë e gjatë, e ndër-likuar dhe e vështirë".
5. Pohimi se e vetmja mënyrë për ta arritur këtë është duke fituar "zemrat e tyre" me "një punë të dendur sqaruese dhe ateisto-shkencore", në mënyrë që "duke njohur dhe adhuruar Zotin e vërtetë [ose mësimet e partisë komuniste], ata mund të mblidhen bashkë në vendet e tyre të zakonshme më miqësisht".

Pavarësisht nëse partia komuniste e Shqipërisë kishte reflektuar mbi thënien e Krishtit "unë nuk erdha për t'i shfuqizuar, po për t'i plotësuar." (*Mat.* 5:17), dhe sado të çliruar mund të dukeshin nga ndikimet fetare, komuni-stët e kuptonin mirë ambivalencën e manifestimeve fe-tare dhe i përdorën ato për qëllimet e tyre qysh në krye të herës. Siç thotë Enver Hoxha kur përshkruan vitet e para formative të partisë komuniste gjatë rezistencës an-tifashiste (nga viti 1942 e më pas):

Përpara një studimi të tillë ishte vënë Partia gjatë kësaj periudhe edhe për sa u përket besimeve fetare në Shqipëri. Besimet fetare i analizuam në dy drejtime: influenca konkrete e feve në masat e gjera të popullit dhe rrezikshmëria e hierarkisë fetare. […] Pra, çështjen e besimeve fetare Partia e pati në qendër të vëmendjes gjatë gjithë kohës së Luftës Nacionalçlirimtare, por edhe pas luftës, pse nuk duheshin prekur ndjenjat e njerëzve për të arritur ngritjen e popullit në luftë për çlirimin e adheut e ndërtimin e një Shqipërie të re. […] Përpara kësaj detyre imperative duhej të kalonin në plan të dytë të gjitha ndryshimet në bindjet ideologjike e në simpa-titë politike, ndasitë fetare e krahinore.[34]

Në fakt, ky studim çoi në simulimin e ritualeve fetare me norma dhe përmbajtje socialiste. Pra toni u përcaktua nga Enver Hoxha që në vitet e para. Kur Baba Musta-fa (Faja) Martaneshi shprehu gadishmërinë për të he-qur petkun fetar për t'u bërë pjesë e partisë komuniste, përgjigja e vendosur e Enver Hoxhës qe

32 Bede, *Ecclesiastical History of the English People*, Introduction, Life and Notes by A.M. Sellar (Londër: George Bell and Sons, 1907): f. 102–4.

33 Instituti, *Historia e Partisë*, f. 430–3.

34 Enver Hoxha, *Kur u hodhën themelet e Shipërisë së re: Kujtime dhe shënime historike* (1984), f. 14, 17, 26.

Jo, rrobat që ke, t'i mbash, [...] pse ne duhet t'i respektojmë sentimentet e besimtarëve dhe të shfrytëzojmë simpatinë që ka populli ndaj teje dhe ndaj teqesë së Martaneshit. Pra, derisa ti je i vendosur për luftë dhe e do Partinë, respekton dhe zbaton vijën e saj, atëherë ne të pranojmë anëtar partie."[35]

Në këtë kontekst, nuk është e habitshme që regjimi komunist i Shqipërisë studioi dobinë dhe funksionet e pelegrinazhit të krishterë dhe arriti të përvetësonte një pjesë të mirë të strukturës së tij. Pikërisht bazuar në këtë u përpoqëm të tregojmë në këtë artikull se lapidari në Qukës–Pishkash dhe tentativa për marshimin e vitit 1979 të përqëndruar tek teksti dhe kujtesa, u përpoqën të imitojnë pelegrinazhe fetare të kësaj natyre.

35   Po aty, f. 271–2.

Lapidars and Socialist Monuments as Elements of Albania's Historic Cultural Landscapes

Matthias Bickert

"With the passage of years, time corrodes the memory and lays down its patina, and the past, whether remembered in the mind, or visible around us, becomes more and more obscured and fragmented."

Fatos Lubonja, "The Ironies of Transition"[1]

Introduction: The collective memory on cultural landscapes

Once, while buying olives at Tirana's Pazar i Ri (New Market), I discerned an abstract shape behind the sellers (ALS–2). "What is this?" a friend who was visiting from Germany asked me. After I tried to explain him briefly what a "lapidar" is, my friend wanted to take a picture of it. The surrounding sellers' faces clearly expressed incomprehension about why a foreigner would care about this concrete structure, against which they used to stack up their cardboard boxes and fruit trays. A little later, on the way to Krujë, we again encountered several of those strange sculptures and obelisks of different sizes, shapes, and forms, dominating the Albanian landscape that passed by our bus window. Some of them were in bad shape (e.g., ALS–596) another one had been recently transformed into a stele covered with smiling, ghost-like faces (ALS–594). "Why are they in such different conditions if they are all from the communist period?" was my friend's legitimate question.

In order to approach an answer to this question, this paper deals with lapidars and socialist monuments as elements of Albania's cultural landscapes and discusses the role of lapidars and socialist monuments in the perception of the historic cultural landscapes of contemporary Albania, the necessity of starting a discussion about its material socialist heritage, and its meaning for the conservation and valuation context of the lapidars and socialist monuments as elements of the historic cultural landscapes and the context.

Most of the lapidars and other monuments built during the communist period still exist today, making them anything but a "lapidary" element in the Albania landscape. They are much more than mere constructions of stone, concrete, and metal. Following Maurice Halbwachs's thoughts on what he called *collective memory*, it may be suggested that they are an element of common knowledge, common memory, and foremost of a common Albanian identity.[2] Jan Assmann further differentiates collective memory into *communicative* and *cultural* memory. Communicative memory refers to orally transmitted, individual memory.[3] Therefore, it endures no longer than 3–4 generations or around 80–100 years.[4] Cultural memory refers to an objectified, physically present culture that transmits knowledge about past and present societies. It includes, for example, stamps, posters, pictures, costumes, monuments, buildings, or in fact entire cities, as well as landscapes. Lapidars and other socialist monuments, together with the cultural landscapes they shape, are thus part of Albania's cultural memory. Although cultural memory may be based on materialized objects, this does not imply that they are also perceived objectively. Like communicative memory, cultural memory is group- and identity-specific as it represents the expression of just one group, transmitting the message of "this is us" or the opposite ("these are the others").[5] Thus a native citizen would perceive the same cultural landscape different from a foreigner, an urban citizen different from a rural citizen, or a socialist different from a democrat, and so on. But at the same time, the production of an object-based culture is used to selectively support and (re)produce identities; they create "fixed points" of history and figures of remembrance that become "islands of time," which induce a retrospec-

1 Fatos Lubonja, "The Ironies of Transition," introduction to C. Kleineidam & H.P. Jost, *Albania in Transition 1991–* [*Shqipëria në tranzicion 1991–*] (Zürich: Benteli, 2011), pp. 7–17, at p. 7.

2 Maurice Halbwachs, *La mémoire collective* (Paris: Presses Universitaires de France, 1950): http://www.psychaanalyse.com/pdf/memoire_collective.pdf (Accessed July 21, 2014).

3 Jan Assmann, "Kollektives Gedächtnis und kulturelle Identität," in *Kultur und Gedächtnis*, ed. Jan Assmann (Frankfurt am Main: Suhrkamp, 1988), pp. 9–19; Jan Assmann, "Communicative and Cultural Memory," in *Cultural Memory Studies: An International and Interdisciplinary handbook*, ed. Astrid Erll and Ansgar Nünning (Berlin & New York: De Gruyter, 2008), pp. 109–18.

4 Jan Assmann, "Kollektives Gedächtnis und kulturelle Identität," p. 11.

5 Ibid., p. 13.

tive consideration.[6] Another attribute of cultural memory is its reproduction of memory itself. Therefore, the perception of cultural memory evolves over time.[7] So, neither by perceiving objectivized legacies of the past, nor by communicating about them, we are able to reach absolute "truth."

On cultural landscapes

To discuss lapidars and their role in Albania's contemporary, post-socialist cultural landscapes, it is necessary to understand the definition of cultural landscape. The term *cultural landscape* is highly amorphous, owing to an often significant discrepancy between the scientific and general use of both the terms "culture" and "landscape." For the purposes of this paper, we will define "culture" as every creation of mankind, regardless of the idiosyncraticies of its creator. Although there are many scientific definitions of "landscape," which often describe a landscape as a piece of the earth's surface that is dominated by a distinct "total character," it should be pointed out that these definitions never consider a landscape to be predefined and bordered by nature but always as existing as a manifestation of human assessment.[8] Cultural landscapes are therefore pieces of the earth's surface that form sources and testimonials of the past and present cultural production. Hence their inventory, according to functional connections of their elements, historic layers, and risk potentials, is one of the most important aspects of knowing cultural landscapes. These aspects can be only partially observed through physiognomic examination, as older and newer elements are often layered like a palimpsest. Only through the consultation of maps, writings and statistics, these different elements can be distinguished from one another, as has been done in case of the Albanian Lapidar Survey.[9]

Cultural landscapes may be distinguished from *natural landscapes*, which are untouched by any cultural influence. But as nowadays nearly the entire habitable surface of the earth is or once was significantly changed by human influence, it should be considered cultural landscape,[10] including post-socialist landscapes that are containing elements of melioration, terraces, and other land processing influences.

There is a growing understanding of the concept of cultural landscape, and particularly relevant to the present paper are the numerous publications that have appeared about socialist architectural heritage. Czepczyński's *Cultural Landscapes of Post-Socialist Cities* offers a scientific discussion on the topic, while Kulić et al.'s *Modernism In-Between* is one of many recently published illustrated books on socialist cultural heritage.[11] That the time is more than right for an intensive discussion about the future role of Albania's lapidars and socialist monuments as part of the country's cultural landscapes, is also shown by the recently initiated "International Scientific Committee on Twentieth Century Heritage," where ICOMOS (UNESCO most important advisory organization on cultural heritage) discusses the possibilities of declaring certain representatives of "socialist heritage" as World Heritage Sites.[12]

Following the theory of collective memory, cultural landscapes are mainly generated by discourses of different actors. This, in turn, requires matched forms of governance.[13] This constructivist perspective is also backed by the so-called "European Landscape Convention" (ELC),[14] an international treaty that aims at the protection, planning, and management of the specifics of the European landscape. Within this treaty, a landscape is defined as "an area, *as perceived by people*, whose character is the result of the action and interaction of natu-

6   Ibid., p. 12.

7   Ibid., pp. 13–4.

8   Uta Steinhardt, Heiner Barsch, and Oswald Blumenstein, "Landschaft als Gegenstand wissenschaftlicher Erkenntnis," in *Lehrbuch der Landschaftsökologie*, ed. Uta Steinhardt, Heiner Barsch and Oswald Blumenstein (Heidelberg: Spektrum Akademischer Verlag, 2012), pp. 23–69, at p. 32.

9   Andreas Dix, "Vorindustrielle Kulturlandschaften. Leitlinien ihrer historischen Entwicklung," in *Die Veränderung der Kulturlandschaft: Nutzungen, Sichtweisen, Planungen,* ed. Günter Bayerl and Torsten Meyer (Münster, New York, Munich, Berlin: Waxmann, 2003), pp. 11–31, at p. 13.

10 Ibid., p. 11.

11 Roman Bezjak, *Socialist Modernism* (Ostfildern: Hatje Cantz, 2011); Frédéric Chaubin, CCCP: *Cosmic Communist Constructions Photographed* (Cologne: Taschen, 2011); Mariusz Czepczyński, *Cultural Landscapes of Post-Socialist Cities: Representation of Powers and Needs, Re-materialising Cultural Geography* (Aldershot, England & Burlington, VT: Ashgate, 2008); Jan Kempenaers and Willem Jan Neutelings, *Spomenik* (Amsterdam: Roma Publications, 2010); Vladimir Kulić, Maroje Mrduljaš, and Wolfgang Thaler, *Modernism In-Between: The Mediatory Architectures of Socialist Yugoslavia* (Berlin: Jovis, 2010); Katharina Ritter, *Soviet Modernism 1955–1991: An Unknown History* (Zürich: Park Books, 2012).

12 ICOMOS, "Invitation to Participate in ISC20C Project for Conserving Socialist Heritage" (International Council on Monuments and Sites, 2013: http://www.docomomo.de/attachments/387_B_ICOMOS_20C_LETTER%20Project%20for%20Conserving%20the%20Socialist%20Heritage%20of%20the%20Post-War%20World.pdf.

13 Gailing & Röhring and Fürst et al. as quoted by Winfried Schenk, "Merkmale urbaner Kulturlandschaft im Kontext aktueller Planungsdiskurse um 'Kulturlandschaft'," in *Stadt – Kultur – Landschaft,* ed. Deutsche Bundesstiftung Umwelt (DBU) and Deutsche Gesellschaft für Gartenkunst und Landschaftskultur (DGGL) (Berlin: Deutsche Gesellschaft für Gartenkunst und Landschaftskultur [DGGL], 2009), pp. 11–4, at p. 12.

14 Ibid.

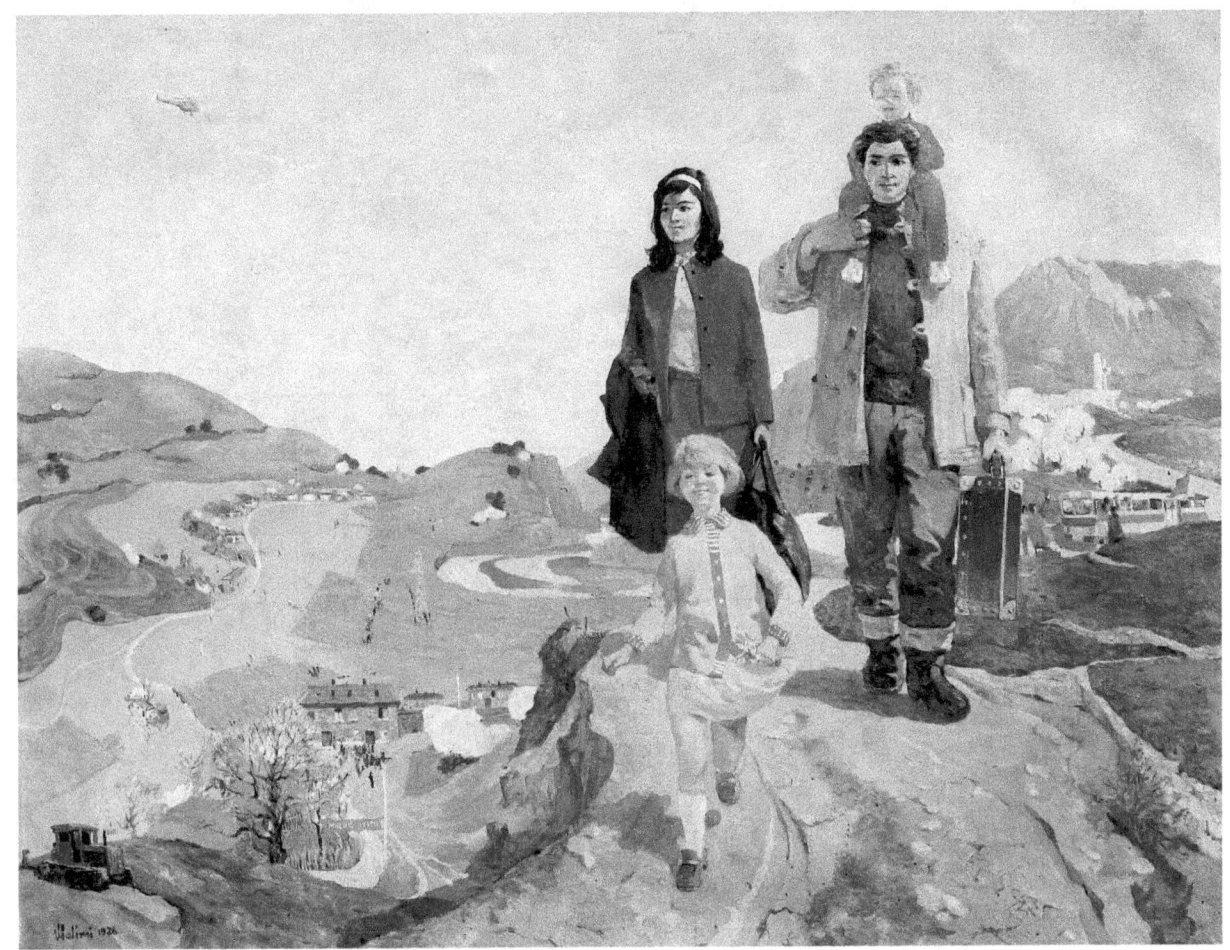

Fig. 1 Stereotype of the socialist Albanian landscape: Vilson Halimi, "Kudo jemi ne ballë," 1976, oil on canvas, 145 × 200 cm. Courtesy Galeria Kombëtare e Arteve, Tirana. A lapidar can be seen on the right edge of the picture

ral and/or human factors."[15] Thus, landscapes should be perceived as cradle of cultural identity, common heritage, and expression of the European variety.[16]

Following the suggestion of Freytag that "history is objectified into the landscapes in which it took place, and now it is visibly in-situ, the thousand year old in the same presence as of yesterday and today,"[17] we may now turn to *historic cultural landscapes*. A historic cultural landscape is an excerpt of an existing cultural landscape, dominated by historic cultural landscape elements. These elements are defined as witnesses of the works of past generations, which under present conditions would not appear in the same way (or at all) as they did under former socio-economic and political settings.[18] Therefore, all cultural landscape-shaping elements from the socialist period automatically become elements of historic cultural landscapes in a post-socialist environment. Furthermore, a historic cultural landscape that mainly consists of or is dominated by a high density of socialist cultural landscape elements might then be called a *historic socialist (cultural) landscape.*

During the last years the Albanian bunkers have become a stereotypical element of the country's historic socialist landscape. This is connected to the significant number of recent publications in varying quality about those "concrete mushrooms."[19] Although their sheer

15 "European Landscape Convention: ETS No. 176," Council of Europe: http://conventions.coe.int/Treaty/en/Treaties/Html/176.htm (Accessed July 19, 2014). My emphasis.

16 Schenk, "Merkmale urbaner Kulturlandschaft," p. 12.

17 Carl-Hans Hauptmeyer, "Kulturlandschaften aus regionalhistorischer Sicht," in *Siedlungsforschung: Archäologie – Geschichte – Geographie,* ed. Klaus Fehn (Bonn: Siedlungsforschung, 1996), pp. 301–13, at p. 310. My translation.

18 Andreas Dix, "Grundsätze zur Definition und Bewertung historischer Kulturlandschaften," in *Historische Kulturlandschaft und Denkmalpflege: Definiton, Abgrenzung, Bewertung, Elemente, Umgang,* ed. Birgit Franz and Achim Hubel (Holzminden: Mitzkat, 2010), pp. 22–9, at p. 25.

19 E.g. Alicja Dobrucka, "Mapping Bunkers": http://www.domusweb.it/en/photo-essays/2012/04/03/mapping-bunkers.html (Accessed July 19, 2014); David Galjaard, Slavenka Drakulić, and

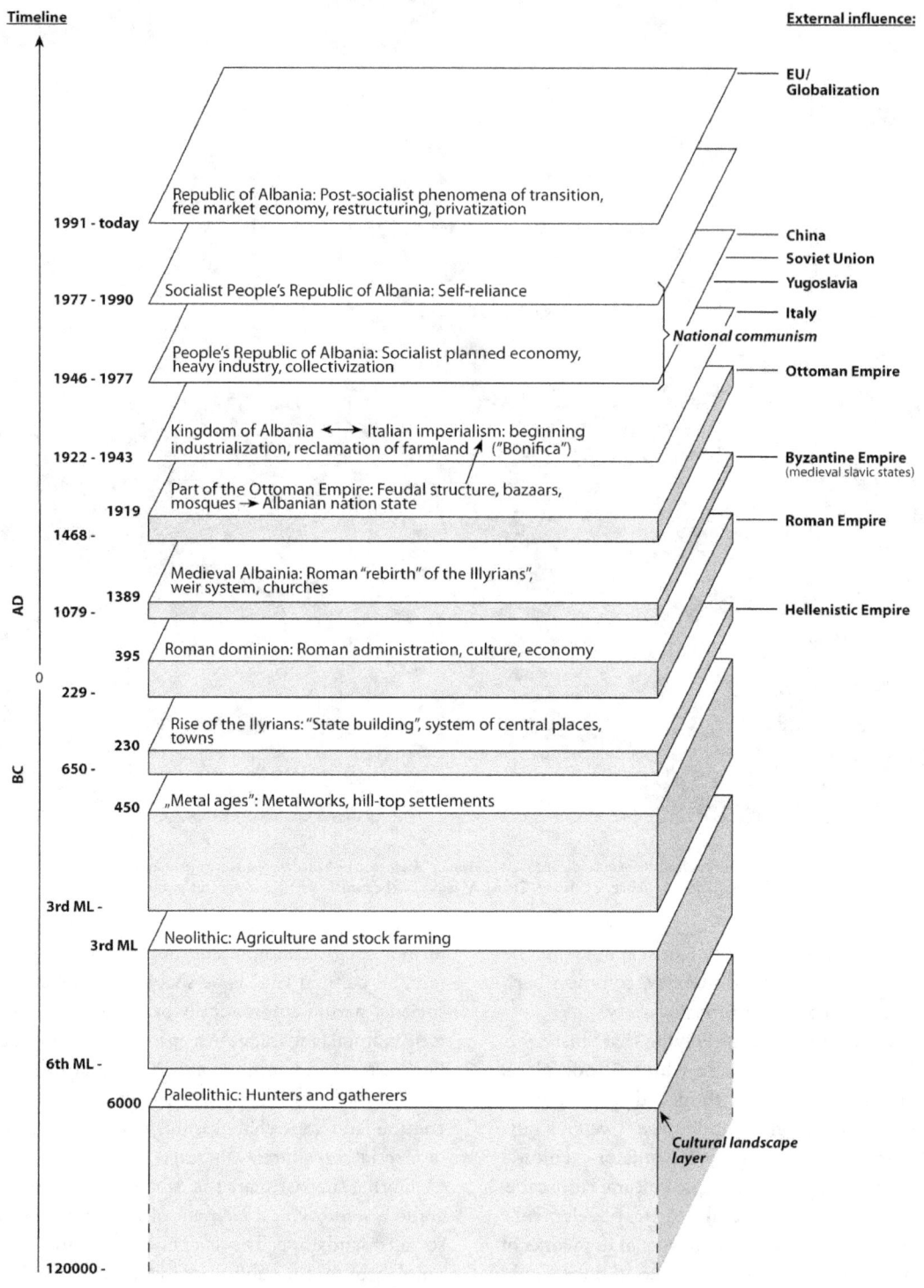

Timeline

External influence:

- EU/ Globalization
- China
- Soviet Union
- Yugoslavia
- Italy
- *National communism*
- Ottoman Empire
- Byzantine Empire (medieval slavic states)
- Roman Empire
- Hellenistic Empire

AD / BC
0

1991 - today — Republic of Albania: Post-socialist phenomena of transition, free market economy, restructuring, privatization

1977 - 1990 — Socialist People's Republic of Albania: Self-reliance

1946 - 1977 — People's Republic of Albania: Socialist planned economy, heavy industry, collectivization

1922 - 1943 — Kingdom of Albania ←→ Italian imperialism: beginning industrialization, reclamation of farmland ("Bonifica")

1919 — Part of the Ottoman Empire: Feudal structure, bazaars, mosques → Albanian nation state

1468 -

1389 — Medieval Albainia: Roman "rebirth" of the Illyrians", weir system, churches

1079 -

395 — Roman dominion: Roman administration, culture, economy

229 -

230 — Rise of the Ilyrians: "State building", system of central places, towns

650 -

450 — „Metal ages": Metalworks, hill-top settlements

3rd ML -

3rd ML — Neolithic: Agriculture and stock farming

6th ML -

6000 — Paleolithic: Hunters and gatherers

Cultural landscape layer

120000 -

Fig. 2 Layers of cultural landscapes in Albania
(Modified and translated according to Schenk, "Anmerkungen zum Verhältnis von Politik und Kulturlandschaftsentwicklung in Albanien," p. 71)

number and their unique appearance somehow justify the attention paid to them, the historic socialist landscape in Albania comprises far more than bunkers; the ruins left by socialist economic policy, such as industrial complexes (e.g., *combines*), agricultural cooperatives, socialist urban design and its functional correlations and architecture, or propaganda elements like slogans on factory chimneys, walls, and mountains, are some of its most visible and significant elements. At least equally striking and omnipresent elements in those landscapes are the widely visible terraces and socialist monuments such as the lapidars. Whereas terraces were a typical *element of daily usage*, lapidars were intended as *static monuments*. Thus, lapidars were for socialist Albania also an instrument to define its territory and to border off its ideology from its neighbors. How far this went can be observed in the no-man's land between the Albanian–Greek border at Kakavijë [ALS–407] or the Albanian–Kosovar (former Yugoslavian) border at Qafë Prushë [ALS–549, ALS–550]. What all these elements share is their important role in generating the Albanian identity. For this reason, they were also reproduced in the *symbolic landscapes* of the Albanian propaganda, such as in the well-known painting "Kudo jemi në ballë" ("Everywhere we are on the forefront") (*fig.* 1).

Dealing with lapidars and socialist monuments in Albania: The perception of different layers of history and their ambivalent handling

As elsewhere, Albania's urban and rural cultural landscapes are shaped by the influences of human interactions throughout time. Therefore, cultural landscapes can be considered as a "photographic plate," registering human influences.[20] However, human development throughout history rarely follows a continuous, linear, and stable change, but is often stratified through abrupt shifting socio-economic and political settings (e.g., through wars, invasions, occupations, and revolutions). As described by Nitz, these "breaks" are mirrored in cultural landscapes.[21] For the territory of present-day Albania several cultural landscape layers and their breaking points may be identified (*fig.* 2).

In Albania the perception of those different layers of history is nowadays strongly influenced by the cultural *and* communicative memory of communism and its post-socialist reactions. For this reason, the handling of the most recent elements of historic cultural landscapes is significantly different from the ones found in older layers, such as the Illyrian, Roman, and Ottoman periods, of which communicative memory has all but disappeared. Beginning with ancient history, all Illyrian structures in Albania's landscapes are not only highly accepted (even though resting on a scientifically unstable basis), but moreover serve as a main anchor point for the country's self-conception.[22] That the communist propaganda and historiography played an important role in creating a continuous line from Illyrians to communists in order to underpin their own claim to power, is nevertheless rarely reflected in the Albanian society.

Equally, Skënderbeg, the heroic fighter against the "Ottoman oppressors" is most important in this historiography and all physical leftovers from his works are precious to many Albanians. While the Ottomans are still often considered to be occupiers who caused a major setback in the development of the Albanian territory – a view that was also supported by communist historiography[23] –, the structures dating from the Ottoman period are strangely enough broadly accepted as an important part of the country's heritage. Parallel to these observations about the Ottoman period we should mention the ideological negligence of the Italian occupation but the acceptance of what they left as built heritage. For many, at this point the definition of what is "old" and "beautiful" and therefore worthy of protection, ends with this period of Albanian history. As a consequence Gazmend Bakiu's recent publication on "Old Tirana" finishes with evidence from 1940.[24] Here the factor *time* shows us how communicative history is consequently fading and with the taking over of the cultural memory the acceptance and neglect of historic cultural landscape elements is changing from an ideologically disclaimed to a more spatially accepted element.

Nearly 25 years after the end of the communist regime the handling of its built heritage seems much more complicated. Its grotesque spatial interventions still dominate the picture that most foreigners have of Albania. Although these cultural landscape-shaping elements are by many Albanians considered to be remind-

Jaap Scholten, *Concresco* (2012); Gyler Mydyti & Elian Stefa, *Concrete Mushrooms: Reusing Albania's 750.000 Abandoned Bunkers* (Barcelona: DPR-Barcelona, 2012).

20 Wolfgang Hartke, "Gedanken über die Bestimmung von Räumen gleichen sozialgeographischen Verhaltens," *Erdkunde* 13.4 (1959).

21 Hans-Jürgen Nitz, "Brüche in der Kulturlandschaftsentwicklung," in *Siedlungsforschung: Archäologie – Geschichte – Geographie*, pp. 9–30.

22 See e.g. Oliver Jens Schmitt, *Die Albaner: Eine Geschichte zwischen Orient und Okzident* (Munich: Beck, 2012).

23 See e.g. Winfried Schenk, "Anmerkungen zum Verhältnis von Politik und Kulturlandschaftsentwicklung in Albanien," in *Jüngere Fortschritte der regionalgeographischen Kenntnis über Albanien: Beiträge des Herbert-Louis-Gedächtnissymposions*, ed. Hans Becker, Karsten Garleff, and Wilfried Krings (Bamberg: Fach Geographie an d. Univ., 1991), pp. 69–81, at pp. 78–9.

24 Gazmend Bakiu, *Tirana e vjetër: Një histori e ilustruar* (Tirana: MediaPrint, 2013).

ers of a repressive dictatorship, many of them also represent people's own contribution to shaping the country, spending countless hours doing the obligatory "voluntary work." For others, lapidars and socialist monuments are mere landmarks, used mainly as orientation points, sometimes even after their physical disappearance. For younger Albanians, raised after the end of communism, the historic socialist cultural landscapes are at most memorials that function as reminder of a recent, albeit not openly discussed history. If we observe the material collected during the Albanian Lapidar Survey, we can divide their current condition into four main categories:

a. Destroyed, partially destroyed or vandalized;
b. Ignored or (seemingly) neglected;
c. Well-kept and conserved;
d. Transformed or restored.

Although a clear categorization of each lapidar may not always be possible as there are hybrid forms, this rough categorization suggests different reasons for their varying conditions. A proper analysis of the communicative memory, that is, the range of the public's opinions about the perception of socialist cultural landscape elements remains essential to research on post-socialist cultural landscapes. Without such a proper qualitative study of this topic, we may not advance from the stage of hypotheses. Nevertheless, we may already propose a few conjectures based on the collected material and above categorization. The condition of a lapidar or socialist monument is – hypothetically – connected to (in weighted order):

1. Message;
2. Location;
3. Form (artistic appearance and size).

Ad 1. The message of a lapidar or socialist monument may be most crucial for its handling in a post-socialist society. Well-kept may be those that transmit a message that also in post-socialist Albania is considered important for the current understanding of history. Even though the partisans' fight against the fascist occupation is highly charged with communist propaganda, it remains for many Albanians an uncritically reflected historic fact and part of the national identity. For this reason, lapidars and socialist monuments that are directly commemorating partisans, and especially those ones, presenting important events, such as the monument of Drashovicë [ALS–438] or the names of single partisans, are usually well kept. Especially martyrs' cemeteries fall in this category, as state, society, or direct relatives of the partisans feel responsible for maintaining of their memory. Assmann concluded that via the preservation of its cultural memory, a group stabilizes and transmits its identity.[25] Then reciprocally, the negligence and destruction of objectivized culture is an expression of a new and changed (counter-)identity. Therefore, more abstract lapidars, where no personal connection to a partisan can be made, or those ones commemorating the achievements of communism as an ideology itself, may instead more likely to be vandalized or partially or completely destroyed (e.g., the lapidar in Gorrë, ALS–324). These would processes akin to the *damnatio memoriae* that befell many busts and statues, directly commemorating communist leaders in other ex-socialist countries.

Ad 2. The location of a lapidar and socialist monument is crucial for its current condition in different ways; its distance from populated areas, whether it's blocking one of the many formal or informal construction works carried out during the transition period. On the one hand, the destruction of a lapidar may go hand in hand with the construction of a multi-story apartment complex, parking lot, street, etc. (e.g., ALS–162). On the other hand, we can observe many examples where construction works intentionally spared or at least relocated a lapidar rather than simply destroying it (e.g., ALS–200). Media attention was raised when the brother of Kruja's DP vice-mayor destroyed a lapidar "because it blocked his view."[26] This act may be connected to its spatial aspect. The hypothesis here is that in the still traditionally more DP-oriented north of Albania, especially during the early years of the transition, lapidars were more likely to be destroyed, their communist icons removed or vandalized with political statements than in the more SP-oriented south (e.g., the lapidars in Kalis, ALS–645 and Bajram Curri, ALS–540). Nevertheless, as the lapidars in the north are more often commemorating the fight against the Ottomans or "Serbian chauvinism" (e.g., the lapidar in Topojan, ALS–566), first hypothesis 1) should be considered as a reason why the overall level of destruction of lapidars might be equal in north and south.

Ad 3. Finally, not all lapidars and monuments can be removed, even if they are blocking an (often informal) construction, because of their sheer size. Similar to many bunkers, they might at most be integrated in constructions, such as walls or even

---

25 Assmann, "Kollektives Gedächtnis und kulturelle Identität," 15.
26 "I pengonte fushëpamjen, vëllai i kryetarit të Bashkisë shkul lapidarin, reagojnë veteranët," *NOA.al*: http://www.noa.al/artikull/i-pengonte-fushepamjen-vellai-i-kryetarit-te-bashkise-shkul-lapidarin-reagojne-veteranet/406034.html (Accessed July 21, 2014).

houses (ALS–563), or be transformed in order to create a new message. The lapidar along the road from Fushë-Krujë to Krujë (ALS–594) or the one close to Çaush (ALS–423) are best examples for the latter. Also it may happen that lapidars and socialist monuments are well-kept or at least not removed for their original artistic appearance. Especially the bigger monuments with a distinct and more complex appearance might more likely still exist.

Different heritage values for strategy development

As mentioned above, the age factor significantly influences the handling of built structures. Alois Riegl, a pioneer in modern day heritage conservation, expressed this in his age value, which defines how a monument evokes feelings and remembrance because of its mere age. But, it must not be forgotten that there are several, equally set *heritage values,* defining the importance of a monument.[27] The values of inscribed and potential new heritages are idealistically consisting of esthetic, artistic, scientific, historic, and social aspects. A less broad, but in the scientific community more familiar, value is the *historic value.* According to this value, a heritage is seen as a historic document or testimony of the past that represents a closed period of human work.[28] Among many others, the *relative artistic value* must be mentioned here. This value admonishes to judge a monument not by personal means of esthetics, but by a "relative" or more objective opinion. When watching arts, architecture, and fashion through time, it becomes easily recognizable that they are subject to a constant change. Therefore, instead of based on contemporary standards of beauty a heritage should be valorized by the artistic skills that were necessary to create it.

The clear lines and abstract, sometimes seemingly cold or brutal, art and architecture of socialist realism stand in strong contrast with the forms of previous epochs. Yet the artistic skills that were needed to design a lapidar and socialist monument appear valuable upon reflection on the strict guidelines dictated by the communist regime. The high risk that comes with crossing those borders has been painfully observed by for example architect and artist Maks Velo or painter Edison Gjergo, who were both imprisoned for works that were deemed too modernist. Furthermore, if we take a look the on the artistic and complex structures of the monuments at Mushqeta (ALS–304) or Pishkash (ALS–38), not only their *relative artistic value* can easily be recog-

nized. But even smaller structures, such as the lapidars of Frashër (ALS–243) or Pilur (ALS–430), bear with their unique simplicity a meaningful depth that may create their own kind of attractiveness for the eye of the beholder.

Without euphemizing a truly painful period in Albania's past, the lapidars and socialist monuments captured in this publication manage to sensitize the reader to these values. But it does even more. By presenting the current condition of these potential heritages, the images manage to make us critically think about what will and should happen next. The often negligent attitude toward them sometimes inadvertently led to unique settings in the post-socialist environment. The martyrs' cemetery of Sarandë (ALS–424), located between a hotel's swimming pool, traditional Albanian houses, and new informal constructions, functions as a powerful visual example here.

From these different heritage values also different strategies for the handling of monuments emerge; the conservation of monuments from further degradation is the dictum of some conservationists that give special importance to the age value. Others proclaim that the restoration of monuments helps to preserve their potential for serving as a historic document, and for this reason they give highest importance to the historic value. In the praxis of heritage conservation these two different philosophies are continually in conflict. Even if there are global agreements, such as the so called "Venice Charter for the Conservation and Restoration of Monuments and Sites,"[29] there is as of yet no globally accepted guideline prescribing the handling of monuments by ascribing different levels of significance to heritage values. Whereas Georg Dehio, together with Riegl Europe's second forefather of modern day's heritage conservation, proclaimed "do *conservate,* not *restorate*!" as his dictum,[30] e.g., in many Asian countries, the exact opposite is the case. Another, especially in recent years more observable praxis is taking restoration one step further: the reconstruction of formerly destroyed monuments. The Dresden Frauenkirche in Germany or the old town of the Polish capital Warsaw, both destroyed in WWII, are reconstructions, and both gave reason for heavy discussions among conservationists. Those seemingly problematic conflicting positions share but the potential for openly discussing the future handling of lapidars and socialist monuments as well as for developing sustainable

27 Alois Riegl, *Der moderne Denkmalkultus, sein Wesen und seine Entstehung* (Wien, Leipzig: W. Braumüller, 1903), p. 22.

28 Achim Hubel, *Denkmalpflege: Geschichte – Themen – Aufgaben. Eine Einführung* (Stuttgart: Reclam, 2006), pp. 78–81.

29 ICOMOS, International Charter for the Conservation and Restoration of Monuments and Sites (The Venice Charter 1964): http://www.icomos.org/charters/venice_e.pdf (Accessed July 19, 2014).

30 See Georg Dehio and Alois Riegl, *Konservieren, Nicht restaurieren: Streitschriften zur Denkmalpflege um 1900* (Braunschweig, Wiesbaden: Friedr. Vieweg & Sohn, 1988).

policies for Albania's historic socialist landscape.

Developing a cultural heritage policy for lapidars and socialist monuments

A basis for critical reflection on the socialist cultural landscape elements is a crucial factor for the still absent process of coming to terms with the socialist past.[31] Raising awareness about cultural landscapes in general and acknowledging their importance for education and generating identity as well as sensitizing the population about lapidars and socialist monuments as an element of the historic cultural landscapes would therefore contribute to the reflection on Albania's recent, inconvenient history. To do so institutional backing is crucial. Therefore the protection of lapidars and socialist monuments needs to be grounded on a legal basis. First and foremost the potential inscription of a monument should not be limited to a certain age. On first sight, a recent draft of amendments to the Law on Cultural Heritage (No. 9048), proposing to lower the minimum age for the inscription of heritage from 100 to 50 years, looks like a good start. Nevertheless, this would only encompass parts of the socialist period and arbitrarily cut through it. It would make much more sense to define a relative age for potential monuments. This could mean that for its inscription, a monument must be a testimony to a closed period of history, after which a distinct period of time must have passed, as a rule of thumb, the period of one generation or ±30 years.[32] Furthermore, the Law on Cultural Heritage should include the possibilities to protect historic cultural landscapes. This would not just have binding character for landscape planning, but contribute to better protect the senses of identity and home in a rapidly changing environment.

Besides their legal protection the educational aspects of lapidars and socialist monuments as elements of historic cultural landscapes should be valorized. These can easily be prepared, e.g., for school and university curricula in the form of field trips or for public information in form of plates and plaques. This also includes making important sites, such as the martyrs' cemetery in Tirana,

openly accessible, actively promoting them as an accessible site. There are many examples from other parts of the world on how to sensibly deal and present "inconvenient" memorials. Besides widely known sites of fascist terror, like the "Documentation Centre Nazi Party Rally Grounds" in Nuremberg, memorial sites of the socialist past can be visited in some former socialist countries, such as Budapest's "Memento Park" or Sofia's "Museum of Socialist Art."

As basis for further steps in preservation and promotion, an inventory of the historic cultural landscapes and their elements would be needed. Again, there is plenty of experience in other countries. A modern inventory has the advantage that it may not just be only accessible in a single location, but that it can easily be designed as a globally accessible system. An example is the so called KuLaDig, a GIS (Geographic Information System) on the cultural landscapes of the German state of North Rhine–Westphalia. By publishing its documentation as open access data, the Albanian Lapidar Survey builds a great basis for further engagement in this field.

Besides the legal framework and technical assistance that would help preserving the historic socialist cultural landscapes of Albania, one must not forget that without the support of public opinion and the participation of society at large, the protection of those heritage sites and landscapes will not be sustainable. Especially in post-socialist Albania, with its long-lasting weakness of rule of law and instruments of planning, the direct impact of Albanian society on the appearance of the cultural landscapes, mainly due to the high rate of informal building activity, is much higher than in other countries. Therefore, not in the least an empiric study on the perception of lapidars and socialist monuments as elements of the historic cultural landscape, considering the different categories of destruction, negligence, maintenance, and transformation, is needed.

Gains of an active protection of historic socialist landscapes

When historic cultural landscapes are protected, indicators for their preservation become necessary as their original function has ceased to exist. With the expression "'preserving' what became economically functionless, means in a capitalistic society 'subsidizing,'" Hauptmeyer articulated a major challenge for the preservation of historic cultural landscapes.[33] The educational aspect is what should make this challenge a surmountable one. To preserve historic socialist cultural landscapes, also

31   Oliver J. Schmitt, "Die Herrschaft des Horrors: Albanien tut sich schwer mit der Bewältigung seiner Vergangenheit," *Neue Zürcher Zeitung,* July 23, 2012; Idrit Idrizi, "Zwischen politischer Instrumentalisierung und Verdrängung: Die Auseinandersetzung mit dem Kommunismus in Öffentlichkeit, Geschichtspublizistik und Historiografie im postkommunistischen Albanien," in *Jahrbuch für Historische Kommunismusforschung 2014,* ed. Ulrich Mählert et al. (Berlin: Metropol-Verlag, 2014), pp. 93–106, at pp. 105–6.

32   Christoph Heuter, "Zu nahe dran? Bauten der 1960er Jahre als Herausforderung für die Denkmalpflege," in *denkmal!moderne: Architektur der 60er Jahre: Wiederentdeckung einer Epoche,* ed. Adrian v. Buttlar and Christoph Heuter, Jovis Diskurs (Berlin: Jovis, 2007), pp. 28–35, p. 28.

33   Carl-Hans Hauptmeyer, "Kulturlandschaften aus regionalhistorischer Sicht," in *Siedlungsforschung: Archäologie – Geschichte – Geographie,* pp. 301–13, at p. 309. My translation.

means to understand and acknowledge who has worked for them and that they may be an expression of poverty, suppression, or harm. If we do not valorize their educational aspect, cultural landscapes might just become a representative for mere beauty, rather than a place of remembrance.

Lapidars and socialist monuments are works of art, which especially in a rural environment are integrated in prominent settings or even explicitly form the crown of a landscape. Thus they become the rural equivalent to a *dominant urban structure* that essentially determines the total character of a landscape. If they were to be removed or neglected, feelings of loss and alienation will inevitably appear. Therefore, their preservation also implies supporting feelings of belonging and the Albanian identity. The importance of the protection of those feelings of belonging under the high dynamics of post-socialist development and the resulting rapid change of the cultural landscape is of special importance. New cultural landscapes are intentionally produced in order to generate new identity-building processes in post-socialist societies. The current "Disneyfication" of Skopje in the context of a massive project of a historicist reshaping of the inner city can be seen as a prominent example from neighboring Macedonia. Also Albania, in the framework of the 100th anniversary of national independence in 2012, witnessed the erection of numerous new monuments. At the same time, a massive, re-sanctification of space driven by external donors – i.e., the construction of hundreds of mosques and churches – is taking place. Due to their architectonic dominants (such as minarets and church towers), this process is highly influencing the current cultural landscapes. All this caused a rapid loss of what many define as home. That this is not merely a matter of the beauty of the landscape is shown by industrial heritage sites or the in the work of so-called "mall archeologists": a group of people, which investigates deserted American shopping malls. From the emotional debate about the degradation of those former temples of consumerism, we can observe that it is the potential to remind us of our childhood that creates those feelings of homeliness.[34] This stands in no case in opposition to the inconvenient history those cultural landscape elements might represent. Examples from Germany show how the preservation of fascist heritage functions as "confirmative" heritage that contributes to a vital definition of a broad anti-fascist (national) identity. Being such an important visible element of Albania's landscape lapidars and socialist monuments must be seen as both, as an important identity-generating structure for Albanians,

as well as an image-generating factor for visitors to the country.

The latter is what gives historic socialist cultural landscapes a high economic potential. The majority of foreign visitors come to Albania in part because (and not in spite of) its recent history. Curiosity for a political system about which only little information existed is part of the great attraction of today's Albania. Besides a rich, ancient history and an impressive, yet highly threatened coastline, many tourists want to see and learn about the recent socialist past of the country. The historic socialist landscapes have an important part in transmitting this knowledge. Besides losing a chance to come in terms with history, neglecting them thus implies ignoring this economic potential. This does not mean that each bunker, all terraces, and every single lapidar must be preserved and restored against high costs for society. But many appropriate places exist that could be inscribed and actively protected as heritage sites, especially those that have a significant and high density of historic cultural landscape elements. Keeping in mind that ICOMOS has founded a task group for the inscription of testimonies of the former socialist system on the UNESCO's list of World Heritage Sites, Albania has all opportunities to become a global trailblazer here.

Conclusion

Although built during communism and representing socialist historiography, lapidars are not solely perceived as representing communism. Therefore, there is also no broad consensus that lapidars or socialist monuments should be neglected or removed in general. Lapidars and socialist monuments that thematize single elements or the entire lines of communist historiography, from the Illyrians via Skënderbeg to the partisans, continue to express "this is still us." The more abstract commemorative expression of socialist ideals instead would express "this is not us anymore" and are therefore more likely to be neglected or destroyed. Not least, the well-kept and sometimes even restored lapidars against "Ottoman suppression" or "Serbian chauvinism" express "this will always have been them" or "this is still them," which especially in the latter case and after the Kosovo war gained a strong momentum. This ultimately shows that the communist historiography is not just still present in post-socialist Albania, but is also generally accepted without much public critical reflection

Because of this, the handling of the built heritage from the communist period is currently a highly neglected topic in Albania. Hence the mere existence of this publication and its associated digital information system highly enriches the cultural memory about lapidars

---

34 Dix, "Grundsätze zur Definition und Bewertung historischer Kulturlandschaften," p. 24.

and socialist monuments. At the same time, it creates a basis for reviving the communicative memory from its current oblivion. Even if communicative memory is limited in its endurance (3–4 generations, see above), every critically reflected discussion on this topic is an important element for the upkeep of Albania's oral history.

As the recent intensification in international research and public discussion on cultural landscapes and socialist monumentalism shows, it is not too late for Albania to engage in this field. It may even be concluded that now actually is the best time to start working on it. This means gathering empiric data and knowledge, creating a broad scientific, political, and public discussion, creating the right institutional framework and start protecting and promoting the touristic potential of lapidars and socialist monuments as part of Albania's historic cultural landscapes. And as the loss of valuable witnesses of the recent past is an ongoing process, the necessity to do so is strong and urgent.

Lapidarët dhe monumentet socialiste si elemente të peizazheve kulturore historike të Shqipërisë

Matthias Bickert

"Me kalimin e viteve, për shkak të korrozionit dhe të patinaturave të kohëve, jashtë dhe brenda trurit tonë, e shkuara na shfaqet në kujtesë gjithnjë e më e sfumuar e më e copëzuar."

Fatos Lubonja, "Ironia e tranzicionit"[1]

Hyrje: Kujtesa kolektive e peizazheve kulturore

Një ditë, teksa blija ullinj tek Pazari i Ri, më kapën sytë një formë abstrakte pas tezgave (ALS–2). "Çfarë është?", më pyeti një mik që kishte ardhur nga Gjermania. Pasi u përpoqa t'i shpjegoj se çfarë është një lapidar, ai donte t'i bënte një fotografi. Habia e shitësve, që nuk arrinin ta kuptonin se pse një të huaji mund t'i interesonte një strukturë betoni ku ata mbështesnin tezgat e frutave dhe kutitë e kartonit, ishte mjaft e lexueshme. Më vonë, gjatë rrugës për në Krujë, u ndeshëm me prototipe të tjera të këtyre skulpturave të çuditshme dhe obeliskëve të përmasave, formave dhe ngjyrave të ndryshme, që dominonin peizazhin shqiptar që na kalonte para syve nga dritarja e autobusit. Disa prej tyre ishin në gjendje të mjerueshme (p.sh. ALS–596), një tjetër e kishin transformuar në një stelë të mbuluar me fytyra që buzëqeshnin si fantazma. "Pse janë në gjendje kaq të ndryshme nga njëri tjetri nëse të gjithë i përkasin periudhës komuniste?" që pyetja legjitime e mikut tim.

Në përpjekje për t'i dhënë një përgjigje kësaj pyetjeje, në këtë artikull do t'i trajtoj lapidarët dhe monumentet socialiste si elemente të peizazheve kulturore të Shqipërisë, duke theksuar rolin e tyre në perceptimin e peizazheve kulturore historike në Shqipërinë bashkëkohore, domosdoshmërinë për të nisur një debat mbi trashëgiminë materiale scoialiste të vendit, dhe rëndësinë e një debati të tillë për konservimin dhe vlerësimin e lapidarëve dhe monumenteve socialiste si elemente të peizazheve kulturore historike.

Shumica e lapidarëve dhe monumenteve të ndërtuara gjatë periudhës komuniste ekzistojnë edhe sot e kësaj dite. Ato janë shumë më tepër se sa thjesht ndërtime guri, betoni dhe metali. Në vazhdën e ideve të Maurice Halbwach-it mbi atë që ai e quajti *kujtesa e përbashkët*,

mund të themi se lapidarët janë një element i dijes së përbashkët, kujtesës së përbashkët, dhe mbi të gjitha i një identiteti shqiptar të përbashkët.[2] Jan Assmann e ndan kujtesën e përbashkët në kujtesë *komunikuese* dhe kujtesë *kulturore*. Termi "kujtesë komunikuese" i referohet kujtesës individuale që përcillet gojarisht.[3] Për rrjedhojë, ajo zgjat jo më tepër se 3–4 breza ose, e thënë ndryshe, 80–100 vjet.[4] Termi "kujtesë kulturore" i referohet një kulture që është e prekshme dhe që ofron njohuri mbi të kaluërn dhe të tashmen e një shoqërie. Mund të përfshijmë këtu objekte si për shembull pulla poste, afishe, fotografi, kostume, monumente, ndërtesa, madje edhe qytete, si dhe peizazhe. Kështu pra, lapidarët dhe monumentet e tjera socialiste, së bashku me peizazhet kulturore që formësojnë, janë pjesë e kujtesës kulturore të Shqipërisë. Ndonëse kujtesa kulturore bazohet në objekte konkrete, kjo nuk do të thotë se ato perceptohen në një mënyrë po aq objektive. Ashtu si kujtesa komunikuese, kujtesa kulturore ka një dimension subjektiv pasi ajo shpreh identitetin e një grupi të caktuar, duke përcjellë mesazhin "këta jemi ne" dhe anasjelltas ("ata janë të tjerët").[5] Kjo nënkupton se një vendas e sheh të njëjtin peizazh kulturor ndryshe nga një i huaj, një individ nga zonat urbane ndryshe nga një individ nga zonat rurale, një socialist ndryshe nga një demokrat, e kështu me rradhë. Nga ana tjetër ama, prodhimi i një kulture të bazuar në objekte shfrytëzohet në mënyrë selektive për të (ri)prodhuar identitete: ngjarje dhe personazhe të caktuara në historinë e një vendi shndërrohen në pika "fikse" referimi që ngjajnë me ishuj kohorë, të cilët inkurajojnë reflektime të ndryshme re-

1   Fatos Lubonja, "Ironia e tranzicionit," hyrje për C. Kleineidam & H.P. Jost, *Shqipëria në tranzicion 1991–* (Cyrih: Benteli, 2011), f. 12.

2   Maurice Halbwachs, *La mémoire collective* (Paris: Presses Universitaires de France, 1950): http://www.psychaanalyse.com/pdf/memoire_collective.pdf (Hyrë 21 korrik 2014).

3   Jan Assmann, "Kollektives Gedächtnis und kulturelle Identität," në *Kultur und Gedächtnis*, red. Jan Assmann (Frankfurt am Main: Suhrkamp, 1988), f. 9–19; Jan Assmann, "Communicative and Cultural Memory," në *Cultural Memory Studies: An International and Interdisciplinary handbook*, red. Astrid Erll dhe Ansgar Nünning (Berlin & Nju-Jork: De Gruyter, 2008), f. 109–18.

4   Jan Assmann, "Kollektives Gedächtnis und kulturelle Identität," f. 11.

5   Po aty, f. 13.

trospektive.[6] Një tjetër atribut i kujtesës kulturore është riprodhimi i vetë kujtesës. Pra perceptimi i kujtesës kulturore evoluon në kohë.[7] Për rrjedhojë, as perceptimi i trashëgimive objektive të së kaluarës, dhe as diskutimet rreth tyre nuk garantojnë të "vërtetën" absolute.

Rreth peizazheve kulturore

Për të kuptuar lapidarët dhe rolin e tyre në peizazhin kulturor post-socialist shqiptar është e domosdoshme të kuptojmë se në çfarë konsiston një peizazh kulturor. Në fakt, termi *peizazh kulturor* është mjaft amorf për shkak të mospajtimit të përdorimeve shkecore dhe atyre të përditshme të termave "kulturë" dhe "peizazh". Në këtë artikull, me fjalën "kulturë" do të kuptojmë çdo krijim të njerëzimit, pavarësisht veçorive të krijuesit. Sa i përket termit "peizazh", ndonëse ekzistojnë shumë përkufizime shkencore, që zakonisht e përshkruajnë një peizazh si një copë të sipërfaqes së tokës që ka një "karakter tërësor" të posaçëm, duhet theksuar se këto përkufizime nuk e shohin asnjëherë peizazhin si diçka që është e paracaktuar dhe rrethuar nga natyra, por gjithmonë si manifestimi i një vlerësimi njerëzor.[8] Pra, mund të themi se peizazhet kulturore janë copëza të sipërfaqes së tokës që përbëjnë burime por edhe prova të prodhimit kulturor në të kalurën dhe në të tashmen. Kjo nënkupton që inventarizimi i tyre, sipas lidhjeve funksionale mes elementeve të ndryshme, shtresëzimeve historike, dhe rrezikshmërisë, është një ndër aspektet më të rëndësishme të njohjes së peizazheve kulturore. Këto tipare mund të vrojtohen vetëm pjesërisht nëpërmjet ekzaminimeve fizionomike, pasi shpeshherë elementet më të reja dhe ato më të vjetra shtresëzohen si një palimpsest. Vetëm nëpërmjet konsultimit të hartave, shkrimeve dhe statistikave mund të arrijmë të dallojmë elementet e ndryshme, siç është proceduar në rastin e Hulumtimit mbi Lapidarët e Shqipërisë.[9]

Në parim, peizazhet kulturore dallojnë nga peizazhet natyrore, që nuk janë pre e ndikimeve kulturore. Megjithatë, tashmë e gjithë hapësira e rruzullit tokësor është prekur apo po preket nga ndikimi njerëzor, kështu që edhe peizazhet natyrore mund të kondsiderohen pei-

zazhe kulturore,[10] përfshirë këtu edhe peizazhet post-socialiste që kanë elemente të përmirësuara, taracat, apo ndikime të tjera të përpunimit të tokës.

Koncepti i peizazhit kulturor po zhvillohet e shtjellohet gjithnjë e më tepër. Sa i përket këtij artikulli, mund të përmendim botimet e ndryshme që kanë dalë mbi trashëgiminë arkitektonike socialiste. *Cultural Landscapes of Post-Socialist Cities (Peizazhet kulturore të qyteteve post-socialiste)* e Czepczyński-t (2008) ofron një diskutim shkencor të kësaj teme, ndërsa *Modernism In-Between (Modernizmi në kapërcyell)* nga Kulic et al. (2012) është një shembull i librave të shumtë të ilustruar të kohëve të fundit kushtuar trashëgimisë kulturore socialiste.[11] Fakti se më në fund ka ardhur koha për një diskutim të thellë të rolit që lapidarët dhe monumentet socialiste të Shqipërisë do të kenë mbi peizazhet kulturore të vendit në të ardhmen dëshmohet edhe nga nisma e UNESCO-s, "International Scientific Committee on Twentieth Century Heritage" ("Komiteti Shkencor Ndërkombëtar mbi Trashëgiminë e Shekullit XX"), ku ICOMOS (organi këshillimor më i rëndësishëm i UNESCO-s sa i përket trashëgimisë kulturore) debaton mundësinë për të shpallur disa përfaqësues të "trashëgimisë socialiste" si *World Heritage Sites* (Vende të Trashëgimisë Botërore).[12]

Sipas teorisë së kujtesës së përbashkët, peizazhet kulturore janë produkte të ligjëratave të aktorëve të ndryshëm, që presupozon krijimin e politikave qeverisëse të posaçme.[13] Kjo perspektivë konstruktiviste mbështetet edhe nga e ashtuquajtura "European Landscape Convention" ("Konventa Evro-

6 Po aty, f. 12.
7 Po aty, f. 13–4.
8 Uta Steinhardt, Heiner Barsch dhe Oswald Blumenstein, "Landschaft als Gegenstand wissenschaftlicher Erkenntnis," në *Lehrbuch der Landschaftsökologie*, red. Uta Steinhardt, Heiner Barsch and Oswald Blumenstein (Heidelberg: Spektrum Akademischer Verlag, 2012), f. 23–69, at f. 32.
9 Andreas Dix, "Vorindustrielle Kulturlandschaften. Leitlinien ihrer historischen Entwicklung," në *Die Veränderung der Kulturlandschaft: Nutzungen, Sichtweisen, Planungen*, red. Günter Bayerl and Torsten Meyer (Mynster, Nju-Jork, Mynih, Berlin: Waxmann, 2003), f. 11–31, at f. 13.

10 Po aty, f. 11.
11 Roman Bezjak, *Socialist Modernism* (Ostfildern: Hatje Cantz, 2011); Frédéric Chaubin, CCCP: *Cosmic Communist Constructions Photographed* (Këln: Taschen, 2011); Mariusz Czepczyński, *Cultural Landscapes of Post-Socialist Cities: Representation of Powers and Needs, Re-materialising Cultural Geography* (Aldershot, England & Burlington, VT: Ashgate, 2008); Jan Kempenaers dhe Willem Jan Neutelings, *Spomenik* (Amsterdam: Roma Publications, 2010); Vladimir Kulić, Maroje Mrduljaš dhe Wolfgang Thaler, *Modernism In-Between: The Mediatory Architectures of Socialist Yugoslavia* (Berlin: Jovis, 2010); Katharina Ritter, *Soviet Modernism 1955–1991: An Unknown History* (Cyrih: Park Books, 2012).
12 ICOMOS, "Invitation to Participate in ISC20C Project for Conserving Socialist Heritage" (International Council on Monuments and Sites, 2013: http://www.docomomo.de/attachments/387_B_ICOMOS_20C_LETTER%20Project%20for%20Conserving%20the%20Socialist%20Heritage%20of%20the%20Post-War%20World.pdf.
13 Gailing & Röhring and Fürst et al. u cita nga Winfried Schenk, "Merkmale urbaner Kulturlandschaft im Kontext aktueller Planungsdiskurse um 'Kulturlandschaft'," në *Stadt – Kultur – Landschaft*, red. Deutsche Bundesstiftung Umwelt (DBU) dhe Deutsche Gesellschaft für Gartenkunst und Landschaftskultur (DGGL) (Berlin: Deutsche Gesellschaft für Gartenkunst und Landschaftskultur [DGGL], 2009), f. 11–4, në f. 12.

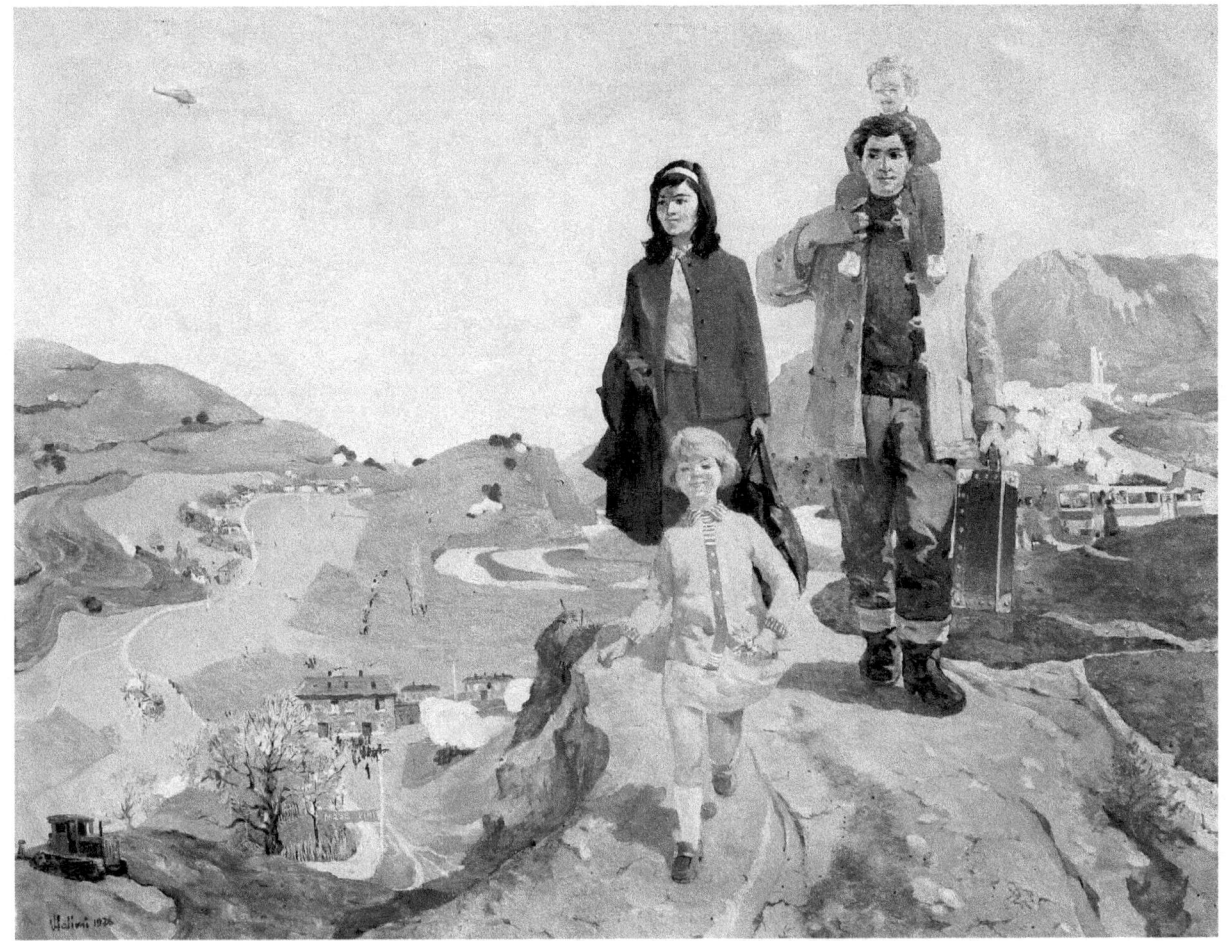

Fig. 1 Peizazh socialist shqiptar stereotipik: Vilson Halimi, "Kudo jemi ne ballë," 1976, vaj në pëlhurë, 145 × 200 cm. Galeria Kombëtare e Arteve, Tiranë. Në skajin e djathtë dallohet një lapidar.

piane e Peizazhit"),[14] një traktat ndërkombëtar që synon mbrojtjen, planifikimin dhe menaxhimin e problematikave specifike të peizazhit evropian. Në këtë traktat, peizazhi përkufizohet si një "zonë që *perceptohet si e tillë nga njerëzit*, karakteri i së cilës është rezultat i veprimeve dhe ndërveprimeve mes faktorëve natyrorë dhe/ose njerëzorë."[15] Rrjedhimisht, peizazhet duhen perceptuar si djepi i identitetit kulturor, trashëgimisë së përbashkët, dhe larmisë evropiane.[16]

Në vijim të sugjerimit të Freytag-ut se "historia objektivizohet në peizazhet ku u shpalos, dhe tashmë është qartësisht *in-situ*, njëmijë-vjeçarja aty ku ndodhen e djeshmja dhe e tashmja",[17] mund t'i kthehemi *peizazheve kulturore historike*. Peizazhi kulturor historik është një

pjesëz e një peizazhi kulturor ekzistues që dominohet nga elemente historike. Këto elemente cilësohen si dëshmitarët e veprave të brezave të mëparshëm, vepra që përndryshe nuk do të shfaqeshin ashtu si në rrethana të mëhershme socio-ekonomike, ose thjesht nuk do të shfaqeshin.[18] Për pasojë, në një botë post-socialiste të gjitha elementet që formësuan peizazhin kulturor të periudhës socialiste janë automatikisht elemente të peizazheve kulturore historike. Për më tepër, një peizazh kulturor historik që dominohet nga një densitet i lartë elementesh të peizazhit kulturor socialist mund të quhet një *peizazh socialist (kulturor) historik*.

Vitet e fundit, bunkerët janë shndërruar në një element stereotipik të peizazhit socialist historik të

14 Po aty.

15 "European Landscape Convention: ETS No. 176," Council of Europe: http://conventions.coe.int/Treaty/en/Treaties/Html/176. htm (Hyrë 19 korrik 2014). Theksimi im.

16 Schenk, "Merkmale urbaner Kulturlandschaft," f. 12.

17 Carl-Hans Hauptmeyer, "Kulturlandschaften aus regionalhistorischer Sicht," në *Siedlungsforschung: Archäologie – Geschichte –*

Geographie, red. Klaus Fehn (Bonn: Siedlungsforschung, 1996), f. 301–13, në f. 310.

18 Andreas Dix, "Grundsätze zur Definition und Bewertung historischer Kulturlandschaften," në *Historische Kulturlandschaft und Denkmalpflege: Definiton, Abgrenzung, Bewertung, Elemente, Umgang*, red. Birgit Franz dhe Achim Hubel (Holzminden: Mitzkat, 2010), f. 22–9, në f. 25.

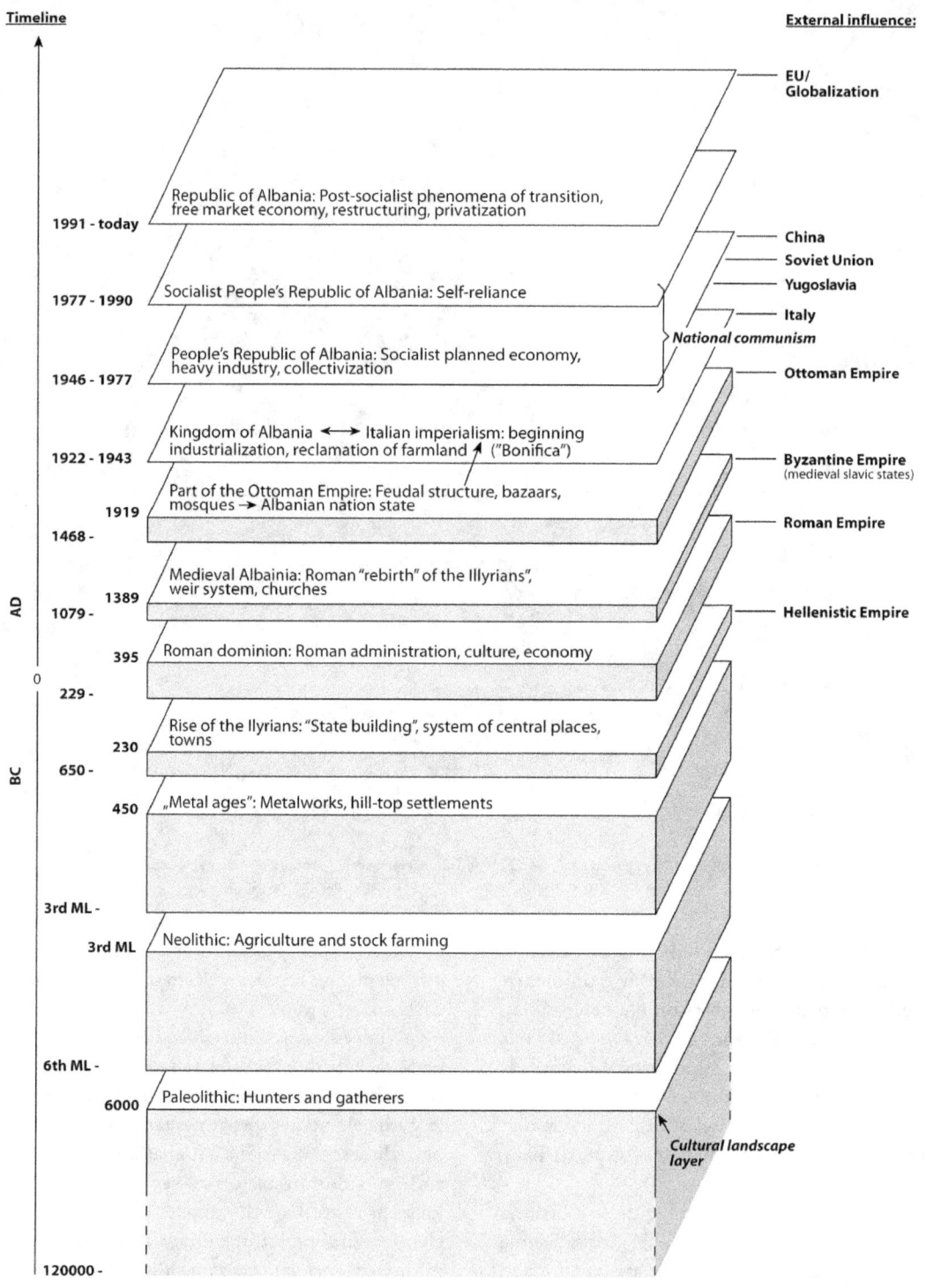

Timeline

External influence:

EU/ Globalization

Republic of Albania: Post-socialist phenomena of transition, free market economy, restructuring, privatization

1991 - today

China
Soviet Union
Yugoslavia

Socialist People's Republic of Albania: Self-reliance

1977 - 1990

Italy

National communism

People's Republic of Albania: Socialist planned economy, heavy industry, collectivization

1946 - 1977

Ottoman Empire

Kingdom of Albania ⟷ Italian imperialism: beginning industrialization, reclamation of farmland ↗ ("Bonifica")

1922 - 1943

Byzantine Empire
(medieval slavic states)

Part of the Ottoman Empire: Feudal structure, bazaars, mosques → Albanian nation state

1919

1468 -

Roman Empire

Medieval Albainia: Roman "rebirth" of the Illyrians", weir system, churches

1389

1079 -

Hellenistic Empire

Roman dominion: Roman administration, culture, economy

395

229 -

Rise of the Ilyrians: "State building", system of central places, towns

230

650 -

"Metal ages": Metalworks, hill-top settlements

450

3rd ML -

Neolithic: Agriculture and stock farming

3rd ML

6th ML -

Paleolithic: Hunters and gatherers

6000

Cultural landscape layer

120000 -

AD

BC

0

Fig. 2 Shtresat e peizazheve kulturore të Shqipërisë
(të modifikuara dhe të përkthyera sipas Schenk, "Anmerkungen zum Verhältnis von Politik und Kulturlandschaftsentwicklung in Albanien," f. 71)

118

Shqipërisë, siç evidentohet edhe nga numri i konsi-derueshëm i botimeve të cilësive të ndryshme mbi këto "kërpudha prej betoni".[19] Ndonëse numri i tyre i konsiderueshëm dhe pamja e tyre unike e justifikojnë deri diku interesin që kanë ngjallur, peizazhi socialist historik në Shqipëri është mjaft i pasur dhe përfshin edhe rrënojat e politikave ekonomike socialiste, si për shembull komplekset industriale (kombinatet), koope-rativat bujqësore, planifikimin urbanistik socialist dhe arkitekturën socialiste, si dhe elemente propagandistike si sllogganet nëpër oxhaqet e fabrikave, mure dhe faqe malesh. Po aq të spikatura dhe të kudondodhura janë taracat dhe monumentet socialiste, si për shembull la-pidarët. Ndërsa taracat janë shembulli tipik i një *elemen-ti të përdorimit të përditshëm*, lapidarët u konceptuan si *monumente statike*. Kështu pra, për Shqipërinë socialiste lapidarët luanin rolin e një instrumenti që përcaktonte territorin e saj dhe që dallonte ideologjinë e saj nga ajo e vendeve fqinje. Shtrirjen e këtij fenomeni e shohim në kufirin midis Shqipërisë dhe Greqisë në Kakavijë [ALS–407], dhe atë midis Shqipërisë dhe Kosovës (ish-Jugo-sllavisë) në Qafë Prushë [ALS–549, 550]. Megjithatë, të dyja këto elemente luajtën një rol të rëndësishëm në krijimin e identitetit shqiptar. Pikërisht për këtë arsye këto elemente u ripridhuan edhe në *peizazhet simbolike* të propagandës shqiptare, si për shembull në pikturën e mirënjohur "Kudo jemi në ballë" (*fig.* 1).

Si t'i trajtojmë lapidarët dhe monumentet socialiste në Shqipëri: Perceptimi i shtresave të ndryshme të historisë dhe ambivalenca ndaj tyre

Si kudo tjetër, peizazhet kulturore e rurale të Shqipërisë janë formuar nga ndikimi i ndërveprimeve njerëzore gjatë kohës. Kësisoj, peizazhet kulturore mund të kon-siderohen si një "lastër fotografike" që regjistron ndi-kimin njerëzor.[20] Megjithatë, në historinë e njerëzimit zhvillimi rrallëherë merr formën e një ndryshimi të vazhdueshëm, të qëndrueshëm e linear. Përkundrazi, ai shpesh shtresëzohet falë ndryshimeve të papritura të kushteve socio-ekonomike e politike (si p.sh. luftërave, pushtimeve dhe revolucioneve). Siç shkruan Nitz, këto "çarje" reflektohen në peizazhet kulturore.[21] Në territo-rin e sotëm të Shqipërisë mund të identifikojmë disa shtresa të peizazhit të saj kulturor dhe çarjet mes tyre (*fig.* 2).

Sot në Shqipëri perceptimi i këtyre shtresave të ndryshme të historisë ndikohet fuqishëm nga kujtesa kulturore *dhe* komunikuese e komunizmit dhe reagi-met post-socialiste. Për këtë arsye, trajtimi i elementeve më të reja të peizazheve kulturore historike ndryshon shumë nga trajtimi i elementeve të shtresave më të vje-tra, si ato të periudhave ilire, romake e otomane, kujtesa komunikuese e të cilave është zhdukur. Duke filluar me historinë antike, të gjitha strukturat ilire në peizazhet e Shqipërisë jo vetëm që pranohen (ndonëse bazohen në themele shkencore të paqëndrueshme), por shërbejnë edhe si një tjetër pikë referimi për vetë-konceptimin e vendit.[22] Fakti që propaganda dhe historiografia komu-niste luajtën një rol të rëndësishëm në krijimin e një vije të drejtë e të pandërprerë nga ilirët deri tek komunistët për të legjitimuar pushtetin e tyre, rrallëherë merret në konsideratë në shoqërinë shqiptare.

E njëjta gjë ndodh edhe me Skënderbeun, luftëtarin heroik kundër "pushtuesit otoman" që luan një rol po aq të rëndësishëm në këtë historiografi – ajo çfarë ka mbe-tur nga vepra e tij është e shtrenjtë për shumë shqiptarë. Ndonëse otomanët ende konsiderohen si pushtues që frenuan e penguan zhvillimin e trojeve shqiptare – edhe ky një qëndrim i mbështetur nga historiografia komuni-ste[23] – strukturat e kësaj periudhe çuditërisht pranohen gjerësisht si një pjesë e rëndësishme e trashëgimisë së vendit. Në parantezë, ia vlen të përmendim këtu edhe neglizhimin ideologjik të pushtimit Italian, por pra-nimin e asaj që ata lanë pas si trashëgimi e ndërtuar. Për shumë shqiptarë, në këtë moment të historisë së Shqipërisë përfundon edhe ajo që mund të cilësohet si e "vjetër" dhe e "bukur" e që ia vlen të mbrohet. Për pasojë, një botim i kohëve të fundit i Gazmend Bakiut mbi "Tiranën e Vjetër" përfundon në vitin 1940.[24] Këtu faktori *kohë* tregon se si kujtesa komunikuese sa vjen e venitet, ndërkohë që kujtesa kulturore vjen në plan të parë. Për pasojë, pranimi apo shpërfillja e elementeve të peizazhit kulturor, nuk ka të bëjë edhe aq me një ide-ologji të refuzuar se sa me një dimension hapësinor të pranueshëm.

Njëzet e pesë vjet pas përfundimit të regjimit ko-

19 P.sh. Alicja Dobrucka, "Mapping Bunkers": http://www.domus-web.it/en/photo-essays/2012/04/03/mapping-bunkers.html (Hyrë 19 korrik 2014); David Galjaard, Slavenka Drakulić dhe Jaap Scholten, *Concresco* (2012); Gyler Mydyti & Elian Stefa, *Con-crete Mushrooms: Reusing Albania's 750.000 Abandoned Bunkers* (Barcelonë: DPR-Barcelona, 2012).

20 Wolfgang Hartke, "Gedanken über die Bestimmung von Räumen gleichen sozialgeographischen Verhaltens," *Erdkunde* 13.4 (1959).

21 Hans-Jürgen Nitz, "Brüche in der Kulturlandschaftsentwicklung," in *Siedlungsforschung: Archäologie – Geschichte – Geographie*, f. 9–30.

22 Shih p.sh. Oliver Jens Schmitt, *Die Albaner: Eine Geschichte zwischen Orient und Okzident* (Mynih: Beck, 2012).

23 Shih p.sh. Winfried Schenk, "Anmerkungen zum Verhältnis von Politik und Kulturlandschaftsentwicklung in Albanien," në *Jüngere Fortschritte der regionalgeographischen Kenntnis über Alban-ien: Beiträge des Herbert-Louis-Gedächtnissymposions*, red. Hans Becker, Karsten Garleff dhe Wilfried Krings (Bamberg: Fach Geographie an d. Univ., 1991), f. 69–81, në f. 78–9.

24 Gazmend Bakiu, *Tirana e vjetër: Një histori e ilustruar* (Tiranë: MediaPrint, 2013).

munist, duket se qasja ndaj trashëgimisë së ndërtuar të kësaj periudhe është një çështje shumë më e ndërlikuar. Ndërhyrjet groteske hapësinore të kësaj periudhe janë ende elementi dominues në imazhin që të huajt krijojnë për Shqipërinë. Ndonëse për shumicën e shqiptarëve ato janë kujtesa e një diktature shtypëse, shumë prej tyre përfaqësojnë gjithashtu kontributin e vetë popullit në formimin e vendit falë orëve të pafundta harxhuar për "punë vullnetare". Për të tjerë, lapidarët dhe monumentet socialiste janë thjeshtë pika orientimi, shpeshherë edhe në mungesë, d.m.th. pasi janë shkatërruar. Për të rinjtë shqiptarë që u rritën pas përfundimit të komunizmit, peizazhet socialiste kulturore historike janë më së shumti kronika që luajnë rolin e kujtesës së një historie të vonët, ndonëse ajo nuk diskutohet hapur. Nëse i referohemi materialit të mbledhur gjatë Hulumtimit mbi Lapidarët e Shqipërisë, mund t'i kategorizojmë lapidarët si më poshtë:

a. Të shkatërruar, pjesërisht apo plotësisht, ose të vandalizuar;
b. Të harruar ose të lënë pas dore;
c. Të ruajtur e të mirëmbajtur;
d. Të transformuar ose të restauruar.

Ndonëse është e pamundur që çdo lapidar të futet në një prej këtyre kategorive nëse marrim parasysh format hibride të disave prej tyre, ky kategorizim i përgjithshëm na lejon të arrijmë në disa përfundime fillestare sa i përket kushteve të ndryshme në të cilat ndodhen këto struktura. Një analizë e mirëfilltë e kujtesës komunikuese, që do të thotë, e gamës së opinioneve të publikut sa i përket perceptimit të elementeve të peizazhit kulturor socialist, luante një rol kyç në punën kërkimore mbi peizazhet kulturore post-socialiste. Duke qenë se studimet cilësore mbi këtë temë nuk ekzistojnë, ka gjasa që kërkimi ynë nuk do të shkonte përtej fazës së hipotezës. E megjithatë, mund të propozojmë që tani disa konjuktura bazuar në materialin e mbledhur dhe në kategoritë e sipërpërmendura. Gjendja e një lapidari ose monumenti socialist varet, hipotetikisht, sipas rëndësisë nga:

1. Mesazhi;
2. Vendndodhja;
3. Forma (paraqitja artistike dhe përmasat).

1) Mesazhi që përcjell një lapidar apo monument socialist është ndoshta faktori më i rëndësishëm sa i përket mënyrës se si ai trajtohet në një shoqëri post-socialiste. Lapidarët dhe monumentet socialiste që përcjellin një mesazh i cili konsiderohet me vlerë për kuptimin aktual të historisë në periudhën post-socialiste mund të jenë më të mirëmbajtur. Ndonëse lufta e partizanëve kundër pushtimit fashist është plot e përplot me propagandë komuniste, për shumë shqiptarë ajo mbetet pjesë e identitetit kombëtar

dhe një fakt historik që nuk është pasqyruar në mënyrë aq kritike sa do duhej. Për këtë arsye, lapidarët dhe monumentet socialiste që përkujtojnë partizanët në përgjithësi, veçanërisht në kontekstin e ngjarjeve të rëndësishme, si për shembull monumenti i Drashovicës [ALS–438], ose emrat e individë të caktuar, mirëmbahen. Varrezat e dëshmorëve hyjnë në këtë kategori, duke qenë se shteti, shoqëria, si dhe familjarët e partizanëve ndjejnë përgjegjësi për të ruajtur kujtimin e të rënëve. Assman thotë se nëpërmjet ruajtjes së kujtesës kulturore, një grup i caktuar stabilizon dhe transmeton identitetin e tij.[25] E anasjellta qëndron po aq: neglizhimi dhe shkatërrimi i objekteve të kujtesës kulturore është simptomë e një identiteti të ri, të ndryshëm nga i mëparshmi. Kështu, lapidarët më abstraktë, ku mungon lidhja me një apo më shumë partizanë, apo lapidarët që përkujtojnë arritjet e komunizmit si një ideologji në vetvete ka gjasa të mos mirëmbahen, madje të vandalizohen e shkatërrohen, pjesërisht ose plotësisht (p.sh. lapidari në Gorrë, ALS–324). Këto janë procese të ngjashme me ato të *damnatio memoriae* (mallkimit të kujtesës) që i ndodhi shumë busteve e statujave që përkujtonin udhëheqësit komunistë në vende të tjera ish-socialiste.

2) Vendndodhja e një lapidari dhe monumenti socialist është gjithashtu e një rëndësie të veçantë sa i përket gjendjes së tij por për arsye të tjera, më konkretisht, distancën nga zonat e populluara, dhe nëse bëhet pengesë për ndërtimet formale apo informale që u kryen gjatë periudhës së tranzicionit. Nga njëra anë, ndërtimi i një pallati shumëkatësh, parkingu, rruge, etj. (p.sh. ALS–162) mund të bëhet shkas për shkatërrimin e një lapidari. Nga ana tjetër, në shumë raste lapidarët janë kursyer me ndërgjegje, ose të paktën janë vendosur diku tjetër në vend që të shkatërroheshin (p.sh. ALS–200). Kur vëllai i zv. kryebashkiakut të Krujës shkatërroi një lapidar pasi "i pengonte fushëpamjen,"[26] ppati reagime edhe nga media madje. Akti në vetvete mund të lidhet edhe me vendin ku ndodhi. Hipoteza këtu është se në veriun e Shqipërisë, tradicionalisht bastion i PD-së, veçanërisht gjatë viteve të tranzicionit kishte më shumë gjasa që lapidarët të shkatërroheshin dhe që ikonat e tyre komuniste të hiqeshin ose të vandalizoheshin me shkrime politike se sa në jugun e vendit, tradicionalisht bastion i PS-së (p.sh.

---

25 Assmann, "Kollektives Gedächtnis und kulturelle Identität," 15.
26 "I pengonte fushëpamjen, vëllai i kryetarit të Bashkisë shkul lapidarin, reagojnë veteranët," *NOA.al*: http://www.noa.al/artikull/i-pengonte-fushepamjen-vellai-i-kryetarit-te-bashkise-shkul-lapidarin-reagojne-veteranet/406034.html (Hyrë 21 korrik 2014).

lapidarët në Kalis, ALS–645, dhe Bajram Curr, ALS–540). E megjithatë, duke qenë se lapidarët në veri në shumicën e rasteve përkujtojnë luftën kundër otomanëve ose "shovinizmin serb" (p.sh. lapidari në Topojan, ALS–566), hipoteza 1 mund të jetë arsyeja pse niveli i përgjithshëm i shkatërrimit të lapidarëve është i ngjashëm si në veri ashtu edhe në jug.

3) Së fundi, jo të gjithë lapidarët dhe monumentet mund të hiqen, edhe kur bllokojnë një ndërtim (shpesh herë informal), për shkak të përmasave të tyre. Ashtu siç ndodhi me bunkerët, shumica u integruan në ndërtimet e reja, si në mure apo edhe shtëpi (ALS–563), ose u transformuan për të përcjellë një mesazh të ri. Lapidari në aksin rrugor Fushë-Krujë – Krujë (ALS–594) si dhe ai afër Çaushit (ALS–423) janë shembujt më të spikatur të këtyre të fundit. Mund të ndodhë edhe që lapidarët dhe monumentet socialiste të jenë mirëmbajtur ose të paktën të mos jenë zhvendosur për shkak të paraqitjes artistike origjinale. Monumentet e mëdha në veçanti, që kanë një paraqitje më komplekse e më të spikatur ka shumë të ngjarë që ende ekzistojnë.

Vlera të tjera të trashëgimisë për një zhvillim strategjik

Siç përmendëm më sipër, faktori kohë luan një rol të rëndësishëm në mënyrën se si trajtohen strukturat e ndërtuara. Alois Riegl, një pionier i vërtetë i ruajtjes së trashëgimisë moderne, e ka shprehur këtë nëpërmjet konceptit të tij të *vlerës kohore,* që përcakton se si një monument ngjall ndjesi dhe kujtime vetëm falë vjetërsisë së tij. Nuk duhet të harrojmë megjithatë se ka disa *vlera trashëgimie* po aq të rrënjosura, të cilat edhe ato përcaktojnë rëndësinë e një monumenti.[27] Vlerat e trashëgimive ekzistuese apo të ardhme konsistojnë në aspektet estetike, artistike, shkencore dhe sociale të tyre. Një vlerë më e ngushtë, por më e njohur në komunitetin shkencor, është *vlera historike.* Sipas kësaj të fundit, një trashëgimi është një dokument historik ose dëshmi e një të kaluare që përfaqëson një periudhë tashmë të mbyllur të veprës njerëzore.[28] Vlen të përmendim këtu ndër shumë të tjera edhe *vlerën relative artistike.* Kjo vlerë presupozon se një monument mund të gjykohet jo sipas një shijeje estetike tërësisht individuale dhe për pasojë subjektive, por sipas një opinioni "relativ" që është më objektiv. Nëse e shohim zhvillimin e artit, arkitekturës dhe modës ndër vite, është e qartë se ato i nënshtrohen një procesi të vazhdueshëm ndryshimi. Rrjedhimisht,

një trashëgimi duhet të vlerësohet jo në bazë të standardeve estetike bashkëkohore por në bazë të aftësive artistike që u investuan në krijimin e saj.

Vijat e drejta dhe abstrakte, shpesh herë të ftohta ose brutale në pamje të parë, të artit dhe kulturës së realizmit socialist, dallojnë fort nga format e epokave të mëparshme. E megjithatë, mjeshtëria artistike që nevojitej për projektimin e një lapidari apo monumenti socialist është e vyer nëse marrim parasysh udhëzimet mjaft strikte të regjimit komunist. Riskun që shoqëronte kapërcimin e atyre kufijve e shohim në rastin e arkitektit dhe artistit Maks Velo dhe të piktorit Edison Gjergo, të cilët u burgosën për vepra të cilat u konsideruan tepër moderniste. Për më tepër, nëse shohim strukturat artistike komplekse të monumenteve në Mushqeta [ALS–304] ose Pishkash [ALS–38], nuk është vetëm *vlera e tyre relative artistike* që bie në sy. Edhe në rastin e strukturave më të vogla, si lapidarët në Frashër [ALS–243] dhe Pilur [ALS–430], ato karakterizohen nga një thjeshtësi unike dhe një thellësi kuptimplotë që fare mirë mund të provokojë një interes të posaçëm tek vrojtuesi.

Pa dashur të shndërroj një periudhë vërtetë të dhimbshme të së kaluarës së Shqipërisë në eufemizëm, lapidarët dhe monumentet socialiste në këtë katalog arrijnë megjithatë të sensibilizojnë njerëzit ndaj këtyre vlerave. Për më tepër, duke paraqitur gjendjen aktuale të këtyre trashëgimive potenciale, imazhet na bëjnë të reflektojmë në mënyrë kritike rreth asaj që do të ndodhë apo duhet të ndodhë më pas. Qëndrimi shpeshherë shpërfillës në raport me to ka çuar në krijimin e ambienteve unike në mjedisin post-socialist. Varrezat e dëshmorëve të Sarandës [ALS–424], për shembull, gjenden midis pishinës së një hoteli, shtëpive tradicionale shqiptare dhe ndërtimeve të reja informale.

Situata komplekse që skicuam më sipër bëhet shkak për shfaqjen e strategjive të ndryshme për trajtimin e monumenteve; *ruajtja* e monumenteve nga degradimi i mëtejshëm është gjëja më e rëndësishme për ata që i japin një rëndësi të veçantë vlerës kohore, d.m.th. vjetërsisë së një monumenti. Të tjerë deklarojnë se *restaurimi* i monumenteve ndihmon në ruajtjen e potencialit të tyre për të shërbyer si dokumente historike, dhe për këtë arsye i japin një rëndësi të veçantë vlerës historike. Në praktikën e ruajtjes së trashëgimisë këto dy filozofi janë vazhdimisht në konflikt. Edhe në rastin e një marrëveshjeje globale, si "Karta e Venecias për Ruajtjen dhe Restaurimin e Monumenteve dhe Parqeve Arkeologjike",[29] ende mungon një udhëzim i pranuar botërisht se si duhen trajtuar monumentet bazuar në

27 Alois Riegl, *Der moderne Denkmalkultus, sein Wesen und seine Entstehung* (Vienë, Leipzig: W. Braumüller, 1903), f. 22.

28 Achim Hubel, *Denkmalpflege: Geschichte – Themen – Aufgaben. Eine Einführung* (Stuttgart: Reclam, 2006), f. 78–81.

29 ICOMOS, International Charter for the Conservation and Restoration of Monuments and Sites (The Venice Charter 1964): http://www.icomos.org/charters/venice_e.pdf (Hyrë 19 korrik 2014).

hierarkinë e vlerave të trashëgimisë. Ndërsa motoja e Georg Dehio, që së bashku me Riegl është "babai" i ruajtjes së trashëgimisë moderne në Evropë, është "mos *restauroni, ruani!*",[30] në shumë vende aziatike, për shembull, ndodh e kundërta. Një tjetër praktikë që është popullarizuar së fundmi shkon edhe më tej se restaurimi: *rikonstruksioni* i monumenteve të shkatërruara. Dresden Frauenkirche në Gjermani, apo pjesa e qytetit të vjetër të Varshavës, që u shkatërruan gjatë Luftës së Dytë Botërore, janë rikonstruksione, dhe të dyja u bën shkas për debate të forta mes specialistëve të fushës. Ndonëse janë kundërshtuese dhe në pamje të parë problematike, këto qëndrime kanë një të përbashkët: potencialin që paraqesin për një dikutim të hapur mbi të ardhmen e lapidarëve dhe monumenteve socialiste në Shqipëri, si dhe për ndërtimin e politikave të qëndrueshme mbi peizazhet socialiste historike të vendit.

Zhvillimi i politikave të trashëgimisë kulturore për lapidarët dhe monumentet socialiste

Ndërtimi i një baze për të reflektuar në mënyrë kritike mbi elementet e peizazhit kulturor socialist do të luante një rol kyç në procesin ende të munguar të përballjes me të kaluarën socialiste.[31] Rritja e ndërgjegjshmërisë mbi peizazhet kulturore në përgjithësi, pohimi i dimensionit edukativ që kanë dhe i rolit që luajnë në prodhimin e identitetit, si dhe sensibilizimi i popullatës mbi lapidarët dhe monumentet socialiste si një pjesë e peizazheve kulturore historike do të kontribuonte në reflektimin mbi të kaluarën e vonët e problematike të vendit. Për ta arritur këtë, mbështetja institucionale është thelbësore. Rrjedhimisht, mbrojtja e lapidarëve dhe monumenteve socialiste duhet të ketë një bazë ligjore. Pikë së pari, vjetërsia e një monumenti nuk duhet të bëhet pengesë për cilësimin e tij si të tillë. Në pamje të parë, një draft i kohëve të fundit për ndryshime në ligjin "Për Trashëgiminë Kulturore" (Nr. 9048), që propozon uljen e pragut të vjetërsisë për objektet e trashëgimisë nga 100 në 50 vjet, duket si një fillim pozitiv.[32] Megjithatë,

edhe në këtë rast do të përfshihej vetëm një pjesë e trashëgimisë socialiste, kurse pjesa tjetër do të përjashtohej në mënyrë krejtësisht arbitrare, që është akoma më alarmante. Do të kishte më tepër kuptim të përcaktohej një vjetërsi relative për monumentet potenciale. Kjo do të nënkuptonte që për t'u cilësuar si monument një objekt duhet të konsiderohet si dëshmi e një periudhe të mbyllur të historisë, dhe vetëm pasi ka kaluar një periudhë e caktuar kohore, që zakonisht është një brez ose e thënë ndryshe ±30 vjet.[33] Për më tepër, ligji "Për Trashëgiminë Kulturore" duhet të identifikojë e të përcaktojë edhe mundësitë për mbrojtjen e peizazheve kulturore historike. Një gjë e tillë jo vetëm që do të reflektohej në planifikimin e peizazheve, por do të kontribuonte në mbrojtjen më efektive të ndjenjës së identitetit dhe të përkasjes (të qenurit "në shtëpi") në një botë me hope të mëdha ndryshimi.

Përveç mbrojtjes së tyre ligjore, duhen valorizuar edhe aspektet edukative të lapidarëve dhe monumenteve socialiste si elemente të peizazheve kulturore historike. Kjo mund të marrë formën e ekskursioneve në rastin e kurrikulave shkollore e universitare, dhe formën e pllakave informuese në rastin e publikut të gjerë. Ajo nënkupton gjithashtu edhe rritjen e aksueshmërisë të vendeve të rëndësishme, si varrezat e dëshmorëve në Tiranë, për të gjithë, pikërisht duke i promovuar këto vende si të tilla. Fatmirësisht, ka plot shembuj se si mund të trajtohen e paraqiten përmendoret e "vështira". Përveç vendngjarjeve të terrorit fashist, si "Documentation Centre Nazi Party Rally Grounds" në Nyrëmberg, përkujtimore të së kaluarës socialiste mund të vizitohen në disa shtete ish-komuniste, si për shembull "Memento Park" në Budapest, apo "Muzeu i Artit Socialist" në Sofje.

Për ndërmarrjen e hapave të mëtejshëm në ruajtjen dhe promovimin e peizazheve kulturore historike, nevojitet gjithashtu një inventar i elementeve të tyre. Edhe në këtë rast, përvoja e vendeve të tjera nuk mungon. Një inventar modern ka avantazhin që mund të aksesohet prej kudo, jo vetëm në një hapësirë të caktuar. Një shembull i mirë këtu është KuLaDig, një sistem GIS (Geographic Information System), i peizazhit kulturor të pjesës së zonës së Nordrein-Westfalen në Gjermani. Hulumtimi mbi Lapidarët e Shqipërisë përbën një bazë të shkëlqyer për angazhim të mëtejshëm në këtë fushë, pikërisht sepse i gjithë dokumentacioni është publikuar online dhe është i aksesueshëm nga kushdo.

Përveç kornizës ligjore dhe asistencës teknike, nuk duhet të harrojmë se mbrojtja e lapidarëve dhe monumenteve socialiste nuk do të ishte e qëndrueshme

30 Shih Georg Dehio dhe Alois Riegl, *Konservieren, Nicht restaurieren: Streitschriften zur Denkmalpflege um 1900* (Braunschweig, Wiesbaden: Friedr. Vieweg & Sohn, 1988).

31 Oliver J. Schmitt, "Die Herrschaft des Horrors: Albanien tut sich schwer mit der Bewältigung seiner Vergangenheit," *Neue Zürcher Zeitung*, 23 korrik 2012; Idrit Idrizi, "Zwischen politischer Instrumentalisierung und Verdrängung: Die Auseinandersetzung mit dem Kommunismus in Öffentlichkeit, Geschichtspublizistik und Historiografie im postkommunistischen Albanien," në *Jahrbuch für Historische Kommunismusforschung 2014*, red. Ulrich Mählert et al. (Berlin: Metropol-Verlag, 2014), f. 93–106, në f. 105–6.

32 Christoph Heuter, "Zu nahe dran? Bauten der 1960er Jahre als Herausforderung für die Denkmalpflege," në *denkmal!moderne: Architektur der 60er Jahre: Wiederentdeckung einer Epoche*, ed. Adrian v. Buttlar and Christoph Heuter, Jovis Diskurs (Berlin: Jovis, 2007), f. 28–35, f. 28.

33 Carl-Hans Hauptmeyer, "Kulturlandschaften aus regionalhistorischer Sicht," in *Siedlungsforschung: Archäologie – Geschichte – Geographie*, f. 301–13, në f. 309.

pa mbështetjen e opinionit publik dhe pa pjesëmarrjen e gjërë të shoqërisë në këtë proces. Në Shqipërinë post-socialiste në veçanti, ku shteti ligjor dhe instrumentat e planifikimit lënë shumë për të dëshiruar, impakti i shoqërisë shqiptare mbi paraqitjen e peizazheve kulturore, kryesisht në saj të nivelit të lartë të ndërtimeve informale, është shumë më i konsiderueshëm në krahasim me vende të tjera. Për pasojë, nevojitet edhe një studim empirik mbi perceptimin e lapidarëve dhe monumenteve socialiste si elemente të peizazhit kulturor historik që merr parasysh edhe kategoritë e ndryshme të shkatërrimit, shpërfilljes, mirëmbajtjes dhe transformimit të tyre.

Përfitimet e mbrojtjes aktive të peizazheve socialiste historike

Në rastet kur peizazhet kulturore mbrohen, nevojiten indikatorë për ruajtjen e tyre duke qenë se funksioni i tyre original ka pushuar. Kur tha se "'të ruash' atë që ka humbur çdo funksion ekonomik në një shoqëri kapitaliste do të thotë "të subvencionosh"', Hauptmeyer identifikoi një sfidë madhore për ruajtjen e peizazheve kulturore historike. Aspekti edukativ është ai që do duhej ta bënte këtë sfidë të kapërcyeshme. Ruajtja e peizazheve socialiste kulturore historike presupozon gjithashtu pranimin dhe vlerësimin e atyre që kanë punuar për to dhe se ato mund të jenë shprehje të varfërisë, shtypjes ose cënimit. Nëse nuk valorizojmë aspektin e tyre edukativ, peizazhet kulturore mund të shndërrohen nga vende të kujtesës në objekte estetike.

Lapidarët dhe monumentet socialiste janë vepra arti të cilat, sidomos në zonat rurale, zënë një vend të zgjedhur dhe në disa raste përbëjnë elementin më të spikatur të një peizazhi. Kësisoj ato transformohen në ekuivalentin rural të një *strukture urbane dominante* që në thelb përcakton karakterin tërësor të një peizazhi. Po të hiqeshin ose shpërfilleshin ato patjetër që do të shkaktonin ndjenja mungese dhe tjetërsimi. Kështu pra, ruajtja e lapidarëve dhe monumenteve socialiste presupozon ushqimin e ndjenjës së përkatësisë dhe të identitetit shqiptar. Mbrojtja e ndjenjës së përkatësisë është e një rëndësie të veçantë, sidomos në kontekstin e dinamikave të zhvillimit post-socialist dhe ndryshimet e shpejta që pasuan. Peizazhe të reja kulturore prodhohen qëllimisht për të stimuluar procese të reja të formimit të identitetit në shoqëritë post-socialiste. Një shembull i spikatur është "Disney-fikimi" i Shkupit në kuadrin e një projekti masiv për rishikimin historicist të kryeqytetit të Maqedonisë. Edhe në Shqipëri, në kuadrin e 100-vjetorit të pavarësisë në 2012, u ndërtuan një numër i konsiderueshëm monumentesh të reja. Njëkohësisht, shohim edhe një ri-shenjtërim të hapësirës (publike) që nxitet

nga donatorët e huaj – p.sh. ndërtimi i qindra xhamive dhe kishave. Për shkak të elementeve arkitektonike më të spikatura të këtyre të fundit, si minaretë dhe kullat e kishave, ky proces ka patur një ndikim të madh tek peizazhet kulturore aktuale. E gjithë kjo ka shkaktuar humbjen e shpejtë të asaj që shumë njerëz e quajnë "shtëpi". Fakti që në këtë rast nuk kemi të bëjmë thjesht me çështjen e bukurisë së një peizazhi vërtetohet edhe nga vendet e trashëgimisë industriale, si dhe në punën e të ashtuquajturëve "arkeologë të qendrave tregtare": grupime individësh që studiojnë qendra tregtare të braktisura në Shtetet e Bashkuara. Nëse marrim parasysh debatet emocionale rreth degradimit të këtyre ish-tempujve të konsumerizmit, vëmë re se është potenciali i këtyre vendeve për të na kujtuar fëmijërinë që krijon ndjesinë e të qenurit si-në-shtëpi [*homeliness*].[34] Kjo nuk kundërshton në asnjë rast historinë problematike që mund të përfaqësojnë elemente të caktuara të këtyre peizazheve kulturore. Shembuj nga Gjermania tregojnë se si ruajtja e trashëgimisë fashiste funksionon si një trashëgimi "pohuese" që kontribuon në përcaktimin thelbësor të një identiteti (kombëtar) i cili në tërësinë e tij është antifashist. Lapidarët dhe monumentet socialiste, duke qenë një element kaq i dukshëm i peizazhit të Shqipërisë, duhen parë jo vetëm si një strukturë e rëndësishme për prodhimin e identitetit për vendasit, por edhe si një faktor në prodhimin e imazhit që të huajt krijojnë për Shqipërinë kur e vizitojnë atë.

Kjo e fundit i jep peizazheve kulturore historike socialiste një potencial të madh ekonomik. Pjesa dërrmuese e të huajve vijnë në Shqipëri pikërisht për shkak të historisë së periudhës komuniste, dhe jo pavarësisht asaj. Kurioziteti rreth një sistemi politik për të cilin ka patur shumë pak informacion është pjesë e asaj që e bën Shqipërinë e sotme tërheqëse. Përveç një historie antike të pasur dhe një vije bregdetare mbresëlënëse, që megjithatë është mjaft e kërcënuar, shumë turistë duan të shohin dhe të kuptojnë më tepër rreth të kaluarës socialiste të vendit. Peizazhet socialiste historike luajnë një rol të rëndësishëm në transmetimin e këtyre njohurive. Kështu pra, neglizhimi i tyre përveçse do të ishte humbja e një shansi për t'u përballur me historinë, do të nënkuptonte gjithashtu edhe shpërfilljen e potencialit të tyre ekonomik. Kjo nuk do të thotë që çdo bunker, çdo taracë, dhe çdo lapidar duhet ruajtur dhe restauruar me çdo çmim. Ekzistojnë ama shumë vende të përshtatshme të cilat mund të cilësohen si trashëgimi kulturore dhe që si të tilla mund të mbrohen, veçanërisht ato që kanë një densitet të lartë elementesh të peizazhit kulturor historik. Nëse marrim parasysh se ICOMOS ka themeluar një

---

34 Dix, "Grundsätze zur Definition und Bewertung historischer Kulturlandschaften," f. 24.

"task force" për përfshirjen e dëshmive të sistemit socialist në listen e Vendeve të Trashëgimisë Botërore të UNESCO-s, Shqipëria ka të gjitha mundësitë për t'u bërë lider global në këtë fushë.

Përfundimi

Ndonëse u ndërtuan gjatë komunizmit dhe përfaqësojnë historiografinë komuniste, lapidarët nuk perceptohen ekskluzivisht si struktura që përfaqësojnë komunizmin. Rrjedhimisht, nuk ka një konsensus të gjerë rreth çështjes nëse lapidarët ose monumentet socialiste duhen shpërfillur apo hequr. Lapidarët dhe monumentet socialiste që tematizojnë elemente të caktuara apo të gjithë linjën e historiografisë komuniste, nga ilirët tek partizanët nëpërmjet Skënderbeut, vazhdojnë të thonë "këta jemi (ende) ne". Përkundrazi, ata që përfaqësojnë ideale më abstrakte të komunizmit thonë "këta nuk jemi më ne", dhe probabiliteti që këta lapidarë dhe monumente socialiste janë shpërfillur apo shkatërruar është më i madh. Së fundmi, lapidarët e mirëmbajtur dhe herë-herë të restauruar kundër "shtypjes otomane" apo "shovinizmit serb" thonë "këta kanë qenë gjithmonë ata" ose "këta vazhdojnë të jenë ata", që sidomos në rastin e shembullit të dytë mori vrull falë luftës në Kosovë. Në fund të fundit, e gjithë kjo dëshmon se historiografia komuniste jo vetëm që është ende e pranishme në Shqipërinë post-socialiste por edhe se ajo ende pranohet pa ndonjë reflektim publik kritik.

Për këtë arsye, trajtimi i trashëgimisë së ndërtuar të periudhës komuniste është një temë tërësisht e shpërfillur në Shqipëri. Rrjedhimisht, thjesht ekzistenca e këtij botimi dhe sistemit dixhital të informacionit që lidhet me të përbën një pasurim të rëndësishëm të kujtesës kulturore mbi lapidarët dhe monumentet socialiste. Në të njëjtën kohë, ato krijojnë një bazë për rijetëzimin e kujtesës komunikuese nga harresa e plotë ku ka rënë. Edhe pse kujtesa komunikuese ka një kohëzgjatje prej vetëm 3–4 brezash, çdo debat kritik mbi këtë temë është një element i rëndësishëm për mirëmbajtjen e historisë gojore të Shqipërisë.

Siç dëshmojnë edhe intensifikimi kohët e fundit i hulumtimeve ndërkombëtare dhe diskutimeve publike rreth peizazheve kulturore dhe monumentalizmit socialist, nuk është tepër vonë për Shqipërinë për t'u angazhuar në këtë fushë. Mund të themi madje se tani është momenti i duhur për të filluar punë. Kjo kërkon grumbullimin e të dhënave dhe njohurive empirike, krijimin e një diskutimi të gjerë shkencor, politik dhe publik, krijimin e kornizës së duhur institucionale dhe mbrojtjen dhe promovimin e potencialit turistik të lapidarëve dhe monumenteve socialiste si pjesë e peizazheve kulturore historike të Shqipërisë. Dhe duke qenë se

humbja e dëshmive të së kaluarës së vonët është një proces në vazhdim, domosdoshmëria për të bërë sa më sipër është e fortë dhe urgjente.

About the Film <u>Lapidari</u>

Julian Bejko

The sounds of war and partisan songs accompany the first shots of the film *Lapidari*.[1] Perched on a hill top, the cameraman shows the entire green valley, partially filled with the smoke clouds of the battles. So we are somewhere in the years '43–'44 of the previous century, when all of humanity and Albania were involved in the horrible events of the Second World War. On the one side the partisans, and on the other the Nazi occupiers, in a bloody battle for freedom or death on the land of the Albanian people, completely exhausted by the centuries of occupations and occupiers.

The film carries the signature of the most important directors and members of the cinema of the dictatorial regime. Its length of 10 minutes classifies it as a short film, but as we will see below, in those few minutes the director synthesizes shy of half a century of Albanian socialist history.

In the above war, there is a village cradled in the valley, and next to it a small plateau where a partisan loses his life. A solemn moment, his friends from the partisan brigade build his final abode. His grave rests on and is surrounded by several rounded river stones, while on top there is a large rock on which one of the partisans inscribes the martyr's name. A red scarf – symbol of the partisan resistance – covers his underground chest as his fellow warriors give him the honors of the moment by placing springtime flowers, whose aroma can unfortunately no longer be smelled (*fig.* 1). In a tracking shot, the camera makes an inventory of the flowers along the grave–monument, continuing to the next shot. A shepherd chiseling a double-headed eagle onto a plaque to add it to the mass of furnishings belonging to the martyr. Two women, one dressed in black, most certainly the partisan's mother, an another, younger one, his wife, with a red overskirt, approach the grave to place some other flowers. The mother caresses her son's head, while his wife touches his feet, then touching her pregnant belly, as if to suggest the force of life over death.

The next scene opens with the agrarian reform of 1946, when the farm grounds were confiscated from the land owners of the old regime and distributed among simple villagers. Meanwhile the martyr's child has been born and has grown enough to accompany his mother to work the soil. Happy villagers sow around the grave–monument.

From far we hear the sound of railroad construction. We are in a new stage of social development, the train, the locomotive, the industrialization of the economy. In the meanwhile the monument seeks to update itself according to these new criteria. From the form composed of river stones, ordered and sculpted by artisans, the monument takes on the form of a small pyramid (*fig.* 2, 3)

Not much time passes before the film touches upon another chapter of history, the completion of the modernization objectives of socialism. Albania is shown as

[1] Director Esat Ibro, screenplay Viktor Gjika, 1984–6. AQSHF I/2–941.

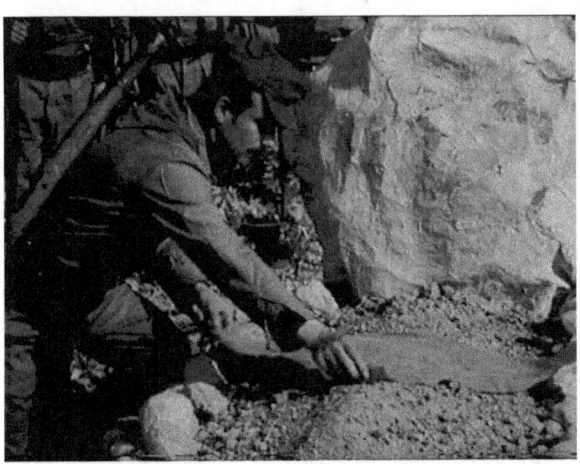

Fig. 1 *Lapidari* (screenshot).

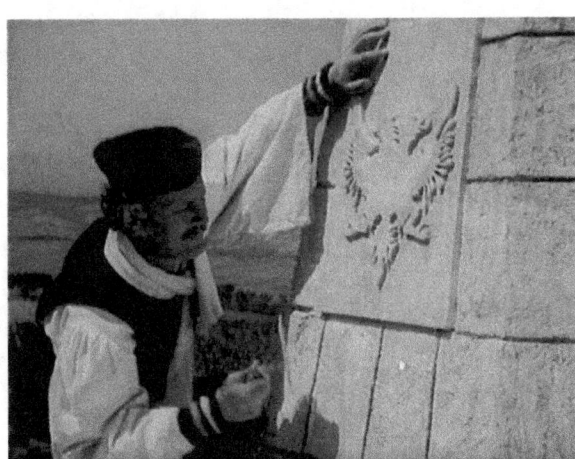

Fig. 2 *Lapidari* (screenshot).

a country of well-being, mechanized means of production, population growth, electrification, a railway and road network, etc. Owing to this further progress, the monument will reformulate itself anew as something resembling the form of an obelisk built from marble plaques (*fig. 4*). People from around the country assemble near it to honor and pay respect to the figure of the martyr. His son has grown up and has become a man. Reminiscences of the past pass before his eyes as he plows the field near the lapidar, not by means of a plow and oxen but with a tractor.

Final fragments of the film: the village celebrates the marriage of the martyr's son in the abundance of socialist realism. The monument on top of the hill has transformed into a place of pilgrimage for the young generations and children accompanied by the kindergarten teacher.

The film *Lapidari* was practically unknown to the Albanian public of the time and even more so in our days. Nonetheless, this art work possesses some very special elements in terms of sociology, philosophy, and politics. In Albania there exists a large variety of lapidars built throughout the entire territory, near cities, villages, motorways, but also far away in remote hilly and mountainous areas. The present publication of photographs, created by Vincent W.J. van Gerven Oei and Marco Mazzi, is proof of that.

If we ask about the reasons of their construction during the dictatorial regime, we will be able to list the most important ones. First, lapidars have a simple function; to commemorate the battles against the occupiers, partisan martyrs, but also those massacred in revenge by the occupiers. In this sense, the lapidar aims to be a monumental work related to a place and a concrete event of the past. As a work that is both artistic and especially monumental, the lapidar becomes a sign and carrier of

the heroic history of the country. But not only that. A monumental work related to historical events is a point of unchangeability sculpted in time. Through the importance of the event, it seeks immortality as a monumental work on the condition that nothing threatens or touches – if not the content of the event, then at least its monumental form.

Second, as a consequence, the lapidar or monument acquires another function as a storage of collective memory or the people of past events, whom one tries to relate to the living that assemble around them in their remembrance and honor. This is not something extraordinary, but a phenomenon that we encounter any time that we visit the graves of regular mortals. Only the lapidar posits something deeper, the struggle and death of several people whose identities and characteristics are extinguished relatively to the main symbol that embodies their labor. The same happens with martyrs' cemeteries or monuments of the unknown soldier. War monuments have a heavier concrete and symbolical weight than regular graves. That is one of the reasons to bury the body of the former dictator near the martyrs' cemetery in Tiranë in 1985, and the same holds in our times for people fallen on duty, mainly police officers.

Third, thanks to this contact with the memory of the fallen, the lapidar fulfills a necessary ethical function in the moralization, disciplining, and education of society. Except informing, commemoration, and respect, this rapport touches upon people's affects toward martyrs, a cathartic process that on the one side pacifies the spirits as happens in cemeteries, while on the other side mobilizing individuals who not only guard the memory, event, history, but who also behave in such a way that their actions are considered worthy toward the blood spilled for freedom. Honoring monuments implies humility, respect, and engagement with the continuation

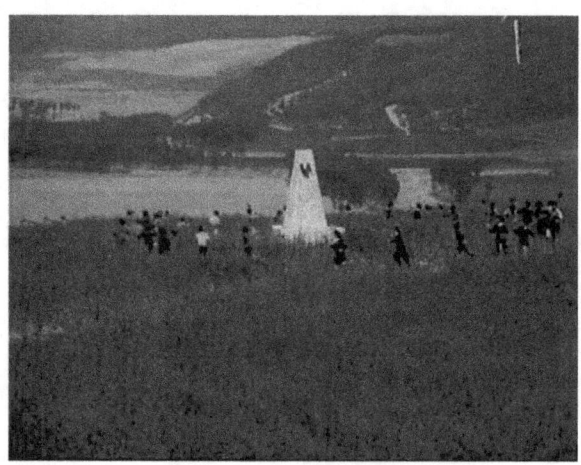

Fig. 3 *Lapidari* (screenshot).

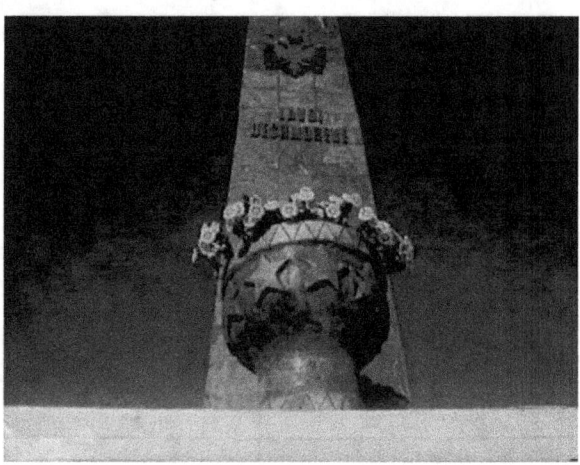

Fig. 4 *Lapidari* (screenshot).

of the heroic act of the martyrs.

Fourth, the lapidars are built with another aim, this time *metaphysical*. As cultic and sacred places, they cause a spiritual feeling throughout the body. If we focus on the commemorative rituals surrounding monuments, the entire behavior resembles a religious ceremony. There we find a sacred place, a cause, martyrs, and later a monumental constructions in their honor, as compensation for the absent body. In the ideology of the time, metaphysical approaches were strictly prohibited, above all after the legal ban on religious institutions and practices as well as the constitutional sanction that God did not exist. But like any ideological machinery, it needs new motives, one of which is the ritualization and sacralization of places of those who fell during the war. In fact, this phenomenon is completely metaphysical albeit patched and camouflaged with concrete elements: a simplified esthetic in the construction of lapidars in order not to give them artistic properties detached from major events; uniformization of the majority of lapidars according to the same architectural and artistic stylistics. A regime may halt the functioning of several institutions but not of concepts and mentalities. The metaphysical language serves to form a dichotomy of the event between the concrete act and its politicization.

And so we arrive at the fifth reason. A regime conceived to live for a long time, even planned as infallible, well-constructed once and for all on its principles and ideology, stubborn, which after several decades takes on the form of immortality and the cult of a charismatic leader, needs to dig in the past of its country to find different ways to legitimize its existence as a consequence of the historical stages of the country, and naturally as the final prophet of the realization of the infant nation itself. To fulfill its own prophecy, the regime needs a new archeology not only of knowledge but of its interpretation and construction, there where things do not go according to the vision of the regime, by means of monuments. A part of the partisans have fallen in battle. Their bodies no longer exist. The scientific–stalinist ideology of the regime confirms that after death there is nothing else. But here metaphysics intervenes and expresses itself with romantic and sentimentalist overtones about the martyrs that live in our hearts and minds. But this virtual life full of affects alone is not enough. That's why who knows how many lapidars need to be built to give life to the absent bodies, to materialize and congeal in a pile of inert matter called a lapidar. The annual pilgrimage to the martyrs' places is a politicization and continuous manipulation of the living by means of the dead who occupy the figures of apostles and ecumenical disciples. The construction of monuments substitutes

for the churches and mosques destroyed after 1967. This phenomenon is not articulated as a simple substitution of one form of sacredness with another. In the eyes of the regime, religious metaphysics is related to superstitious forms, whereas lapidars and monuments signify something true; the loss of life for freedom. The politicization of the martyr's body through religio-ideological ritualization and ceremony has been so strong, that in our days a part of society still treats the lapidar as symbol of the dictatorial communist regime, that is, as a farce, as an image without body.

In the film several events are intertwined in a complex and parallel manner. The main event in the first shot is of course related to the death of a partisan and the construction of his lapidar. Other events are fluid and transitory. Between the first shot and the fragmentary images, the process of construction the country happens, which in truth is the fundamental aspect of the film. Our film resembles a polyphony composed of three voices, two allegedly occupying the spotlight, and the third one articulated according to the moment and need. But which is the more interesting aspect of the film?

When we listed some of the functional aspects of lapidars above, we stressed that their role as commemorative monuments and signifiers of past events, and, as a consequence, the monument as work and as event, does not need to change in form. The approaches, sensitivities, or interpretations of society may change over time. But a monument, whether this or that lapidar, art work, historical building, etc., never. Thanks to them, people have the possibility to touch the past, to understand the conditions that brought something to life, to penetrate into norms and concepts of a society that is no longer alive. This, among others, is the reason why people admire a Roman aqueduct, a Byzantine church, a Mona Lisa, an amphitheater from antiquity, etc. Their untouchability often has a universal value allowing us to understand and experience the pains and sufferings of mankind at a distance. Monumental objects relating to a bitter or pleasant event derive their value precisely from the embodiment of the invulnerability of existence in form and mentality, even though the current stage of civilization, in crisis situations and overturning, has preferred to hide the victims together with the necessary traces to build a commemorative object – the case of mass annihilation (*Shoah*) is a witness to the criminal schizophrenia that claimed not only the disappearance of a people but especially the disappearance of the process of disappearance.

In the film, by contrast, we notice that the martyr's monument finds itself in a wave of constant metamorphosis. It is increasingly modified in tandem with the progressive development of the country. First a grave surrounded by stones. Then a lapidar of about three meters high. And finally, an obelisk consisting of marble plaques of about ten meters. Maybe the director wanted to give a message about the martyr's life, where the lapidar, as vital extension of his body, grows according to the progress of Albanian modernity – a message that is extremely explicit in the film. The entire life of the village is organized around the monumental body as if the latter lies waiting to see whether or not the work of society coincides with the ideals of the war and the loss of life. A dialectic relation. Society seems to give account for everything it does in daily life. So the idea is understandable that memory unfolds in terms of social frameworks and that beyond them individuals cannot relate between generations, as the dead live together with the living in terms of collective memory and that the problems of the dead weigh continuously upon the living. The *martyr–monument* serves as a pivot around which not only society exists but remembers its past. On another level of the film, the entire development of the country is presented fragmentarily, which on the one hand seeks to be the authoritative voice of innovations, while on the other to show the living and the dead the continuous struggle for the preservation of the martyrs' monumental work. We see here summarized the entire evolution of society from the conditions of an enslaved and occupied people into a society that enters the modern world of industrialization without forgetting the effort of their martyr fathers.

The great need to give monuments the metaphysical attributes of a living being maybe falsifies unintentionally the notion itself of the unchangeable monument as work related to an event and a place. In truth, we do not stand in front of a technical lapsus of the film, but rather an artistic artifice that shows something else: the politicization of history, life, man, aims, and usage of emotions to serve governmental power. There where governmental power is unable to threaten a historical object, this object is given another interpretation according to the vision of the regime with the help of historiography and ideology.

But in our case this metastable situation of the monument as never-ending process serves governmental power in an instrumentalization that we also encounter in other societies, and which is supported by the figure of the martyr and his capture in the strategic mechanism of governmental power. The growing intensity of the events of the past, thanks to the euphoric–victimizing metaphor, serves the broadening of governmental power over a multitude of events that no longer belong to the past but to the present and the future. In a com-pletely banal way, there exist current trends to dedicate further attention to the National Liberation War for political reasons, consisting in the growth of the party electorate and militance, simply exploiting affects and emotions related to the figure of the martyr. But the dictatorial regime acted according to the same technique. The emphasis on the role of the partisans and martyrs in daily life, in slogans, books, educational and disciplinary methodology, in cinema and literature, did not have to do directly with the deceased, but with the impact that they have on the living, who need to be governed and manipulated through all kinds of means and manners.

In conclusion, we would emphasize that totalitarian governmental powers are distinguished by yet another feature, by the aim and practice that they have in maintaining their hegemony over the entirety of life in all its variety. Fixated on the ideals of progress and advancement, of war for the domination of territories and ever greater populations, the victim's body has to live continually as an embalmed body within a half amorphous monument. So a part of the state crimes are realized not only in the name of the living people but also of the *living* martyrs, which maybe would be extraordinarily ashamed if they would have been able to foresee what would happen after the liberation. The political control over the dead is a control over memory and thus the continuous control over the living is realized. It is this fundamental reason why the lapidar in *Lapidari* is constantly in a state of construction, because governmental power never ends in a stadium or stage, and even should not be thought as a monolithic structure but as a dynamics that needs new energy to maintain its self-existence.

Rreth filmit <u>Lapidari</u>

Julian Bejko

Tinguj lufte dhe këngë partizanësh shoqërojnë imazhet e para të filmit *Lapidari*.[1] Operatori i vendosur majë një kodre fokuson gjithë luginën e gjelbër pjesërisht e mbuluar nga tymnaja e luftimeve. Jemi pra diku rreth viteve '43–'44 të shekullit të kaluar kur mbarë njerëzimi dhe Shqipëria ishte e përfshirë nga ngjarjet e tmerrshme të Luftës së Dytë Botërore. Në njërën anë partizanët, në tjetrën pushtuesit nazistë, në një betejë të përgjakshme për liri a vdekje në truallin e popullit shqiptar, tejet i drobitur nga vazhdueshmëria e pushtimeve dhe pushtuesve ndër shekuj.

Filmi mban firmat e regjisorëve dhe pjesëtarëve më në zë të kinemasë së regjimit diktatorial. Kohëzgjatja e tij prej 10 minutash e bën të klasifikohet si metrazh i shkurtër por siç do e shohim më pas, në këto pak minuta regjisori sintetizon rreth gjysëm shekulli të historisë së Shqipërisë socialiste.

Në luftë e sipër, në gjirin e luginës ndodhet një fshat dhe krahë tij një rrafshnaltë e vogël ku një partizan humb jetën. Çast solemn, shokët dhe shoqet e brigadës partizane ndërtojnë banesën e tij të fundit. Varri i tij qëndron mbi dhe rrethuar nga disa gurrë të rrumbullakosur lumi ndërsa në krye ndodhet një shkëmb i madh mbi të cilin njëri prej partizanëve gdhend emrin e dëshmorit. Një shall i kuq – simbol i rezistencës partizane – mbulon kraharorin e tij nën dhe teksa bashkëluftëtarët e tjerë i japin nderimet e rastit duke vendosur lulet e një stine

1   Regjisor Esat Ibro, skenari Viktor Gjika, 1984–6. AQSHF I/2–941.

pranvere, aroma e së cilës fatalisht nuk do shijohet më (*fig.* 1). Kalimthi kamera bën një inventar të luleve buzë varrit monument për të kaluar në planin e radhës. Një bari që gdhend shqiponjën dykrenare mbi një pllakat për t'ia shtuar korpusit së orendive të dëshmorit. Dy gra, njëra veshur me të zeza, mesiguri nëna e partizanit, dhe një tjetër më e re në moshë, e shoqja e tij, me një mbulesë të kuqë mbi fustan, i afrohen varrit për t'i vendosur disa lule të tjera. Nëna përkëdhel birin e saj në kokë ndërsa e shoqja te këmbët dhe më pas prek barkun e saj të shtatzanisë, si për të nënkuptuar forcën e jetës mbi vdekjen.

Skena tjetër hapet me reformën agrare të vitit 1946 ku toka bujqësore konfiskohej pronarëve të mëdhenj të regjimit të vjetër për t'iu shpërndarë fshatarëve të thjeshtë. Sakaq fëmija e dëshmorit ka lindur dhe është rritur aq sa për të shoqëruar të ëmën në punimin e tokës. Fshatarët e lumtur mbjellin rreth e rrotull varrit monument.

Tutje dëgjohet zhurma e ndërtimit të hekurudhës. Jemi në një etapë tjetër të zhvillimit shoqëror, treni, lokomotiva, industrializimi i ekonomisë. Ndërsa monumenti kërkon të përditësohet sipas kritereve të reja. Nga forma e përbërë më gurrë lumi të renditur e skalitur në mënyrë artizanale, monumenti merr formën e një piramide të vogël (*fig.* 2, 3).

Nuk do kalojë shumë kohë dhe filmi do të prekë një tjetër kapitull të historisë, përmbushjen e objektivave

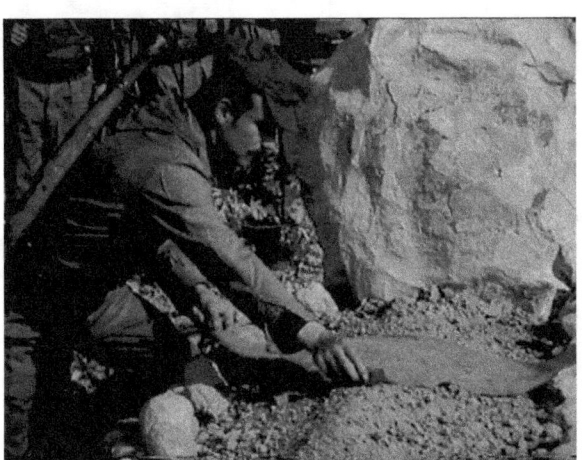

Fig. 1 *Lapidari* (kapje ekrani).

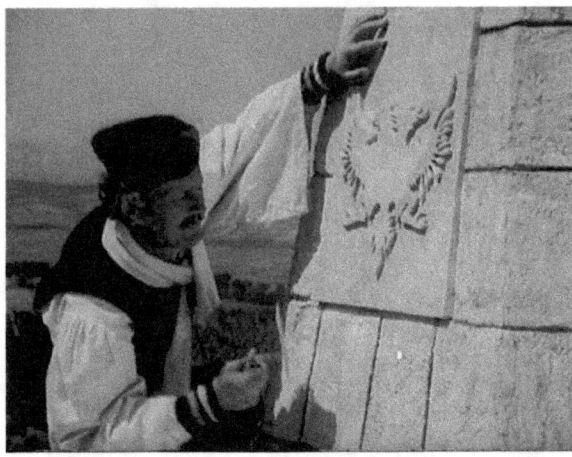

Fig. 2 *Lapidari* (kapje ekrani).

modernizuese të socializmit. Shqipëria shfaqet si një vend me mirëqenie, mjete të mekanizuara prodhimi, shtim i popullsisë, elektrifikim, rrjedh hekurudhor e rrugor etj. Falë këtij progresi të mëtejshëm monumenti do të riformulohet rishtaz, diçka që ngjan me formën e obeliskut i ndërtuar me pllaka mermeri (*fig. 4*). Njerëz nga të gjitha anët e vendit mblidhen pranë tij për të nderuar dhe respektuar figurën e martirit. Djali i tij është rritur e bërë burrë. Para syve të tij kalojnë remineshencat e së shkuarës ndërsa lëron arën pranë lapidarit jo më me anën e parmendës dhe buajve por autokombanjës.

Fragmentet e fundit të filmit. Fshati feston martesën e djalit të dëshmorit në begatinë e realizmit socialist. Monumenti majë kodrës është shndërruar në një vend pelegrinazhi për brezat e rinj dhe fëmijët që shoqërohen nga edukatorja e kopshtit.

Filmi *Lapidari* është pothuajse i panjohur për publikun shqiptar të asaj kohe dhe sidomos të ditëve tona. Megjithatë kjo vepër artistike zotëron disa elementë tejet të veçantë në terma sociologjikë, filozofikë dhe politikë. Në Shqipëri ekziston një mori e madhe lapidarësh të ndërtuar në gjithë territorin, pranë qyteteve, fshatrave, rrugëve automobilisitike por dhe larg tyre në zona të thella kodrinore e malore. Dëshmi e këtij realiteti është dhe ky album i veçantë me fotografi i krijuar nga Vincent W.J. van Gerven Oei dhe Marco Mazzi.

Nëse pyesim mbi arsyet e ndërtimit të tyre gjatë regjimit diktatorial, do të mund rendisnim ato më kryesoret. Së pari, lapidaret kanë një funksion të thjeshtë, atë të përkujtimit të betejave kundër pushtuesve, të partizanëve dëshmorë por dhe të civilëve të masakruar nga hakmarrja e pushtuesve. Në këtë kuptim lapidari synon të jetë një vepër monumentale lidhur me një vend dhe një ngjarje konkrete të së shkuarës. Si një vepër e dyfishtë artistike dhe sidomos monumentale, lapidari bëhet shenjues dhe bartës i historisë heroike të vendit. Por jo

vetëm kaq. Një vepër monumentale e lidhur me ngjarje historike është pikë e pandryshueshmërisë së skalitur në kohë. Përmes rëndësisë së ngjarjes ajo kërkon përjetësinë si vepër monumentale me kusht që asgjë të mos cenohen e preket – në mos në përmbajtjen e ngjarjes, së paku në formën e saj monumentale.

Së dyti dhe si rrjedhim, lapidari apo monumenti merr një funksion tjetër, si magazinë e kujtesës kolektive, e njerëzve të ngjarjes së shkuar që përpiqen të lidhen me të gjallët që mblidhen rreth tyre për t'i kujtuar e nderuar. Kjo nuk është diçka e jashtëzakonshme por një fenomen që e hasim sa herë që shkojmë në varrezat e vdekatarëve të zakonshëm. Veçse lapidari parashtron diçka më të thellë, përpjekjen dhe vdekjen e disa njerëzve identitetet dhe përkatësitë e të cilëve shuhen relativisht kundrejt simbolit kryesor që mishëron mundin e tyre. Po kështu ndodh dhe në varrezat e dëshmorëve apo në monumentet e ushtarit të panjohur. Monumentet e luftës kanë një peshë konkrete dhe simbolike më të fortë sesa varret e zakonshme. Është kjo mes të tjerash arsyeja e nismës për të varrosur trupin e ish diktatorit pranë varrezave të dëshmorëve në Tiranë (1985), apo e njerëzve të rënë në krye të detyrës në kohën tonë, kryesisht policë.

Së treti, falë këtij kontakti me kujtesën e të rënëve, lapidari përmbush një funksion etik të nevojshëm në moralizimin, disiplinimin dhe edukimin e shoqërisë. Përveç informimit, përkujtimit dhe respektit, raporti prek afektet e njerëzve ndaj dëshmorëve, një proces kathartik i cili në njërën anë paqton shpirtrat siç ndodh në varreza, ndërsa në anën tjetrën mobilizon individët që jo vetëm të ruajnë kujtimin, ngjarjen, historinë, por të sillen në atë mënyrë që veprimet e tyre të konsiderohen të denja kundrejt gjakut të derdhur për liri. Nderimi i monumenteve nënkupton përuljen, respektin dhe angazhimin e vijueshmërisë së aktit heroik të martirëve.

Së katërti, lapidaret janë ndërtuar me një qëllim

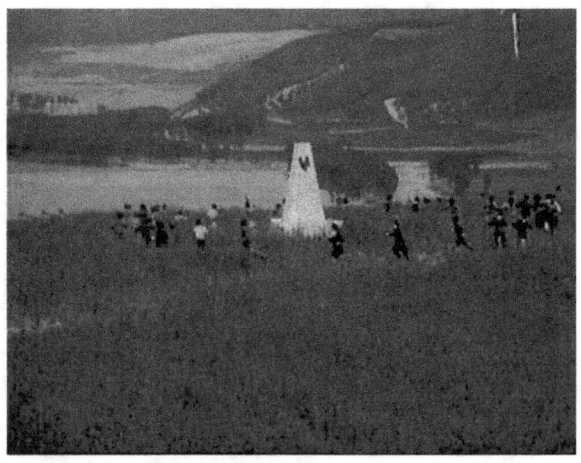

Fig. 3 Lapidari (kapje ekrani).

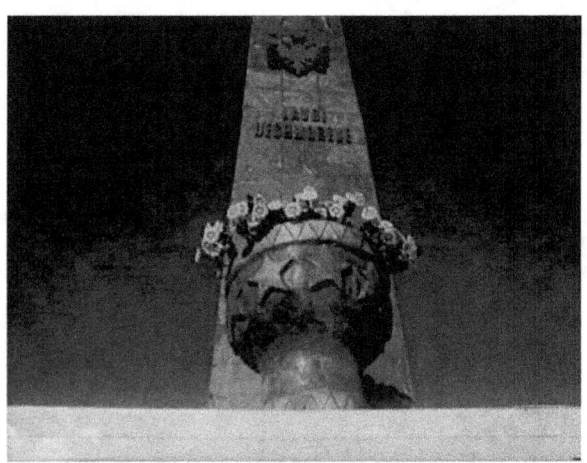

Fig. 4 Lapidari (kapje ekrani).

tjetër, këtë herë *metafizik*. Si vende kulti dhe të shenjta, pra që shkaktojnë një ndjesi shpirtërore përtej trupit. Nëse marrim në fokus ritualet përkujtimore rreth monumenteve, e gjithë sjellja ngjan me një ceremoni fetare. Aty gjejmë një vend të shenjtë, një kauzë, martirë, dhe më pas një ndërtim monumental në nder të tyre, si kompesim i trupit të munguar. Në ideologjinë e kohës qasjet metafizike ishin rreptësisht të ndaluara, mbi të gjitha pas ndalimit ligjor të institucioneve dhe praktikave fetare si dhe sanksionimit me kushtetutë se Zoti nuk ekziston. Mirëpo si çdo makineri ideologjike, asaj i duhen motive të reja, një prej të cilave është ritualizimi dhe sakralizimi i vendeve të të rënëve në luftë. Në fakt ky fenomen është krejt metafizik por i arnuar dhe kamufluar me elementë konkretë: estetikë e thjeshtëzuar në ndërtimin e lapidarëve për të mos dhënë veti artistike të shkëputura nga ngjarja madhore; uniformizim i shumicës së lapidarëve sipas të njëjtës stilistikë arkitekturore dhe artistike. Një regjim mund të ndalojë funksionimin e disa institucioneve por jo të koncepteve dhe botëkuptimeve. Gjuha metafizike shërben për të formuar një dyzim të ngjarjes midis aktit konkret dhe politizimit të tij.

Dhe kështu vijmë në arsyen e pestë. Një regjim i konceptuar për të jetuar për shumë kohë, i projektuar madje si i pagabueshëm, i ndërtuar njëherë e mirë në parimet dhe ideologjinë e tij kokëfortë, që pas disa dekadash merr formën e përjetësisë dhe kultit të liderit karizmatik, i duhet të gërmojnë në të shkuarën e vendit të tij për të gjetur mënyra të ndryshme të legjitimimit të ekzistencës së tij si pasojë e etapave historike të vendit, dhe natyrisht si profeti i fundit i realizimit të vetë kombit foshnjarak. Për të përmbushur profetësinë e vetvetes, regjimit i duhet një arkeologji e re jo thjesht e dijes por e intepretimit dhe e ndërtimit të saj aty ku gjërat nuk shkojnë sipas vizionit të regjimit, përmes monumenteve. Një pjesë e partizanëve kanë rënë në betejë. Trupat e tyre nuk ekzistojnë më. Ideologjia shkencor-staliniste e regjimit pohon se pas vdekjes s'ka asgjë tjetër. Por këtu ndërhyn metafizika që shprehet me tonalitete romantike dhe sentimentale të martirëve që jetojnë në zemrat dhe mendjet tona. Veçse kjo jetesë virtuale plot afekte nuk mjafton. Ndaj duhen ndërtuar kushedi sa e sa lapidarë për t'i dhënë jetë trupave të munguar, por të materializuar e të ngurtësuar në një pirg inertesh të quajtura lapidarë. Pelegrinazhi e përvitshëm në vendet e martirëve është një politizim dhe manipulim i vazhdueshëm i të gjallëve përmes të vdekurve që zotërojnë figurat e apostujve dhe dishepujve ekumenikë. Ndërtimi i monumenteve është zëvendësimi i kishave dhe xhamive të shkatërruara pas vitit 1967. Ky fenomen nuk artikulohet si një zëvendësim i thjeshtë e së shenjtës me një të shenjtë tjetër. Metazifika fetare lidhet me forma bestytnish në

sytë e regjimit ndërsa lapidarë dhe monumente shenjojnë diçka të vërtetë, humbjen e jetës për liri. Aq i fortë ka qenë ky politizim i trupit të martirit me ritualizimin dhe ceremonialitetin fetaro-ideologjik, saqë ende në ditët tona lapidari trajtohet nga një pjesë e shoqërisë si simbol i regjimit diktatorial komunist, pra një farsë, një imazh pa trup.

Në film gërshetohen në mënyrë komplekse dhe paralele disa ngjarje. Ngjarja madhore, ajo e planit të parë është natyrisht e lidhur me vdekjen e një partizani dhe ndërtimin e lapidarit të tij. Ngjarjet e tjera janë fluide dhe kalimtare. Midis planit të parë dhe imazheve fragmentare ndodhet procesi i ndërtimit të vendit i cili është në të vërtetë aspekti themelor i filmit. Filmi ynë ngjan me një polifoni e përbërë nga tre zëra, dy që pretendojnë të zënë vendin kryesor dhe i treti që artikulohet sipas rastit dhe nevojës. Por cili është aspekti më interesant në film?

Më sipër kur renditëm disa nga arsyet funksionale të lapidarëve, theksuam se roli i tyre si monumente përkujtimore dhe shenjues të ngjarjeve të shkuarës, e për pasojë, monumenti si vepër dhe si ngjarje nuk duhet të ndryshojë në formë. Përqasjet, ndjeshmëritë apo interpretimet e shoqërisë mund të ndryshojnë përgjatë kohës. Por kurrësesi një monument, qoftë ky lapidar, vepër artistike, ndërtesë historike etj. Falë tyre njerëzit kanë mundësinë e prekjes të së shkuarës, kuptimit të konditave që i kanë dhënë jetë diçkaje, depërtimit në norma dhe koncepte të një shoqërie që nuk jeton më. Është kjo mes të tjerash arsyeja se pse njerëzit admirojnë një akuadukt roman, një kishë bizantine, një Xhokondë, një amfiteatër antik etj. Paprekshmëria e tyre shpesh ka vlerë universale për të kuptuar dhe përjetuar në distancë, dhimbjet dhe vuajtjet e njerëzve. Objektet monumentale që lidhen me një ngjarje të hidhur a të gëzuar e kanë vlerën e tyre pikërisht te mishërimi i pacënueshmërisë së ekzistencës në formë dhe botëkuptim, edhe pse etapa aktuale e qytetërimeve, në situata krizash e përmbysjesh, ka preferuar të zhdukë viktimat bashkë me gjurmët e nevojshme për të ndërtuar një objekt përkujtimor – rasti i shfarrosjes në masë (*Shoah*) është dëshmi e një skizofrenie kriminale që pretendonte jo vetëm zhdukjen e një populli por sidomos zhdukjen e procesit të zhdukjes.

Përkundrazi, në film vëmë re se monumenti i dëshmorit ndodhet në valën e një metamorfoze të vazhdueshme. Ai modifikohet në rritje paralelisht me ecurinë progresive të vendit. Fillimisht një varr i rrethuar me gurrë. Më pas një lapidar rreth 3 metra i lartë. Së fundi, një obelisk i përbërë nga pllaka mermeri me gjatësi rreth 10 metra. Ndoshta regjisori ka dashur të japë një mesazhin e jetës së martirit, ku lapidari si tejzgjatje vitale e trupit të tij, është në rritje sipas modernitetit progresiv shqiptar – mesazh ky në fakt tejet eksplicit në film. E gjithë jeta e fshatit organizohet rreth e rrotull trupit monumental sikur ky i fundit rri në pritje për të parë veprën e shoqërisë nëse kjo e fundit përkon apo jo me idealet e luftës dhe humbjes së jetës. Një raport dialektikor. Shoqëria duket se i jep llogari për gjithçka që ajo bën në jetën e përditshme. Kësisoj është e kuptueshme ideja se kujtesa shpaloset në terma të kornizave shoqërore dhe se jashtë tyre individët s'mund të lidhen ndër breza, ndaj, të vdekurit jetojnë bashkë me të gjallët në terma të kujtesës kolektive dhe se problemet e të vdekurve peshojnë vazhdimisht mbi të gjallët. *Martiri–monument* shërben si bosht rreth së cilit jo vetëm shoqëria ekziston por kujton të shkuarën e saj. Në planin tjetër të filmit, paraqitet në fragmente i gjithë zhvillimi i vendit i cili në njërën kërkon të jetë zëri autoritar i risive, ndërsa në tjerën t'i tregojë të gjallëve dhe të vdekurve luftën e vazhdueshme në ruajtjen e veprës monumentale të dëshmorëve. Shohim në mënyrë të përmbledhur gjithë evolucionin e shoqërisë nga konditat e një populli të robëruar e të pushtuar, në një shoqëri që hyn në botën moderne të industrializimit pa harruar mundin e baballarëve dëshmorë.

Nevoja e madhe për t'i dhënë monumentit atributet metafizike e një qenieje që jeton, falsifikon mbase padashur vetë nocionin e monumentit të pandryshueshëm si vepër e lidhur me një ngjarje dhe një vend. Në të vërtetë nuk jemi para një lapsusi teknik të filmit por të një artifice artistike që tregon për diçka tjetër: politizimi i historisë, jetës, njeriut, qëllimeve dhe përdorimit të ndjesive për t'i shërbyer pushtetit. Aty ku pushteti e ka të pamundur të cenojë një objekt historik, me ndihmën e historiografisë dhe ideologjisë, këtij objekti i jepet një interpretim tjetër sipas vizionit të regjimit.

Mirëpo në rastin tonë kjo gjendje metastabël e monumentit si proces asnjëherë i përfunduar i shërben pushtetit në një instrumentalizim që e hasim dhe në shoqëri të tjera e që mbështetet rreth figurës së martirit dhe kapjes së tij në mekanizma e strategji pushteti. Intensifikimi rritës i ngjarjeve të së shkuarës falë metaforës euforiko–vitkimizuese, i shërben zgjerimit të pushteteve mbi një mori ngjarjesh që nuk i përkasin më të shkuarës por të tashmes dhe së ardhmes. Në një mënyrë krejt banale në ditët tona ekzistojnë prirje për t'i kushtuar më tej vëmendje Luftës Nacional–Çlirimtare për arsye politike që konsistojnë në shtimin e elektoratit partiak dhe militantizmit duke shfrytëzuar ato pak afekte dhe emocione të lidhura me figurën e martirit. Po sipas të njëjtës teknikë vepronte dhe regjimi diktatorial. Theksimi i rolit të partizanëve dhe dëshmorëve në jetën e përditëshme, në slogane, libra, metodologji edukuese e disiplinore, në kinema e letërsi, nuk kishte të bënte drejtpërdrejt me të

vdekurit por me impaktin që ata kanë mbi të gjallët që duhen qeverisur e manipuluar përmes lloj-lloj mjetesh e mënyrash.

Në përfundim, do të theksonim se pushtetet totalitare dallohen edhe nga një veçori tjetër, për nga synimi dhe praktika që kanë për të patur në hegjemoninë e tyre gjithë jetën në shumëllojshmëritë e saj. Të fiksuara pas idealeve të progresit dhe avancimit, të luftës për sundimin e territoreve dhe popullsive përherë e më të mëdha, trupi i viktimës duhet të jetojë vazhdimisht si një trup i ballsamosur brenda një monumenti gjysëm amorf. Kështu një pjesë e krimeve shtetërore realizohen jo vetëm në emër të popullit të gjallë por dhe të dëshmorëve *të gjallë,* të cilët ndoshta do të sikletoseshin tej mase nëse do mund të parashikonin se ç'do ndodhte pas çlirimit. Kontrolli politik mbi të vdekurit është kontroll mbi kujtesën dhe falë saj, realizohet kontrolli manipulues mbi të gjallët. Është kjo arsyeja themelore se pse ai lapidar në filmin *Lapidari* ndodhet vazhdimisht në ndërtim, sepse pushteti nuk përfundon kurrë me një stad apo etapë, madje nuk duhet menduar si një strukturë monolitike por si dinamikë që ka nevojë për energji të reja në ruajtjen e vetekzistencës.

Texts Chiseled on the Calendar: A Semiotic Reading of Inscriptions on the Commemorative Monuments of the Period of the National Liberation War

Ardian Vehbiu

Inscriptions on commemorative plaques, lapidars, and other historical monuments fulfill a double function: they convey information about historical events commemorated or celebrated, while also being part of the larger monumental complex. They are therefore signs and at the same time components of higher systems of signs. For this reason, any attempt to study the structure of these texts and the way they constitute historical discourses cannot but transcend the limits of simple linguistic analysis. What follows, is a first effort so far, albeit preliminary, to make sense of how political power in Albania during the 1945–1990 totalitarian period relied on these macro-signs in order to normalize recent history also through the elaboration of official texts that met certain formal and functional criteria, for the final purpose of legitimizing itself in the eyes of the public.

The inscriptions on commemorative plaques and lapidars differ according to what is commemorated: a heroic act, a battle, or another important event, the martyrs of village or a zone, or the National Liberation War in general. However, from one inscription to another, we may determine several patterns that have to do with the structure of the text.

It easy to notice, for example, that many inscriptions contain a deictic element, which corresponds to the adverb of place *here,* and which may take different forms, including being complemented by place names – such as "here in Ngurëz" [ALS–328], "here on the Kash pass" [ALS–341], "here in Vëlush" [ALS–231], "here in Çarçovë" [ALS–254] – or articulated in word groups, such as "in this place" [ALS–255], "around this place" [ALS–165], "in this zone" [ALS–198]. In fact, spatial anchoring through deixis is one of the fundamental semiotic functions of the lapidar, plaque, or monument; these works themselves are, before everything else, small arrows that show a particular place, or little flags planted straight into the ground.[1] This is independent from the fact that in the majority of cases the lapidar, plaque, or monument itself plays a deictic function and its reinforcement in the inscription, by means of merely linguistic elements, is redundant.

Locative deixis is counter-balanced by numbers, starting with dates of the type "on July 6, 1943" [ALS–260], which anchor, this time on the calendar, the events that the text speaks of and which the inscription and the monument itself aims to commemorate. As a rule, the date follows immediately after the deictic constituent: "in this place on July 11, 1943" [ALS–255], "Here on July 2, 1943, heroically fell…" [ALS–280], "here on 7/10/1943" [ALS–596]. Thus, the place where the lapidar, plaque, or monument has been erected is tied, by means of the text, to a unique date on the calendar, or a unique place on the timeline of history. This relation, between the place where something has happened and the pertinent date, does not have any significance in itself, but only serves to certify the truthfulness of the event.[2]

The dates within the texts are also attached to other numbers, which sometimes refer to the fallen: "14 parti-

---

1   As regards textual deixis I rely on Catherine Kerbrat-Orecchioni, *L'Énonciation* (Armand Colin, 2013), pp. 39–78. For a summary presentation of Émile Benveniste's concept of shifters (*em-*

brayeurs), see Gérard Dessons, *Émile Benveniste: L'Invention du discours* (In Press, 2006), pp. 105–7.

2   In the official version of Albanian history, approved by the totalitarian regime of Enver Hoxha, the period of the National Liberation War is presented as especially rich in events and significant dates; or with *a great chronological and mnemonic density,* to speak with a term of Eviatar Zerubavel, *Time Maps: Collective Memories and the Shaping of the Past* (University of Chicago Press, 2003), pp. 24–34. The maps of the geographical distribution of lapidars confirm and certificate this density, reminding us that each case of the present is a product of a historically *intensive* yesterday. For this reason, still according to Zerubavel's framework, the National Liberation War would represent a "sacral" period in the history of Albania and the Albanians, alongside – let's say – the period of the anti-Ottoman resistance of Gjergj Kastrioti-Skënderbeg. This asymmetry, or unequal distribution of history on the chronological line, do not only relate to the calendar and material presentations of history, such as books, monuments (including lapidars) en museums, but also touch directly on the collective memory itself. Zerubavel notices that Lévi-Strauss, when talking about this oscillation in chronological density of remembered events, he compared it with the sinusoids derived from the measurements of a historical pressure gauge.

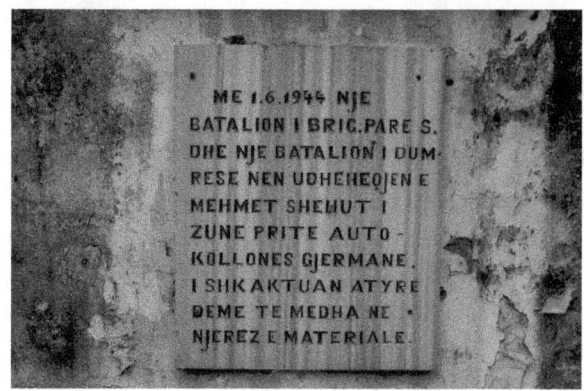

Fig. 1 ALS–179 (detail)

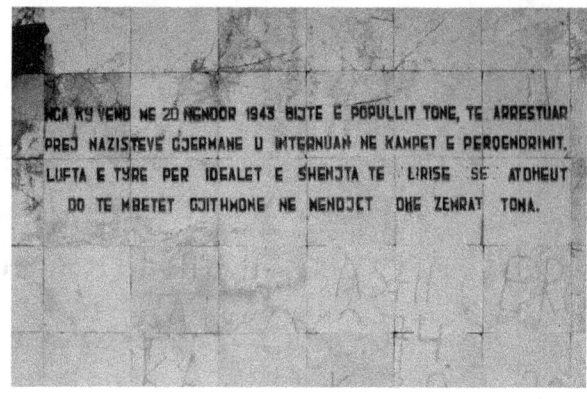

Fig. 2 ALS–165 (detail)

sans were killed" [ALS–198], "302 martyrs fell in the battlefield" [ALS–231], "in memory of the 65 fallen martyrs and victims in Orman Çiflig" [ALS–103]; some other time to the losses in the ranks of the enemy: "25 Germans were taken captive" [ALS–254], "the enemy was disoriented and left 60 killed" [ALS–260]; furthermore to the victims of the War: "the German Nazis massacred 27 men" [ALS–255]; and also to the number of fighters: "around 300 volunteers from the villages of Kolonjë" [ALS–260]; or other numbers that identify military formations: "a battalion of the first Brigade" [ALS–179], "the 7th Brigade" [ALS–231], "the forces of the second Brigade" [ALS–266], etc.

Because of their identifying role, all numbers and especially dates function like proper names. For that reason they may also be included in a large group of proper names featured in the texts on lapidars, plaques, and monuments – usually as personal names (anthroponyms) and place names (toponyms). These latter ones are directly related to and relay the deictic force of the pertinent adverb, or of the monument itself. But they may also refer to a broader zone, relating to the community that has placed and maintains the plaque: "the people of the zone of Shijak" [ALS–164], "from the mountain region of Nemërçkë until the Qarr pass [ALS–254], "glory to the martyrs of the village Lekdush" [ALS–367].

Anthroponyms represent a second important group among the proper names – appearing mainly as names of martyrs, occasionally organized in long, enumerated lists (which sometimes stand for the rows and columns of military formations). Even though lapidars, commemorative plaques, and other similar monuments are functionally different from martyrs' cemeteries, the typological similarities between these two types of signs are beyond discussion. The most important martyrs – if we may put it this way – have their own plaque dedicated to them: "In this place in June 1944, Hero of the People Zaho Koka fell on the field of honor and glory

in a fight with the German Nazis." [ALS–432]. Different from a gravestone, which contains biographical data of the one who is buried, such as date of birth and death, the texts on these plaques relate to the heroic act of the fallen, not to the body of the deceased itself. Other common names are those of military formations: the Naim Frashëri battalion [ALS–285], the partisan unit of Mokër [ALS–496], the battalion of Krujë-Ishëm [ALS–691], the Misto Mame battalion [ALS–401]; or of military commanders such as comrade Enver [ALS–328], Mehmet Shehu [ALS–179], and Hysni Kapo [ALS–634].

Otherwise, the texts shown on such monuments enclose in themselves a simply informative part that fuses places, calendar, and people into a *thick* discourse of an essentially historical nature; as well as another, rhetorical part, emotionally colored and rich in all kinds of lexical cliches, which aims to convey the attitude of the text toward the commemorated events.

That this attitude will be more or less solemn is fairly determined by the commemorative nature of the text itself – which aims to elevate an act or a historical event by honoring it simply with its presence, but also by means of its words. It happens rarely that this second, expressive, part of the text is lacking:

ON 6/1/1944 A BATTALION OF THE FIRST OFFENSIVE BRIGADE AND A BATTALION OF DUMRE UNDER THE COMMAND OF MEHMET SHEHU LAID AN AMBUSH FOR A GERMAN CONVOY. THEY CAUSED GREAT DAMAGE TO THEIR MATERIALS AND MEN. [ALS–179] (*fig.* 1)

This may be compared to:

AROUND THIS PLACE ON NOVEMBER 20, 1943, OUR SONS, ARRESTED BY THE GERMAN NAZIS, WERE INTERNED IN CONCENTRATION CAMPS. **THEIR STRUGGLE FOR THE SACRED IDEALS OF**

THE FREEDOM OF THE COUNTRY WILL ALWAYS REMAIN IN OUR MINDS AND HEARTS. [ALS–165] (*fig. 2*)

Here the second sentence, marked in boldface, departs from the narrative in order to express the attitude of the text.

Clichés like "fell heroically," "will inspire for centuries," "sacred ideals of the freedom of the fatherland," "as a sign of deep recognition," "were murdered barbarically," "were tortured barbarically," "fell with bravery," "for the defense of the dear borders of the fatherland," "fought bravely," "your works [are] a source of inspiration," "fell on the field of honor and glory" are commonly used as evaluative and expressive elements. Also the usage itself of the verb *fall* (Alb. *bie*) with the meaning "killed in battle" is stereotypical and characteristic for the solemn style of these texts.[3] In several, more rare cases, the entire inscription consists of a text with an expressive and evaluative character, while the historical information remains implicit, or is given in other ways:

FOR THOSE WHO SWORE ONLY ONCE:
EITHER WE BUILD A NEW WORLD
OR NONE OF US WILL REMAIN ALIVE [ALS–235]

YOUR MOTHER BORE YOU FOR A NEW WORLD
YOU HANDSOME HEROES
THAT FELL FOR THE FATHERLAND [ALS–419]

THEY DID NOT PUT FRESH FLOWERS
ON THE ALTAR OF FREEDOM
BUT THEIR BLOOD AND LIFE [ALS–81]

A good part of the expressive clichés have to do with the death in battle, to the extent that many of those texts commemorate martyrs or events where someone has been *heroically* killed while fighting *with bravery* against the occupiers and traitors.[4] In so far as they are commemorated, such deaths are always heroic; in the sense that those who are killed are transformed into heroes through the way in which they have died. Among those clichés, fell heroically turns out to be used the most in texts – and this heroism is directly attributed to the act, and only indirectly to the person who is killed.[5]

Some of the inscriptions also contain textual elements of a metalinguistic (self-referential) nature, which no longer refer to history nor to the place where the lapidar or monument has been erected, but rather to the lapidar, plaque, or monument itself, making explicit the reasons for their erection. Such elements are formulas of the type "Dedicated to the memory of…," "Dedicated to the martyrs…," "A sign of deep recognition…," "In memory of…", or other formulas as well, most often of the type "Glory to the brave partisans…," "Glory to the martyrs…," etc. Such constructions are often elliptical, because the verb is absent. This is otherwise characteristic for funeral inscriptions as much as for the texts in public slogans and in other inscriptions of a political nature. The reason, for as far as we can investigate in the present context, has to do with the need to keep the subjective agency that enabled the monument and the inscription itself to a certain distance.

Such formulas, which often encapsulate a performative interconnected with the dedicatory act of the monument, also express subjectivity; to the extent that they directly convey the subject of the enunciation into the text.[6] Here we may well ask who precisely is the one

---

3 For the clichés of the public discourse of totalitarian Albanian, see Ardian Vehbiu, *Shqipja totalitare* (Botime Çabej, 2007), pp. 179–83.

4 For the death cult in the public discourse of totalitarian Albanian, see ibid., 215–18.

5 Dr. Vincent W.J. van Gerven Oei was so kind as to send me a fragment from an official document from the Central Albanian Archive, where two specialists in the field, Kujtim Buza and

Kleanth Dedi, raise several concerns regarding the nature of the inscriptions on "monuments" and decry the "standardization," "unemotional phrase construction," "lack of originality," and "mania for writing everything on a small plaque." The authors seek to minimize the "bureaucratic" characteristics of the inscriptions by relieving it from details, and to strengthen the expressivity of the texts "with all the more tendentious and emotional language." It is not clear to what extent the authorities haven taken their recommendations into consideration. To my mind, the importance of the *documentary* character of the lapidars, as certificate of historical genuineness and codifier of the past, has escaped them. See "Disa probleme edhe masa për të ngritur me kriterë më të drejta monumentet, përmendorët, bustet, lapidarët, dhe pllakat përkujtimore," AQSH, f. 511, v. 1970, d. 86, pp. 2–22, at pp. 9–11); see also *this volume*, p. 47.

6 With the "subject of the enunciation" I mean what French *theoreticians of textual analysis call* sujet de l'énonciation or *sujet discoureur* and which, without entering a debate and theoretical analysis, I will define as "the linguistic instance where the text is produced" (even though it would be more precise to say "the instance where the text is produced, based on contextual data that the consumer of the text has at his disposition"). For more about this question, see Kerbrat-Orecchioni, *L'Énonciation*, pp. 190ff. For our analysis it is important to differentiate this subject of the enunciation (or the process that produces the utterance) from the grammatical subject of the utterance. Pragmatics deals with the former, syntax with the latter. Even though, for practical purposes, we can also identify this subject of the enunciation with the "real" author or narrator of a text, it is again better to keep in mind that the subject of the enunciation always manifests itself through specific elements in the text – personal and possessive pronouns, *shifters*, and other words with a relational meaning, verbal tenses, persons, verb moods (such as the admirative), pronominal particles (ethical dative), and so on. As a grammatical category (in the broad sense), the subject of the enunciation is always present during the practice of reading the text. Another

dedicating the lapidar "to the memory of …," shouting "glory…," or explaining that the monument has been erected "as sign of deep recognition …." The simple and seemingly logical answer that this is said by the constructors of the monument is, in fact, circular. Moreover still, the subject of enunciation shows itself in the fully expressive or rhetorical part of the epigraphic texts, including the epithets and other rhetorical figures. And the fact that these rhetorical elements are, to a great extent, stereotypical – of the type "fell *heroically*," or "was tortured *barbarically*," etc. – we may well think that this subject is the representative of a collective consciousness, which is also asked to maintain alive the memory of the National Liberation War.

In similar analyses, the traces of the subject of the enunciation in such texts have also been sought in presuppositions (enthymemes) that underlie enunciations, or in the rather simple deduction that the one saying about the martyr that he "fell heroically" shows publicly that he supports the side of the fallen; and the one saying "tortured him barbarically" necessarily feels hostility toward the torturers. Other words and expressions too, such as "the victory of our popular revolution," "the happy life we enjoy today," "partisan heroism," "massacred," and especially the designations used for the enemy, such as "traitors of the country," "the German forces and their tools," "reaction," "occupying Nazi forces," "Nazi occupiers, "Italian Fascists," "German and National Front forces,"[7] "treacherous forces of Legality,"[8] etc., do not only show the spiritual engagement of the subject of enunciation, but also do so by standardized, stereotypical means following a rather rigid template. The ways in which the enemy may be called are, essentially, elaborated and sanctioned in the workshops of the historical discourse about the War; it is important that these designations not only express the feelings of hatred and anger, but also do so in a codified manner.[9] Only words

dressed up in uniform have the authorization to be used in such texts, which in their way continue the battles of the National Liberation War and the conflict itself with discursive means. And if this is the case, then the structure of epigraphic texts refers, intertextually, to approved models. The inscriptions themselves only differ from each other, before anything else, by the common names, dates, and other identifying elements that are included in the text. This also makes such inscriptions close to modular **forms**, a trait that we will return below.

The dominant rhetorics in texts accompanying the lapidars and similar monuments that commemorate the martyrs and bloody battles is the rhetorics of *blood*. Blood is a metaphor for life. And *to shed one's blood* is the same as sacrifice (or offering) on the battle field (*the giving of life*). In order to avoid having a battlefield casualty seem like a product of chance ("he took the bullet"), it is important that the element of sacrifice be emphasized – or that the martyr or fallen partisan be presented as if he had voluntarily offered his life "on the altar of freedom." This rhetorics of sacrifice and of the *shedding of blood* in the name of the cause has its roots in religious discourse and maybe even deeper; even though it is now put to the service of the totalitarian discourse about history – where each fallen one is potentially a hero, and someone's death, especially on the battlefield, is interpreted as the cause of the "happy present." On plaques with historical inscriptions that refer to the National Liberation War, you won't find traces of pacifist rhetorics about the victims of the war, innocence and lost lives. On the contrary, the battlefield is the stage where heroes are made and where each sacrifice, in some way, also self-sacrifice.

As a master metaphor, *blood,* weaves a complex network of meanings around itself, interconnected though not identical. So, at the moment of death, the martyr gives his blood "for the dear issue of the party and people, for the victory of our popular revolution, for the happy life that we enjoy today" [ALS–138]. Nevertheless, it is not clear whom exactly this blood is given

---

term for this category, such as it manifests itself in literary texts, would be the *intentio auctoris* of Umberto Eco, which sometimes is also called *auctor in fabula.*

7   The Albanian National Front (*Balli Kombëtar*) was an Albanian political organization established in 1942, which competed with the Albanian National Liberation Front (*Fronti Nacional-Çlirimtar*) during WWII. They couldn't reach an agreement for fighting together against the occupying Italian Fascist and later Nazi German forces and would eventually come into open conflict with each other, due to the Balli Kombëtar's eventually siding with the Nazis.

8   The Legality movement (*Legaliteti*) was an Albanian pro-monarchy political faction founded in 1941 that initially collaborated with the communist-led National Liberation Front but would later fall out of grace and be declared an enemy by the communists.

9   This phenomenon has been analyzed, for totalitarian Russian, by A. Yurchak, in *Everything Was Forever, until It Was No More: The*

Last Soviet Generation (Princeton University Press, 2006), esp. in the chapter "The Normalization of Language," pp. 47–50, which deals with the characteristic processes of "collective writing" and "regularized editing" as necessary conditions for the derivation and reproduction of what he calls "ideological literacy," or the ability to produce a text where none of the elements can be called into doubt, because "every new text in this genre functioned as a citation of prior ones […]." Yurchak uses the term "hypernormalization" to describe this type of discourse, where the form of authoritative texts would become increasingly more important than the need to convey a specific meaning. According to this author, "hypernormalization" was the result of "attempts by great number of people who were engaged in producing texts in authoritative language to minimize the presence of their own authorial voice" (ibid., p. 75).

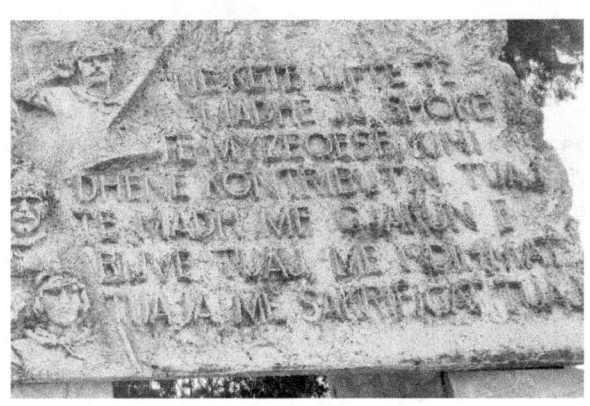

Fig. 3 ALS–328 (detail)

to, even though the semantics and syntax of the verb *to give* require so. Different from authentically religious or mythological discourse, where the sacrifice is made to the gods (or the king, etc.), in the totalitarian discourse of a state that purports to be atheist, the offer of blood is made to the future or the stream of history.

In addition to life, *blood* also signifies the belonging of the physical body, usually the martyr's, to the community, owing to the traditional and embedded meaning of the word, which refers to the clan, tribe and, eventually, race (in the folk-historical meaning). So *blood* is also the element that links together *generations,* especially within a community:

IN THIS GRAND WAR YOU COMRADES OF MYZEQE
HAVE GIVEN YOUR GREAT CONTRIBUTION WITH
THE BLOOD OF YOUR SONS, WITH YOUR HELP, WITH
YOUR SACRIFICE. [ALS–328] (*fig.* 3)

In relation to the community, the fallen ones are always *sons* – this is related to the young age of the martyrs, or to the codified need to always consider them young, whereas the community itself is considered, before anything else, to consist of mothers and fathers. This seemingly innocent mannerism allows the communities themselves to be seen as articulations of *generations,* which are interconnected not only by means of their life together, but also through *blood.* This also means that the blood spilled on the battle field is also of the respective *community* – which later will erect the monument and will gather ritually to maintain the memory of the event, or of that "glorious page in the grand epic of the National Liberation War" which is written "in blood" [ALS–403].

How the subject manifests itself in these texts can also be traced by looking at whom these inscriptions are precisely talking to, whom they are directed at. Naturally we will not find explicit phrases there, similar to "Go

tell the Spartans, passerby..." which Herodotus recalls about the inscription in Thermopilae – and where the text speaks directly to the occasional traveler. In fact, the question whom is talked to cannot be separated from the other question, namely who speaks – the authority, governmental power, and community. Otherwise, on the surface of the text, the signs of the participants or parties in the discursive act of reading do not appear except indirectly; the suppositions (enthymemes) of the text connect, with invisible wires, the subject of the enunciation with the receptive end of the discourse, which has no other way to take an active part in this exchange, except by appropriating the text and transforming the monologue of the inscription into its own monologue.

The epigraphic texts tend, therefore, to be written in the third person and belong to what Benveniste, and others semiologists of the French school after him, have called "historical narrative" (*récit historique*); and which, in that language, is signified before anything else by the verbal forms of the aorist (*passé simple*),[10] which is exclusively used for this type of discourse.[11] Something similar can also be pointed out about the aorist in the inscriptions that we are analyzing: *ranë, goditën, asgjësuan, demonstroi, dhanë gjakun, u internuan, u vranë, zunë pritë, u plagosën, masakruan, u kapën robër* (fell, hit, annihilated, demonstrated, gave blood, were interned, were killed, laid in ambush, were wounded, massacred, were made hostage), etc. Those forms of the simple past in Albanian, even though not as exclusively as in French, serve also to give the texts a historical tonality, or to present the events these texts refer to as irreversible, because they are frozen in the past, a deposit of the final truth. This also directly conditions, as we will see, the truth-value of the inscriptions – a critical factor in the reception of the inscriptions themselves and the consolidation of the official version of history.[12] Only in rare cases do the inscriptions break the code of historical narrative to allow for personal forms of discourse: "your work [is] a course of inspiration" [ALS–412] contains a second person plural form, which means that the subject of enunciation, whoever that may be, speaks "directly"

---

10 This verbal tense does not exist in English, and is usually translated with the past tense. – Ed.

11 Émile Benveniste, "Les relations de temps dans le verbe français," in *Problèmes de linguistique générale,* vol. 1 (Éditions Gallimard, 1966), pp. 237–50.

12 According to Yurchak (op. cit.) in totalitarian texts, where author and authority often coincide, the author himself aims to present himself not so much as the "producer" of (new) knowledge but rather as the "mediator" of the (pre-existing) knowledge or information that is conveyed. In our case, the truth of the information presented in the inscriptions on lapidars was neither selected, nor valued by the *drafter* of the inscriptions; but merely reproduced, obtained from a "depository" of eternal truths.

to the martyrs as if these were present in the communicative context. The first person plural, the *we* of the community or collective subject, depository, guard, and spokesperson of the collective memory, occurs somewhat more often: "they gave their blood […] for the victory of *our* popular revolution and for the happy life that *we* enjoy today" [ALS–138], "their battle […] will always remain in *our* minds and hearts" [ALS–165]. When the first person plural is used, it also serves to actualize the text of the inscription, especially if we accept that the reader interiorizes the monologue and mentally fuses his own subject with the collective that "speaks."

Nonetheless, the inscriptions on lapidars and other commemorative monuments are almost never "signed." Neither the author of the work and the inscription itself, nor the "authority" in whose name the monument is completed and placed is noted on it, including also the inscription (cf. the S.P.Q.R. of classical inscriptions in Rome). Even the date of the erection of the lapidar is only rarely mentioned, although this shouldn't be interpreted as if the author(s) and authorities prefer to remain in the shadows or anonymous. Rather, it should be taken as an attempt to transform the sign into something absolute, or into a part of the landscape – geographically and historically.[13]

On the other hand, the semiotic interaction between the visitor, the inscription, and the lapidar or monument itself is articulated into three chronological nodes: (*a*) the date or place on the calendar of the historical event that is commemorated, and which is usually found explicated in the epigraphic text; (*c*) the current date, or the actual moment when the visitor reads the plaque and consumes the inscription by reading it, virtually in order to learn about the event that is commemorated; and (*b*) the date when the lapidar was erected as a material and rigid mediator between the historical date and the current moment.

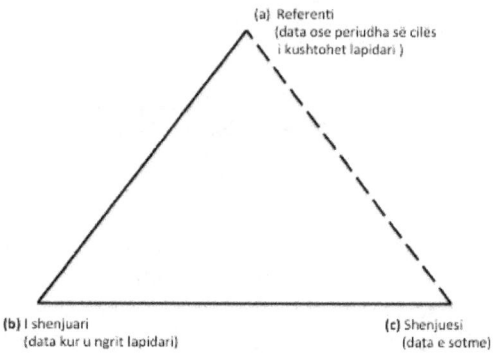

This triangle, where each corner represents one temporal node, is nothing but the semiotic triangle of the signifier, the signified, and the referent – respectively the inscription in the act of being read (and the entire monumental context, if we prefer), the date of the erection of the inscription (which remains hidden or invisible), and the historical event, as the referent which remains outside the sign.

During the period *a–b*, between the event itself and the day when the lapidar has been erected, history still exists in a fluid state, like as yet unhardened concrete; the event remains open to interpretations and the authorities have not yet made a final choice between "competing" truths – a situation similar to Schrödinger's cat in the famous conceptual experiment. With regard to said specific event, history exists more like a superposition of personal variants and unsynchronized memories engaged in deadly competition. The erection of the lapidar (*b*) and the placement there of the plaque with the inscription about "what has happened" represents also the moment when this fluid history finally crystallizes or codifies, and is ready to be given to the public for consumption. Actually, the very fact that the epigraphic text is chiseled in stone or in any case written in a strong and virtually unchangeable material (marble, granite, metal, concrete, etc.) shows that the inscription contains the finally settled event – the unique and univocal truth of the capital letters of the inscription normalizing the previously divergent and superimposed truths. So great is the heuristic force of inscriptions, that they are expected

---

13 From a functional, or semiotic, perspective, the lapidars or similar monuments are meant to be seen from some distance – or to stand out in the middle of the landscape, where natural or artificial. They are distinctive symbols, similar to small flags or pins on topographical maps – and only by being noticed from far away, they are able to fulfill their function as "calendar stones" – or as semiotic equivalents of milestones. The inscriptions, however, cannot be read from this relatively large distance. On the contrary, the reading and public consumption of the inscription is done from another distance, much closer, from where also several other, simply visual aspects of the monument stand out, e.g. a bas-relief, statue, or ornament, symbolic or abstract. Now, even without excluding that people approach the lapidar simply out of curiosity, because they have noticed it from afar, we would accept that, under normal circumstances, when at least the local audience knows what this or that lapidar or monument represents, the lapidar itself fulfills a *double* function: as pure index ("here") at some distance, and from nearby as an index accompanied by symbolical and iconic elements. If we accept this, then we would accept that the epigraphic inscription that accompanies the lapidar also provides an "explanation" of the monument, or an exposition of the reason for its erection, in the sense that the lapidar not only sanctions a historical event, but also adds it to the landscape as artwork, and, similar to other artworks needs an identification tag.

to extend forward in time while also correcting any possible mistake or imprecision made in the past.[14]

As may be understood, the interest of the totalitarian regime in the codification of history is not simply of an academic or historiographic kind – we are speaking here about the history of the National Liberation War, or that conflict from which the governmental power relations in the post-War period (1945–1990) derived, alongside the elite that would lead the country with an iron fist. In fact, from its beginnings until its fall in early 1991, the regime installed after the War would rather find its own legitimacy in the National Liberation War rather than in formal mechanisms of legitimization, such as parliamentary elections. Also at a local level, the normalization of historical events was of a practical importance – as it sanctioned the communities involved in the War on the side of the National Liberation Front; and, by mentioning the names of the fallen and of the military formations, legitimized a privileged layer of the families of martyrs and those of the War veterans. There were also other forms of legitimization, including certificates, decorations, orders and medallions, martyrs' cemeteries, museum archives of the War and so on; but the lapidars and similar monuments were the only ones that kept the certification anchored in a territory (geography).

On the other hand, the public communicates directly with the inscription, not with the event itself; and, with the passing of the years, the historical date of the event and the date at which the lapidar with the inscription was erected will come to approach each other until they merge – or there will arrive a phase in which the map will merge with the territory and the lapidar itself, as macro-sign, will communicate while masking the distance that separates/d it from the event itself. So the three-sided interaction between the signifier (text), the signified (reason or rationale of the monument), and referent (historical event) will collapse into a two-sided interaction between the sign (monument) and the event it refers to. The role of monuments such as lapidars in the maintenance, reproduction, and amplification of codified history remembrance cannot be successfully fulfilled except through this flattening of the semiotic triangle.[15]

Otherwise, as inscriptions in durable media and highlighted through more or less abstract and standardized structures, those of the lapidars belong to a quite heterogenous class of signs, which also include grave stones, monumental cemeteries (e.g., in Albania, martyrs' cemeteries) and, from a different perspective, border markers, border stones, and other topographical signs that contribute to the organization of the territory.

The similarity of lapidars to grave stones and cemeteries manifests itself especially in those cases when they are dedicated to the fallen. Occasionally, e.g. in the case of ALS–204, where also the date of birth and date of death of the deceased are mentioned, the separation from a grave cannot and should not be made – because the cause of death "fallen in a fight with the occupiers and traitors…" can often also be mentioned on a grave. However, as a rule, the lapidar isn't intended to mark the place where someone's *bones* are resting, but rather to point at the event that brought death to the deceased (martyr, hero); it does not commemorate their death as much as the history that brought them to death. Maybe also because the image of death as the great equalizer had survived the change of world views, the martyrs' graves on the monumental cemeteries show greater visual and stylistic consistency compared to the lapidars, which tend to keep their individuality.

For similar reasons, the graves of martyrs are usually found organized in the cemeteries; in a time that lapidars and similar monuments cannot be visualized separately from the geographical place where the commemorated event has happened; so much so, that in the case of someone who has fallen in the battlefield, the displacement of the body toward a cemetery is well-tolerated ("they took him to lie with his friends"), as long as the grave does not refer to a certain place, but only to the imaginary body of the person, whereas the link of the lapidar sign with the spatial referent would be lost as soon as the lapidar were to be moved – even if only because of the immediate shift in the meaning of the indexical demonstratives *here, in this place,* etc. On the contrary, in the inscription of a grave, the expression "here rests…" does not gain a different meaning even when the grave is displaced, because this displacement

---

14 Even from a merely geometrical perspective, the distance *a–b* between the commemorated event and the moment of the erection of the lapidar will, in a relative sense, continue to shrink or go toward zero with the passage of the years, or with the increase in distance between the current moment and the period in which the lapidar was erected (*a–c*), for the simple reason that the first one is fixed and unchangeable, whereas the second progressively increases by definition. This means that, with the passing of time, the moment of the erection of the lapidar (*b*) will seem to coincide with the historical date it refers to (*c*)

15 Speaking about the historical monuments of the Soviet Union, Michael Yampolsky notices that "It is quite possible that the greatest achievement of Soviet culture was the maximal suppression of chronological time and the creation of illusion of stability and stasis indispensable for the functioning of the masses" ("In the Shadow of Monuments: Notes on Iconoclasm and Time," in *Soviet Hieroglyphics: Visual Culture in Twentieth-Century Russia,* ed. Nancy Condee [Indiana University Press, 1995], p. 98).

would also presuppose the transfer of the buried body.

This notwithstanding, the functional similarity of lapidars with border stones, milestones, and other topographical signs of the administrative organization of the territory helps to better understand the role these monuments used to, and maybe continue to fulfill, within the collective rituals of historical commemoration.

As an indexical sign the lapidar only does as much as pointing with a finger, saying "here"; codifying the past and anchoring it in a territory, it sanctions the historical truth for the audience, simultaneously constituting and reproducing an interaction of governmental power with the geography.

The lapidar and other similar monuments fulfill this sanctioning or **certifying** function of history by connecting the descriptive text to the indexicality of the lapidar sign, which is attached to the territory like a thumbtack or a little flag on a map. This also means that the inscriptions on such monuments can and should be included in the category of documents that authenticate a fact as true, i.e., certificates – which have a use value to the extent that they are issued by an official authority. Actually, the erection of lapidars has always been a prerogative of the organs of local power; and the epigraphic texts have been approved by a constellation of authorities, including here the organs of propaganda of the Party Committees, the Institute of History of the Academy of the Sciences of the Republic, the Committee of War Veterans, the State Archive, the Archive of the Central Committee of the People's Republic of Albania, and other sides interested in building and maintaining a *definite* version of the history of the National Liberation War, which would also support the present political situation *in detail*.[16]

From the perspective of textual typology, several formal features, such as proper nouns, dates, other numerical data (such as number of deaths or captured enemies), and verbal forms of the simple past characteristic of the *constative* modality, bring the inscriptions on lapidars and other monuments significantly close to certificates. As is known, certificates are constructed based on a formulary text, which is completed with specific information by the drafter during the compilation of the document. So a typical form for an inscription would as follows:

HERE ON (date), THE PARTISANS OF (name of military formation) UNDER THE COMMAND OF (name of a known commander) WAGED FIERCE BATTLE WITH (name and type of enemy). DURING THE BATTLE (name of martyrs) FELL HEROICALLY, WHEREAS THE ENEMY LEFT (number in arabic numerals) KILLED AND WOUNDED ON THE BATTLEFIELD.

What is lacking on this form, compared to a normal certificate, is the initial performative ("I, the undersigned N.N., certify that…") as well as the identifying data of the issuance of the certificate – date and signature, together with the stamp of the pertinent authority.

And yet this lack does not deprive the inscription of its heuristic force, because, under a totalitarian regime, each unsigned (unauthorized) public inscription either conveys state authority, or is immediately seen as hostile and destroyed. It remains open for discussion whether this certification embodies also another illustration of the saying that history is written by the victors. However, the fact remains that the empty signature, characteristic for all these monuments, can function only under a totalitarian regime, where the state owns not only the territory, but also the public space of communication.[17]

---

16 Whether or not this formal sanction of historical discourse through the inscription is helpful for the preservation of collective memory can and should be discussed. In *La Mémoire, l'histoire, l'oubli* (Éditions du Seuil, 2000), Paul Ricœur more than once returns to this term, starting with the myth of Teuth who gave the writing signs to the Egyptians – at the occasion of which he asks whether writing has harmed man's capacity to remember, which from now on will be delegated to external signs. In fact, the historiography of the National Liberation War, codified in writing in official historical texts, school texts of the regime, central and local archives, central and local museums, and in monumental inscriptions, commemorative plaques, and lapidars, was always in conflict with the *private* memory of the generations that had lived through the War; those generations that, to a large extent, chose not to convey this personal memory to their successors, to protect them from the risk of ambivalent public and political experiences, as long as the problematization of the history of the War would in itself represent a thoughtcrime.

17 Otherwise, a similar monument erected after 1990 would need an inscription from the pertinent authority, or would remain private and irrelevant, such as the lapidars that commemorate traffic accidents or other private events without interest to the public – as in the meanwhile, to say it with Yurchak, there had occurred a *performative shift*, and the constative dimension of discourse was detached from its reference and exposed to uncontrolled interpretations (op. cit., p. 67). However, the *current or post-totalitarian* reading of the inscriptions on lapidars and other monuments erected during the totalitarian period will remain to be investigated in a later study, which will need to consider the absence of a certificating authority, the pluralist reading of history, the damaging of lapidars and the inscriptions themselves as contestation of the official historiography, but also as a continuation of a social and political conflict, and, at the same time, as a *sign* that stands for this conflict and, finally, additions or "additions" that have been made to monuments (without excluding vandalism), which can and must be dealt with as an undertaking of anonymous agents in the rewriting of history.

Tekste të gdhendura në kalendar: Një lexim semiotik i mbishkrimeve në monumentet përkujtimore të periudhës së Luftës Nacional–Çlirimtare

Ardian Vehbiu

Mbishkrimet në pllakat përkujtimore, lapidarët dhe përmendore të tjera historike përmbushin një funksion të dyfishtë: ato përcjellin informacion për ngjarjet historike që përkujtohen ose kremtohen, por janë edhe pjesë e kompleksit monumental përfshirës. Janë, pra, edhe shenja edhe përbërëse sistemesh të epërme shenjash. Për këtë arsye, çdo përpjekje për të studiuar strukturën e këtyre teksteve dhe mënyrën si ato përftojnë diskurse historike nuk mundet veçse t'i kapërcejë caqet e një analize thjesht gjuhësore. Në vijim do të parashtrohet një përpjekje e parë, deri më sot, dhe sado paraprake, për të ndriçuar mënyrën si pushteti politik në Shqipëri, gjatë periudhës totalitare 1945–1990, u mbështet në këto makro-shenja për të normalizuar historinë e periudhës së Luftës II Botërore edhe nëpërmjet përpunimit të teksteve zyrtare që kënaqin kritere të caktuara formale dhe funksionale, me qëllimin final që të legjitimonte veten në sytë e publikut.

Mbishkrimet në pllakat përkujtimore dhe lapidarët ndryshojnë sipas një tipologjie që ka të bëjë me çfarë përkujtohet: një akt heroik, një betejë ose ngjarje tjetër me rëndësi, dëshmorët e një fshati ose një zone apo Lufta Nacional–Çlirimtare në përgjithësi. Megjithatë, nga një mbishkrim në tjetrin, mund të përcaktohen disa rregullsi, që kanë të bëjnë me strukturën e tekstit.

Kështu, shumë prej mbishkrimeve përmbajnë një element deiktik, që i përgjigjet ndajfoljes së vendit *këtu*, dhe që mund të marrë forma të ndryshme, duke u plotësuar edhe nga emra vendesh – si "këtu në Ngurëz" [ALS–328], "këtu në qafën e Kashit" [ALS–341], "këtu në Vëlush" [ALS–231], "këtu në Çarçovë" [ALS–254] – ose duke u nyjëtuar në togfjalësh "në këtë vend" [ALS–255], "nga ky vend" [ALS–165], "në këtë zonë" [ALS–198]. Në fakt, ankorimi hapësinor nëpërmjet deiksisit është një nga funksionet themelore të lapidarit, pllakës ose monumentit; pse vetë këto vepra janë, para së gjithash, shigjetëza që tregojnë një vend të caktuar ose flamurka të ngulura drejtpërdrejt në territor.[1] Kjo, pavarësisht se,

në shumicën e rasteve, funksionin deiktik e luan lapidari, pllaka ose monumenti vetë; dhe përforcimi i tij në mbishkrim, nëpërmjet elementeve thjesht gjuhësore, është redundant.

Deiksisit vendor u kundërvihen shifrat; duke filluar me datat e tipit "më 6 korrik 1943" [ALS–260], të cilat ankorojnë, këtë herë në kalendar, ngjarjet për të cilat bën fjalë teksti dhe që synon të përkujtojë mbishkrimi dhe monumenti vetë. Si rregull, data ndjek menjëherë gjymtyrën deiktike: "në këtë vend më 11 korrik 1943" [ALS–255], "Këtu më 2 korrik 1943 ra heroikisht…" [ALS–280], "këtu më 10-7-1943…" [ALS–596]. Kësisoj, vendi ku është ngritur lapidari, pllaka a monumenti lidhet, nëpërmjet tekstit, me një datë unike në kalendar, ose një vend unik në vijën kohore të historisë. Kjo lidhje, midis vendit ku ka ndodhur diçka dhe datës përkatëse nuk ka ndonjë kuptim në vetvete, por vetëm shërben për të certifikuar vërtetësinë e ngjarjes.[2]

Brenda teksteve, datave u bashkëlidhen edhe shifra të

---

1 Për deiktikën e tekstit jam mbështetur në Catherine Kerbrat-Orecchioni, *L'Énonciation* (Armand Colin, 2013), f. 39–78. Për një

paraqitje të përmbledhur të konceptit të *shifter*-ëve (*embrayeurs*) te Émile Benveniste, shih Gérard Dessons, *Émile Benveniste: L'Invention du discours* (In Press, 2006), f. 105-107.

2 Në versionin zyrtar të Historisë së Shqipërisë të miratuar nga regjimi totalitar i Enver Hoxhës, periudha e Luftës Nacional–Çlirimtare paraqitet si veçanërisht e pasur në ngjarje dhe data të shënueshme; ose me *dendësi të madhe kronologjike dhe mnemonike*, për ta thënë me një term të Eviatar Zerubavel-it, *Time Maps: Collective Memories and the Shaping of the Past* (The University of Chicago Press, 2003), f. 25–34. Hartat e shpërndarjes gjeografike të lapidarëve e konfirmojnë dhe e certifikojnë këtë dendësi, duke përkujtuar në çdo rast se e sotmja është produkt i një së djeshmeje historikisht *intensive*. Për këtë arsye, gjithnjë sipas kornizimit që ofron Zerubavel-i, Lufta Nacional–Çlirimtare do të përfaqësonte një periudhë "sakrale" në historinë e Shqipërisë dhe të shqiptarëve, krahas – të themi – periudhës së rezistencës anti-osmane të Gjergj Kastriotit-Skënderbeut. Këto asimetri, ose shpërndarje të pabarabarta të historisë në vijën kronologjike, nuk kanë të bëjnë vetëm me kalendarin dhe paraqitjet materiale të historisë, si librat, monumentet (përfshi këtu edhe lapidarët) dhe muzeumet; por prekin drejtpërdrejt edhe vetë kujtesën kolektive. Zerubavel-i vëren edhe që, Lévi-Strauss, duke folur për këtë oshilacion të dendësisë së ngjarjeve të kujtuara në kronologji, e krahasonte atë me sinusoidet e përftuara nga matjet e një manometri të trysnisë historike.

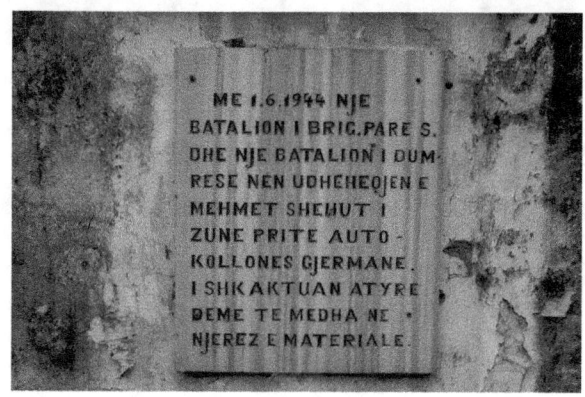

Fig. 1 ALS–179 (detaj)

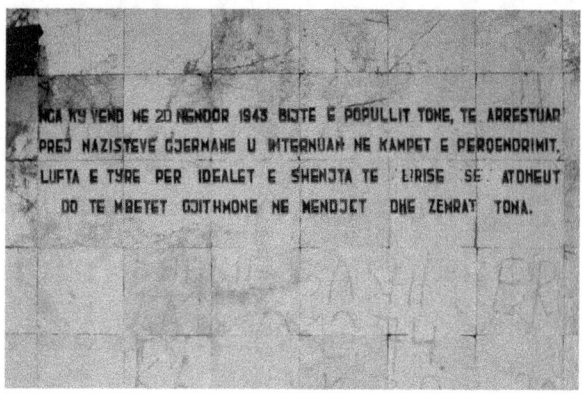

Fig. 2 ALS–165 (detaj)

tjera, të cilat ndonjëherë u referohen të rënëve: "u vranë 14 partizanë" [ALS–198], "ranë në fushën e betejës 302 dëshmorë" [ALS–231], "në kujtim të 65 dëshmorëve e viktimave të rënë në Orman Çiflig" [ALS–103]; ndonjëherë tjetër humbjeve në radhët e armikut: "u kapën robër 25 gjermanë" [ALS–254], "armiku u çorientua dhe la 60 të vrarë" [ALS–260]; dhe më tej viktimave të Luftës: "nazistët gjermanë masakruan 27 burra" [ALS–255]; dhe më tej numrit të luftëtarëve: "rreth 300 vullnetarë të fshatrave të Kolonjës" [ALS–260]; ose numra të tjerë identifikues të formacioneve ushtarake: "një batalion i Brigadës së parë" [ALS–179], "u formua Brigada e 7-të" [ALS–231], "forcat e Brigadës së dytë" [ALS–266], etj.

Për shkak të rolit të tyre identifikues, të gjithë numrat dhe veçanërisht datat, funksionojnë si emra të përveçëm; dhe për këtë arsye mund edhe të përfshihen në grupin e madh të emrave të përveçëm që shfaqen në tekstet e lapidarëve, pllakave dhe monumenteve – zakonisht si emra njerëzish (antroponime) dhe vendesh (toponime). Këto të fundit lidhen drejtpërdrejt dhe shpesh rimarrin deiksisin e ndajfoljes përkatëse, ose të vetë monumentit; por mund të emërtojnë edhe një zonë më të gjerë, dhe që lidhet me komunitetin që e ka vendosur dhe e mirëmban pllakën: "populli i zonës së Shijakut" [ALS–164], "nga rajoni mali i Nemërçkës deri në qafë të Qarrit" [ALS–254], "lavdi dëshmorëve të fshatit Lekdush" [ALS–367].

Antroponimet përfaqësojnë një grup të dytë të rëndësishëm mes emrave të përveçëm – duke dalë kryesisht si emra dëshmorësh, ndonjëherë në lista të gjata dhe të numëruara (që ndonjëherë metaforizojnë rreshtat dhe kolonat e formacioneve luftarake). Edhe pse lapidarët, pllakat përkujtimore dhe monumentet e tjera të ngjashme janë funksionalisht të ndryshme nga varrezat e dëshmorëve, ngjashmëritë tipologjike mes këtyre dy llojeve të shenjave nuk mund të vihen në diskutim. Dëshmorëve më të rëndësishëm – nëse mund të shprehemi kështu – u kushtohen pllaka më vete: "në

këtë vend në qershor 1944 në përleshje me nazistët gjermanë ra në fushën e nderit dhe të lavdisë Heroi i Popullit Zaho Koka" [ALS–432]. Në dallim nga një pllakë varri, e cila përmban të dhëna anagrafike për të varrosurin, të tilla si viti i lindjes dhe i vdekjes, tekstet në pllaka kanë lidhje me aktin heroik të rënies, jo me trupin e të vrarit vetë. Emra të tjerë të përveçëm janë ato të formacioneve luftarake: batalioni "Naim Frashëri" [ALS–285], çeta e Mokrës [ALS–496], batalioni Krujë-Ishëm [ALS–601], batalioni "Misto Mame" [ALS–401]; ose të komandantëve ushtarakë si shoku Enver [ALS–328], Mehmet Shehu [ALS–179] dhe Hysni Kapo [ALS–634].

Përndryshe, tekstet që shfaqen në monumente të tilla ngërthejnë në vetvete një pjesë thjesht informative, që lidh mes tyre vendet, kalendarin dhe njerëzit në një diskurs të ngjeshur narrativ me natyrë në thelb historiografike; dhe një pjesë tjetër retorike, emocionalisht të ngjyrosur dhe të pasur në klishe leksikore gjithfarësh, e cila mëton të përcjellë qëndrimin e subjektit të tekstit, ndaj ngjarjeve të përkujtuara.

Që ky qëndrim do të jetë pak a shumë solemn, këtë e përcakton njëfarësoj vetë natyra përkujtimore e tekstit – i cili synon të lartësojë një akt a një ngjarje historike, duke e nderuar thjesht me praninë e vet, por edhe nëpërmjet fjalëve. Shumë rrallë ndodh që kjo pjesë e dytë, shprehëse, të mungojë në tekst:

MË 1.6.1944 NJË BATALION I BRIG. PARË S. DHE NJË BATALION I DUMRESË NËN UDHËHEQJEN E MEHMET SHEHUT I ZUNË PRITË AUTO-KOLLONËS GJERMANE. I SHKAKTUAN ATYRE DËME TË MËDHA NË NJERËZ E MATERIALE. [ALS–179] (*fig.* 1)

Të krahasohet kjo me:

NGA KY VEND ME 20 NËNDOR 1943, BIJTE E PO-PULLIT TONË, TË ARRESTUAR PREJ NAZISTËVE GJERMANË, U INTERNUAN NË KAMPET E PËRQEN-

DRIMIT. **LUFTA E TYRE PËR IDEALET E SHENJTA TË LIRISË SË ATDHEUT DO TË MBETET GJITHMONË NË MENDJET DHE ZEMRAT TONA.** [ALS–165] (*fig. 2*)

Këtu fjalia e dytë, e shënjuar me të zezë, i largohet narrativës, për të shprehur qëndrimin e subjektit të tekstit.

Si elemente vlerësuese dhe shprehëse përdoren zakonisht klishetë "ra heroikisht", "do të frymëzojnë në shekuj", "idealet e shenjta të lirisë së atdheut", "në shënjë mirënjohje të thellë", "vranë barbarisht", "torturuan barbarisht", "ranë me trimëri", "për mbrojtjen e kufijve të shtrenjtë të atdheut", "luftuan trimërisht," "vepra juaj burim frymëzimi", "ra në fushën e nderit dhe të lavdisë". Edhe vetë përdorimi i foljes *bie*, me kuptimin "vritet në betejë e sipër", është stereotipik dhe karakterizues për stilin solemn të këtyre teksteve.[3] Në disa raste më të rralla, krejt mbishkrimi konsiston në tekst me karakter shprehës dhe vlerësues, ndërsa informacioni historik mbetet implicit, ose jepet me mënyra të tjera:

PËR ATA QË U BETUAN VETËM NJË HERË:
O NDËRTOJMË BOTËN E RE
O S'MBETET ASNJË MBI DHE [ALS–235]

JU KISH LINDUR NËNA PËR NJË BOTË TË RE
LULE MORE TRIMA
QË RATË PËR ATDHE [ALS–419]

ATA NUK VUNË LULE TË FRESKËTA
NË ALTARIN E LIRISË
POR GJAKUN DHE JETËN E TYRE [ALS–81]

Një pjesë e mirë e klisheve ekspresive kanë të bëjnë me vdekjen në betejë e sipër, në atë masë që shumë nga këto tekste përkujtojnë dëshmorët, ose ngjarje ku dikush është vrarë *heroikisht* duke luftuar *me trimëri* kundër pushtuesit ose tradhtarëve.[4] Vdekje të tilla, derisa përkujtohen, janë gjithnjë heroike; në kuptimin që të vrarët janë shndërruar në heronj nëpërmjet mënyrës si kanë vdekur. Mes këtyre klisheve, *ra heroikisht* rezulton të jetë më e përdorura në tekstet – dhe aty heroizmi i atribuohet drejtpërdrejt aktit, dhe vetëm tërthorazi personit të vrarë.[5]

Disa nga mbishkrimet përmbajnë edhe elemente tekstuale me natyrë meta-gjuhësore, të cilat i referohen jo më historisë, as vendit ku është ngritur lapidari ose monumenti, por vetë lapidarit, pllakës ose monumentit, duke eksplicituar arsyet pse këto janë ngritur.

Të tilla elemente janë formula të tipit "Kushtuar kujtimit të…", "Kushtuar dëshmorëve…", "Në shenjë mirënjohjeje të thellë…", "Në kujtim të…", ose edhe formula tjetër, më e shpeshtë e tipit "Lavdi partizanëve trima…", "Lavdi dëshmorëve…", etj. Ndërtime të tilla janë zakonisht eliptike, pse u mungon folja; çka është përndryshe karakteristikë sa e mbishkrimeve funerare aq edhe e teksteve në parullat publike dhe në mbishkrimet e tjera me natyrë politike. Arsyeja, me aq sa mund ta hetojmë në kontekstin tonë, ka të bëjë me nevojën për ta mbajtur në një farë distance agjencinë që ka mundësuar monumentin dhe mbishkrimin vetë.

Formula të tilla, të cilat shpesh enkapsulojnë një performativ të ndërlidhur me aktin përkushtues të monumentit, shprehin edhe subjektivitetin; në atë masë që përçojnë drejtpërdrejt subjektin e thëniezimit në tekst.[6] Këtu ka vend të pyetet se cili është pikërisht ai që ia kushton lapidarin "kujtimit të…", ose thërret "lavdi…" ose që shpjegon se monumenti është ngritur "në shenjë mirënjohjeje të thellë…". Përgjigjja e thjeshtë dhe, në dukje, logjike se këtë e thonë ndërtuesit e monumentit është, në fakt, cirkulare. Më tej akoma, subjekti i thëniezimit shfaqet edhe në krejt pjesën ekspresive ose retorike të teksteve në mbishkrimet, përfshi këtu epitetet dhe

---

3 Për klishetë në ligjërimin publik të shqipes totalitare, shih Ardian Vehbiu, *Shqipja totalitare* (Botime Çabej, 2007), f. 179–83.

4 Për kultin e vdekjes në ligjërimin publik të shqipes totalitare, shih Vehbiu, *vep. cit.*, f. 215–18.

5 Dr. Vincent W.J. van Gerven Oei pati mirësinë të më dërgojë fragmentin e një dokumenti zyrtar të nxjerrë nga AQSH, ku dy specialistë të fushës, Kujtim Buza dhe Kleanthi Deda, ngrenë disa shqetësime në lidhje me natyrën e mbishkrimeve në "përkujtimoret" dhe qortojnë "standardizimin", "ndërtimin joemocional të frazave", "mungesën e origjinalitetit", dhe "maninë për të shkruar të gjitha gjërat në një pllakë të vogël": Kujtim Buza

(Sektori i Arteve Figurative) & Kleanth Dedi (Sektori i Traditave e Muzeumeve), *Disa probleme edhe masa për të ngritur me kritere më të drejta monumentet, përmendorët, bustet, lapidarët, dhe pllakat përkujtimore*, AQSH f. 511, v. 1970, d. 86, fl. 2–22, në f. 9–11. Shih edhe *këtë vëllim*, f. 51.

6 Me "subjekt të thëniezimit" kam parasysh atë çka teoricienët francezë të analizës së tekstit e quajnë *sujet de l'énociation* ose *sujet discoureur* dhe që, pa u futur në debate dhe analiza teorike, do ta përkufizoj si "instancën gjuhësore ku prodhohet teksti" (edhe pse, më e saktë do të ishte, "instancën ku prodhohet teksti, në bazë të të dhënave kontekstuale që ka në dispozicion konsumatori i tekstit"). Më tej për këtë çështje, Catherine Kerbrat-Orecchioni, *vep. cit.*, f. 190 dhe vijim. Për analizën tonë ka rëndësi të dallohet ky subjekt i thëniezimit (ose procesit përftues të thënies) nga subjekti ose kryefjala e thënies; me të parin merret pragmatika, me të dytin sintaksa. Edhe pse, për qëllime praktike, mund edhe ta identifikojmë këtë subjekt të thëniezimit me autorin "real" ose rrëfimtarin e një teksti, sërish është më mirë të mbajmë parasysh se subjekti i thëniezimit gjithnjë manifestohet nëpërmjet elementeve të caktuara në tekst – përemrat vetorë dhe pronorë, *shifter*-ët dhe fjalët e tjera me kuptim relacional, kohët dhe vetat e foljeve, mënyrat e foljeve (p.sh. habitorja), trajtat e shkurtra (p.sh. dhanorja etike) etj. Si kategori gramatikore (në kuptim të gjerë) subjekti i thëniezimit është gjithnjë i pranishëm gjatë praktikës së leximit të tekstit. Një term tjetër për këtë kategori, ashtu siç manifestohet në tekstet letrare, do të ishte intentio auctoris, i Umberto Eco-s; që ndonjëherë e dëgjon edhe si *auctor in fabula*.

figura të tjera retorike; dhe fakti që këto elemente retorike janë, në masë të madhe stereotipe, të llojit "ra *heroikisht*", ose "u torturua *barbarisht*", etj., atëherë ka vend të mendohet ky subjekt si përfaqësues i vetëdijes kolektive, së cilës tek e fundit edhe i kërkohet të mirëmbajë kujtimin e Luftës Nacional–Çlirimtare.

Në analiza të ngjashme, gjurmët e subjektit të thëniezimit në tekste të tilla i kanë kërkuar edhe në presupozimet (*entimemat*) që u nënvendosen thënieve; ose në deduksionin, fare të lehtë, se ai që thotë për dëshmorin "ra heroikisht", duket sheshit se mban anën e të rënit; sikurse ai që thotë "e torturuan barbarisht" doemos ushqen armiqësi ndaj torturuesve. Edhe fjalë dhe shprehje të tjera, si "fitoren e revolucionit tonë popullor", "jetën e lumtur që gëzojmë sot", "heroizmi partizan", "të masakruar", dhe sidomos emërtimet e përdorura për armikun, si "tradhtarët e vendit", "forcat gjermane dhe veglat e tyre", "reaksioni", "forcat pushtuese naziste", "okupatorëve nazistë", "fashistëve italianë", "forcat gjermano-balliste", "forcat tradhtare të legalitetit", etj., tregojnë jo vetëm angazhimin shpirtëror të subjektit të thëniezimit, por edhe e bëjnë këtë me mënyra të standardizuara, stereotipike, të cilat ndjekin një shabllon të shtangët. Mënyrat si mund të quhet armiku janë, në thelb, të përpunuara dhe të sanksionuara në oficinat e diskursit historik për Luftën; dhe ka rëndësi që këto emërtime jo vetëm të shprehin ndjenja të urrejtjes dhe zemëratës, por edhe ta bëjnë këtë në mënyrë të kodifikuar.[7] Vetëm fjalët e veshura me uniformë kanë autorizim të përdoren në tekste të tilla, të cilat në mënyrën e tyre i vazhdojnë betejat e Luftës Nacional–Çlirimtare dhe konfliktin vetë me mjete diskursive. Dhe nëse është kështu, atëherë struktura e teksteve të mbishkrimeve u referohet, intertekstualisht, modeleve të miratuara; dhe vetë mbishkrimet dallojnë mes tyre, para së gjithash, nga emrat e përveçëm, datat dhe elemente të tjera identifikuese që përfshihen në tekst; çka edhe i afron mbishkrime të tilla me **formularët**, një tipar ky të cilit do t'i kthehemi në vijim.

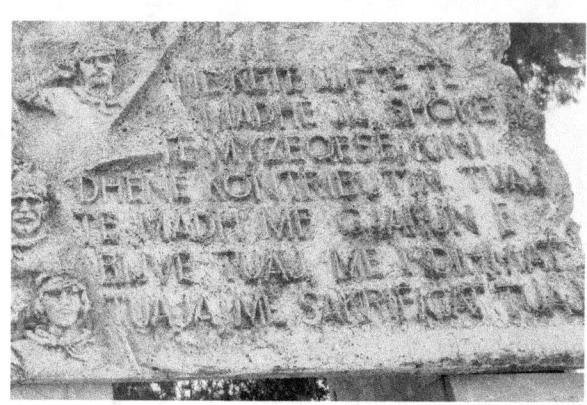

Fig. 3 ALS–328 (detaj)

Retorika sunduese, në tekstet shoqëruese të lapidarëve dhe monumenteve të ngjashme që përkujtojnë dëshmorët dhe betejat e përgjakshme është ajo e *gjakut*. Gjaku është metaforë e jetës; dhe *të derdhësh gjakun* është e njëjtë me sakrifikimin (ose flijimin) në fushën e betejës (*dhënien e jetës*). Që vrasja e dikujt të mos duket si produkt i rastësisë ("e mori plumbi"), ka rëndësi që të theksohet elementi i sakrificës – ose dëshmori a i rëni të paraqitet sikur e ka ofruar vullnetarisht jetën e vet "në altarin e lirisë". Kjo retorikë e sakrificës dhe e *dhënies* së gjakut në emër të kauzës i ka rrënjët në diskursin religjioz dhe ndoshta edhe më thellë; por tani vihet e tëra në shërbim të diskursit totalitar për historinë – ku çdo i rënë është potencialisht një hero; dhe vetë vdekja e dikujt, sidomos ajo në fushë të betejës, interpretohet si shkak i "së sotmes së lumtur". Në pllakat me mbishkrime historike, që i referohen Luftës Nacional–Çlirimtare, nuk gjen gjurmë të retorikës pacifiste për viktimat e luftës, pafajësinë dhe jetët e humbura; përkundrazi, fusha e betejës është skena ku përftohen heronjtë dhe ku çdo flijim është, njëfarësoj, edhe vetëflijim.

Si kryemetaforë, *gjaku* ndërton rreth vetes një rrjet kompleks kuptimesh, të ndërlidhura por jo identike. Kështu, në momentin e vdekjes, dëshmori *jep gjakun* "për çështjen e shtrenjtë të partisë dhe të popullit, për fitoren e revolucionit tonë popullor, për jetën e lumtur që gëzojmë sot" [ALS–138]; pa çka se nuk është e qartë se kujt pikërisht i jepet gjaku, edhe pse semantika dhe sintaksa e foljes *jap* e kërkojnë. Ndryshe nga diskursi mirëfilli religjioz ose mitologjik, ku sakrifica u bëhet perëndive (ose mbretit), në diskursin totalitar të një shoqërie që mëton të jetë ateiste, oferta e *gjakut* i bëhet së ardhmes ose rrjedhës së historisë.

Veç jetës, *gjaku* shënon edhe përkatësinë e trupit fizik, zakonisht të dëshmorit, në komunitet; falë atij kuptimi tradicional e të ngulitur të fjalës, që i referohet fisit, bashkësisë dhe, më tej, racës (në kuptimin folklorik). Prandaj edhe *gjaku* është elementi që lidh së bashku

7   Këtë dukuri e ka analizuar, për rusishten totalitare, A. Yurchak, *Everything Was Forever, Until It Was No More: The Last Soviet Generation* (Princeton University Press, 2006), veçanërisht në kapitullin *The Normalization of Language* (f. 47–50), ku flitet për proceset karakteristike të "të shkruarit kolektiv" dhe "redaktimit të rregullorizuar", si kushte të nevojshme për përftimin dhe riprodhimin e çka ai e quan "alfabetizim ideologjik", ose aftësia për të prodhuar tekste ku asnjë element nuk mund të vihet në dyshim, meqë "çdo tekst i ri do të funksiononte si citim i teksteve të mëparshme". Yurchak përdor termin "hipernormëzim", për të përshkruar këtë lloj ligjërimi, ku "forma e teksteve autoritative vinte e bëhej gjithnjë e më e rëndësishme" se nevoja për të përcjellë një kuptim të caktuar. Për atë autor, "hipernormëzimi" ishte rezultat i "përpjekjeve të bëra nga një numër i madh njerëzish, të përfshirë në prodhimin e teksteve në gjuhë autoritare, për të minimizuar praninë e zërit të tyre autorial" (*vep. cit.*, f. 75).

brezat, veçanërisht brenda një komuniteti:

> NË KËTË LUFTË TË MADHE JU SHOKË TË MYZEQESË
> KINI DHËNË KONTRIBUTIN TUAJ TË MADH ME
> GJAKUN E BIJVE TUAJ, ME NDIHMAT TUAJA, ME
> SAKRIFICAT TUAJA [ALS–328] (*fig. 3*)

Në raport me komunitetin, të rënët janë gjithnjë *bij* – kjo lidhet edhe me moshën e re të dëshmorëve, ose me nevojën e kodifikuar për t'i parë ata gjithnjë si të rinj; ndërsa komuniteti vetë shihet, para së gjithash, si i përbërë nga nëna dhe baballarë. Ky manierizëm, në dukje i pafajshëm, lejon që vetë komunitetet të shihen si artikulime *brezash*; të cilat ndërlidhen mes tyre jo thjesht nëpërmjet jetës së bashku, por edhe nëpërmjet gjakut. Kjo do të thotë edhe se gjaku i derdhur në fushën e betejës është edhe *i komunitetit* përkatës – që më pas do të ngrejë monumentin dhe do të mblidhet ritualisht për ta mirëmbajtur kujtimin e ngjarjes; ose të asaj "faqeje të lavdishme në epopenë e madhe të Luftës Nacional–Çlirimtare" e cila është shkruar "me gjak" [ALS–403].

Se si shfaqet subjekti, në tekstet e mbishkrimeve, kjo mund të gjurmohet edhe duke parë se kujt i flasin pikërisht, këto mbishkrime; kujt i drejtohen. Natyrisht, nuk do të gjejmë atje fraza eksplicite, të ngjashme me atë "Thuaju atyre në Spartë, o kalimtar…" që risjell Herodoti, për mbishkrimin në Termopile – dhe ku teksti i flet drejtpërdrejt kalimtarit të rastit. Në fakt, pyetja se kujt i flitet nuk mund të ndahet nga pyetja tjetër, se kush flet – autoriteti, pushteti dhe komuniteti. Përndryshe, në sipërfaqe të tekstit, shenjat e pjesëmarrësve ose palëve në aktin diskursiv të leximit nuk dalin veçse tërthorazi; supozimet (*entimemat*) e tekstit lidhin, me fije të padukshme, subjektin e thënieizimit me polin marrës (receptiv) të diskursit, i cili nuk ka mënyrë tjetër për të marrë pjesë aktivisht në këtë shkëmbim, përveçse duke e bërë të vetin tekstin dhe duke e shndërruar monologun e mbishkrimit në monolog të vetin.

Kjo do të thotë se tekstet e mbishkrimeve priren të jenë në vetë të tretë dhe t'i përkasin asaj çka Benveniste, dhe pas tij të tjerë semiologë të shkollës franceze, e kanë quajtur "rrëfimi historik" (*récit historique*) dhe që, në atë gjuhë, shënjohet para së gjithash nga format foljore të aoristit (*passé simple*), ekskluzive për këtë lloj diskursi.[8] Diçka e ngjashme mund të vërehet edhe për aoristin që mbizotëron në mbishkrimet që analizojmë: *ranë, goditën, asgjësuan, demonstroi, dhanë gjakun, u internuan, u vranë, zunë pritë, u plagosën, masakruan, u kapën robër* etj. Këto forma të së kryerës së thjeshtë në shqipe, edhe pse

jo aq ekskluzivisht sa në frëngjishte, shërbejnë edhe ato për t'ia dhënë tonalitetin historik teksteve; ose për t'i paraqitur ngjarjet të cilave këto tekste u referohen si të pakthyeshme, pse të ngrira në të shkuarën, depozitë e të vërtetave përfundimtare; çfarë kushtëzon drejtpërdrejt, sikurse do ta shohim, edhe vlerën e vërtetësisë (*truth-value*) të mbishkrimeve – faktor kritik në receptimin e mbishkrimeve vetë dhe konsolidimin e versionit zyrtar të historisë.[9]

Vetëm në raste të rralla mbishkrimet e thyejnë kodin e rrëfimit historik, për të lejuar forma personale të diskursit: "vepra juaj burim frymëzimi" [ALS–412] përmban një vetë të dytë shumës, çka do të thotë se subjekti i thënieizimit, cilido qoftë, u drejtohet retorikisht dëshmorëve si të ishin këta të pranishëm në kontekstin e komunikimit. Disi më shpesh përdoret veta e parë shumës, *ne*-ja e komunitetit ose subjekti kolektiv, depozitar, kujdestar dhe zëdhënës i kujtesës kolektive: "dhanë gjakun e tyre […] për fitoren e revolucionit **tonë** popullor dhe për jetën e lumtur që **gëzojmë** sot" [ALS–138], "lufta e tyre […] do të mbetet gjithmonë në mendjet dhe zemrat **tona**" [ALS–165]. Veta e parë shumës, kur përdoret, shërben edhe për të aktualizuar tekstin e mbishkrimit; sidomos po të pranojmë se lexuesi e interiorizon monologun dhe e bashkon subjektin e vet, mendërisht, me kolektivin që "flet".

E megjithatë, mbishkrimet në lapidarët dhe monumentet e tjera përkujtimore asnjëherë nuk "nënshkruhen"; nuk shënohet aty as autori i veprës dhe i mbishkrimit vetë, as "autoriteti" në emrin e të cilit është kryer dhe vendosur monumenti (të krahasohet kjo me S.P.Q.R. në mbishkrimet klasike në Romë), përfshi edhe mbishkrimin; dhe më në fund, as vetë data e ngritjes së lapidarit. Kjo nuk duhet interpretuar sikur autori/autorët dhe autoriteti kërkojnë të mbeten në hije ose anonimë; por më shumë duhet marrë si një përpjekje për ta shndërruar shenjën në absolute, ose në pjesë të peizazhit – gjeografik dhe historik.[10]

---

8 Émile Benveniste, "Les relations de temps dans le verbe français", *Problèmes de linguistique générale* 1 (Éditions Gallimard 1966), f. 237–50.

9 Sipas Yurchak-ut, (*vep. cit.*), në tekstet totalitare, ku autori dhe autoriteti shpesh përkojnë, vetë autori mëton të paraqitet jo aq si "përftues" sesa "ndërmjetës" i dijes ose i informacionit që përcillet; në rastin tonë, e vërteta e informacionit të paraqitur në mbishkrimet e lapidarëve nuk ishte përzgjedhur, as vlerësuar nga *hartuesit* e mbishkrimeve; por vetëm riprodhuar, duke u nxjerrë nga një "magazinë" të vërtetash të amshuara.

10 Nga pikëpamja funksionale, ose semiotike, lapidarët ose monumentet e ngjashme janë menduar për t'u parë nga një farë distance – ose për t'u shquar në mes të peizazhit, qoftë ky natyror, qoftë i alteruar. Janë shenja dalluese, të ngjashme me flamurkat ose pineskat në një hartë topografike – dhe vetëm duke rënë në sy për së largu, mund të kryejnë si duhet funksionin e tyre si "gurë kalendarikë" – ose si barasvlera kuptimore të gurëve kilometrikë (*milestones*). Megjithatë, nga kjo distancë relativisht e madhe mbishkrimet nuk mund të lexohen; çka do të thotë edhe se, në funksionin e vet parësor, lapidarit nuk i nevojitet mbishkrimi.

Nga ana tjetër, në marrëdhënien semiotike që vendos vizitori me mbishkrimin, dhe me lapidarin a monumentin vetë, dallohen tre nyja të rëndësishme në vijën kohore: (a) data ose vendi në kalendar i ngjarjes historike që përkujtohet, dhe që zakonisht gjendet e eksplicituar në tekstin e mbishkrimit; (c) data e tanishme, ose e aktualitetit a e momentit kur vizitori e lexon pllakën dhe konsumon mbishkrimin në lexim, për t'u njohur me ngjarjen që përkujtohet; dhe (b) data kur u ngrit lapidari, si ndërmjetësim material dhe fiks midis datës historike dhe momentit të tanishëm.

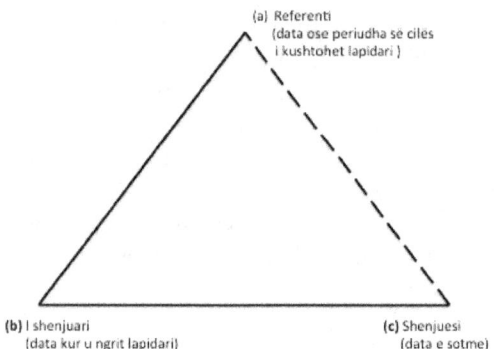

Ky trekëndësh ku secili prej këndeve përfaqëson një nyjë kohore nuk është veçse trekëndëshi semiotik i përftuar nga shënjuesi, i shënjuari dhe referenti – përkatësisht mbishkrimi në aktin e leximit (dhe krejt konteksti monumental, nëse duam), data e ngritjes së mbishkrimit (që mbetet e fshehtë ose e padukshme) dhe ngjarja historike, si referenti që qëndron jashtë shenjës.

Gjatë periudhës a–b, midis ngjarjes vetë dhe ditës kur është ngritur lapidari, historia ende ekziston në gjendje fluide, si beton ende i pangrirë; ngjarja mbetet e hapur për interpretime dhe autoritetet ende nuk kanë zgjedhur përfundimisht midis së vërtetave "konkurrente" – një situatë e ngjashme me atë të maces së Schrödinger-it, në eksperimentin e famshëm konceptual. Historia, sa i përket ngjarjes në fjalë, ekziston më tepër si mbivendosje variantesh personale dhe kujtimesh të pasinkronizuara madje në konkurrencë vdekësore mes tyre. Ngritja e lapidarit (b) dhe vendosja aty e pllakës me mbishkrimin për "çfarë ka ndodhur" përfaqëson edhe çastin kur kjo histori fluide më në fund kristalizohet ose kodifikohet; dhe është gati për t'ia dhënë publikut për konsum. Në fakt, edhe vetë fakti që teksti në mbishkrim është i gdhendur në gur ose gjithsesi i shkruar në një medium të fortë dhe virtualisht të pandryshueshëm (mermer, granit, metal, beton etj.) tregon se mbishkrimi përmban rezultatin ose precipitatin përfundimtar të ngjarjes në kohë – të vërtetave divergjente dhe të mbivendosura ua lë vendin e vërteta unike dhe univoke e shkronjave kapitale në mbishkrim. Aq e madhe është forca heuristike e mbishkrimit, sa prej saj pritet të tejzgjatet prapa në kohë dhe të korrigjojë edhe ndonjë gabim a pasaktësi të mundshme, të bërë në të kaluarën.[11]

Siç mund të merret me mend, interesi i regjimit totalitar për kodifikimin e historisë nuk është interes thjesht akademik ose historiografik – është fjala për historinë e Luftës Nacional–Çlirimtare, ose atij konflikti prej të cilit u përftuan marrëdhëniet e pushtetit në kohën e Pasluftës (1945–1990), përfshi këtu edhe elitën që do të udhëhiqte vendin me dorë të hekurt. Në fakt, regjimi i instauruar pas Luftës, që nga fillimet e tij derisa u rrëzua në fillim të vitit 1991, do ta gjente legjitimitetin e vet më shumë në periudhën e Luftës Nacional–Çlirimtare dhe më pak në mekanizmat formalë të legjitimimit, si zgjedhjet parlamentare. Edhe në nivelin lokal, saktësimi i ngjarjeve merrte rëndësi praktike – meqë sanksiononte komunitetet e përfshira në Luftë përkrah forcave të Frontit Nacional–Çlirimtar dhe, duke përmendur emrat e të rënëve, legjitimonte edhe një shtresë të privilegjiuar të "familjeve të dëshmorëve"; njëlloj siç legjitimonte një shtresë tjetër të privilegjuar të veteranëve të Luftës, duke përmendur formacionet luftarake të përfshira në luftimet. Kishte edhe forma të tjera legjitimimi, përfshi certifikatat, dekoratat, urdhrat dhe medaljet, varrezat e dëshmorëve, arkivat e muzeve të Luftës e kështu me radhë; por lapidarët dhe monumentet e ngjashme ishin të vetmet që e ankoronin certifikimin në territor (në gjeografi).

Nga ana tjetër, vizitori komunikon drejtpërdrejt me

Përkundrazi, leximi dhe konsumimi publik i mbishkrimit bëhen nga një distancë tjetër, shumë më e afërt, nga ku mund të shquhen edhe disa tipare të tjera thjesht pamore të monumentit, për shembull ndonjë barelief, statujë ose ornament, simbolik ose abstrakt. Tani, gjithë duke mos e përjashtuar që njerëzit i afrohen lapidarit thjesht nga kurioziteti, pasi e kanë pikasur për së largu, do të pranojmë se, në rrethana normale, kur publiku të paktën ai lokal e di se çfarë përfaqëson lapidari ose monumenti në fjalë, vetë lapidari kryen një funksion të dyfishtë: si indeks i kulluar ("këtu") në një farë distance; dhe si indeks i shoqëruar me elemente simbolike dhe ikonike, nga afër. Dhe nëse e pranojmë këtë, atëherë do të pranojmë edhe se teksti në mbishkrimin që shoqëron lapidarin shërben edhe si "shpjegim" i monumentit, ose parashtrim i arsyes pse është ngritur; në kuptimin që lapidari jo vetëm sanksionon një ngjarje historike, por edhe i shtohet peizazhit si vepër arti dhe, njëlloj si vepra të tjera arti, ka nevojë për një diciturë identifikuese.

11   Edhe thjesht nga pikëpamja gjeometrike, distanca (a–b) midis ngjarjes së përkujtuar dhe momentit të ngritjes së lapidarit do të vijë duke u zvogëluar ose duke shkuar drejt zeros, në kuptimin relativ, me kalimin e viteve, ose me rritjen e distancës midis momentit të tanishëm dhe periudhës kur është ngritur lapidari (a-c); për arsyen e thjeshtë se e para është fikse, e pandryshueshme, ndërsa e dyta me përkufizim rritëse. Kjo do të thotë se, me kalimin e kohës, momenti i ngritjes së lapidarit (b) do të duket sikur i mbivendoset datës historike të referuar (c).

mbishkrimin, jo me ngjarjen vetë; madje me kalimin e viteve, data historike e ngjarjes dhe data kur u ngrit lapidari me mbishkrimin do të vijnë duke u afruar me njëra-tjetrën, deri në shkrirje – ose do të arrihet një fazë ku harta do të shkrihet me territorin dhe vetë lapidari, si makro-shenjë, do të komunikojë duke e maskuar distancën që e ndan(te) nga ngjarja vetë. Kështu, marrëdhënia tripalëshe mes shenjuesit (tekstit), të shenjuarit (arsyes ose rationale-s së monumentit) dhe referentit (ngjarjes historike) do të degradojë në marrëdhënie dypalëshe, midis shenjës (monumentit) dhe ngjarjes së referuar. Roli i monumenteve të tilla si lapidarët, në mirëmbajtjen, riprodhimin dhe amplifikimin e kujtesës historike të kodifikuar nuk mund të kryhet me sukses, veçse nëpërmjet këtij sheshimi të trekëndëshit semiotik.[12]

Përndryshe, si mbishkrime në mediume të durueshme dhe të vëna në pah nëpërmjet strukturash pak a shumë abstrakte dhe të standardizuara, këto të lapidarëve i përkasin një klase mjaft heterogjene shenjash, ku bëjnë pjesë, ndër të tjera, edhe gurrët e varrit, varrezat monumentale (p.sh. varrezat e dëshmorëve, në Shqipëri) dhe, nga një këndvështrim tjetër, piramidat e kufirit, gurët e sinoreve dhe shenja të tjera topografike që i shërbejnë organizimit të territorit.

Ngjashmëria e lapidarëve me gurët e varrit dhe varrezat manifestohet sidomos në ato raste kur lapidarët u kushtohen të rënëve. Në ndonjë rast, si ky [ALS–204], ku edhe shënjohet viti i lindjes dhe viti i vdekjes së të ndjerit, dallimi nga varri nuk mund dhe nuk duhet të bëhet – sepse shkaku i vdekjes "rënë në përpjekje me okupatorët dhe tradhtarët…" shpesh mund të shënohet edhe në varr. Megjithatë, si rregull, lapidari nuk ka për funksion të shënojë vendin ku prehen *eshtrat* e dikujt, por vetëm ngjarjen që çoi në vdekjen e të ndjerit (dëshmorit, heroit); nuk përkujton vdekjen, sesa historinë që çoi te kjo vdekje. Ndoshta edhe ngaqë imazhi i vdekjes si barazues i madh u kish mbijetuar ndërrimit të botëkuptimeve, varret e dëshmorëve në varrezat monumentale shquhen për njëtrajtësinë e tyre vizuale dhe stilistike; çfarë nuk mund të thuhet për lapidarët, të cilët e ruajnë gjithnjë individualitetin.

Për arsye të ngjashme, edhe varret e dëshmorëve zakonisht i gjen të organizuara në varreza; në një kohë që lapidarët dhe monumentet e ngjashme nuk mund të përfytyrohen të shkëputura nga vendi gjeografik ku ka ndodhur ngjarja që përkujtohet; aq sa, në rastin e dikujt që ka rënë në fushën e betejës, zhvendosja e trupit drejt një varreze tolerohet mirë ("e çuan të rrijë me shokët"), sa kohë që varri nuk i referohet ndonjë vendi, por vetëm trupit të imagjinuar të personit; ndërsa lidhja e shenjës lapidar me referentin hapësinor do të humbiste, sapo të zhvendosej lapidari – qoftë edhe thjesht për shkak të ri-semantizimit të menjëhershëm të dëftorëve indeksikalë *këtu, në këtë vend etj.* Përkundrazi, në mbishkrimin e një varri, shprehja "këtu prehet…" nuk ri-semantizohet edhe sikur të zhvendoset varri, meqë kjo zhvendosje do të parakuptonte edhe bartjen e eshtrave përkatëse.

Nga ana tjetër, ngjashmëria funksionale e lapidarëve me piramidat e kufirit, gurët e sinorit, gurët kilometrikë dhe shenjat e tjera topografike të organizimit administrativ të territorit ndihmon për të kuptuar më mirë edhe rolin që kryenin dhe ndoshta vazhdojnë të kryejnë këto monumente, brenda ritualeve kolektive të përkujtimit historik.

Si shenjë indeksikale, lapidari vetëm sa tregon me gisht, duke thënë "këtu"; duke e kodifikuar të shkuarën dhe duke e ankoruar atë në territor, ai sanksionon të vërtetën historike për publikun, duke konstituar dhe riprodhuar njëkohësisht një marrëdhënie të pushtetit me gjeografinë.

Këtë funksion sanksionues ose **certifikues** të historisë lapidari dhe monumentet e tjera të ngjashme e kryejnë duke bashkëlidhur tekstin përshkrues me indeksikalitetin e shenjës lapidar, që ngulet në territor njëlloj si pineska ose flamurka në hartë.

Çka don të thotë edhe që mbishkrimet në monumente të tilla mund, dhe duhet t'i përfshijmë në kategorinë e dokumenteve që autentifikojnë një fakt si të vërtetë, ose certifikatave – të cilat vlejnë në atë masë që lëshohen nga një autoritet zyrtar që e ka këtë fuqi *elokutive*. Prandaj edhe ngritja e lapidarëve gjithnjë ka qenë prerogativë e organeve të pushtetit lokal; dhe teksti i mbishkrimeve është miratuar nga një konstelacion autoritetesh, përfshi këtu organet e propagandës pranë Komiteteve të Partisë, Institutin e Historisë pranë Akademisë së Shkencave të Republikës, Komitetin e Veteranëve të Luftës, Arkivin e Shtetit, Arkivin e KQ të PPSh dhe palë të tjera të interesuara për një version *të caktuar* të historisë së Luftës Nacional–Çlirimtare, i cili t'i përgjigjej së tashmes në hollësi.[13]

---

12 Duke folur për monumentet historike në Bashkimin Sovjetik, Mikhail Yampolsky vëren se "ka shumë të ngjarë që arritja më e madhe e kulturës sovjetike të ketë qenë supresioni maksimal i kohës kronologjike dhe krijimi i një iluzioni të stabilitetit dhe të stazës, të domosdoshëm për funksionimin e masave" ("In the Shadow of Monuments: Notes on Iconoclasm and Time," në *Soviet Hieroglyphics: Visual Culture in Twentieth-Century Russia*, red. Nancy Condee [Indiana University Press 1995], f. 98).

13 Nëse ky sanksionim formal i diskursit historik nëpërmjet mbishkrimit ndihmon apo jo për ruajtjen e kujtesës kolektive, kjo mund dhe duhet të diskutohet. Te *La mémoire, l'histoire, l'oubli* (Éditions du Seuil, 2000), Paul Ricœur i kthehet kësaj teme më se një herë, duke filluar me mitin e Theuth-it që ua dha shenjat e shkrimit egjiptianëve – me ç'rast ai pyet nëse të shkruarit e ka dëmtuar aftësinë e njeriut për të mbajtur mend; e cila tash e tutje

Disa tipare formale, si emrat e përveçëm, datat, të dhënat e tjera numerike (si numri i të vrarëve, ose i armiqve të zënë rob) dhe format foljore të së kryerës së thjeshtë karakteristike për modalitetin *konstativ*, i afrojnë shënueshëm mbishkrimet e lapidarëve dhe monumenteve të tjera, nga pikëpamja e tipologjisë tekstuale, me certifikatat.

Sikurse dihet, certifikatat ndërtohen mbi një tekst formular, i cili plotësohet me informacion specifik nga hartuesi, gjatë përpilimit të dokumentit. Kështu, një formular tipik për mbishkrim do të kishte pamjen e mëposhtme:

KËTU MË (data), PARTIZANËT E (emri i formacionit luftarak) NËN UDHËHEQJEN E (emri i një komandanti të njohur) ZHVILLUAN LUFTIME TË ASHPRA ME (emri dhe lloji i armikut). GJATË LUFTIMEVE RANË HEROIKISHT (emrat e dëshmorëve), NDËRSA ARMIKU LA NË FUSHËN E BETEJËS (numri me shifra arabe) TË VRARË DHE TË PLAGOSUR.

Çfarë i mungon këtij formulari, në krahasim me atë të një certifikate të rëndomtë, është performativi fillestar ("Unë i nënshkruari N.N. certifikoj se..."), si dhe të dhënat identifikuese të lëshimit të certifikatës – data dhe nënshkrimi, së bashku me vulën e autoritetit përkatës.

E megjithatë, kjo mungesë nuk ia heq forcën heuristike mbishkrimit në lapidar; dhe kjo ngaqë, nën një regjim totalitar, çdo mbishkrim publik i panënshkruar ose përcjell autoritetin shtetëror, ose konsiderohet menjëherë si armiqësor dhe shkatërrohet. Nëse ky certifikim mishëron edhe një ilustrim tjetër të thënies se historinë e shkruajnë fitimtarët, për këtë mund të diskutohet; por fakti mbetet se nënshkrimi zero, karakteristik për të gjitha këto monumente, mund të funksionojë vetëm nën një regjim totalitar, ku shteti ka në pronësi jo vetëm territorin, por edhe hapësirën publike të komunikimit.[14]

do t'u delegohet shenjave të jashtme. Në fakt, historiografia e Luftës Nacional–Çlirimtare, e kodifikuar me shkrim në tekstet zyrtare të historisë, në tekstet shkollore të regjimit, në arkivat qendrore dhe lokale, në muzeumet qendrore dhe lokale dhe në mbishkrimet e monumenteve, pllakave përkujtimore dhe lapidarëve, binte gjithnjë në konflikt me kujtesën private të brezave që e kishin përjetuar Luftën; të cilët breza, në masë të madhe, zgjodhën të mos ua përcjellin këtë kujtesë private pasardhësve, për t'i mbrojtur nga rreziku i eksperiencave publike dhe politike të dyzuara; sa kohë që problematizimi i historisë së Luftës do të përfaqësonte vetvetiu një *thoughtcrime*.

14 Përndryshe, një monument i ngjashëm i ngritur pas 1990-ës, do të kërkonte një nënshkrim nga autoriteti përkatës, ose do të mbetej privat dhe irrelevant, si lapidarët që përkujtojnë aksidentet e trafikut ose ngjarje të tjera private, pa interes për publikun – pse ndërkohë kish ndodhur, për ta thënë me Yurchak-un, një *performative shift*, dhe përmasa konstative e ligjërimit ishte çankoruar,

dhe ekspozuar ndaj interpretimeve të pakontrolluara (*vep. cit.*, f. 67). Megjithatë, leximi *i sotëm* ose *post-totalitar* i mbishkrimeve në lapidarët dhe monumentet e tjera të ngritura gjatë periudhës totalitare do të mbetet për t'u hulumtuar me një studim të mëvonshëm, i cili do të marrë parasysh mungesën e autoritetit certifikues, leximin pluralist të historisë, dëmtimin e lapidarëve dhe të vetë mbishkrimeve si kontestim të historiografisë zyrtare por edhe si vazhdim të një konflikti social dhe politik dhe, njëkohësisht, si *shenjë* e këtij konflikti dhe, më në fund, shtesat ose "shtesat" që u janë bërë monumenteve (pa lënë jashtë as vandalizimin), që mund dhe duhen të trajtohen edhe si pjesëmarrje e agjentëve anonimë në rishkrimin e historisë.

MONUMENT DESCRIPTIONS · PËRSHKRIMET E MONUMENTEVE

... e i giovani cadaveri con la spolverina
che usava in quegli anni, i calzoni
larghi, e sulla chioma partigiana la bustina

militare, scendono lungo i muraglioni
dove stanno i mercati, giù dai viottoli
che uniscono i primi orti ai costoni

delle colline: scendono dai cimiteri. Giovanotti
con negli occhi qualcos'altro che amore:
una follia segreta, di uomini che lottano...

– Pier Paolo Pasolini, "Vittoria"

Editorial symbols

[ ]	emendation by editor
{ }	deletion by scribe
< >	addition by scribe
(?)	uncertain
[?]	single missing character
[...]	multiple missing characters

Simbole redaktimi

[ ]	ndreqje nga redaktori
{ }	fshirje nga shkruesi
< >	shtesë nga shkruesi
(?)	e paqartë
[?]	një shkronjë që mungon
[...]	disa shkronja që mungojnë

ALS	GJERËSI LATITUDE	GJATËSI LONGITUDE	LARTËSI ELEVATION	VEND PLACE	MBISHKRIM INSCRIPTION	OTHER DATA TË DHËNA TË TJERA	FAQE PAGE
1	41.32813901	19.82198697	113.1	Tiranë	Populli i Tiranës partizanëve të rënë për çlirimin e kryeqytetit 28/X–17/XI/1944.	Andrea Mano, "Monumenti i Partizanit" (1949).	2.162
2	41.33026198	19.82448704	121.2	Tiranë	Më 22 tetor 1942 u var në litar Shyqyri Ishmi./ Më 29 shkurt 1944 u var në litar Muhamet Gjollesha.		2.161
3	41.33455703	19.82600098	122.9	Tiranë	Në shënje kujtimi luftëtarëve që ranë nga plumbat e pushtuesve naziste me 28 shkurt 1944. Gjergj A. Frashëri, Skënder A. Kosturi, Trajan S. Pekmezi, Viktor S. Gjokoreci.		2.159
4	41.34165298	19.82614196	106.8	Tiranë	Këtu më 5 maj 1942 me lufte me fashiste ra Heroi i Popullit Qemal Stafa		2.156
5	41.33513999	19.81903997	168.9	Tiranë	Herojtë e Popullit Vojo Kushi, Sadik Stavaleci, Xhorxhi Martini		2.158
6	41.331718	19.81121102	99.3	Tiranë	Këtu në 17 shtator 1942 u vra ne krye të demostratës së grave nëna patriote Mine Peza.		2.160
7	41.32364597	19.81337003	111.5	Tiranë	Këtu ka qenë baza më e rëndësishme e L.A.N.Ç. me emrin Baraka e Nushajve nga këtu jepeshin orientime për luftën e qarkut të Tiranës dhe mbarë vendit.		2.164
8	41.31461003	19.821303	135.2	Tiranë	Në këtë vend prej vitit 1945 deri në vitin 1972 kanë qenë varrezat e dëshmorëve t'atdheut.		2.167
9	41.31406202	19.82227203	152.7	Tiranë	Këtu më 10 shkurt 1942 në ilegalitet të thellë u krijua grupi i fëmijëve antifashiste të Tiranës "Debatik."	Taqo Miho, "Lapidari i grupit të fëmijëve antifashiste DEBATIK" (1988).	2.168
10	41.31374401	19.81815702	137.7	Tiranë		H. Dule, "Në rrugën e luftës"	2.169
11	41.31319097	19.81632901	122.7	Tiranë		Lapidar kushtuar një bazë lufte antifashiste (1968).	2.170
12	41.30862703	19.84004502	210.4	Tiranë	Lavdi e përjetshme dëshmorëve të atdheut.	Varrezat e Dëshmorëve të Adheut. "Nënë Shqipëria" nga Kristaq Rama, Shaban Hadëri dhe Muntaz Dhrami (1972).	2.174
13	41.29555302	19.80888203	328.9	Sauk	[… nacional] çlirimtare […] dhe shpërndau me […] tradhëtarë të mbledhur në Tiranë për të legalizuar pushtimin e atdheut tonë nga nazistët gjermanë.	K. Rama, M. Dhrami, Sh. Hadëri, R. Kote (arkitekt), "Lapidari i Artilerisë. Në perkujtim të një aksioni luftarak, 18 tetor 1943" (1968).	2.175
14	41.32022196	19.78556299	108.2	Tiranë	Kushtuar dëshmorëve të Brigadës 8 S. rënë në luftë për çlirimin e Tiranës 11–17 nëntor 1944. Hysen Qamo, Sose Hysi, Ismail Shtembari, Bido Seriani, Sabri Serani, Pasho Velaj, Ali Zhupa, Shyqyri Velaj, Sadik Kamberi, Agim Merkaj, Demir Dhrimo, Male Banaj, Zenel Zeka, Pandeli Dolla, Rakip Aliaj, Xhafer Banaj, Nazif Shyrti, Qasim Velaj, Pasho Banaj.		2.165
15	41.31427601	19.76680404	103.0	Tiranë		Nuk u përfshi.	

ALS	GJERËSI LATITUDE	GJATËSI LONGITUDE	LARTËSI ELEVATION	VEND PLACE	MBISHKRIM INSCRIPTION	OTHER DATA TË DHËNA TË TJERA	FAQE PAGE
16	41.26380698	19.69767102	84.3	Pezë e Vogël	Lavdi dëshmorëve rënë heroikisht më 28.9.1942 duke qëndruar të pamposhtur para armikut pushtues.		2.177
17	41.25917103	19.69045102	63.4	Pezë e Vogël	Historia e Pezës dhe e popullit të të gjithë kesaj krahine është një histori e lavdishme që do të na frymëzojë në shekuj. // V.F.L.P. // Pezë, 16 shtator 1942. // Populli në këmbë, partia në ballë. // Lavdi Pezës heroike ku u vunë themelet e Frontit Nacional Çlirimtare dhe të pushtetit popullor.	Mumtaz Dhrami, Kristo Krisiko, "Monumenti kushtuar Pezës heroike" (1977).	2.178
18	41.21756502	19.69814502	99.8	Pezë e Madhe		Myslym Peza.	2.184
19	41.21561799	19.70189701	100.7	Pezë e Madhe	Lavdi dëshmorëve të Brigadës XXII Sulmuese. // Lavdi dëshmorëve. 1. [A]li Halili, 2. [A]li Rexhepi, 3. [A]rif Derjaj, 4. A[...]in Tresa, 5. Ba[...]elmeta, 6. C[...] Antonio, 7. Caush Kaseja, 8. Demir Maliqi, 9. Dod Lleshi, 10. Dervish Sherahi, 11. Dhori Kona, 12. Ejup Hyseni, 13. Enver Cercizi, 14. Faik Trenova, 15. Faik Zijaj, 16. Fejzo Rexhepaj, 17. Ferhat Berberi, 18. Filip Rapi, 19. Foto Manabeu, 20. Francesco Bianchi, 21. Frano Duli, 22. Godo Muçohasanaj, 23. Guiseppe Antonio, 24. Hajdar Celkavaja, 25. Hajdar Zamani, 26. Haki Plaku, Halil Tarbuni, Halil Jançari, Halil Tusha, Hamdi Troplini, Hamdi Cenoymeri, Hamdi Grori, Hamdi Domi, Hasan Çoku, Hasan Tosku, Hasan Balla, Haxhi Maloku, Hodo Çoba, Hysni Çela, Ibrahim Brahia, Ibrahim Greca, Irakli Toçi, Irfan Mehmeti, Ismail Ibrahimi, Ismail Karniqi, Isuf Molla, Jaho Sheshi, Kadri Ibrahimi, Kasem Shima, Kasem Çaushi, Koço Çako, Koli Niko, Liman Arifi, Mark Duka, Masar Haxhimihali, Mehmet Telhai, Merun Xhamani, Met Hasa, Mihal Zoto, Mimin Nanaj, Murat Sefa, Myftar Sala, Myrteza Metalia, Naum Çaushi, Naum Shamia, Ndue Ndreca, Ndue Tanushi, Nebi Hoxha, Nelo Hysa, Nikolla Gjiri, Qamil Ishmi, Qazim Alimehmeti, Qazim Begu, Qemal Karamuça, Rrahman Myrto, Ramazan Gjuzi, Ramazan Habibi, Refat Kosturi, Rexhep Bajrami, Rexhep Zuna, Osman Hoxha, Rexhep Fortuzi (Tresa), Rexhep Hajdari, Riza Leshteni (Çullhai), Riza Xeko, Rustem Dervishi, Subi Zeneli, Selim Tahiraj (Selimaj), Selim Dervishi, Serafino Brandi, Skënder Kolonja, Skënder Cenkollari, Stavri Themeli, Sulejman Rexha, Shaqir Shima, Shyqyri Qehaj, Shyqyri Zajmi, Tofil Isufi, Todi Ziu, Thoma Nano, Xhafer Allamani, Xhemal Hyka (Metani), Xhemal Zanaliu, Ymer Kurti, Zak Tanushi, Zenun Isufi.	Mumtaz Dhrami, Kristo Krisiko, "Monumenti i Pezës"	2.187
20	41.21647504	19.70247201	109.7	Pezë e Madhe	Lavdi dëshmorëve të Pezës heroike.	Mumtaz Dhrami, Kristo Krisiko, Nina Mitrojorgji (arkitekte), "Monumenti i vendosur në varrezat e dëshmorëve në Pezë" (1977).	2.185

ALS	GJERËSI LATITUDE	GJATËSI LONGITUDE	LARTËSI ELEVATION	VEND PLACE	MBISHKRIM INSCRIPTION	OTHER DATA TË DHËNA TË TJERA	FAQE PAGE
21	41.21549997	19.70020898	96.7	Pezë e Madhe	16-9-1942. Konferenca e Pezës vuri themelet e bashkimit kombëtar në luftë kundër pushtuesve	Lapidar kushtuar Konferencës së Pezës (1970).	2.188
22	41.10317199	20.01422097	242.1			Nuk u përfshi.	
23	41.10391698	20.014024	235.9			Nuk u përfshi.	
24	41.07651897	19.986556	95.2	Vidhas			2.210
25	41.11821902	20.09195399	136.1	Elbasan	Dëshmorë të kombit. Abaz Kurti, Abaz Methasa, Abdulla Hida, Abdulla Sinani, Abdyl Myzyri, Abdyl Sula, Abdyl Tafani, Abedin Elezi, Adem Asllani, Adem Krasniqi, Adem Mezini, Ahmet Hyka, Ali Arapi, Ali Bahushi, Ali Çeka, Ali Jolldashi, Ali Sollaku, Aleksandër Xhuvani, Anastas Çakalli, Aqif Asllani, Asllan Balla, Asllan Çakri, Asllan Lika, Avdi Sina, Avram Kushta, Anastas Bezhani, Baki Pilafi, Banush Llapushi, Banush Sinani, Badhyl Popa, Belul Berisha, Beqir Dardha, Beqir Sade, Bilal Kurti, Bilal Myrta, Buharedin Mitarja, Bajram Çepa, Çaush Laku, Çaush Kasa, Dervish Bahja, Dalip Ma[?]o, Dylber Kurtina, Dhimitër Bega, Elmaz Zdrava, Eqerem Halimi, Faik Neziri, Faik Trungu, Fehmi Kotherja, Fetah Cankja, Fetah Ekmeçiu, Fiqiri Balteza, Gani Çullhaj, Gani Gjoshi, Gjok Qosja, Haki Plaka, Halil Jançellari, Hamdi Rruseni, Hamit Grykshi, Hamit Mullisi, Hasan Bajraktar[i], Hasan Korbi, Hasan Lleshi, Hasan Zaimi, Hasan Zena, Haxhi Garunja, Haxhi Liçi, Haxhire Myzyri, Hazis Hoxha, Hazis Kuqja, Hazis Ruçi, Hazis Saliu, Hazis Sinani, Hazis Xhabina, Hekuran Bezati, Hysen Abdi[ha]xhia, Hysen Dudija, Hysen Misiri, Hysen Pal[?]uçi, Hysen Stafa, Hysni Çela, Ibrahim Burraj, Ibrahim Buzhani, Ibrahim Çeka, Ibrahim Daullja, Ibrahim Dinçi, Ibrahim Duka, Ibrahim Idrizi, Ibrahim Tafani, Ibrahim Topalli, Ibrahim Sharra, Idriz Pepa, Iliaz Berisha, Islam Ymeri, Ismail Isufi, Ismail Kasa, Ismail Kullolli, Ismail Mekshi, Ismail Zyma, Isuf Dervishi, Isuf Ibershimi, Isuf Leka, Jakup Petalla, Jani Kadiu, Jani Shqau, Jani Todri, Jashar Aliu, Jashar Dungu, Jonuz Begeja, Jonuz Çarçiu, Jorgji Dilo, Jorgji Dule, Josif Hazizi, Jovan Nanushi, Jovan Popa, Kadri Abdihoxha, Kadri Gani, Kadri Hyshmeri, Kadri Sinani, Kalem Hoxha, Kodhel Cerriku, Kodhel Derstila, Kole Toli, Kostandin Qosja, Kozma Naska, Lef Berdufi, Lef Qosja, Lef Dedja, Mahmud Deliu, Maskut Dosku, Mehmet Bajraktari, Mehmet Hysa, Mehmet Karadaku, Mehmet Kasa, Mehmet Lamçja, Mersin Dyrma, Mersin K. Dyrma, Mersin Xhamani, Mesut Koni, Mihal Hasa, Minçe Hoxha, Muharrem Kasa, Murat Dushku,		2.201

ALS	GJERËSI LATITUDE	GJATËSI LONGITUDE	LARTËSI ELEVATION	VEND PLACE	MBISHKRIM INSCRIPTION	OTHER DATA TË DHËNA TË TJERA	FAQE PAGE
25				vijon:	Murat Gjoni, Murat Rama, Musa Beqiri, Musa Bica, Musa Dushku, Musa Demiri, Musa Kongoli, Mustafa Dalipi, Mustafa Hushi, Mustafa Kotherja, Mustafa Muça, Mustafa Petalla, Mustafa Sahatçiu, Mustafa Skuqi, Myftar Madhi, Myrteza Gjoni, Myrteza Metalla, Myslim Debrova, Naim Uruçi, Naum Panxhi, Nazmi Dervishhasani, Ndriçim Shehu, Nikolla Doka, Nikolla Puka, Nexhip H[?]mçi, Osman Gjini, Osman Hyra, Osman Muçolliu, Osman Sadushi, Osman Sllami, Osman Shabani, Osman Toçi, Petraq Popa, Pirro Shuteriqi, Pren Dedja, Pren Mem[?], Ptoleme Xhuvani, Qamil Gupanjaku, Qamil Gur[a]kuqi, Qamil Gjorduni, Qamil Lopari, Qamil Ruspi, Qamil Xhika, Qazim Kasa, Qazim Meta, Qazim Z[...]i, Qemal Di[...], Qemal Stafa, Ramadan Hoxha, Ramadan Kasa, Ramadan Qosja, Ramazan Cani, Ramazan Bala, Ramazan Idrizi, Ramazan Saliu, Ramazan Sade, Ramazan Sina, Reshit Çelirama, Reshit [Çollaku], Rexhep Ju[...], Riza Kurti, Riza Salla, Rushan Qe[...]ni, Sabri Salla, Sabri Sinan, Sadik Ha[s...], Sadik Rexh[...], Sali Ball[...], Sali Burr[...], Sali Çeka[...], Sali Dre[...], Sali Sha[...], Sana Full[...], Sefer Myzeqari, Seit Pepa, Selaudin Haka, Selim Asllani, Selim Hoxh[a], Selim Meta, Selime Debrova, Simon Merdani, Sotir Xhafa, Spiro Gjini, Spiro Halili, Spiro Sinani, Spiro Sula, Syrja Dylgjeri, Sulejman Hoxha, Sulejman Kasa, Sulejman Misiri, Sulejman Papri, Sulejman Rançi, Shaban Sula, Shahin Beqiri, Shaqir Balla, Shaqir Liçi, Shefik Pitja, Sherif Dervishi, Shefqet Hajrullai, Shefqet Leka, Shefqet Shyti, Tahir Frakulli, Tahir Musta, Tajar Gura[g]jaku, Tajar Matarj[a], Tare Dyrma, Tomorr Sinani, Trifon Kamisha, Thoma Kale[fi], Theodhor Haxhifilipi, Vasil Ala, Vasil Belshi, Vasil Kokoneshi, Vasil Moisiu, Vasil Taja, Vasil Toli, Vangjel Gjani, Veli Tosku, Vladimir Terziu, Xhaferr Hakani, Xhaferr Skilja, Xhaferr Kongoli, Xhemal Balla, Xhemal Groshka, Xhemal Jançe, Xhemal Myhyrdari, Xhemal Plaka, Xhemal Senja, Xhemali Stafa, Ymer Cani, Ymer Myzy[ri], Zenun Kapa[j], Zihni Golemi, Zihni Mag[ani].		
26	41.11403301	20.07895399	154.2	Elbasan	Dyle dhe Haxhire Myzyri. Besnikë të popullit qëndruan heroikisht përballë torturave dhe plumbave të ballistëve më 25 dhjetor 1943.		2.204
27	41.11280498	20.07384798	137.4	Elbasan	Partizanet e Brigadës XV S. duke luftuar me popullin kundër pushtuesit nazist gjerman e tradhëtarive çliruan më 11 nëntor 1944 qytetin e Elbasanit		2.205
28	41.115181	20.08746799	135.7	Elbasan	Këtu më 14 mars 1944 janë pushkatuar nga nazi gjermanë partizanët e Brigadës Parë Sulmuse: Nuredin Breshani (Vlorë), Zenel Sulçe (Vlorë), Zarik Jani (Fier), Refat Hyseni (Berat), Teodor Rajko (Korçë).		2.203

ALS	GJERËSI LATITUDE	GJATËSI LONGITUDE	LARTËSI ELEVATION	VEND PLACE	MBISHKRIM INSCRIPTION	OTHER DATA TË DHËNA TË TJERA	FAQE PAGE
29	41.15083602	20.16127501	187.1	Labinot-Fushë	Më 10 shtator 1944 partizanët e Brigadës VI-të S. goditën dhe asgjësuan forca të mëdha gjermane. Në përleshje me armikun ranë heroikisht: Bilal Peçi, Luli Cani, Halil Sadiku, Razi Cani, Tefik Avdiu, Neki Maksuti, Sulo Ceno, Bajram Hyseni, Maksut Kaçishti, Tefik Hazbiu, Xhezo Brada, Ali Dragoti.		2.199
30	41.16644899	20.20524496	183.8	Xibrakë			2.195
31	41.16419602	20.22832504	189.3	Mirakë			2.196
32	41.17862203	20.26768704	254.5	Mirakë ▸ Librazhd			2.192
33	41.17860602	20.31470298	259.4	Librazhd	Lavdi partizanëve trima të Brigadës XX-të S. që luftuan me heroizëm për çlirimin e Librazhdit. 10 nëntor 1944. // Dëshmorët e Brigadës së XX-të S. 1. Dibra Sokoli (Heroine), 2. Xhemal Nezha, 3. Sali Kryeziu, 4. Destan Sina, 5. Sali Halili, 6. Beqir Halili, 7. Ali Hana, 8. Islam Agastra, 9. Abedin Selenica, 10. Ali Celina, 11. Arthemi Goca, 12. Bido Qyteza, 13. Hodo Maliqi, 14. Hekuran Kastrioti, 15. Hasan Ganxha, 16. Izet Voskopi, 17. Midat Poloska, 18. Maliq Gjonbosi, 19. Murat Babani, 20. Mitro Koloneci, 21. Pirro Tushi, 22. Hodo Nexhipi, 23. Ramadan Isaku, 24. Rrahman Xhaferri, 25. Ruzhdi Alimehmeti, 26. Sifujlla Moglica, 27. Safet Dervishi, 28. Thoma Sovjani, 29. Vesel Jaçe, 30. Veiz Rizaj, 31. Thoma Thimi, 32. Francesko Sula (Italian).		2.193
34	41.17833001	20.32066704	299.3	Librazhd	Lavdi dëshmorëve		2.194
35	41.158167	20.357707	291.7	Librazhd ▸ Hotolisht			2.197
36	41.11690398	20.41629802	366.0	Vehçan			2.202
37	41.10926103	20.42844297	359.2	Vehçan ▸ Qukës			2.206
38	41.073821	20.49985302	503.1	Pishkash	Lavdi Brigadës Parë Heroike Sulmuese // 1944	Perikli Çuli, Agim Rada, "Përkujtimorja e Brigadë së Parë Sulmuese" (1978).	2.213
39	41.07460798	20.499491	505.9	Pishkash			2.212
40	41.07243396	20.51252	554.5	Pishkash ▸ Përrenjas	Në këtë pritë Batalioni Partiz[an] "Reshit Çollaku" futi në zjarrin e armeve dhe asgjësoi plotësisht një autokollonë fashiste.		2.214
41	41.06301798	20.52857998	570.9	Përrenjas	Gjatë muajit gusht–shtator 1944 forcat e Brig. 15-Sul. kanë zhvilluar luftime të ashpëra kundër okupatorëve dhe tradhëtarëve të vendit. Gjatë luftimit ra heroikisht dëshmori partizan Ramadan Aliu.		2.220
42	41.07024302	20.58645098	645.4	Urakë	Ku kanë rënë këshilltarët, shokëve të Këshillit Nac.-Çl. të fshatit Urakë që qëndruan me heroizëm par[a] terroz[mit …] dhe […]		2.216
43	41.06506702	20.60888196	931.4	Qafë Thanë	Kushtuar luftimeve shumë të ashpra të zhvilluara nga Brigada I-rë Sulmuese, Brigada IV-të Sulmuese, Brigada XV-të Sulmuese.		2.219
44	40.997213	20.63608099	704.4	Piskupat ▸ Udënisht		Lapidar kushtuar dëshmorëve të Pojskës.	2.235

ALS	GJERËSI LATITUDE	GJATËSI LONGITUDE	LARTËSI ELEVATION	VEND PLACE	MBISHKRIM INSCRIPTION	OTHER DATA TË DHËNA TË TJERA	FAQE PAGE
45	40.96036901	20.64257403	720.4	Udënisht	Pojska, 16 korrik 1943. // R.Ç.H.P. // Më 16 korik 1943 në Pojskë fashizmi italian masakroi 6 bashkëfshatarët tanë të komunës Udënisht: Bektash Kalem; Xhydollari D.; Shefki Xhafer, Xhydollari D.; Idris Hazis, Topalli D.; Bahri Sheshi; Tafil Selko, Kamber Dervishi.		2.241
46	40.906942	20.65088997	700.7	Pogradec	Ahmet Shabani, Dajlan Ademi, Estref Meka, Giuseppe Capuano, Gavrill Popllo, Gaqo Spiro, Hilmi Demiri, Hamit Harshini, Hiqmet Rexhepi, Hysni Nevruz Spaho, Jovan Naumi, Koço Strati, Kiço Kosta, Kosta Tusha, Kristaq Kaçka, Kiço Boboshtica, Koli Rapi, Minash Gjoka, Manol Nako, Niazi Grybeci, Nevruz Shabani, Pandi Kreshova, Petro Greço, Pali Ligori, Rahman Beragozhdi, Rexhep Shahini, Ramadan Aliu, Ramadan Seiti, Fejzulla Hamdiu, Shaniko Starja, Sherif Sinani, Tomka Laçka, Vasil Pando, Vait Bari, Veladin Nuredini, Vangjel Llazi, Xhafer Ibrahimi, Xhafer Selimi, Zylfo Podgorija, Qemal Liço, Piro Grazhdani, Nuredin Bashalli, Dhori Madhi, Vangjel Qafzezi.		2.252
47	40.89981797	20.66184201	701.0	Pogradec	Kushtuar luftëtarëve të Brigadës së I-rë S. (Heroine) dhe Batalionit "R. Çollaku" që i dhanë goditje dërrmuese forcave nazifashiste dhe xhandard–balliste gjatë vitit 1943–1944.		2.256
48	40.90425099	20.65533699	702.2	Pogradec	Më 20 tetor të vitit 1943 nazistët gjermanë masakruan 12 qytetarë.		2.253
49	40.89785401	20.66558101	709.3	Pogradec		Todi Mato, "Skulptur në varrezat e dëshmorëve të Pogradecit."	2.257
50	40.90077904	20.72065598	712.0	Tushemisht	25 maj 1928. Në kujtim të patriotit mësues Dhimitër Misha vrarë për shkronjat shqipe nga shovinistët serb.		2.254
51	40.90066798	20.72068498	710.8	Tushemisht	Lavdi dëshmorit Todi K. Lushka, 1920–1944.		2.255
52	40.88404499	20.71106499	704.0	Gurras	Lavdi dëshmorëve të fshatit tonë: Rahim Balliu, Sami Zgjani.		2.261
53	40.89776801	20.775754	837.3	Peshkëpi	Lavdi dëshmorit Jorgji Th. Prifti, 1923–1944.		2.258
54	40.81367103	20.79316104	866.9	Podgorie			2.282
55	40.81332201	20.79366999	864.7	Podgorie			2.284
56	40.81753702	20.734867	845.6	Pretushë	Ranë dëshmor kundër bandave diversante: Nevrus Tresova, Kurti Hymetllari, Lyfti Basha. Lavdi të përjetshëm.		2.280
57	40.82007204	20.72860404	870.0	Pretushë			2.279
58	40.80508696	20.735198	827.6	Veliternë	Dëshmorët e L N-Çl: Enver I. Kreka, Gurali H. Terolli, Nuri M. Pashollari.		2.289

ALS	GJERËSI LATITUDE	GJATËSI LONGITUDE	LARTËSI ELEVATION	VEND PLACE	MBISHKRIM INSCRIPTION	OTHER DATA TË DHËNA TË TJERA	FAQE PAGE
59	40.786787	20.71024499	853.7	Pirg	Dëshmorët e Komunës Pirg: Tafil Rexhep Selmani 1920–1942, Mehdi Rexhep Selmani 1922–1943, Ibraim Nevrus Hyka 1915–1943, Niazi Hysni Cenka 1918–1944, Qani Ismail Ismaili 1925–1944, Bexhet Asllan Mehmeti 1925–1944, Nebi Isuf Isufi 1920–1946, Bektash Zenel Zhilla 1922–1948, Ismail Mehmet Zhilla 1915–1944, Hamet Hysen Becolli 1921–1944, Tosun Rexhep Ruka 1926–1944, Themistokli Stefan Andoni 1919–1944, Shefki Idris Sari 1923–1944, Ramadan Vesel Mile 1923–1944, Dhori Klime Cera 1917–1945, Seti Rakip Shaqollari 1923-1950, Vait Baki Hykellari 1923–1944, Xhemal Sadik Kreka 1925–1944, Gurali Terolli 1920–1944, Veli Jaçe Kreka 1944.		2.298
60	40.78637604	20.70961601	869.2	Pirg		Nuk u përfshi.	
61	40.78632499	20.73581499	831.1	Zvirinë	Lavdi dëshmorëve. Themistokli S. Andoni, 1919–1944; Shefki S. Sari, 1923–1944; Ramadan V. Mile, 1923–1944; Dhori K. Piro, 1917–1944; Stavre V. Qafko, 1924–1944.		2.300
62	40.74284504	20.72391897	828.6	Sovjan	Dëshmorët e L. N-Çl: Beqir H. Kodra, Koci S. Cico, Neim H. Dautllari, Thimi Dh. Janllari.		2.311
63	40.73329998	20.78647496	820.5	Orman			2.317
64	40.71897103	20.83711901	827.9	Kreshpanj	Shaban Kelo, 1924–1944.		2.326
65	40.72706301	20.83849004	826.4	Pojan	Dëshmorët e Luftës Nacional-Çlirimtare: Loni Nako, Nesti Strati, Batjar Shasho, Nahim Tatushi, Pali Vaska, Shaban Kelo, Asan Rakipi, Demirali Plasa, Petraq Strati, Nexhmi Dervishi, Esat Pojan, Bardhyl Pojan, Stefan Dilo, Haxhi Limollari, Nezir Qaollari. // Viktimat e Luftës Nacional-Çlirimtare: Ismahil Koroveshi, Fadil Liçi, Ismahil Backa, Refat Lengu, Ramadan Lumalazi, Nexhip Gega, Shefqet Lari, Shaqir Liçi, Avdyl Liçi, Nahim Dervishi, Asan Fero, Mehmet Cane, Ramadan Avdiu, Selim Neziri, Sali Bame, Sami Shkembi, Selman Çorovoda, Zalo Progri, Sali Kovaçi, Fari Kovaçi, Feime Pojan, Sefie Pojan, Qazim Pojan, Tahip Muçollari.		2.319
66	40.73026699	20.86325898	839.0	Zvezdë			2.318
67	40.71747	20.89195099	850.4	Burimas	Lavdi dëshmorëve të adheut: Faslli Fazo, Refki Shkembi, Ramadan Seit, Hamet Zizolli, Nuri Ohrani, Ramadan Nazif, Bariq Nazif.		2.328
68	40.80314102	20.901158	992.8	Diellas			2.290
69	40.686608	20.844869	866.7	Plasë	Lavdi dëshmorëve TG(?) Sabaidin Bardhi, Ramadan Jasha[r]llari, Rapo Poda, Safet Shaqialliu, Vasfi Hasani, Sotir Puja.		3.35
70	40.65131801	20.81545799	889.8	Dishnicë	Lavdi dëshmorve të Luftës Nacional-Çlirimtare.		3.50
71	40.64758203	20.80916796	867.1	Dishnicë			3.51
72	40.55428097	20.76528903	955.1	Boboshticë	Boboshtica. Bazë e Luftës Nacional-Çlirimtare. // 3 prill 1944 Boboshtica u dogj dhe u masakrua nga bashkëpuntorët e nazi-fashizmit.		3.116

ALS	GJERËSI LATITUDE	GJATËSI LONGITUDE	LARTËSI ELEVATION	VEND PLACE	MBISHKRIM INSCRIPTION	OTHER DATA TË DHËNA TË TJERA	FAQE PAGE
73	40.51898897	20.82726801	1303.4	Dardhë	Kristo Pandi Isaku, lindur Dardhë, rënë dëshmor Dardhë 24 XII 1942; Leki Jani Panolli, lindur Dardhë, rënë dëshmor Dardhë 24 XII 1942; Miço Andon Zdrulli, lindur Dardhë, rënë dëshmor Korçë 25 XII 1942; Miço Pandi Tollko, lindur Dardhë, rënë dëshmor Korçë 25 XII 1942; Koli Dhosi Çeku, lindur Dardhë, rënë dëshmor Dardhë 13 VIII 1943; Aspasi Ilo Gjino, lindur Dardhë, rënë dëshmor Korçë 9 IX 1943; Vanthi Ilo Nashi, lindur Dardhë, rënë dëshmor Korçë 9 IX 1943; Lisa Sotir Balli, lindur Dardhë, rënë dëshmor Korçë 9 IX 1943; Vani Qendro Simaku, lindur Dardhë, rënë dëshmor Korçë 9 IX 1943; Miti Ilo Dunka, lindur Dardhë, rënë dëshmor Prishtin; Ligor Ilo Dunka, lindur Dardhë, rënë dëshmor Prishtin; Fani Thoma Keko, lindur Dardhë, rënë dëshmor Prishtin; Ilo Sotir Çomi, lindur Dardhë, rënë dëshmor Mat-Hauzin 20 II 1944; Sotir Ilo Daku, lindur Dardhë, rënë dëshmor Dardhë I IV 1944; Pandi Ilo Nashi, lindur Dardhë, rënë dëshmor Tiranë 10 VII 1944; Pandi Gaqo Ndrijo, lindur Dardhë, rënë dëshmor Burrel 20 VIII 1947.		3.147
74	40.52026997	20.83248398	1222.3	Dardhë	Për kujtim të dëshmorve Kristo […], Leki(?) Pan[…], Mico Tol[…], Mic[o] Z[…]. Ranë […] të […] kundër […].		3.146
75	40.51484101	20.86893202	1077.7	Sinicë	Lavdi dëshmorëve të fshatit Sinicë. Bajram Memelli, Palo Guta, Hysen Memelli, Ahmet Tajo, Thimi Thimjo.		3.150
76	40.50358596	20.92150499	984.9	Çetë	Lavdi dëshmorëve L.A.N.ÇL. Fazli Xhaho, Alit Liço, Ylmi Zaçe, Qemal Liço.		3.159
77	40.50661703	20.92737098	963.1	Miras	Lavdi dëshmorëve L.A.N.ÇL. Orhan Zeqiri, Saliko Manoku, Myrteza Gupi, Xhevdet Sino, Fetha Zerani.		3.155
78	40.52840704	20.95151799	971.2	Menkulas	Lavdi dëshmorëve të LANÇ. Hamdi Tiaga(?), Xhevair Gjyli, Zenel Taipi(?), Muhamet Cenolli.		3.135
79	40.530614	20.97109904	957.5	Ponçarë	Lavdi dëshmorëve. Zair M. Pasho, Ramadan A. Jazxhiu, Faik D. Demolli, Jashar E. Ocka, Eqerem A. Babi, Sami I. Jazxhiu, Arif Q. Demolli, Bexhet Sh. Jajolli, Reshat Y. Bylyku, Ethem T. Demolli, Zini Y. Jazxhiu, Iliaz S. Jazxhiu.		3.133
80	40.54293296	20.92867898	963.3	Sul	Lavdi dëshmorëve L.A.N.ÇL. Shaban Pajo, Ruzhdi Hyska, Muhamet Çuçka, Qamil Hyska, Gani Çuçka, Haxhi Hyska, Islam Sejdo, Ismail Backa // Enver Pajo.		3.124
81	40.55495596	20.96624097	920.7	Dobranj	Lavdi Dëshmorëve. Qemal Zyfi, Haxhi Kaso, Bektash Zyfi. // Ata nuk vunë lule të freskëta në altarin e lirisë, por gjakun dhe jetën e tyre.		3.115
82	40.54967201	20.97886303	935.0	Braçanj	Lavdi Dëshmorëve. Nesim Çeliku, Shaban Jazxhi, Riza Kanina. // Ata nuk vunë lule të freskëta në altarin e lirisë, por gjakun dhe jetën e tyre.		3.122
83	40.55261004	20.95430396	946.1	Fitore	Më 30-X-43 hordhitë fashiste dogjën barbarisht fshatin Fitore porse populli i udhëhequr nga P.K.Sh. vazhdoi luftën për çlirim. // Lavdi dëshmorëve të LANÇ. Ali M. Feto, L. 1917–Rënë 17.12.1943; Tefik Sh. Lipe, L. 1919–Vrarë janar 1944.		3.119

ALS	GJERËSI LATITUDE	GJATËSI LONGITUDE	LARTËSI ELEVATION	VEND PLACE	MBISHKRIM INSCRIPTION	OTHER DATA TË DHËNA TË TJERA	FAQE PAGE
84	40.58953098	20.96849	936.9	Poloskë	Lavdi dëshmorëve. Mit'hat Poloska, Nevruz Gjoza, Refat Osmani, Syrja Ali, Vangjel Poloska, Stavri Gjerazi, Ismail Skermo, Muhamet Biba, Shaban Jazxhi, Muharem Fifo, Xhevat Skermo, Mihal Poloqi, Demrali Rrota, Hysen Xheka, Dhimitër Furxhi.		3.98
85	40.59527703	20.97919604	901.3	Kuç	Lavdi dëshmorve. Jani Bylyku, Rapo Poda.		3.97
86	40.61951498	20.98836198	906.9	Bilisht	Ne u themi monarko-fashistëve grekë që nuk kanë lindur akoma as dje dhe as sot ata burra që të frikësojnë shqiptarët.	J. Paço, U. Hajdari, "Monumenti i provokacioneve të 2 gushtit 1949" (1969). U përurua më 4 gusht 1969.	3.72
87	40.60165398	20.99317697	888.3	Vishocicë			3.90
88	40.59623701	20.995497	891.4	Vishocicë	Lavdi dëshmorve të Luftës Nacional Çlirimtare. Shyqyri Kambo, Hasan Hysi, Bexhet Goce, Zenel Subashi, Hasan Goce, Jahija Mulla.		3.95
89	40.57246601	21.01788498	944.5	Trestenik	Lavdi dëshmorëve. 1 Ramadan Medolli, 2. Suruli Hoxhalli, 3 Tefik Lipe, 4 Drini Hoxhalli.		3.107
90	40.60095099	21.00742402	931.3	Kapshticë	Kush bie për atdhenë ka fituar diçka e shtrenjtë: të drejtën që populli të vëjë para varrit të tij dhe të përkulet me respekt të thellë. Enver Hoxha. // Lavdi dëshmorëve të Luftës Na Çl. Remzi Lika, Suleman Topçi.		3.92
91	40.57394399	20.92445802	945.4	Çipan			3.106
92	40.58676403	20.91449403	949.9	Përparimaj	Lavdi dëshmorëve. Avdulla Sabri Haxhi, Besim Rexhep Çallo, Evgjeni Andon Mano, Fadil Elmaz Mulla, Hamdi Karafil Karafili, Nazif Sherif Jazxhi, Njazi Xhafer Haxhia, Pali Manol Mano, Sali Ibrahim Zaimi, Spiro Ilo Petreli, Shefqet Selman Mulla.		3.101
93	40.60719903	20.91755996	920.4	Hoçisht	Lavdi dëshmorëve. 1. Dajlan Avdyl Zhupani, 2. Elise Spiro Afezolli, 3. Enver Dajlan Zhupani, 4. Frosina Thimi Plaku, 5. Fehim Kaja Rushitaj, 6. Gavril Spiro Popllo, 7. Gaqi Spiro Terezi, 8. Ilia Marko Havale, 9. Jorgo Josif Plaku, 10. Koco Llazi Gjata, 11. Llambi Vangjel Dardha, 12. Mina Thoma Spirollari, 13. Marie Kristo Shkodrani, 14. Muhamet Hysen Muko, 15. Nasi Dhori Dimo, 16. Petro Thoma Taso, 17. Pandi Thoma Dimo, 18. Pandi Kosta Damo, 19. Rina Mihal Stojko, 20. Sokrat Kristo Taluri, 21. Stavri Llambi Havale, 22. Taqo Sotir Plaku, 23. Vasillaq Koli Havale, 24. Vasil Ilo Telo.		3.85
94	40.60827199	20.92245399	915.9	Hoçisht	Qemal Dobranji. 15 4 1944. Dëshmor.		3.83
95	40.617491	20.92004101	916.6	Gracë			3.78
96	40.63388198	20.92024603	896.9	Baban	Lavdi dëshmorëve të Luftës NÇl. Fuat Babani, Feti Agastra, Islam Agastra, Murat Kambo, Nebi Koçi, Nafiz Mançka, Sedat Babani, Servet Babani, Sabri Keco, Xhemal Meda, Fuat Lulo, Kadri Haxhia. // Fuat Babani. 1918 1943. Heroi i Popullit. // Bazat e Luftës Nacionalçlirimtare [+ emra] // Partizanët e fshatit Baban [+ emra]		3.61
97	40.66513801	20.99889804	923.3	Tren	Lavdi dëshmorëve. 1 Raif Aqlami, 2 Taqo Jançe, 3 Fiqri Zholeku, 4 Qemal Zholeku, 5 Fari Totolano.		3.43
98	40.69505696	20.93967101	852.1	Progër	Në këtë vend në vitin 1908 u hap shkolla e parë shqipe.		3.27

ALS	GJERËSI LATITUDE	GJATËSI LONGITUDE	LARTËSI ELEVATION	VEND PLACE	MBISHKRIM INSCRIPTION	OTHER DATA TË DHËNA TË TJERA	FAQE PAGE
99	40.69477499	20.94036503	844.7	Progër	PKSH. V.F.L.P. Më 21 XI 1941 në fshatin Progër u krijua celula e parë e partisë në zonë[n e …]		3.29
100	40.695279	20.93875	853.8	Progër	Lavdi dëshmorëve të Luftës Nacional Çlirimtare. Loni Grazhdani, Piro Grazhdani, Avdulla Hoxha, Demir Progri, Petri Lakrori, Maqo Lakrori, Petraq Dimushi, Gani Pavliqoti, Skënder Agolli, Gani Dervishi.		3.25
101	40.70429198	20.92972596	845.8	Mançurisht	Lavdi dëshmorëve të Luftë Nacionalçlirimtare. […]		3.17
102	40.694847	20.90733103	842.0	Çangonj			3.28
103	40.64561999	20.76783202	827.2	Çiflig	Çdo krim, çdo terror, nuk ka forcë të mposhtë e çparosë popullin. Ai jeton dhe do të jetojë. Enver Hoxha. // Në kujtim të 65 dëshmorëve e viktimave të rënë në Orman Çiflig në luftën kundër okupatorëve nazistë.		3.55
104	40.67800599	20.78248803	827.1	Shamoll			3.39
105	40.67197496	20.77794001	826.8	Shamoll	Kostaq Kosturi, Odhise Kota, Bajazit Rehova, Kristaq Furxhi, Petraq Krastafilaku, Nuçi Lapi, ranë dëshmorë për atdhe në këtë vend më 22 korrik 1911.		3.42
106	40.69445296	20.81214001	819.3	Terovë	Irakli Terova 18.1.1944 dhe shkokët S. Nasi 1.10.1942, I. Prifti 16.5.1943, A. Petraq 1.12.1943, Th. Ndoni 20.4.1944.		3.30
107	40.70475801	20.83273603	826.3	Pendavinj	Lavdi dëshmorve tanë të Luftës Nacional Çlirimtare. // Nasi Pendavinji, Petraq Nasi, Risto Leka, Koli Karapanxho, Miti Nedelko.		3.14
108	40.70711902	20.79267698	822.6	Rëmbec	Bataljoni Partizan "6 Dëshmorët" 16 X 1943.		3.10
109	40.70459498	20.79118702	827.1	Rëmbec			3.16
110	40.69527104	20.72179198	827.1	Vloçisht			3.26
111	40.67697996	20.737845	831.0	Vashtëmi	Lavdi dëshmorëve. […]		3.40
112	40.66340799	20.73219996	845.8	Lumalas			3.44
113	40.64748203	20.72184504	870.8	Melçan	Lavdi dëshmorit të fshatit tonë. Hasan Refik Qylafi. // Lavdi dëshmorëve të atdheut. Musa Karamuço, Hysen Qylafi, Hasan Qylafi.		3.52
114	40.64133198	20.71300004	901.8	Porodinë			3.57
115	40.66173999	20.68116297	1009.0	Damjanec			3.46
116	40.63320204	20.704581	883.3	Vinçan i Poshtëm			3.64
117	40.62686197	20.69972302	883.6	Goskovë e Poshtme			3.68
118	40.63379598	20.76519297	833.6	Korçë			3.62
119	40.65940998	20.75761104	823.1	Bulgarec	Lavdi dëshmorve të Luftës Nacjonal Çlirimtare.		3.48
120	40.61883202	20.78295498	863.0	Korçë	8 nëntor 1941 populli i Korçës demonstroi kundër fashistëve italian. Në krye të demonstratës ra heroikisht komunisti militant Koci Bako, Heroi i Popullit.		3.75
121	40.61886496	20.78970904	961.8	Korçë	Lavdi dëshmorëvet të atdheut.		3.74
122	40.61817597	20.78232802	877.3	Korçë	"Më 6 prill 1944 u pushkatuan nga nazistët gjermanë komunisti Bardhyl Pojani dhe patrioti Esat Pojani."		3.76
123	40.61624704	20.78006901	869.9	Korçë	Luftetari Kombëtar. Për kujtim e mirënjohje. Qyteti i Korçës.	Odhise Paskali, "Luftetari Kombëtar" (1937).	3.80
124	40.61634704	20.77966098	870.2	Korçë	Këtu më 9 shtator 1943 gjatë një demonstrate antifashiste u vranë 59 demonstrues dhe u plagosën 120 të tjerë.		3.79

ALS	GJERËSI LATITUDE	GJATËSI LONGITUDE	LARTËSI ELEVATION	VEND PLACE	MBISHKRIM INSCRIPTION	OTHER DATA TË DHËNA TË TJERA	FAQE PAGE
125	40.61659497	20.77997999	868.9	Korçë		Nuk u përfshi.	
126	40.62171003	20.71295301	851.9	Turan ▶ Voskop			3.70
127	40.60937002	20.69054098	895.4	Voskop	Lavdi dëshmorëve të L.A.N.Ç. Voskop. Jzet S. Demirazi, Ramadan A. Demirazi, Baki J. Sejdolli, Zylyf F. Shaholli, Demirali B. Shaholli, Hysni R. Lilolli, Istref R. Lilolli, Qamil H. Demirsha, Baftjar Sh. Shaholli, Abedin B. Caco, Musa I. Baçe, Raibihan A. Zeka, Asimeko Shaholli, Demirali Musaka, Fize Sejdolli, Sytki Lemollari, Abedin Jaçe, Hysen Bala, Bezat I. Sulçe, Nesim Braholli, Tefik S. Shaholli, Sali R. Cenolli, Vasfi R. Kodra, Hysen T. Nurçe, Pashako T. Sejdolli, Halim M. Myredinasi, Zeqir Q. Sejdolli, Lytfi I. Lemellari, Hasan J. Bala, Adem Bala, Istref Zekollari, Mahmudi Shaholli, Qemal Nurçe, Tefik Nurçe, Zeqir Bala.		3.82
128	40.588125	20.69905599	862.7	Polenë	Lavdi dëshmorëve. Kiço Koroveshi, Mihallaq Sharxhi, Nasi Burazi, Petraq Jor[…]ani, Rafail Minka, Noçi Gogo, Andrea Seferi, Jovan Dudo, Koli Nico, Kristaq Beshka, Kristaq Kallco, Nuci Zguro, Nisi Tanço, Qirjakulla Minka, Rapi Dudo, Ropi Shore, Sotir Kotmilo, Sotir Toçi, Todi Sharxhi, Traqi Kotmilo, Todi Veshi, Vasilo Tollkuci.		3.99

ALS	GJERËSI LATITUDE	GJATËSI LONGITUDE	LARTËSI ELEVATION	VEND PLACE	MBISHKRIM INSCRIPTION	OTHER DATA TË DHËNA TË TJERA	FAQE PAGE
129	40.63334503	20.59044999	1197.5	Voskopojë	28 dhjet[o]r 1[9]43. // Lavdi dëshmorëve të Brigadës IV Sulmuese. // Abaz Gjata, Ahmet Begolli, Aziz Banushi, Arif Neziri, Ali Çupi, Arif Lemolli, Bari Zylali, Baço Canaj, Bajram Korra, Bajram Carra, Bexhet Jahollari, Bexhet Mehmeti, Dajlan Granaj, Dalip Floqi, Dalip Hasankolli, Degran Akopjan, Demir Hasani, Demir Plasa, Demir Sejdini, Demirali Hoxhallari, Dervish Hasanaj, Dilaver Rushiti, Dine Bajrami, Duko Luarasi, Enver Pashi, Enver Topi, Emin Kolaneci, Eqrem Babi, Faik Demiri, Ferit Rustemi, Fetah Selca, Fetah Lamçe, Feti Agastra, Gani Dervishllari, Gani Haxhiu, Gani Nina, Gani Hoxhaj, Gussepe Pignateli, Grigor Barkaj, Arif Haxhia, Guri Prifti, Gurali Haxhiu, Harani Zvuani, Hajdar Stojka, Haki Bejko, Hamdi Karafili, Hasan Hysi, Hasan Leminoti, Hasan Koçi, Hasan Demiri, Hiqmet Fazlliu, Hyrjet Hamzallari, Hysen Gjeleshi, Hysni Ndreu, Hysni Mullaj, Ibrahim Gjatolli, Ilo Kotorri, Ilo Drenova, Ilo Dobroçani, Isuf Dalipi, Jani Sterjo, Jashar Ocka, Jorgo Stefani, Jorgji Prifti, Jorgji Pashko, Jonuz Hasani, Kadri Velo, Kasem Aliu, Kasem Ziko, Koçi Mele, Koço Cati, Koço Korça, Koço Kaftani, Koço Vasili, Kiço Zografi, Kol Marashi, Kostandin Vaso, Kristo Koroveshi, Laver Hasanllari, Lefter Serafini, Ligor Brako, Ligor Ruço, Loni Tanellari, Llazo Kovaçi, Llazi Shuli, Maliq Topuzi, Marko Riza, Mazllëm Agolli, Mehmet Ajazi, Mehmet Maliqi, Mesogri Mestorja, Miço Shkodrani, Mihal Germenji, Mihal Sharxhi, Mihal Banushi, Mihallaq Qirinxhi, Mina Kosta, Minella Prifti, Minir Prizaj, Muhamet Ali, Muharem Shkembi, Muharrem Kordalli, Muharrem Sinani, Mustafa Osmani, Mustafa Sahatçiu, Myslim Tolaj, Nasi Burnazi, Naum Divjaka, Nazif Gjini, Nazif Melcka, Nazif Mançka, Nazif Jazxhi, Nazmi Tapani, Ndreçi Pendavinji, Naki Çollaku, Neim Muçolli, Neim Nexhipi, Nesti Balashi, Nesti Dishnica, Neim Sertani, Nevruz Krushova, Nezir Qorllari, Nezir Aralupi, Nezir Ahmeti, Nesti Mullxhi, Niko Terova, Niko Pandeli, Niko Dodona, Nikolla Xhuveli, Nuri Neviçishti, Njazi Seferi, Onço Çule, Pandi Çifligu, Pandi Qeleshi, Pano Xhamballo, Petraq Nasi, Petraq Shomo, Petro Tasi, Profik Inesopi, Qamil Zaimi, Qamil Ismaili, Qani Pirgu,		3.63

ALS	GJERËSI LATITUDE	GJATËSI LONGITUDE	LARTËSI ELEVATION	VEND PLACE	MBISHKRIM INSCRIPTION	OTHER DATA TË DHËNA TË TJERA	FAQE PAGE
129				vijon:	Qemal Btashi, Qemal Zeko, Qemal Osmani, Raif Myrteza, Rahman Haxhia, Rakip Koçi-Belli, Rakip Myrteza, Rakip Aliu, Rakip Mema, Ramadan Halili, Ramadan Mile, Ramzan Dasku, Rapi Poçe, Raqi Qirinxhi, Rafet Manjani, Rexhep Murra, Rexhep Lipe, Rexhep Shahini, Rexhep Zeqi, Riza Biba, Riza Taçi, Ropi Gjergo, Rukie Rosha, Sabri Ali, Sabri Reçi, Sadik Çeta, Sali Ismaili, Sali Biranji, Sali Xhaferi, Salvatore Umbreto, Sami Ismaili, Seit Bektashi, Sefedin Gora, Selim Mitrollari, Selim Ndreu, Selami Qazimi, Seran Koçivjan, Sotir Puja, Sotir Doku, Sotiraq Pojani, Stavri Llazo, Spiro Ilo, Spiro Petreli, Stefan Luarasi, Stefan Kotelli, Stefan Thanasi, Stillo Gjergo, Shaban Hoxha, Shaban Ethemi, Shaban Kello, Shaban Hoxhalli, Shaban Muço, Shaban Murrja, Shaban Pajo, Shaban Sala, Shaban Xhaferi, Shaqir Pupuleka, Shaqir Sala, Shaqir Xhemili, Shefqet Basho, Shefqet Dasku, Shefqet Selmani, Sheme Sina, Shyqyri Haxhia, Shyqyri Meka, Tahir Hëna, Taqo Pali, Tefik Bedulla, Tefik Tola, Thanas Buro, Thanas Dhreso, Thanas Terezi, Thanas Petro, Thanas Ndini, Thani Adhami, Thimaq Andoni, Thoma Zisa, Thomaq Saro, Thodhoraq Saro, Vangjel Ballta, Vangjel Burda, Vangjel Bllami, Vangjel Çipi, Vangjel Lubonja, Vangjel Miti, Vangjel Kali, Vangjel Thimi, Vangjel Gjergji, Vangjo Dhamo, Vasfi Dervishi, Veiz Haxhiu, Xhafer Cenko Lubonja, Xhavit Dishnica, Xhetan Leçi, Xhevat Xhaferllari, Xhevit Sejdarasi, Xhestan Kojko, Xhevair Saliu, Xhevair Gjyli, Zaim Dakolli, Zaim Qemali, Zalo Janko, Zenel Subashi, Zenel Ahmetlli, Zenel Ponçara, Zenel Balliu, Zanun Abdia, Xhevdet Asllani, Ziver Haxhia.		
130	40.63236301	20.58985203	1202.7	Voskopojë			3.65
131	40.630621	20.58707904	1198.4	Voskopojë			3.67
132	40.63181299	20.59550998	1198.3	Voskopojë			3.66
133	40.58367999	20.55452901	1212.6	Gjergjevicë			3.104
134	40.56985999	20.49751799	1158.1	Gjonbabas	[...]. [V]asok[...], L. 27 [V.] 44; Jak[op] B[...] Paj[...]ari, V. 44.		3.109
135	40.60080397	20.51433099	1002.9	Lekas	Lavdi dëshmorve.		3.93
136	40.62021604	20.74324496	840.8	Turan	Lavdi dëshmorëve të Luftës Nacionalçlirimtare. Asim Ishmi Venetiku, Feim Riza Bektashi, Ismail Asim Venetiku.		3.71
137	40.60491697	20.74462001	858.4	Ravonik	Lavdi dëshmorve të Luftës Nacional Çlirimtare. Ali Çota, Hekuran Çota, Stavri Toço, Olimbi Mikoni, Thimi Bardhyli, Atem Kollombo, Zalo Xhangolli, Asan Çota, Refat Mulla, Pandi Minga, Llazi Mikoni, Skënder Bekolli, Qamil Kondrikolli, Hysen Backa.		3.87
138	40.58507499	20.74401702	868.0	Qatrom	Lavdi dëshmorëve të Luftës Nac.Çli. të fshatit tonë, Rakip Koçibelli, Vasfi Dervishi, Muhamet Koçibelli, të cilët me armë në dorë dhanë gjakun e tyre për çështjen e shtrenjtë të partisë dhe të fshatit për fitoren e revolucionit tonë popullore për jetën e lumtur që gëzojmë sot.		3.103

ALS	GJERËSI LATITUDE	GJATËSI LONGITUDE	LARTËSI ELEVATION	VEND PLACE	MBISHKRIM INSCRIPTION	OTHER DATA TË DHËNA TË TJERA	FAQE PAGE
139	40.58236797	20.79268101	964.2	Drenovë	Pas përleshjes me fashistët italian në këtë vend më 5-6-1943 u vra i riu (antifashist) Kiço Grabocka.		3.105
140	40.60619697	20.80070701	972.5	Mborje	Lavdi dëshmorëve. // Dëshmorët e LANÇ. Asllan Sala, Dalip Tunja, Haxhi Myrteza, Koço Thimi, Xhemali Goskolli.		3.86
141	40.61808201	20.77824402	868.1	Korçë	Me mirnjohje njësitit gueril të Korçës të rinjve komunistë Midhi Kostani, Kiço Greço, që dhanë jetën për lirinë e atdheut.		3.77
142	40.52522301	20.68621801	1021.6	Ujëbardhë	Lavdi dëshmorëve. Dhimitraq Th. Grabova, Argjil Sili, Gaqo A. Sili, Kristaq Marko, Loni V. Dhembi, Qirjako A. Milo, Sotiraq Marko, Sotiraq Dh. Velushi, Thoma P. Mitre, Ropi A. Milo, Χαρίλαος Παπαχρηστος, Harillaos Papahristos, Δημητρης Γκιοκας, Dhimitris Gjokas, Αθανασιος Σουλης, Athanasios Sulis, Βουρπια[…] Κονιτσης. ΕΛΛΑΣ.		3.139
143	40.46924799	20.61600298	967.4	Lubonjë			3.173
144	40.52239998	20.58739001	1217.7	Vithkuq	Lavdi dëshmorëve të LANÇ. Efigjeni Gace, Ilo Kita, Irakli Grabocka, Kosif Grabocka, Kostandina Gace, Kristaq Prifti, Katerina Sheperi, Llazi Gace, Lili Xheli, Llaqi Kita, Marko Kita, Pandi Kita, Sofije Kallojeri, Sotir Kita, Theodhor Gace, Vangjel Strati, Vasilika Gace, Gjini Xheka, Koci Duni, Vangjel Rriska. // 10 korrik 1943, formimi i Batalionit Qamil Panariti.		3.144
145	40.52287599	20.58757802	1212.8	Vithkuq			3.143
146	40.52383203	20.588194	1230.9	Vithkuq			3.142
147	40.49783296	20.60829196	1205.4	Makërzë	Lavdi Bri[gadës I].	K. Rama, M. Dhrami, Sh. Hadëri, R. Kote (arkitekt), "Lapidari i Brigadës së 1-rë" (1969).	3.162
148	40.50558597	20.61112102	1174.5	Makërzë	Më 15 gusht 1943 këtu u inaugurua Brigada e Parë Sulmuese e Ushtrisë Nacional-Çlirimtare, i pari formacion organizuar i ushtrisë sonë, partizanët e së cilës në luftrat e paprera shkrojtën faqe të lavdishme në epopenë e madhe të luftës puer çlirimin e Shqipërisë nga okupatori fashist dhe tradhëtarët e vendit.		3.157
149	40.53306998	20.69494097	939.5	Pulahë	Lavdi dëshmorëve.		3.132
150	40.52628097	20.73077101	1017.2	Kamenicë			3.138
151	40.700801	20.71377997	838.9	Libonik			3.22
152	40.71344401	20.68326398	829.2	Maliq-Fshat	Lavdi dëshmorëve. Xhevit Sejdarasi, Jonus Gora.		2.331
153	40.72490903	20.64826299	809.0	Maliq ▸ Lozhan i Ri	"O Riza të qan Skrapari, Korça, Gora dhe Opari." Heroit të Popullit Riza Cerova, 28.1.1896 25.8.1935		2.324
154	40.73741298	20.573108	749.0	Lozhan i Ri	Më 14 qershor 1942 në këtë vend u formua çeta Gorë Opar		2.313
155	40.75190102	20.57717498	955.2	Moçan	Lavdi dëshmorëve të Luftës Nacionalçlirimtare, Sinan Istref Agolli, Gani Haki Agolli, Emine Luri Lushnjaku.		2.308

ALS	GJERËSI LATITUDE	GJATËSI LONGITUDE	LARTËSI ELEVATION	VEND PLACE	MBISHKRIM INSCRIPTION	OTHER DATA TË DHËNA TË TJERA	FAQE PAGE
156	40.76061903	20.58003497	977.3	Desmirë	Lavdi dëshmorëve të Luftës Nacionalçlirimtare, Idr[is] Hamet Xhemollari, Fei[…] Arif Shembitraku, Isa Nazif Dhioshi, Raif Ibrahim Agolli, Ilmi Ibrahim Agolli, Mestan Halil Agolli, Bari Selman Xhemollari, Ramis Bari Xhemollari, Mahmut Bari Xhemollari, Sejdin Arif Shembitraku.		2.307
157	40.73400398	20.56767703	728.4	Lozhan i Ri	Në këtë zonë më 16 tetor 1944 u formua Brigada e IX Sulmuese.		2.316
158	40.72544304	20.58285599	1017.3	Tresovë	Dëshmorët e fshatit Tresovë. Alo Pane, Haki Kroj, Kodhel Cakollari, Nesim Jahollari, Mersin Kroj, Nevruz Kroj, Estref Cakollari, Nevruz Kodra, Istref Panellari, Çelnik Pane, Rushan Kroj, Zyfer Pane.		2.323
159	40.72569097	20.56828002	928.1	Zvarisht	Lavdi dëshmorëve. Ismet Bashllari, Hodo Bashllari, Telha Agolli.		2.322
160	40.71547301	20.55166701	1029.2	Lozhan	[…]më i mirë i fshatit tonë […] heroikisht Çemeric 1943 […]ër këtë ditë të lumtur.		2.330
161	40.68896399	20.47378697	614.5	Nikollarë			3.33
162	40.70594002	20.39271603	492.9	Moglicë	Lavdi dëshmorëve. Sejfulla Mollajmer, Riza Biba, Emin Gjata.		3.11
163	41.38833197	19.48049398	0.8	Qerret			2.150
164	41.34563204	19.561851	20.3	Shijak	Në Luftën Nacional Çlirimtare populli i zonës Shijakut ka dhënë një kontribut të çmueshëm për çlirimin e vendit. Batalioni i kësaj zone dhe njësiti gueril i qytetit zhvilluan aksione heroike që do të frymëzojnë në shekuj brezat e ardhëshëm. // Lavdi dëshmorëve. Fadil Vezi, Qamil Ishmi, Vesel Xhepexhiu, Dum Alla, Muharrem Dallaku, Mestan Hyseni, Rexhep Mezini, Dalip Shahini, Rexhep Keçi, Ismail Gjoci, Kapllan Kau, Qemal Deliallisi, Koço Kaftani, Bahri Shaqiri, Shaban Shahini, Mihal Mihali, Isuf Gjashta, Isuf Molla, Demir Milaqi, Hysen Shahini, Latif Keçi, Mustafa Bala, Naile Kau, Idriz Smoqi, Shyqyri Rexha, Muharrem Plaku, Hamdi Çali, Hamdi Domi, Xhelal Shtufi, Rexhep Tabaku, Hysen Shtufi, Sulejman Dervishi, Nezir Kokomani, Zylyf Deliallisi.		2.155
165	41.326585	19.48720403	10.2	Shkozet	Nga ky vend më 20 nëndor 1943 bijtë e popullit tonë, të arrestuar prej nazistëve gjermanë u internuan në kampet e për qendrimit. Lufta e tyre për idealet e shenjta të <lirisë së> {partisë dhe} ardheut do të mbetet gjithmonënë mendjet dhe zemrat tona.		2.163
166	41.30936204	19.44467501	1.7	Durrës		Hektor Dule, Fuat Dushku, "Monumenti i Rezistencës." Dedikuar luftës së armatosur të popullit shqiptar kundër pushtimit fashist nga Italia më 7 Prill 1939.	2.173
167	41.30965699	19.44652397	5.5	Durrës	Mujo Ulqinaku, Heroi i Popullit. // Të rënët e 7 prillit. Mujo Ulqinaku (Heroi i Popullit), Hamit Dollani, Haxhi Tabaku, Hysen Koçi, Ibrahim Osmani, Isak Metalia, Ismail Reçi, Ramazan Velia.		2.172

ALS	GJERËSI LATITUDE	GJATËSI LONGITUDE	LARTËSI ELEVATION	VEND PLACE	MBISHKRIM INSCRIPTION	OTHER DATA TË DHËNA TË TJERA	FAQE PAGE
168	41.31886804	19.44440503	13.9	Durrës	Lavdi dëshmorëve. // Lavdi të përjetëshme dëshmorëve tanë të rënë në fushën e nderit për çlirimin e atdheut tonë të dashur. // Të rënë në kampin e përqendrimit "Mathauzen": Kozma Nushi, Hero i Popullit, Abdulla Takabu, Ali Biduli, Arqile Lito, Asti Gog[o]li, Dhimitër Konduri, Enver Velja, Hajdar Shameti, Haziz Shkupi, Hysen Shtufi, Ilia Dhimo, Jani Popa, Sulejman Dakoli, Sulejman Puskja, Taqi Dimo, Telat Noga, Tofik Skilja, Thimi Natanaili, Vaske Dushku, Xhemal Myhyrdari, Xhemal Kasa, Vasil Gjata. // Të rënë në kampin e përqendrimit "Zemun": Adil Allushi, Andon Naci, Besim Mliku, Dhimitër Kulla, Dhimitër Mali, Ibrahim Xhatufa, Janaq Sotja, Jani Nathanaili, Koço Simaku, Lili Dhandili, Mico Nathanaili, Milto Kulja, Minella Goga, Naun Thanasi, Prokop Sorra, Ramazan Myrto, Rapi Thomaj, Riza Sukja, Sami Kariqi, Teodor Bratja, Vasil Misa.		2.166
169	41.07703202	19.663297	18.0	Rrogozhinë	Dëshmori Haxhi Qehaj, 1928 1951.		2.209
170	41.05756103	19.71319296	27.2	Karinë	Lavdi dëshmorëve të zonës. Hysni Çela, Hasan Korbi, Halil Jançari, Mersen Xhamani, Çaush Kaseja, Osman Hyra.		2.223
171	41.04612401	19.74937504	52.4	Peqin	12 nëndor 1944. Lavdi partizanëve trima të Brigadës XII S. që çliruan qytetin tonë.		2.226
172	41.04565202	19.75023997	49.8	Peqin	Zihni Magani, 1910–1944.		2.227
173	41.06293199	19.71494	30.4	Karinë	Lavdi dëshmorëve të zonës. Hysni Çela, Hasan Korbi, Halil Jançari, Çaush Kaseja, Osman Hyra, Mersen Xhamani.		2.221
174	41.02420399	19.73379702	33.5	Çelhakaj	Mehmet Lamkja, Jonus Begja, Hysen Dudia, Sefer Myzeqari, Gani Çullhaj, Luftie Dibra. // Më 12 4 1943 formimi i çetës partizane të Darsisë të rrethit Peqin.		2.230
175	41.02386301	19.73484602	27.8	Çelhakaj	1943		2.231
176	41.044426	19.790944	47.0	Çopanë			2.229
177	41.04534701	19.81405903	53.7	Lolaj	Lavdi dëshmorëve të Brigatës 12të Sulmuese. 1. Shefit Hetiu (Hekali), 2. Braho Sako, 3. Jorgo Rizo, 4. Hysen Kalemi, 5. Laver Hyseni, 6. Petro Pani, 7. Sokrat Duni, 8. Milo Makoci, 9. Labe Kerma, që ranë më 10 12 nëntor 1944 në luftë kundra autokolonës gjermane.		2.228
178	41.07180398	19.91028101	57.2	Paulesh ► Murras	Banush Llapushi, Xhemal Senja, rënë 3.11.1944.		2.215
179	41.069766	19.92075596	59.3	Paulesh ► Murras	Më 1.6.1944 një batalion i Brig. Parë S. dhe një batalion i Dumresë nën udhëheqjen e Mehmet Shehut i zunë pritë një autokollonës gjermane. I shkaktuan atyre deme të mëdha në njerëz e materiale.		2.217
180	41.05786697	19.93235299	71.1	Murras	Më 26 qershor 1944 Brigada e V-s shpartalloi forcat balliste.		2.222
181	41.05397098	19.93952204	68.8	Murras ► Papër	Më 5 tetorë 1944 Brigada e 17-s shpartalloi një autokollonë naziste.		2.225
182	41.05604097	19.953235	84.8	Papër	Më 9 shtator 1944 u vranë nga forcat fashiste antarët e njësitit gueril Fiqiri Balla & Vasil Taja.		2.224
183	41.06622297	19.97729701	91.1	Ullishtas ► Vidhas	"Në përpjekje me bandat kriminale më 29.8.1948 ranë heroikisht Koço Brisku, Selim Meta, Mustafa Mahmutaj, Jakup Xhafa, Qazim Çami, Adem Ademaj, Hajdar Luzi."		2.218

ALS	GJERËSI LATITUDE	GJATËSI LONGITUDE	LARTËSI ELEVATION	VEND PLACE	MBISHKRIM INSCRIPTION	OTHER DATA TË DHËNA TË TJERA	FAQE PAGE
184	41.24578304	19.53047502	23.8	Golem	Lavdi dëshmorëve Asllan Çopa, Ramazan Çopa, Rizvan Bodli, Ramazan Gjuzi, Tasim Gjuzi, Nexhip Çopa, Xhemal Hyka, Zylyf Karaboja, Shir Roçi, Telha Karaboja. // Aktivitetet që zhvilluan gjatë Luftës Nacional-Çlirimtare të rinjt revolucionarë të kësaj shkolle për çlirimin e atdheut nga okupatorët fashistë.		2.181
185	41.07585101	19.629328	16.7	Gosë e Vogël	Margarita e Kristaq Tutulani. Anëtarë të denjë të PKSh ranë heroikisht kundra okupatorit fashist dhe dhanë jetën për lirinë e atdheut. 6 7 1943.		2.211
186	41.13933597	19.62996704	62.1	Gërman	Më 1 qershor 1944 në luftë kundër nazistëve dhe veglave të tyre ranë dëshmorë: Maliq Muçia, Islam Ymeri, Shaziman Harizi, Sllobodan Stosiç, Josif Pambuku, Erminiq Kostandini.		2.200
187	41.18465398	19.56135504	21.4	Kavajë	Në këtë vend populli i qytetit dhe i fshatrave të Kavajës bëri demonstratën antifashiste të 25 prillit 1942.		2.191
188	41.19406804	19.56988304	31.5	Çetë			2.190
189	41.19518601	19.57130704	47.7	Çetë	1943 // 12 gusht Batalioni "K. Karafili" // Kajo Karafili, Arif Derjaj, Ali Lila, Baki Celmeta, Bajram Tusha, Dervish Xherahi, Dionis Manastirliu, Ethem Korça, Ferhat Lizi, Filip Rrapo, Giussepe Antonio, Gani Kryemadhi, Isuf Çelmeta, Isuf Gjashta, Riza Leshteni, Tahir Hasalliu, Fadil Vezi, Irfon Izeti, Nail Kondo, Leonidha Metani, Myrvete Peza, Met Felahi, Mustafa Lleshi, Vehebi Hoxha, Nexhip Lecini, Pëllumb Xhuri, Rizvan Bodlli, Sulejman Rexha, Tahir Balliu, Tasim Gjuzi, Vath Turja, Xhevdet Arapi, Xhemal Hyka, Zylyf Karaboja.		2.189
190	41.222969	19.62808899	273.0	Kryezi	Këtu më 2-VIII-1943 u formua batalioni "K. Karafili."		2.182
191	41.222638	19.628466	267.7	Kryezi			2.183
192	41.00095703	19.66644801	11.4	Dushk		M. Dhrami, "Busti i Shkurte Pal Vates" (1968, shkatërruar).	2.234
193	40.97123204	19.67509797	8.7	Golem i Vogël	Lavdi dëshmorëve. Haxhi Hyseni, Mustafa Lulja, Bido Elezi.		2.240
194	40.948445	19.69575802	34.5	Lushnjë	Lavdi dëshmorëve.		2.243
195	40.942333	19.70619399	52.4	Lushnjë		Perikli Çuli, "Toka Jonë" (1987).	2.245
196	40.94366999	19.70542998	32.8	Lushnjë	Loni Dhamo, 1922–1944		2.244

ALS	GJERËSI LATITUDE	GJATËSI LONGITUDE	LARTËSI ELEVATION	VEND PLACE	MBISHKRIM INSCRIPTION	OTHER DATA TË DHËNA TË TJERA	FAQE PAGE
197	40.92000796	19.71824097	19.7	Karbunarë e Vogël	10 tetor 1944 këtu në Karbunarë u krijua Brigata e 10 S. // Lavdi dëshmorëve të LANÇ të Karbunarës. Mexhit Çela, Amet Shabani, Hasko Kasapi, Nuri Shabani, Latif Sinani, Ramadan Shabani, Hysni Kashari, Hysni Çorovelli, Axhi Kasapi, Banush Manko, Sulejman Giçi, Eqerem Xhumari, Esma Dervishi, Ibrahim Hasko, Haxhi Hoxha, Mustafa Hoxha, Raxhai Hasko, Tafil Çorovelli, Azbi Dervishi, Kadrie Hoxha, Qamil Hoxha, Sabri Hasko, Sefer Xhumari, Selim Çela, Shaban Çela, Elmas Sulo, Qazim Manko, Sazan Zeka. // Dëshmorët e Karbunarës martirë 1920–1930. 1920. Shaban Mullai, Tafil Sula, Tafil Shabani, Misir […]. 1930. Banush Pepa, Tafil Pepa, Tefik Saraçi, Ismail Haka. // Karbunara luftoi me fashistët italianë dhe u dogj dy herë 28–30 prill 1943.		2.247
198	40.85960101	19.78931104	22.8	Çukas i Vjetër	Lavdi dëshmorve të Luftës Nac. Çlirimtare. // Në këtë zonë janë zhvilluar luftra të ashpra kundër gjermanëve dhe tradhëtarë të vendit. Vetëm në luftimet e 6 tetorit 1944 u vranë 14 partizanë të Batalionit IV të Brig. XVI S. Andon Basha, Liri Gero, Azbi Mustafaj, Nako Bozo, Brahim Dauti, Rrapo Luçi, Dhiogjen Vito, Selim Çela, Elmas Sulo, Vedut Dokollari, Gani Isufi, Ymer Hyseni, Haxhi Hamiti, Shaban Çela.		2.269
199	40.84174798	19.814083	26.5	Agim			2.273
200	40.80277397	19.83683702	27.0	Polizhan			2.291
201	40.78786198	19.83872596	33.9	Poshnjë	Lavdi dëshmorve të Luftës N-Çl. Ndini Kamaraku, Mihal Kamaraku, Andrea Mbriçe, Vasil Ziu, Nuri Kurti, Avdyl Bani, Nuri Meta, Llambi Mile, Lili Dhana, Thoma Dhana, Refat Bani, Tafil Bisha, Tahir Hoxha, Bariam Fisheku, Skënder Ismaili, Osmën Sula, Dervish Bani.		2.297
202	40.80547404	19.91619201	56.4	Kuçovë			2.288
203	40.811408	19.91634398	43.1	Kuçovë	11 shkurt 1936.	Kushtuar "Grevës së Kuçovës" të punëtorëve të naftës kundër shoqërisë italiane AIPA.	2.286
204	40.82215796	19.91712903	55.1	Kuçovë	Gaqi Karakashi, 1925–1944, rënë në përpjekje me okupatorët e tradhëtarët e vendit më 04.09.1944.		2.278
205	40.80154301	19.91032502	39.8	Kuçovë	Kushtuar dëshmorëve për çlirimin e Kuçovës. 18 tetor 1944.		2.292
206	40.81409499	19.93869198	69.5	Goraj			2.281
207	40.78638199	19.91368398	33.1	Perondi	Lavdi dëshmorëve. // Lavdi dëshmorëve të komunës Perondi. Tare Tafil Luzi, Shaban Tahir Plaku, Stefan Llambi Ndreu, Rrapo Sali Shkurti, Ramiz Osman Agalliu, Qerim Zylyf Nona, Murat Bajram Daullja, Mesut Skënder Bako, Llazar Vangjel Kuli, Jaho Haxhi Berzheshta, Jonuz Haxhi Toska, Hamit Nexhip Xhelo, Gori Vangjel Salca, Dane Tafil Puriqi, Dine Shefit Gega, Aqif Asmail Qose.		2.299
208	40.710796	19.93854202	44.1	Berat	13 shtator 1944. Kushtuar Brigadës VII S. për çlirimin e Beratit.		3.9

| --- | --- | --- | --- | --- | --- | --- | --- |
| 209 | 40.70480696 | 19.942896 | 64.0 | Berat | Lavdi dëshmorëve. // Zenel Blana, Muharem Çaushi, Nasi Vogli, Lluk Mita, Vesel Isufi, Konstandin Leka, Barjam Zylali, Shefit Dhija, Xhemal Dalipi, Muhamet Kosova, Xhezmi Saraçi, Kadri Gremshi, Barjam Lilaj, Dajlan Cili, Haxhi Cenaj, Fatmir Dudushi, Hysen Agalliu, Andrea Vrusho, Xhevahir Cenollari, Kristaq Çapo, Lila Dhana, Margarita Tutulani, Kristaq Tutulani, Osmën Kokoshi, Mino Xhindi, Ismail Braushi, Mersin Dyrmo, Stefan Ndreu, Llazar Kule, Vasil Bixheku, Dane Puriqi, Xhemil Zyberi, Ismail Dyli, Murat Daullja, Sali Demaj, Aleko Sallabanda, Ismet Demaj, Qazim Bejko, Estref Balliu, Ferit Nurellari, Leman Balla, Latif Muska, Nafail Hoxha, Riza Mulita, Hamdi Vrioni, Shefit Arapi, Hasan Ngjela, Zoi Tola, Ndini Kumaraku, Zoi Koroveshi, Kici Thanasi, Nasi Kalandrea, Josif Andrea, Kadrit Polo, Ajet Xhindole, Ramadan Malaj, Demir Mema, Azis Gerdani, Xhemal Cekini, Kostaq Koxhaku, Bilal Lybeshari, Veiz Patriku, Toli Bojaxhiu, Gaqi Gjika, Thoma Shqina, Zihni Toska, Jani Dodi, Hysen Cereni, Llazar Tavanxhiu, Isa Dragoti, Stiliano Bandilli, Dane Hodaj, Mihail Kumaraku, Josif Prifti, Arshin Hazizi, Trifon Prifti, Sefret Muhameti, Teme Gorica, Petrit Lulo, Sami Behari, Nexhip Koka, Kadri Belibashi, Veli Metaj, Barjam Dalipi, Gani Sinanaj, Adem Kajo, Sami Zotka, Feta Hodaj, Saliko Dautaj, Axhi Lemaj, Filo Skëndo, Skënder Hysaj, Lluk Koroveshi, Joti Kule, Rexhep Gega, Haxhi Kuqo, Feçor Hoxha, Gaqi Karakashi, Ismail Xhoxhaj, Çerçiz Zyberi, Nexhip Mukli, Thoma Arbri, Selim Ballo, Asim Toska, Refat Dollonjaku, Xhoxhi Tomani, Arshim Brami, Maliq Sazhdanaku, Hazbi Shehu, Ibrahim Braho, Vesel Dyrko, Toli Nika, Qani Hasanaj, Selfo Tahiraj, Izmail Shtembari, Jorgji Greku, Dido Serjani, Tare Dyrmo, Tefik Boni, Faik Jaho, Qerim Nona, Brahim Toska, Vesel Pone, Shaban Plaku, Xhafer Shyti, Faslli Hoxha, Halim Tahiraj, Jonuz Toska, Islam Qori, Nikollaq Bega, Andon Tavanxhiu, Mesut Braho, Rapo Shkurti, Nazif Shyti, Izmail Babai, Muharem Koçi, Riza Brami, Refat Comani, Zenel Leka, Muharem Saliaj, Osmën Sula, Veri Gjata, Andrea Mbriçe, Zylyf Myzeqari, Zoi Vangjeli, Skënder Agalliu, Sherif Sejda, Avdyl Bani, Refat Bani, Muharem Dyrmishi, Haxhi Rustemi, Nebi Muka, Ramadan Shurdha, Muharem Dyrmishi, Bektash Sopiku, Shaban Sollaku, Qemal Shanaj, Kristaq Laçka, Sali Dalipi, Riza Yzeiri, Jaho Kajo, Ramiz Agalliu, Tare Luzi, Tafil Qose, Lake Toska, Tomi Karadaku, Hamit Xhelo, Dine Gega, Dervish Bani, Thimi Tani, Arqilini Stamo, Qerim Shabani, Estref Ballo, Jonuz Boni, Dalip Bakiu, Tafil Bisha, Gani Pashaj, Koli Myzeqari, Nikollaq Buhuri, Llukan Prifti, Ymer Isufaj, Kadri Asllani, Hysni Zotkaj, Neshat Polovina, Xhemil Ohri, Barjam Sena, Josif Aleksi, Ëngjell Agalliu. // | | 3.13 |

ALS	GJERËSI LATITUDE	GJATËSI LONGITUDE	LARTËSI ELEVATION	VEND PLACE	MBISHKRIM INSCRIPTION	OTHER DATA TË DHËNA TË TJERA	FAQE PAGE
209				vijon:	Arben Zylyftari, Astrit Suli, Ismail Skorani, Irfan Muharemi, Jonus Shanaj, Avni Deshnica, Avi Kondi, Erefili Qyrana, Gori Salca, Hajri Hoxha, Asim Lybeshari, Arif Syziu, Aqif Qose, Avdulla Merko, Ajet Kosova, Hamdi Aliu, Halim Toska, Ilmi Kafazi, Islam Qorri, Isuf Helmi, Qemal Muçolli, Ramadan Qorri, Riza Dyrmishi, Shyqyri Sinjari, Sheme Brahimi, Tefik Sula, Thoma Dhano, Xhelal Xherimeja, Xhemal Toroveli, Vasil Ziu, Mehmet Kotollaku, Mustafa Muhametaj, Mehmet Gerxhi, Mihal Valle, Meleq Gjozi, Ramadan Sadikaj, Ruhi Kondo, Sali Vokopola, Sali Llanaj, Sefer Kodra, Deli Luzi, Vasil Golemi, Yzeir Kosova, Zarif Kola, Nikollaq Berro, Zenel Zeka, Zoi Noja, Jani Kosta, Mihal Pema, Teki Berati, Koço Prifti, Kozma Naska, Kristaq Sinjari, Koli Marini, Muharem Selimaj, Hajdar Tafa, Hajdar Luzi, Jonus Toska, Jonus Dolonjaku, Jonus Hameti, Pëllumb Rrapaj, Rushan Toska, Jaçe Merko, Jaho Berzheshta, Tajar Reovica, Izet Mehqemeja, Azem Toska, Filo Skëndaj, Azbi Beqiraj, Vesel Aliaj, Jonus Canaj, Jani Dodi, Kristina Marini, Koli Haxholli, Karafil Skëndo, Sali Dalipi, Teme Merkaj, Toli Shuka, Vexhit Kollozi, Xhemal Sadiku, Musa Bega, Mehmet Tafili, Mesut Braho, Mestan Toska, Muharem Kondi, Jonus Koka, Koço Brisku, Luto Gega, Llukan Baçi, Llambi Mile, Niko Peçi, Nexhip Hyskaj, Nesti Tumani, Petraq Konxhe, Qemal Elezi, Hysen Likaj, Barjam Senaj, Azis Dervishi, Avdyl Avdiu, Faslli Salia, Yzedin Hima, Ymer Cama, Zeman Balliu, Zenel Lybeshari, Zylfo Myzeqari, Ferit Çela, Gori Baçi, Hysen Brahimaj, Hekuran Pisku, Hasan Gishti, Adam Mbrati, Filo Hajro, Izet Meqemeja, Koli Marini, Mestan Thuqi, Rauf Virioni, Kadri Muka, Muharrem Lleshi, Xhaferr Velçani, Asllan Selami, Agron Elezi, Arjan Shenuni, Adratik Arapi, Baftjar Gramshi, Baurend Doga, Hekuran Zenuni, Ilia Banaj, Kostandin Dundo, Miltiadh Koço, Nikolla Berro, Pëllumb Rrapo, Rushan R. Toska, Ramadan Zeka, Ramadan Mimani, Rushan L. Toska, Sulejman Hoxha, Taulla Dushku, Armando Doksani, Gëzim Oshafi, Qazim Muhametaj, Myslim Arapi, Meleq Frashëri, Zylyftar Veleshnja.		
210	40.711415	19.94678797	170.3	Berat	Luftimeve të përgjakshme të Brigadës së 7të S. në bashkëveprim me forcat partizane të qarkut të Beratit dhe Batalionit "Antonio Gramshi" 1943–1944.		2.332
211	40.69113096	20.00323699	103.7	Uznovë	Në këtë vend më 26 maj 1944 pushtuesit nazistë gjermanë dhe tradhëtarët e vendit masakruan 72 punëtorë.		3.31
212	40.70345404	19.94767	56.4	Goricë	Dëshmorët e lagjës "Partizani." Margarita Tutulani, Kristaq Tutulani, Jani Kosta, Llazar Tavanxhiu, Aleko Sallabanda, Kristina Marini, Stiljano Bandilli, Erefina Qyrami, Nikollaq Buhuri, Tomi Ka[…]aku.		3.21

ALS	GJERËSI LATITUDE	GJATËSI LONGITUDE	LARTËSI ELEVATION	VEND PLACE	MBISHKRIM INSCRIPTION	OTHER DATA TË DHËNA TË TJERA	FAQE PAGE
213	40.70387003	19.94419696	61.1	Berat		Lapidar kushtuar luftrave të Skënderbeut.	3.20
214	40.70401504	19.94309801	66.0	Berat	Më 15 maj 194[?] këtu u vra nga fashistët antari i njësisë guerile të Kuçovës Tafil Skëndo.		3.19
215	40.70516302	19.94166302	66.7	Berat	Më datë 20-shtator 1943 u formua Bataloni Rinisë "Margarita Tutulani."		3.12
216	40.70424001	19.95172701	65.4	Berat	Lavdi dëshmorëve. Banush Vendresha, Gaqi Gjika, Joti Kule, Riza Kapashi (Rançi), Toli Bojaxhiu.		3.18
217	40.70468601	19.95059403	63.7	Berat	Margarita Tutulani, Heroine e Popullit.		3.15
218	40.65310696	20.03755996	142.0	Fushë-Peshtan	Këtu më 21 prill 1943 janë zhvilluar luftime kundër Italis fashiste.		3.49
219	40.688333	20.06124303	440.4	Karkanjoz	Më 5 gusht 1943 u formua shtabi i Ushtrisë Nacional-Çlirimtare për qarkun e Beratit. // Lavdi dëshmorëve. 1. Maliq Saxhdaku, 2. Zenel Lybeshari, 3. Bilal Lybeshari, 4. Taulla Dushku, 5. Mustafa Mahmutai, 6. Riza Yzeiri.		3.34
220	40.63679704	20.05194498	186.2	Vërtop	Lavdi dëshmorëve. Zeman Balliu, Estref Balliu, Jani Bakalli.		3.60
221	40.61350197	20.12491699	749.6	Bargullas		Lapidar kushtuar luftës së batalionit të parë të Brigadës së parë Sulmuese kunder forcave balliste më 9 shkurt 1944.	3.81
222	40.57052996	20.14710397	196.5	Bogovë	Më 10 tetor 1943 partizanët çarmatosën forca të shumta të ushtrisë italiane.		3.108
223	40.53800197	20.13201102	298.6	Kakrukë	Këtu më 6-dhjetor 1942 u goditën forcat e milicisë fashiste.	Lapidar kushtuar aksionit të çetëve të Kakrukës e të Therepelit më 6 dhjetor 1942.	3.127
224	40.52387704	20.13076798	494.5	Therepel	Lavdi dëshmorëve të Brigadës së 16. Sadush Myftari, Lulo Goxho, Elmaz Sule, Maliq Xharaku, Shaban Turku, Hazbi Mustafaj, Ymer Fieri, Kozma Vojo, Ymer Tafaj, Tosum Sulejmani, Nako Bozo, Myqerem Xhumari, Zabit Kurkuti, Asllan Nasufi, Izet Frokoca, Azis Kerdani, Ibrahim Tafili, Mustafa Haxhia, Liri Gero, Vedut Dokollari, Maliq Saxhanaku, Filo Milja, Serjan Riza, Mustafa Radovicka, Rapo Luçi, Avdyl Shehu, Laze Qonsa, Murat Maliqi, Andrea Profi, Volpata (italian), Ferida Hakimi, Izet Hekali, Islam Klosi, Abedin Mollasi, Sadik Syzezi, Cani Isufi (Xhuka), Andon Basha, Haxhi Hamiti, Selim Çela, Dhiogjen Vito, Shaban Çela, Ymer Hysena, Brahim Dauti, Mirti Kosta Mitrushi, Rahman Backa, Kozma Ndreko, Sulo Abazi, Vangjel Sota, Petro Qose, Isuf Seferi, Akqile Stamo, Isuf Zyka, Reshit Daulle, Aredin Zylyftari. // Lavdi dëshmorve. Baba Feizo Dervishi, Sami Spahiu, Medi Felivani, Myslim Felivani, Rushan Felivani, Idris Çuedari, Teki Hoxha, Ali Dervishi, Abas Dervishi, Qamil Dervishi, Sali Dervishi.	Lapidar ngritur në Therepel kushtuar Brigadës së 16-të Sulmuese.	3.141

ALS	GJERËSI LATITUDE	GJATËSI LONGITUDE	LARTËSI ELEVATION	VEND PLACE	MBISHKRIM INSCRIPTION	OTHER DATA TË DHËNA TË TJERA	FAQE PAGE
225	40.52839204	20.11116799	629.1	Qafë Shkozë	Nga data [2?] qershor 1944 këtu në qafën e S[hkozës] është z[hvilluar] një nga b[etejat] e lavdishme të L.N.Ç. […].	Lapidari i Qafën e Shkozës kushtuar Brig 7-të e të 12-të sulmuese dhe batalionit partizan "Riza Cerova."	3.136
226	40.51719398	20.18690804	272.0	Orizaj	Këtu më 18 shtator 1942 Çeta e Skraparit kreu aksionin kundër një grupi milicësh.	Lapidar kushtuar aksionit të Çetës së Skraparit më 18 shtator 1942.	3.148
227	40.50443597	20.22485401	284.1	Çorovodë	5 IX 1942.		3.158
228	40.50221703	20.22645503	322.8	Çorovodë	Lavdi dëshmorëve.	Varrezat e deshmorëve të Skraparit (1969).	3.160
229	40.53330903	20.25316799	885.1	Radesh		Lapidar kushtuar luftimeve të shumta të forcave territoriale partizane të qendrës e të Potomit kundër ballistëve në dhjetor të vitit 1943.	3.131

ALS	GJERËSI LATITUDE	GJATËSI LONGITUDE	LARTËSI ELEVATION	VEND PLACE	MBISHKRIM INSCRIPTION	OTHER DATA TË DHËNA TË TJERA	FAQE PAGE
230	40.53978799	20.31724999	1031.3	Leshnjë	Kushtuar të gjithë viktimave të Luftës së IItë botërore, bijë të fshatrave të komunës së Leshnjës vrarë nga okupatorët gjermanë, shkurt–qershor 1944. "Nga bijtë e Skraparit." // Dëshmorë të fshatit Vlushë: Abaz Islam Muka, Ali Sinan Borri, Arshi Qazim Muka, Baftjar Haxhi Mançe, Fari Hysen Muka, Hetem Abedin Çollaku, Hysni Haxhi Mançe, Jemin Muke Hajdari, Hersin Belul Hajdini, Muharrem Idris Çollaku, Nurçe Tamaz Mançe, Qerim Maliq Hajdini, Riza Lake Hajdini, Sako Muke Hajdini, Sami Hamit Shatri, Selman Isuf Borri, Xhevair Ismail Muka, Xhevair Muarrem Sanxhaku, Xhuke Hasan Çollaku. // Abedin Shaqo Llapi, Abedin Hasan Dardha, Aqif Teki Libohova, Dhimitër Koste Mino, Ismail Novrus Veizi, Mehmet Ali Kurti, Miti Zoi Zaka, Neim Ramadan Xhindole, Nikolla Llambi Prifti, Pali Ndini Prifti, Tafil Kasem Doga, Taulla Idris Koçi, Tonci Vangjel Ziu, Vangjel Loli Gjeci, Zoi Vasil Prifti. // Dëshmorë të fshatit Krushovë: Avni Neim Nako, Dake Jashar Zuka, Feta Hysen Xhaja, Jashar Shero Zyka, Novrus Xhemal Xhaja, Qerim Nako Hysi, Sali Xhelal Xhaja, Sali Dajlan Zyka, Xhemal Metush Xhaja. Dëshmorë të fshatit Turbohovë: Arif Çeço Hodo, Hetem Feta Guri, Refat Shefit Goxhaj. // Dëshmorë të fshatit Krastë: Arshi Esat Koromani, Kasem Iljaz Gjoni, Kurt Mehmet Qorri. // Dëshmorë të fshatit Faqekuq: Bektash Abaz Guri, Hysen Refat Fega, Konçe Harshi Koromani. // Dëshmor Hysen Fega, Myftar Fega, Faqekuq. // Dëshmor të rrethit Fier: Arshi Ramadan Xheka, Gjergji Leksi Kondaçiu, Haxhi Dane Vrenozi, Kristo Pali Meço, Loni Pali Mile, Llambi Gaqi Xhoxhi, Mihal Kozma Jan[...], Mefail Brahim Hox[h...], Naun Zoi Simon, Skënder Isuf Merk[aj], Taqi Pilo Fio, Trifon Nasi Tashi, Trifon Miti Shtemba[...], Thoma Ndoni Kopa[...], Vasil Thoma Mino, Vasil Trushi Gjika, Vangjel Bushi Ngre[...], Zarik Nasi Nasi. // Baftjar Xhelo Hasa, Branush Duçe Hasa, Dine Lake Bakiasi, Duçe Mehmet Hasa, Feta Ali Bakiasi, Hekuran Hetem Çela, Hysen Merke Bakiasi, Myrto Abdurraman Hasa, Murat Vesel Hasa, Mehmet Duçe Hasa, Rakip Adem Hasa, Riza Duçe Hasa, Sali Halim Hasa, Shaqir Adem Hasa, Shefqet Elmas Hasa, Tome Xhevair Çela. // Dëshmorë të rrethit Leshnjë: Ferit Neim Bregu, Hasan Muhamet Kadifeja, Haxhi Sade Doko, Hikmet Abdurraman Gjoni, Neslije Tefik Gjoni, Ramiz Qazim Aranitasi. Dëshmorë të fshatit Gostenckë: Agush Ibrahim Elezi, Bedri Rushit Ago, Hekuran Mustafa Pirro, Pelivan Shefit Jaupi, Sulo Ramadan Pirro. // Italjanët: Xhuzepe Bonovorte Torino, Xhuzepe Vo[...].	3.125	

ALS	GJERËSI LATITUDE	GJATËSI LONGITUDE	LARTËSI ELEVATION	VEND PLACE	MBISHKRIM INSCRIPTION	OTHER DATA TË DHËNA TË TJERA	FAQE PAGE
231	40.51628899	20.318705	888.8	Vlushë	Këtu në Vëlush më 17 Mars 1944 u formua Brigada e 7të S. Në 120 beteja të zhvilluara nga kjo brigadë kundër forcave pushtuese naziste dhe reaksionit të vendit, ranë në fushën e betejës 302 dëshmorë. Lavdi dëshmorëve të kësaj brigade dhe heroizmi partizan!	Lapidari i Brigadës së 7-të Sulmuese.	3.149
232	40.53814799	20.31518402	1066.7	Leshnjë	Ramiz Aranitasi, Heroi i Popullit, vrarë më 23-6-1943.		3.126
233	40.56896497	20.28868203	1137.1	Radesh ▶ Melovë	Kushtuar luftëtarve të grupit partizan të Myzeqesë për luftime giat viteve 43–44 në Tomorricë.		3.110
234	40.58623396	20.28720698	961.2	Melovë		Lapidar kushtuar aksionit te Çetës së plakëve të Skraparit më 31 gusht 1942 kundër milivëve të Xhaf Balit.	3.102
235	40.60761401	20.27429298	991.8	Zaloshnjë	Këtu më 9–13 qershor 1943 u mbajt konferenca e parë e vendit e aktivit të rinisë komuniste shqiptare. // PKSH RKSH VFLP // Për ata që u betuan vetëm një herë: / – O, ndërtojmë botën e re. / O, s'mbetet asnjë mbi dhe.	Lapidar i ngritur për Konferencën e Parë të Vendit të Rinisë Komuniste Shqiptare.	3.84
236	40.66225899	20.34140102	1531.8	Qafë e Gjarpërit	Më 6-VI-1944 luftëtarët e Brigadës së Parë dhe Brigadës së Pestë të UNÇL me g[jokset] e tyre i bën[ë] Qa[fën e Gjarpërit] dh[e Gurin e] P[rerë] [barikadë të pakalushme për] hord[h]itë fash[ish]të […] // […] Me […] gj[ak …] lu[ft …] Brig.[…] // Dëshmorë të rënë më 6.6.1944 në Qafën e Gjarpërit. Vangjel Palloi, Xheladin Beq[iri], Lace M[alaj], Faslli Sala, Qazim Agolli, Mustafa Ca[n]aj, Xhevit Zamce, Qemal Mehmeti, Araz Hodaj, Marko Varfaj, Zalo Xhangolli, Sabri Zeço, Azem Cali, Gani Zeka, Avram Kushta, Afes Derbiu, [Jo]va[n] Gjika, Lef Qose, Muhamet Kondi, Dalan [Ca]naj, Dalan Elmazi, Haxhi Labaj, Hysen Haxhiraj, Kamber Sullaj, [M]uho Dervishaj, Myftar Boci, Nustret Xhe[lo], Qemal Begjaj, Raime Stafa, Vasil Gjiknuri, Kostandin Orlando, Vasil Ngresi.	Lapidar i Qafën e Gjarpërit kushtuar betejës së 6–7 qershor 1944 kundër forcave gjerman.	3.45
237	40.66144402	20.34256199	1542.4	Qafë e Gjarpërit			3.47
238	40.61894199	20.20073902	1471.3	Kulmakë	Këtu u formua më 14 mars 1942 çeta e parë e Skraparit me partizanët. Mestan Ujaniku, Gjin Marku, Hajder Krushova, Muharrem Trebla, Syrja Gremshi, Hari Shpatanji, Orhan Frashëri, Xhemal Ujaniku, Sulo Gradeci, Kamber Cerova, Muharrem Haxhiu, Dake Kadiu, Asllam Kapinova, Sabri Ujaniku, Marko Mahmutaj, Hazis Dalipi, Bajram Radeshi, Xhevit Struga, Bektash Melova, Ramiz Aranitasi, Dhori Karagjozi, Minella Bulka, Qimo Petro, Hysen Ruzi, Nazllem Kalemi, Sheme Labi, Hajder Aranitasi, Syrja Grabocka, Adem Daja, Bajram Lame, Baki Dume, Abedin Saliasi, Qemal Musabelliu.	Lapidar kushtuar Çetës së plakëve të Skraparit.	3.73
239	40.52675698	20.20886301	751.5	Vërzhezhë	Lavdi dëshmorëve! 1. Taip Çela, 2. Tajar Hysi, 3. Sabri Kacidhe, 4. Sadush Myftari, 5. Abedin Qafoku, 6. Veli Kapllani, 7. Xhezo Ago, 8. Shaban Malo, 9. Enver Ago, 10. Nuri Meta, 11. Fuat Kapllani.		3.137

ALS	GJERËSI LATITUDE	GJATËSI LONGITUDE	LARTËSI ELEVATION	VEND PLACE	MBISHKRIM INSCRIPTION	OTHER DATA TË DHËNA TË TJERA	FAQE PAGE
240	40.46169103	20.167444	1222.9	Tenda e Qypit	Këtu më 20-26 janar [1944] është zhvilluar beteja legjendare e Tendës së Qypit nga forcat partizane të grupit të Skraparit dhe Brigadë së Irë kundër forcave pushtuese gjermane.	Lapidari në Tendën e Qypit kushtuar betejës së 20–26 janar 1944.	3.175
241	40.32107304	20.32537096	412.3	Pagri	Kushtuar Nafiz Hadërit, rënë në përpjekje me turqit, qershor 1911.		3.221
242	40.36603097	20.42729901	1035.0	Frashër		Nuk u përfshi.	
243	40.36733402	20.42799102	1011.5	Frashër	Më 11 tetor 1942 çeta partizane e Skraparit dhe njesitet vullnetare të Dangëllisë shkatërruan postkomandën fashiste dhe komunën e Frashërit dhe çliruan krahinën.		3.199
244	40.23658999	20.35561496	246.0	Përmet	Lavdi dëshmorëve 1939–1945.// Dëshmorët që kanë eshtrat në varezat e kombit në Tiranë: Anastas Konomi 1927–1944, Avni Bejko 1922–1944, Çome Mandi 1925–1943, Dodo Lina 1916–1945, Dhiogjen Jani 1923–1944, Enver Delilaj 1924–1944, Et'hem Agushi 1927–1944, Et'hem Habibaj 1929–1944, Faik Mullaj 1926–1945, Fanjo Çiçako 1928–1944, Feti Xhanari 1928–1944, Harallamb Papa 1919–1944, Ahmet Ago 1921–1944, Hysni Zyberi 1918–1945, Hysen Spahiu 1920–1944, Hysen Bejdulla 1915–1945, Ilia Kote 1914–1944, Izet Fezga 1925–1944, Koço Xhavara 1914–1944, Koço Çoko 1916–1944, Kundret Dalipaj 1923–1945, Loni Jorgji 1921–1945, Loni Kristo 1923–1945, Lulo Delilaj 1902–1944, Lumo Pavari 1914–1944, Lluke Stefani 1925–1944, Muharem Gjashta 1908–1944, Mustafa Bakushi 1922–1944, Niko Avrami 1918–1944, Nisi Foto 1922–1945, Pano Foto 1922–1944, Pasho Velaj 1905–1944, Qazim Jashari 1919–1945, Riza Toska 1910–1945, Rustem Bektashi 1892–1944, Selim Memishaj 1910-1945, Agllai Tako 1926–1944, Stiljan Janku 1927–1944, Syrja Zaimaj 1923–1944, Thimi Tani 1923–1945, Thoma Dode 1922–1945, Gaqi Vinjau 1921–1944. Në varezat e dëshmorëve në Korçë: Jorgji Thoma 1906–1945, Niko Thomaj 1925–1943.	O. Paskali, "Grupi skulptural 'Shokët'" (1964) .	3.251

ALS	GJERËSI LATITUDE	GJATËSI LONGITUDE	LARTËSI ELEVATION	VEND PLACE	MBISHKRIM INSCRIPTION	OTHER DATA TË DHËNA TË TJERA	FAQE PAGE
245	40.23482703	20.35521196	238.9	Përmet	26 I 1944. Kushtuar partizanëve dhe partizaneve të Brigatës së VI Sulmuese. // Më 26 janar në ditët e operacionit të dimrit, kur në luginën e Përmetit zhvilloheshin luftime të ashpëra me urdhër të shtabit të përgjithëshëm të UNÇSh nga batalionët "Asim Zeneli", "Abaz Shehu", "Baba Abaz" dhe "Naim Frashëri" u formua Brigada VI Sulmuese. Ditën e formimit brigada numëronte 912 partizanë dhe partizane. Kudo që kaloi ajo zhvilloi kuftime të ashpëra dhe çliroi 8 qytete e 30 krahina duke i shkaktuar armikut dëme të mëdha. Në këto luftime ranë heroikisht 162 partizanë. // 26 janar–31 mars 1944. Brigada kryenluftime në zonat Përmet, Këlcyrë, Tepelenë, Zagori, Lunxheri, Libohovë, Kurvelesh, Delvinë, Mavrovë, Mallakastër, Patos. Ranë dëshmorë: Teki Gjashta, Foto Tanellari, Nako Qako, Negri, Flamur Sabriu, Nasip Alimetaj, Kodhel Myrtezai, Xhevat Hyseni, Halil Imeri, Sejdin Mingo, Emin Hasani, Çerçiz Fejzo, Rexhep Kaci, Bazo Toto, Sadik Buzo, Hamza Malo, Bektash Hida, Mustafa Matohiti, Meleq Gosnishti, Lefter Talo, Damin Koro, Stefan Zheka, Ndreko Zhaka, Lutfi Tolari, Josiv Vedovid, Mario, Abedin Shkembi, Hajrulla Papa, Faik Fetahu, Mitat Gjoliku, Mustafa Asllani, Veiz Mane, Kafaze Brahimi, Anasher Kapo, Rakip Rizai, Sherif Brahimi, Hamid Azbiu, Selman Dauti, Islam Islamaj, Ali Koçi, Riza Murati, Ramiz Kanani, Armen Selmani, Halil Banushi, Daut Sadiku, Shaqo Muhaj, Ramo Hasanaj, Ibrahim Manaj, Selim Alimenaj, Ibrahim Aliu, Daut Aliu. 1 prillë–25 korrik 1944. Brigada lufton në zonën e Vlorës, Cepo, Kuç, Tepelenë, Himarë, Kurvelesh, Sarandë, Dukaj. Ranë dëshmorë në luftime: Jashar Luci, Teme Kamberi, Xhevit Kapollari, Alem Shehu, Tahir Xhuvani, Mufit Reso, Hasan Hoxha, Muharrem Hasani, Dule Bilali, Siat Mertinji, Rexho Kaso, Sulo Spaho, Bajazit Shehu, Emin Toçi, Shuko Rushiti, Bajram Selfo, Kaso Myslimi, Ismet Brekasi, Jakup Arapi, Etem Ania, Kadri Xhelo, Xhevahire Braka, Halil Turhani, Myzafer Katroçi, Refat Halili, Sami Halili, Hamid Mane, Mitat Sheko, Bedo Sejko, Jorgo Stefani, Fate Gjini, Zeqir Muho, Persefoni Kokëdhima, Josif Andoni, Gjysho Aliu, Mitro Xhani, Abdul Deliri, Apostol Cuni, Rushan Goxho, Koço Koçollari, Kutbi Gjeçi, Jaho Braja, Jorgo Jovani, Mertiko Velco, Baxho Asqeri, Ismail Xhemaliu, Fato Berberi.		3.253

ALS	GJERËSI LATITUDE	GJATËSI LONGITUDE	LARTËSI ELEVATION	VEND PLACE	MBISHKRIM INSCRIPTION	OTHER DATA TË DHËNA TË TJERA	FAQE PAGE
245				vijon:	4 gusht 29 nëndor 1944. Brigada inkuadrohet në divizionin e IItë dhe vepron në Gramsh, Labinot, Elbasan, Zerqan, Pezë, Qaf Krrabë, Tiranë, Burrel, Mirditë, Pukë, Tropojë, Nikaj Mërtur, Dukagjin, Shkodër. Bien dëshmor në luftime: Bilal Peçi, Sulo Ceno, Halit Sadiku, Tefik Hazbiu, Neki Maksuti, Bajram Hyseni, Xhezo Proda, Riza Çani, Luto Çani, Ali Dauti, Peço Llukani, Mahmut Bedo, Polo Seferi, Eftimi Baka, Bajram Aliu, Anastas Cipi, Nako Koço, Hamit Mullisi, Naun Thomallari, Todi Dako, Mantho Dhono, Abas Sulo, Lipe Çavo, Çelo Sinani, Bruno Domeniko, Ahmet Berberi, Faslli Kotori, Antonio Beltronji, Etem Lufto, Ismet Noke, Peci Spiro, Manol Duka. 29 nëndor 1944–6 dhjetor 1945. Brigada kryen veprime luftarake në Jugosllavi: Podgoricë, Verusha, Plevje, Rudo, Vishegrad, Senica, Mitrovica, Vuçitern, Ferizaj, Shkup, Veles, Manastir, Prespë, Ohër. Ranë dëshmorë: Astrit Karagjozi, Faslli Sheme, Mustafa Bodeci, Mario, Seid Lesko, Astrit Selimi, Musa Tahiri, Ngjeli Goga, Fanjo Çiçaku, Muke Ilmiu, Loni Spiro, Sejko Jakupi, Shezai Azbiu, Nuredin Rapo, Hysen Afka, Qebir Fetiu, Bukurie Bazo, Mufit Heba, Shyqyri Sinani, Riza Hoxha, Damin Ishmi, Muhin Idriz, Alem Harizi, Xhemal Zyrdiu, Niazi Rama, Fadil Elmazi, Ibrahim Koçiu, Boço Mero, Vllash Sado, Halit Elmazi, Xhemal Stroka, Shaqo Memo, Ismail Ismaili, Kici Sotiri, Niko Rapo, Besim Hysi, Boçi Sinovarfi, Latife Norra, Imer Boni, Riza Mertinji.		
246	40.23335299	20.35392299	244.2	Përmet	Kongresit të Përmetit. 24 maj 1944.	O. Paskali, "Monument kushtuar krijimit të pushtetit popullor" (1964).	3.254
247	40.29986003	20.27389401	375.6	Pacomit	Kushtuar 75 burave të fshatit Pacomit M\a/ sakruar nga shovinistë grek më 25 shkurt 1914.		3.230
248	40.290348	20.23926501	208.8	Kuqar			3.233
249	40.30315898	20.25099901	364.9	Kuqar	Lavdi dëshmorit të fshatit tonë Nuredin Rapo.		3.227
250	40.20764401	20.38755798	259.1	Badëlonjë	6 nëndor 1942. Banorët e Badlonjës formuan Këshillin Nacional Çlirimtar të fshatit.		3.264
251	40.202249	20.38617496	381.8	Badëlonjë	Dëshmorët e fshatit Badlonjë. Josif Andon Qilla, Shezai Hazbi Sejati, Mantho Thodhor Llukani, Vait Çerçis Çeço, Skënder Shaqir Cenkollari.		3.269
252	40.20232603	20.38603599	383.4	Badëlonjë	13 mars 1943. Në Badëlonjë u formua çeta partizane "Musa Fratari".		3.268
253	40.20393804	20.42444296	281.0	Lipivan			3.267
254	40.11690698	20.54016503	338.5	Çarshovë	Prej datës 5 maj, deri më datën 2 qershor 1944, forcat e Brigadës së 5-të Heroike Partizane, duke qenë në rojë të Kongresit të Përmetit, zhvilluan, nga rajoni Mali i Nemerçkës deri në Qafë të Qarrit, shumë luftime me forcat gjermane dhe veglat e tyre vendas. Vetëm në luftën e datës 10 maj, këtu në Çarçovë, u kapën robër 25 gjerman dhe u vranë e u plagosën shumë të tjerë.		3.291

ALS	GJERËSI LATITUDE	GJATËSI LONGITUDE	LARTËSI ELEVATION	VEND PLACE	MBISHKRIM INSCRIPTION	OTHER DATA TË DHËNA TË TJERA	FAQE PAGE
255	40.11959304	20.51009101	452.3	Zhepë	Në nderim të viktimave të Luf. II botërore. Josif L. Zisi, Myslym O. Ameti, Sadik Sh. Shaqiri, Ligor M. Konomi, Dhoske P. Pavli, Kiço N. Prifti, Mihal N. Bidika, Spiro M. Prifti, Koço T. Raca, Pandeli P. Kovaçi, Petro J. Kovaçi, Llukan M. Caro, Aleks Th. Kosta, Llazo Th. Stefani, Kolo C. Nika, Kiço S. Papajorgji, Pano K. Papajorgji, Lonidha P. Zembereku, Nini Th. Kosta, Ligor P. Milo, Vaso I. Shyti, Jano P. Sadellari, Koto P. Kobuzi, Vasil T. Bozili, Kiço Th. Proko, Vasile Raca. // Në këtë vend më 11 korrik 1943 nazistët gjermanë masakruan 27 burra. Le të mbetet ky monument vatra e betimit të madh kundër çdo armiku.		3.287
256	40.12928797	20.48795398	402.5	Draçovë	Në nderim të viktimave të Luf. II botërore. Noço T. Shukollari, Teli V. Shukollari, Kici J. Shukollari, Loni J. Shukollari, Josif Th. Shukollari, Mihal P. Shuka, Pano J. Çuro, Stefan Th. Çuro, Pano M. Shuka, Stavro Prifti, Koço S. Prifti, Lipe M. Shuka, Stefan S. Xhopi, Ylli S. Xhopi, Petro V. Prifti, Kici V. Prifti, Vasil K. Nasi, Petro K. Nasi, Spiro K. Nasi, Aleks Th. Kruti, Thanas Th. Kruti, Avran I. Peçi, Mitre V. Mici, Josif K. Nakollari, Pandeli K. Nakollari, Polikron O. Nakollari, Miti P. Kobuzi, Thoma P. Kola.		3.286
257	40.152778	20.602173	913.4	Leskovik	15 maj 1943. Çlirimi i Leskovikut.		3.279
258	40.17400802	20.64322103	1038.5	Leskovik ▸ Barmash			3.273
259	40.24140799	20.640427	894.8	Shalës			3.246
260	40.27323601	20.6084	830.8	Barmash	"Më 6 korrik 1943 në këto gryka u bë goditja e parë në Shqipëri kundër gjermanëve nga partizanët e Batalionit "Tomorri" dhe rreth 300 vullnetarë të fshatrave të Kolonjës, Leskovikut, Dangllisë, Panaritit dhe Vithkuqit. Armiku u çorientua dhe la 60 të vrarë." // Me të hyrë në Shqipëri më 6 korrik 1943 në këto gryka u bë goditja e parë kundër nazistëve gjermanë.	Thoma Thomai, "Prita e Barmashit" (1984).	3.237
261	40.27847503	20.61916698	921.7	Barmash	Më 27-12-1942 çeta e Kolonjës dhe e Skraparit spastroi këtu me luftën postën e karabinierisë dhe milicisë fashiste.		3.235
262	40.31001999	20.65211498	976.8	Borovë		Bazoreliefi i parë është pjesë e ish-Monumentit të Borovës nga I. Xhano, P. Dollaku (1968).	3.226
263	40.310928	20.65264103	967.3	Borovë		Statuja është pjesë e ish-Monumentit të Borovës nga I. Xhano, P. Dollaku (1968).	3.225
264	40.32125803	20.67226198	1004.7	Taç	Hajrulla Malushi, Riza Orhani.		3.220
265	40.33189801	20.67925198	1016.7	Ersekë			3.217
266	40.34107997	20.68330798	1030.7	Ersekë	20 tetor 1944. Forcat e Brigatës së Dytë të U.N.Çl. çliruan nga pushtuesit gjermanë qytetin e Ersekës dhe gjithë Krahinën e Kolonjës.		3.209
267	40.35436202	20.68825901	1029.8	Psar			3.203

ALS	GJERËSI LATITUDE	GJATËSI LONGITUDE	LARTËSI ELEVATION	VEND PLACE	MBISHKRIM INSCRIPTION	OTHER DATA TË DHËNA TË TJERA	FAQE PAGE
268	40.45611396	20.68195699	1160.3	Helmës			3.176
269	40.45582202	20.66328697	950.2	Helmës ▶ Korçë	Më 29 nëntor 1942 në këtë vend zunë pritë 400 vullnetarë nga fshatrat e Kolonjës për të mos lejuar fashistët italjane të dërgonin në burgun e Korçës 57-fshatarët e Selenicës të arrestuar në mitingun e organizuar më 28 nëntor 1942 në shkollën e fshatit.		3.177
270	40.48279599	20.67216299	1173.1	Pepellash			3.165
271	40.43478697	20.62963497	863.2	Qafëzez			3.184
272	40.41333399	20.54811099	1133.1	Çlirim	3 nëntor [1944]. Çlirimi i zonës.		3.188
273	40.36354599	20.62947798	823.5	Gostivisht			3.200
274	40.33357196	20.70500697	1141.7	Rehovë	Në nderim dhe respekt të dëshmorëve të Atdheut Pali Prifti, Mehmet Pepi, Hazbi Shehu, dhe fshatit Rehovë për kontributin në luftën kundër pushtimit nazifashist.		3.214
275	40.33348203	20.70831598	1162.2	Rehovë	Lavdi dëshmorëve Pali Prifti, Mehmet Pepi, Hazbi Shehu.		3.215
276	40.33882499	20.68037499	1027.0	Ersekë	Dëshmorëve kolonjare, me mirënjohje, Qyteti Ersekë.	Përkujtimore kushtuar luftëtareve kolonjarë (1938).	3.211
277	40.33437101	20.68010903	1029.0	Ersekë	Më 9 10 1942 çeta e Kolonjës së bashku me shokë të terenit sulmuan garnizonin fashist italian.		3.213
278	40.34054303	20.68180502	1026.5	Ersekë	Më 14 tetor 1943 nazistët gjermanë pushkatuan partizanin trim të Bataljonit "Hakmarja" Ahmet Bektashi.		3.210
279	40.117415	20.53828899	337.1	Çarshovë	14 maj 1943 goditet autokolona fashiste italiane nga çeta partizane teritoriale të zonës Çarshovë.		3.290
280	40.30293602	20.11592204	181.1	Gryka e Kelcyrës	Këtu më 2 korrik 1943 ra heroikisht Asim Zeneli, Heroi i Popullit.		3.228
281	40.34520403	20.19761701	451.7	Tolar	Lavdi dëshmorëve LNÇl Tolarit. Kudret Hankollari, Hetem Xhakollari, Hysen Dosti.		3.208
282	40.33221401	20.15841602	484.3	Katundishtë	Hamit Ago, Hysen Qamo, Reshat Kalemi, Fatos Kalemi, Zaim Brahimi.		3.216
283	40.37152497	20.15469002	248.5	Podgoran-Fushë	Këtu më 10 maj 1944 u formua Brigada e 12të Sulmuese. Lavdi dëshmorëve. Abdyl Kuka, Asqeri Mushi, Bajram Ramaj, Baiki Jazaj, Braho Sako, Cirok Cama, Dine Abazi, Divid Kerbaj, Donika Dulaj, Dervish Metaj, Eqerem Caraçani, Elmas Kremenari, Elmas Hamiti, Ferit Golleshi, Fane Koti, Ferik Meto, Hetem Corushi, Heto Hania, Hysen Kalemi, Hakan Veshaj, Ismail Kaso, Inajet Kondo, Islam Tasimi, Jorgo Rizo, Kiço Gjoni, Laver Hyseni, Laver Binaj, Lab Kerma, Llambro Gjika, Llambro Shteti, {Manol Bifsha}, Memet Aliu, Maliq Metushi, Milo Makoci, Musa Myrta, Osman Beshiri, Petro Nase, Petro Pano, Pipi Shkurti, Qani Shehu, Qeriba Koka, Ramiz Lekdushi, Sinan Ballaci, Sokrat Duni, Shamet Velikaj, Shefit Fetiu, Sherif Kuca, Shuaip Meto, Thimjo Bllaci, Thoma Goga, Vertyt Dino, Vito Stathi, Xhezmi Ahmeti, Augusto Pernero, Dilaver Ymeri, Gani Ceno, Hamet Liçi, Hetem Pasho, Malo Maskuti, Nezir Fetahu, Ramadan Asllani, Rexhep Shahini.		3.196
284	40.403687	20.16532699	641.4	Rodenj			3.189

ALS	GJERËSI LATITUDE	GJATËSI LONGITUDE	LARTËSI ELEVATION	VEND PLACE	MBISHKRIM INSCRIPTION	OTHER DATA TË DHËNA TË TJERA	FAQE PAGE
285	40.41421803	20.12408098	284.9	Ballaban	Në Ballaban: më 4 dhjetor 1942 u bë mbledhja me përfaqësuesit e fshatrave të krahinës ku u aprovua platforma politike të Frontit Nac. Çl. // Më <5> dhjetor 1943 Batalioni "Naim Frashëri" zhvilloi luftime të ashpëra kundra forcave gjermano-balliste ku ra dëshmor komisari kompanisë Teki Gjashta.		3.187
286	40.38895296	20.11130503	663.1	Ball	"M[ë] 31 mars 194[?] në Ball u krijua Këshilli N.-Çl. dhe njësiti vullnetar part[izan] i fshatit." // Lavdi dëshmorëve të fshatit Ball. Neki Nebiaj, Pasho Velaj, Qazim Velaj, Gani Arapi, Hysen Bejdulla. // Punuar nga Elmaz Nebiaj, Rustem Kanani.		3.191
287	40.43190602	20.17655203	897.7	Kajcë	Këtu më 16 tetor 1943, u formua Batalioni Partizan "Deshnica".		3.185
288	40.43771502	20.05998398	692.2	Golemaj			3.182
289	40.43695603	20.06044499	695.8	Golemaj			3.183
290	40.42749597	20.04944701	611.0	Arrëz e Vogël			3.186
291	40.447909	20.00550899	794.1	Buz	Më 22 qershor 1943 partizanët trima të çetës "Verikoll" dhe populli patriot i krahinës Buzit, shkatërruan plotësisht komunën e postën e karabinieris, rëzoj nga themelet pushtetin e feudo-borgjezisë dhe vendosi njëherë e përgjithmonë pushtetin e Këshillave N. Çl.		3.178
292	40.553912	20.02599302	723.0	Tërpan	Këtu nga data 18–28 maj janë zhvilluar veprime luftarake nga Brigada e 7 Sulmuese me gjermanët në mbrojtje të Kongresit të Përmetit.		3.117
293	40.55632196	20.02707303	738.3	Tërpan			3.114
294	40.59443196	20.00099701	700.2	Rexhaj		Nuk u përfshi.	
295	40.595862	20.001542	714.3	Rexhaj	[…]		3.96
296	40.54402303	20.16124701	625.0	Qafë e Humzës			3.123
297	40.71548601	19.875434	329.7	Mbreshtan			2.329
298	40.69066099	19.87443597	489.3	Paftal			3.32
299	40.64355201	19.87380398	732.4	Sinjë	Kushtuar kryengritjes fshatare të vitit 1847.		3.56
300	40.64594597	19.87099897	714.3	Sinjë	Lavdi dëshmorëve. Jani Dodi, Joti Kule, Kristaq Laçka, Kristaq Thanasi, Niko Peçi, Sherif Liço.		3.53
301	40.791619	19.81882196	122.2	Sqepur	Forcat partizane të ish-qarkut të Beratit. Forcat partizane të Brigadës VII Sulmuese. […]		2.295
302	40.73674	19.710108	28.7	Roskovec	Lavdi dëshmorëve të rënë më 26 qershor 1943. Zv. Komisar Fahri Radovicka, l. 1918; Ali Radovicka, l. 1912; Eqerem Male, l. 1912.		2.314
303	40.73837003	19.70510904	40.0	Roskovec	Gjatë muajëve maj–gusht 1944 Brigada e VII Sulmuese ka thyer përpjekjet e forcave gjermano balliste për të ripushtuar zonën.		2.312
304	40.73624798	19.67174697	19.2	Marinëz	Lavdi dëshmorve të fshtatit Marinëz. Qemal Memet Demo, l. 5.5.1927–v. 15.1.1945; Rakip Tafil Kasa, l. 12.7.1927–v. 20.12.1943; Mihal Llazi Gjata, l. 6.5.1926–v. 20.4.1943; Lami Kozi Marku, l. 15.3.1931–v. 28.9.1953; Todi Joti Pipa, l. 10.6.1922–v. 18.10.1955.		2.315
305	40.69870401	19.58627502	20.5	Portëz	Lavdi dëshmorëve. Naun Ndini Kaçaku, rënë më 15-04-1944.		3.24
306	40.71874003	19.56974097	13.9	Fier	Më 27-VII-1944 ranë në luftën për çlirimin e qytetit të Fierit dëshmorët e Luftës Nacional Çlirimtare Tomor Dizdari, Orman Zaloshnja, Vangjel Gjini.		2.327
307	40.719541	19.56362402	36.4	Fier	Lavdi dëshmorëve.		2.325

ALS	GJERËSI LATITUDE	GJATËSI LONGITUDE	LARTËSI ELEVATION	VEND PLACE	MBISHKRIM INSCRIPTION	OTHER DATA TË DHËNA TË TJERA	FAQE PAGE
308	40.72572702	19.55575199	24.7	Fier	1 nëntor 1944. Brigada e XI-s.		2.321
309	40.72619397	19.55685496	11.0	Fier	Petro Sota, vrarë më 13 korrik 1943 nga fashistët italianë duke kryer detyrën e ngarkuar nga njësiti gueril. Po këtu më 10 shtator 1943 nazistët gjermanë masakruan 45 qytetarë të pafajshëm.		2.320
310	40.74542399	19.49364703	5.1	Dërmenas	Lavdi dëshmorit të fshatit tonë Ymer Xhafa.		2.310
311	40.77891899	19.47136902	6.7	Seman	Më 23 shtator 1943 këtu në fshatin Seman u formua bataljoni partizan "Seman". // Lavdi dëshmorve. Andon Profka, Llazi Pelo, Jani Dumi (Tiko), Taqi Naci, Marko Janji.		2.302
312	40.77911404	19.47213496	-3.1	Kavakli			2.301
313	40.77604501	19.43833804	-3.8	Sheq Marinas	Nën udhëheqjen e PKSh më 23 shtator 1943 u formua këtu batalioni "Seman" me partizanë të kësaj zone. // Lavdi dëshmorëve të fshatit tonë. Koli Çina, Llambi Xhoxhi, Llazi Naka, Naun Kostandini, Nuri Çuçi.		2.303
314	40.76361699	19.43468596	0.3	Topojë	Lavdi dëshmorëve të fshatit Topoj që ranë në luftë për çlirimin e atdheut nga okupatorët italo-gjerman dhe tradhëtarëve të vendit 1941–1944. // Naun [...]oni, Llazi Lape, Naun Kerri, [...]tro Kosta, Toçi Miçi, Miti Papa, Todi Llaska, Xoxi Ra[...], [...] Stavre, Todi Hëna, Llazi Merika, [Leko Muç]araku.		2.306
315	40.76818999	19.42024796	-5.4	Topojë-Qerim	Dëshmori Leko Spiro Muçaraku, L. 31.12.1903, Vr. 23.10.1943 // Dëshmori Todi Ngjelo Hëna, L. 7.2.190[9], Vr. 12.10.1944		2.304
316	40.75177998	19.44860998	2.6	Fushë			2.309
317	40.79683498	19.601457	29.3	Vajkan	Në korrik 1944 Brigada e 16-S. që vepronte në këtë zonë sulmoi qendrën gjermane në Ardenicë dhe autokollonat ushtarake që kalonin në rrugë dhe i shkaktoi armikut dëme të mëdha. Në këtë luftë ranë Sadush Vërzhezha, Ferida Begaz, Ndreko Ndreko, dëshmorë të L. Nac. Çl.		2.294
318	40.80038002	19.60627802	17.1	Mullaj	Më 16 Tetor 1944 është zhvilluar aksioni nga Forcat e Brigadës 16 Batalioni III dhe Çetës Myzeqesë kundër Autokolonës Gjermanë dhe bashkëpuntorëve.		2.293
319	40.788312	19.62192301	6.7	Verri	Lavdi dëshmorëve të fshatit Verri të rënë në Luftën Nacional Çlirimtare. Gjergji Kondakçiu, Kristo Karroqe, Lami Koçi, Leksi Kondakçiu, Loni Mile, Mihal Syziu, Trifon Shtembari, Trifon Tashi, Vasil Mino, Zarik Janji, Zarik Nasi, Skënder Merka. Të rënë gjatë kryerjes të detyrës. Vasil Sota, gjatë kryerjes të sh. ushtarak; Edmond Meçka, në krye të detyrës si zjarrfikës.		2.296
320	40.82592898	19.60772901	21.3	Kolonjë	Këtu në Kolonjë të Lushnjës më 26 dhjetor 1942 u krijua çeta partizane e Myzeqesë.		2.276

ALS	GJERËSI LATITUDE	GJATËSI LONGITUDE	LARTËSI ELEVATION	VEND PLACE	MBISHKRIM INSCRIPTION	OTHER DATA TË DHËNA TË TJERA	FAQE PAGE
321	40.81353198	19.64864803	11.0	Bubullimë	Dhimitër Kosta Mino, Bubullimë; Josif Jovan Pambaku, (Bubullimë); Tonci Vangjel Ziu, (Bubullimë); Nikolla Naun Gjergji, (Bubullimë); Uani Naun Gjergji, (Bubullimë); Jorgji Themi Gjini, (Bubullimë); Rrapi Todi Prifti, (Bubullime); Tasi Theodhor Rista, (Bubullimë); Vasil Uan Nako, (Bubullimë); Trifon Vasil Nako, (Bubullimë); Miter Vasil Nikolli, (Bubullimë); Llazar Pandi Qose, Eskaj; Dhimitër Laze Qose, (Eskaj); Vasil Todi Velo, (Eskaj); Todi Kristo Velo, (Eskaj); Themi Lami Ndreka, (Eskaj); Behar Isuf Xhindole, (Eskaj); Feridum Mahmut Xhindole, Imesht; Taullah Idris Koçi, Imesht; Haxi Shefit Sheqi, (Imesht); Shahin Haxhi Balla, (Imesht); Neim Ramadan Xhindole, (Imesht); Isuf Miftar Balla, (Imesht); Tajar Veis Xhindole, (Imesht); Vesel Myftar Cako, (Imesht); Dalip Bajram Beqiri, (Imesht); Llambi Laze Ciko, (Imesht); Eqerem Selman Cako, (Imesht); Selman Sulejman Cako, (Imesht); Leko Spiro Sota, Halilaj; Pali Lili Prifti, (Halilaj); Jashar Sherif Kaja, (Halilaj); Uani Simon Kote, Pirrë.		2.283
322	40.81295103	19.64874602	13.1	Bubullimë	Në shenjë mirënjohje të thellë trimave të Batalionit të I të Brigadës së VII Sulmuese që më datë 20.8.[1]944 asgjësuan dhe kapën rob 264 armiq.		2.285
323	40.86422003	20.60554898	1324.8	Dardhas			2.265
324	40.85608204	19.64429598	13.6	Gorrë		H. Beqiri, "Lapidari kushtuar dorëzimit të tapive" (1962).	2.271
325	40.878683	19.67010001	11.7	Krutje e Poshtme	Në shtator 1943 pas shumë torturash e masakrash, forcat tradhëtare dhe pushtuesit vranë barbarisht të rinjtë komunistë Zoi Moda dhe Pilo Sota.		2.263
326	40.86175499	19.70580298	12.5	Krutje e Sipërme	Lavdi dëshmorëve. Adil S. Kurti, Fiqiri F. Mebelli, Gani I. Zhuka, Hajdar Xh. Kurti, Haxhi R. Hamiti, Lici T. Bushi, Mehmet A. Kurti, Nikola Ll. Prifti, Nuri H. Kurti, Profi N. Boci, Ramiz H. Kurti, Rrahime I. Kurti, Servet J. Kembora, Todi L. Çerma, Themi Ll. Bushi, Vezire H. Kurti, Samedin Xh. Kurti, Ramadan B. Arapi, Fiqiri F. Kurti, Fejzi M. Kurti, Trifon K. Prifti, Koli T. Prifti, Hazis O. Metushi, Ligor N. Gjini, Lili D. Llupo, Tili N. Shani, Leksi Ll. Shani, Hodo K. Bufasi, Llazar N. Toromeni, Sefedin S. Kurti, Xhevit H. Kurti, Kristaq Rr. Gjermeni, Jeko M. Kurti.		2.267
327	40.86219999	19.70673697	13.7	Krutje e Sipërme	[Këtu më 11 nëndro 1946 sipas mesimeve të Partisë dhe të Shokut Enver u krijua kooperative a parë bujqësore, shkëndia e kolektivizmit të fshatit në vendine tonë.]	K. Rama, "Monumenti i reformës agrare" (1966).	2.266
328	40.83183504	19.70926797	11.5	Ngurrëz i Madh	Në këtë luftë të madhe ju shokë të Myzeqesë kini dhënë kontributin tuaj të madh me gjakun e bijve tuaj, me ndihmat tuaja, me sakrificat tuaj. // Më 19 shtator 1943, këtu në Ngurëz, nën udhëheqjen e partisë me porosi të Shtabit Përgjithshëm dhe Shokut Enver, mbi bazën e 4 batalioneve me 800 luftëtar, u formua grupi i Irë partizan i Myzeqesë.		2.275

ALS	GJERËSI LATITUDE	GJATËSI LONGITUDE	LARTËSI ELEVATION	VEND PLACE	MBISHKRIM INSCRIPTION	OTHER DATA TË DHËNA TË TJERA	FAQE PAGE
329	40.85669199	19.75626002	17.5	Allkaj	Abedin Llapi, Andon Basha, Ibrahim Sefa, Isuf Seferi, Muharrem Zeqo, Papa Ilia Zegali, Sadik Manko, Sokrat Basha, Shaqo Llapi, Ymer Tafa.		2.270
330	40.68566202	19.61129098	44.3	Patos			3.36
331	40.68206099	19.621088	76.3	Patos	Lavdi dëshmorit Qerim Gropa, kryetar i Këshillit N.Ç.L. të fshatit Dukas, vrarë nga reaksioni gjermano-ballist më 23.2.1944.		3.37
332	40.68058603	19.62658703	84.0	Patos	Nder dhe lavdi dëshmorëve të kombit. Late Hasan Bergu, Gani File Banaj, Ismahil Shefit Banaj, Dervish Muço Banaj, Murat Abas Bregu, Ymer Haxhi Shperdheja, Rexhep Qazim Isufi, Rushit Jonus Qallia, Mehmet Qazim Isufi, Neim Lame Isufi, Qazim Musa Agai.		3.38
333	40.64574698	19.68214899	113.7	Visokë	Këtu më 17-11-1943(?) Brigada e Parë S. theu sulmin e ushtrisë naziste drejt Mallakastrës. Ranë dëshmorë 3(?) partizanë.		3.54
334	40.62441596	19.72066099	137.1	Lapulec	Vrarë në Luftën Antifashiste Nacional Çlirimtare në fshatin Lapulec. Mustafa M[...] aj, Ma[...], Riz[a] F[...]j, [?]ha[...], [+- 5 emra], Elmaz Muçaj, [...]lim Hajderaj, [...] Hajde[raj], [...] Haj[deraj], [+- 5 emra], Zyliftar Yzeiri, Riza Sulaj, T[...]il Sulaj, [...] mir Sulaj, [Xh]evit Sulaj, S[ab]ri Sulaj, [...]eri Sulaj, [...]ni Sulaj, [...] Goxhaj, [...] Goxhaj, [...] Goxhaj, Llane Goxhaj, Çoman Malaj, Arif Malaj, Lato Shabani, Muhar[rem] Shabani, Nu[...] Shabani, Hys[en] Levendi, Rami[z] Levendi, Ali Mask[...].		3.69
335	40.60104696	19.73519797	202.1	Ballsh	Mallakastra krahinë martire në kohë lufte e paqe. Nga Unioni Botëror i Vendeve Martire dhe të Paqës (Bolonja Italo).		3.91
336	40.597962	19.742652	209.4	Ballsh	Nën udhëheqjen e <P.K.Shqiptare> në zjarrin e luftës Nacional–Çlirimtare për çlirimin e atdheut nga okupatorët dhe tradhëtarët e vëndit, ashtu si i gjithë populli shqiptar luftuan si trimat e dhanë jetën shumë nga bijët e bijat e krahinës së Mallakastrës. // Lavdi dëshmorëve.		3.94
337	40.60170896	19.793705	213.1	Aranitas	Lavdi dëshmorëve L.N.Ç.L. 1 – Estref Qazim Yzeri, rënë më 29 tetor 1943; 2 – Haki Muharrem Sulaj, 3 – Musa Daut Selmani, 4 – Osmën Braçe Zharreza, vrarë më 9.12.1943.		3.89
338	40.60481002	19.77442201	199.8	Panahor	Lavdi dëshmorëve Panahor. Dëshmorët: 1. Hetem Toska, 2. Zeqo Mukaj, 3. Riza Hamzaj, 4. Teki Hoxha, 5. Riza Rizaj, 6. Feta Hasimaj, 7. Dane Saliaj, 8. Ferko Saliaj, 9. Rexhep Demiraj, 10. Dona Zotaj, 11. Ferrik Zotaj, 12. Rrapo Toska, 13. Nazif Toska, 14. Haredin Muçaj, 15. Rabushe Sinani. Viktimat L.A.N.Ç: 1. Hajder Toska, 2. Amet Toska, 3. Çaush Toska, 4. Zenel Toska, 5. Sabri Milaj, 6. Gani Zotaj, 7. Zenel Sakaj, 8. Shaban Shubashaj, 9. Lamçe Ahmetaj, 10. Demir Rizaj, 11. Tetem Hasimaj, 12. Selam Lamaj, 13. Sali Saliaj, 14. Rexhep Sinaj, 15. Ismahil Ismahilaj, 16. Hasim Zotaj.		3.88

ALS	GJERËSI LATITUDE	GJATËSI LONGITUDE	LARTËSI ELEVATION	VEND PLACE	MBISHKRIM INSCRIPTION	OTHER DATA TË DHËNA TË TJERA	FAQE PAGE
339	40.63924497	19.79220003	473.4	Ngraçan	Lavdi dëshmorëve të L.A.N.Çl. Llambro Bani Begaj, rënë në Ngraçan 1943; Mihal Bani Begaj, rënë në Ngraçan 1943; Filip Nasi Dhima, rënë në Ngraçan 1943; Muhamet Muharrem Hoxhaj nga Bejari, rënë në Ngraçan 1943; Gani Limo Lazaj nga Damësi, rënë në Ngraçan 1944; Ahmet Jazo Shehu nga Greshica, rënë në Ngraçan 1943.		3.58
340	40.63686702	19.78961798	552.5	Ngraçan			3.59
341	40.58739603	19.73964801	314.0	Qafë e Kashit	Më 16 shtator 1943 këtu në Qafën e Kashit forcat partizane zhvillojnë luftime të ashpëra kundër gjermanëve. Kjo është përpjekja e dytë.		3.100
342	40.56519002	19.765763	304.0	Ballsh ▸ Greshicë e Re	Këtu më 05.02.1943 çeta plake e Mallakastrës kreu aksionin e parë kundër një kollone të ndërlidhjes italiane.		3.111
343	40.55324002	19.77882997	340.6	Greshicë e Re	Këtu në verë të vitit 1847 është zhvilluar një nga betejat më të mëdha kundër turqëve e drejtuar nga kapedanët Rrapo Hekali, Sulo Zenel Greshica, etj.		3.118
344	40.55821099	19.78373003	478.2	Greshicë	Ahmet Shahaj // Ali Yzeiraj // Baki Jazaj // Bajram Yzeri // Guri Merkaj // Nazif Salaj // Muhamet Salaj // Qani Hajderaj // Qamil Lamaj // Riza Shehu // Selman Xhafaj // Zenjel Dautaj // Xhevit Zotaj // Xhafo L. Xhafaj // Jonus Hysenaj, Kamber Canaj, Medin Bakiaj, Riza Lutaj, Ramazan Metaj.		3.113
345	40.56080997	19.78452799	516.0	Greshicë	Lavdi dëshmorëve të fshatit tonë. Ahmet Shahaj, Ali Yzeiraj, Baki Jazaj, Nazif Salaj, Qemal Lamaj, Riza Shehaj, Selman Xhafaj, Xhafo Xhafaj, Zenel Dautaj.		3.112
346	40.55013	19.77991099	320.2	Greshicë e Re	Këtu më 15.12.43 janë pushkatuar nga gjerman[ët] Nazif Salaj, Muhamet Salaj, Bajram Yzeiraj, Ali Yzeiraj.		3.120
347	40.52406002	19.810086	191.0	Damës	Kushtuar heroit Gjok Doçi, vrarë më 20-11-1943 nga forcat gjermane.		3.140
348	40.51317201	19.810933	287.3	Damës	Lavdi dëshmorëve të LANÇ të fshatit Damës. Gani L. Lazaj, Faslli A. Filaj, Haredin D. Duraj, Mehmet Z. Filaj, Shaban S. Kapllanaj, Demir M. Ymeraj, Jonus M. Kapllanaj, Muharrem A. Dalipaj, Hafize R. Manaj, Haxhi Xhrrapaj.		3.151
349	40.50598101	19.83242302	448.7	Damës ▸ Ninësh	Lavdi pjesëmarrësve në këtë mbledhje historike.		3.156
350	40.49362801	19.78059403	407.3	Drizar	Lavdi dëshmorëve të fshatit Drizarë. Adem Hoxhaj, Dino Skënderaj, Ismail Ymeri, Faslli Hodaj, Selman Ymeri, Sabri Merkaj, Shefit Salaj, Qemal Aliaj, Hysen Likaj.		3.163
351	40.444443	19.80049199	200.9	Çorrush	Çeta teritoriale e fshatit krijuar nëndor 1942. Këshilli i gruas A-N-Çl prill 1943. Organizata e rinis A-N-Çl krijuar prill 1943. // Lavdi dëshmorve. Anaz Allkaj, Abaz Hodaj, Abaz Shehaj, Ali Saliaj, Avni Haxhiaj, Baftjar Haxhiaj, Brahim Shehaj, Brahush Llanaj, Ethem Kalemaj, Fetah Sadikaj, Hamit Velaj, Islam Dushkaj, Kapo Hoxhaj, Kaso Veliaj, Laze Lazaj, Myftar Sadikaj, Nezir Begaj, Qani Allkaj, Qani Lushkaj, Ramo Velikaj, Sami Aliaj, Seit Begaj, Seit Demaj, Selfo Kalemaj, Xhemil Lamçe, Xhevdet Haxhiu, Xhevit Sulaj. // Dëshmorët e aviocionit. Azbi Ramadan Seranaj 1.3.1940 4.10.1972; Luto Refat Sadikaj 1.2.1944 27.3.1982.		3.181

ALS	GJERËSI LATITUDE	GJATËSI LONGITUDE	LARTËSI ELEVATION	VEND PLACE	MBISHKRIM INSCRIPTION	OTHER DATA TË DHËNA TË TJERA	FAQE PAGE
352	40.47355302	19.76780701	155.7	Kutë	Çeta teritorjale A.N.Çl. krijuar nëntor 1942. Kështilla A.N.Çl. krijuar nëntor 1942. Organizata e gruas A.N.Çl. krijuar prill 1943. Organizata e rinisë A.N.Çl. krijuar prill 1943. // Lavdi dëshmorëve. Ahmet Shehaj, Abaz Haxhaj, Bajram Yzeiraj, Brahim Jaupaj, Brahim Zotaj, Hasan Zotaj, Hate Merkaj, Ismail Lazaj, Jonuz Musaraj, Nuredin Shehaj, Qamil Mahmutaj, Qerim Goxhaj, Ramadan Merkaj, Sefer Aliaj, Sami Musaraj, Sulo Merkaj, Shaske Xhaxhaj, Sherif Metaj, Shaban Goxhaj, Xhezo Merkaj, Zeqo Xhaxhaj, Zylyftar Xhaxhaj.		3.167
353	40.29265998	20.018842	284.5	Tepelenë	Lavdi dëshmorëve.		3.232
354	40.30199398	20.00668002	218.7	Veliqot			3.229
355	40.31775003	19.947612	411.1	Dukaj	25.VII.1944. // Ky lapidar dhe këngët do të tregojnë, kurdoherë, për sulmin trimëror të Brigadës së VItë Sulmuese e cila rrethojë dhe azgjësoj plotësisht, në luftime të përgjakshme, forcat gjermano-balliste më 25.7.1944. Për triumfin e kauzës së shenjtë të partisë ranë në fushën e nderit këta bij të dashur të popullit tonë. Mitro Xhani, Ismail Xhemaliu, Barxho Asderiu, Rushan Goxhi, Jaho Braja, Jorgo Jovani, Apostol Cuni, Avdul Demiri, Koço Koçollari, Martiko Velco, Kutbi Gjeci. // Dëshmorët e Luftës të fshatit Dukaj 1914–1949. Memo Nexhip Bejko 1949 – Hero i Popullit –, Hysen Dino Hajdinaj 1914, Turabi Caush Halilaj 1920, Barjam Selfo Bejko 1944, Braho Qazim Brahaj (1944), Dine Osmën Bejko (1944), Doko Dino Muçaj (1944), Hekuran Metush Bejaj (1944), Hakim Bajram Varfaj (1944), Hyso Qerim Hysaj (1944), Hamit Bajram Berxhaj (1944), Hysen Osmën Hysomataj (1944), Ismail Osmën Bejko (1944), Kaso Isa Islami 1944, Kamber Osmën Hysomati (1944), Mehmet Ali Shehu (1944), Muharrem Caush Halilaj (1944), Muhamet Ramo Jeraj (1944), Muho Rremo Haxhaj (1944), Riza Osmën Bejko (1944), Seit Hamit Kabaj (1944), Selfo Zyflo Prastaj (1944), Teme Myslym Muçaj (1944), Dino Myrteza Hajdinaj (1944).		3.222

ALS	GJERËSI LATITUDE	GJATËSI LONGITUDE	LARTËSI ELEVATION	VEND PLACE	MBISHKRIM INSCRIPTION	OTHER DATA TË DHËNA TË TJERA	FAQE PAGE
356	40.32383798	19.89959501	703.7	Salari	Lavdi dëshmorëve. Salari grykë e tufanit, ç'djem trima dhe vatanit. 1913–1914: Ali R. Llakaj, Barjam A. Kondi, Hasan H. Musta, Haxhi B. Mema, Hekuran K. Licaj, Kalo A. Rakipi, Kamber S. Bushi, Lame V. Lamaj, Llano R. Mustafaj, Myslym S. Zhupa, Sabri H. Kercani, Sabri Ll. Halilaj, Shaban M. Çarcani, Shyto J. Dulaj, Teme S. Zhupa, Zano D. Çarcani, Ferat S. Topi, Hamet A. Shehaj, Novrus H. Skënderi, Maliq H. Hitaj, Haziz M. Rrapaj, Çame H. Beqiri. 1920: Selam M. Salaria, Heroi i Popullit, Hyso D. Nanaj, Ibrush M. Qopekaj, Mane T. Dulaj, Meme Z. Sherifi, Teme K. Gojaj. 1944: Ali Xh. Zhupa, Bari S. Ruka, Baze M. Ruka, Carcan M. Mucaj, Dervish D. Dulaj, Enver Z. Banushi, Reti Sh. Vruzhaj, Hyso H. Memushi, Kloi D. Kapaj, Kodhel M. Beqiraj, Lamce I. Caka, Mustafa Z. Canaj, Qamil I. Lamaj, Resul H. Skënderaj, Shazuvan H. Bushi, Ibrahim M. Bilal, Mecan J. Braci. // 2010.		3.219
357	40.36141598	19.86380202	379.9	Mali i Gribës	Lavdi dëshmorëve të Lopsit, rënë në Malin e Gribës në vitin 1914 në luftë kundër shovinistëve grekë. 1 – Myrto Tafil Tafilaj, lindur më 1885 Dhëmblan; 2 – Manxhar Mane Sulaj, lindur më 1870 Dhëmblan; 3 – Avdi Zenel Malaj, lindur më 1894 Dhëmblan; 4 – Ali Rakip Liçaj, lindur më 1860 Salari; 5 – Haxhi Muarrem Mustafaj, lindur më 1875 Dhëmblan; 6 – Kamber Sali Cekaj, lindur më 1875 Dhëmblan; 7 – Halo Ismail Keraj, lindur më 1880 Matosanaj; 8 – Qamil Sinan Memaj, lindur më 1880 Dhëmblan; 9 - Barjam Adem Kondi, lindur më 1890 Salari; 10 – Ferat Sinan Topi, lindur më 1865 Salari; 11 – Lame Veli Lamaj, lindur më 1884 Salari, 12 – Myslym Saraç Zhupa, lindur më 1866 Salari.		3.201
358	40.36986401	19.84654401	187.9	Sinanaj	Më 21 qershor 1943 populli i Lopsit dhe çetat partizanë të Tepelenës shkatërruan komunën e postën e karabinjerisë dhe në këtë çerdhë të Luftës N.Çl. nuk u kthye më pushteti i borgjezisë.		3.197
359	40.36926303	19.841925	226.6	Sinanaj			3.198
360	40.35370496	19.83263601	435.0	Matohasanaj	Lavdi dëshmorëve të fshatit tonë rënë gjatë Luftës Nacional Çlirimtare. Mustafa Asllani, Muharem Liçaj, Mersin Hysenaj, Novrus Licaj, Nazif Sadikaj, Meno Varfaj, Demir Zeraj, Qani Hyskaj, Sulejman Hysenaj, Guçe Laze, Daut Dimraj.		3.204
361	40.29520196	20.02185001	192.0	Tepelenë	Këtu më 2 korrik 1943 fashistët italianë pasi torturuan barbarisht vranë sekretarin e qarkorit të Partisë të Beratit Kristaq Çapo dhe të rinjtë komunistë Qemal Mysliu, Vildan Luarasi dhe Andrea Vrusho. Kristaq Çapo –1943, Qemal Mysliu 1923–1943, Vildan Luarasi 1922–1943, Andrea Vrusho –1943.		3.231

ALS	GJERËSI LATITUDE	GJATËSI LONGITUDE	LARTËSI ELEVATION	VEND PLACE	MBISHKRIM INSCRIPTION	OTHER DATA TË DHËNA TË TJERA	FAQE PAGE
362	40.35127002	19.98364002	116.3	Memaliaj	4 V–27 VI 1943 // Më 4.5.1943 populli i krahinës së Tepelenës u betua për vazhdimin e luftës për çlirimin e atdheut kundër pushtuesve nazi-fashist. // Në datën 27.6.[1943] […] luftën kundër […] italian, ranë dëshmorët e atdheut Tefik Zikaj Bylysh, Ali Avdaj Kallëmb, Ismet Veizaj Vasjar, Musa Avdaj Kallëmb, Sefer Harizaj Izvor, Skënder Rrapaj Maricaj, Xhelil Çelak Memaliaj, Xhafer Seitaj Kallëmb.		3.205
363	40.349139	19.97628003	127.7	Memaliaj	Më 2 dhjetor 1942 në katundin Memaliaj nën drejtimin e Partisë dhe Këshillit Përgjithëshëm Nac.Çl. u hodhën themelet e pushtetit të ri popullor, u formua për herë të parë, Këshilli Nac.Çl. në rrethin e Tepelenës.		3.206
364	40.34614499	19.98711197	111.6	Kallëmb			3.207
365	40.25470798	20.00442102	273.8	Bënçë	Abaz Shehu, Heroi i Popullit 1900–1943. // Abaz Qendraj, Demir Shehu, Divid Gerbi, Haxhi Beqiri, Lance Shahaj, Myslim Bel[…].		3.241
366	40.90725901	20.56871102	920.3	Podgozhan	Lavdi dëshmorëve të fshatit tonë që ranë në Luftën Nacional Çlirimtare. Guri Gegprifti, Jovan Vako, Stefan Laska, Stefan Hila, Thanas Laska.		2.251
367	40.22158303	19.96148103	989.7	Lekdush	Lavdi dëshmorëve të fshatit Lekdush. Dëshmorë të L.A.N.Çl.: Mustafa Matohiti, Heroi i Popullit, Dano Dashaj, Itahi Skëndaj, Ismail Serjani, Kamber Zeneli, Mersin Çulli, Muhedin Barxha, Miftar Muho, Neki Lamçaj, Ramiz Muçi, Sulo Zhupa, Sinan Shehu, Zini Hajnaj. Dëshmorë para 1939: Hito Labi (Habili), Myrfet Zeneli, Qazim Balili. Dëshmorë pas 1945: Zenel Skëndaj.		3.257
368	40.20767201	19.93459901	931.0	Progonat			3.263
369	40.210332	19.93396299	940.2	Progonat	Lavdi dëshmorëve.		3.262
370	40.21207603	19.89884499	960.3	Progonat ▸ Gusmar	Më 1 prill 1942 në kanata të Gusmarit u formua çeta partizane e Kurveleshit.		3.259
371	40.221591	19.88977603	922.4	Gusmar	Populli tri[m …] dhe çeta e [… nën] udhëheqjen e heroit [të p]opullit Mustafa Matohiti më 28 nëndor 19[42] asgjësoi pushtetin e vjetër feudo-borgjez e të okupacionit nënprefekturën e Gusmarit dhe vendosi përgjithmonë puhstetin e ri Këshillin Nacional Çlirimtar.		3.256

ALS	GJERËSI LATITUDE	GJATËSI LONGITUDE	LARTËSI ELEVATION	VEND PLACE	MBISHKRIM INSCRIPTION	OTHER DATA TË DHËNA TË TJERA	FAQE PAGE
372	40.23598398	19.89108402	819.0	Rexhin	Viktimat e Luftës N.Çl. Nivicë–Rexhinë: Hekuran Avdulla Alimema 14-IV-1943, Ago Reiz Skëndaj (14-IV-1943), [Muh]edin Isuf Isufaj (14-IV-1943), Barxhul Bilal Fugaj (14-IV-1943), Mecan Hajredin Skëndaj (14-IV-1943), Aliko Ismail Hodaj (14-IV-1943), Bush Alem Demiraj (14-IV-1943), Zace Asllan Hasanaj (14-IV-1943), Godo Myrdar Balilaj (14-IV-1943), Duro Zenel Sejdiaj (14-IV-1943), Rasho Tabo Tabaj (14-IV-1943), Laze Kaden Kadena (14-IV-1943), Haxhi Shaip Alimema (qershor 1944), Velo Emin Xhebraj (qershor 1944), Reize Divid Skëndaj (qershor 1944), Hasan Reiz Skëndaj (qershor 1944), Hamite Isuf Dalipaj (qershor 1944), Lale Rrapo Hasanxhebraj (qershor 1944), Cobo Bege Isufaj (qershor 1944), […]ke Fein Feinaj (qershor 1944), Xhemo Fein Feinaj (qershor 1944), Lake Belul Topi (qershor 1944), Nebi Sulo Liza (qershor 1944), T[ar]o Ahmet Sejdiaj (qershor 1944), Nefo Sulo De[d]aj (qershor 1944), Hize Ahmet R[u]naj (qershor 1944), Muhedin Nezim Hysenaj 1941, Muho Aliko Xhimo 1944, […] Ve[ik] Bozho (1944), Novru[z] […]u[?]lli Lopa prill 1943, Abas Ali Mali (prill 1943).		3.252
373	40.23667398	19.89410997	827.8	Rexhin	1912 // 1920 // 1944 // Lavdi përjetë dëshmorëve të atdheut. Të rënët e fshatit Rexhin: Qebir Balili 1945, Cobo Isufi 1944, Like Xhebra 1944, Barxhul Dalipaj 1943, Hekuran Alimemaj 1943, Mecan Skëndaj 1943, Haxhi Alimemaj 1944, Lale Hasanxhebraj 1944, Sali Nivica 1920, Shuko Dalipi 1920, Aliko Hodaj 1943, Ago Skëndaj 1943, Bush Demiraj 1943, Zace Hasanaj 1943, Muhedin Isufi 1943, Mejdi Rucaj 1943, Godo Balilaj 1943, Duro Sejdiaj 1943, Rasho Tabaj 1943, Laze Kadenaj 1943, Velo Xhebraj 1944, Reiz Skëndaj 1944, Hasan Skëndaj 1944, Hamite Isufaj 1944, Xhemo Feinaj 1944, Bege Isufi 1945, Halil Hodaj 1979, Hasan Hasanaj 1985. Të rënët e fshatit Nivicë: Abaz Malaj 1943, Abedin Llapi 1944, Afete Merjo 1944, Asep Malorami 1943, Avdul Lapo 1943, Balil Bushi 1914, Barjam Baze 1946, Cane Bega 1943, Dalip Seferi 1942, Demo Emini 1911, Fuat Hazizaj 1943, Gabo Micka 1943, Gani Beqa 1944, Hekuran Seferi 1945, Iliaz Bresha 1914, Ismail Cako 1944, Lake Topi 1944, Lutfi Hita 1944, Malo Malaj 1944, Mato Kuka 1914, Mejdo Mema 1943, Muharrem Dashi 1943, Nebi Liza 1944, Mustafa Runa 1945, Nebi Veshi 1914, Novruz Xhaka 1943, Novruz Lopa 1943, Nuredin Liza 1914, Qeriba Koka 1944, Rushan Goxha 1944, Seit Kapuci 1945, Selam Matuka 1914, Shamet Veshi 1945, Shaqo Llapi 1944, Shefqet Shehu 1920, Sihat Dema 1943, Sihat Bushi 1919, Sinan Liza 1944, Sinan Topi 1924, Tare Seferi 1944, Tare Sejdiaj 1944, Xheladin Beqiri 1944. // Sali Nivica, Nderi i Kombit, Mësues i Populit, Dëshmor i Atdheut. // Shuko Dapili, Mësues i Merituar, Dëshmor i Atdheut.		3.250
374	40.23147401	20.08263004	163.2	Hormovë			3.255

ALS	GJERËSI LATITUDE	GJATËSI LONGITUDE	LARTËSI ELEVATION	VEND PLACE	MBISHKRIM INSCRIPTION	OTHER DATA TË DHËNA TË TJERA	FAQE PAGE
375	40.14997702	20.09892899	228.4	Palokastër	Në këtë rajon, forcat e Brigadës së 6të Sulmuese Heroike në shkurt e prill 1944 sulmuan dhe thyen focat nazisto-balliste që donin të shkretonin vendin.		3.280
376	40.08600097	20.14256098	207.5	Gjirokastër			3.294
377	40.117644	20.09018004	379.3	Mashkullorë	18 mars 1908. Çeta trime e Çerçis Topullit luftoi heroikisht kundër […].	K. Kostaqi, K. Beruka, "Çerçiz Topulli me Trimat" (1972).	3.289
378	40.117803	20.09064297	380.3	Mashkullorë	Lavdi bijëve tanë që ranë në L.N.Çl. Ali Çani, Mufto Çani, Riza Çani, Shuqeri Çani, Bari Myfta, Banush Dadaj, Nebi Dadaj, Jorgo Puci, Gjolek Hasko, Bedri Ahmeti, Nustret Matush, Muharem Mema, Sali Kalemi.	2 lapidarë: një i vjetër dhe një i ri i papërfunduar.	3.288
379	40.13383398	20.03714497	262.8	Kardhiq	[…kush]tojë ky lapidar […shek]uj brezave […]n e batalionit [… "Asim] Zeneli" […19]11–1943, […kët]ë qark. […] heroi u pagëzua […] heroj luftuan […] partizanët e tij. // [5 emra], Asim Zeneli, Astrit Toto, Avdul Lopa, Avdul Demiri, Bajazit Shehu, Balil Peçi, Banush Dodaj, Bahri Myrtaj, Baxhul Nora, Bazo Toto, Begdash Hido, Besim Dalani, [5 emra], Cirok Cama, Çerçiz Fejzo, Çelo Sinani, Çobo Ceno, Dalip Tare, Demo Fejzo, Emin Hasani, Fato Berberi, Feim Sadiku, Fuat Mati, Gjysho Aliu, Ibrahim Koçiu, [5 emra], Karafil Bello, Karafil Bisha, Kapo Gaba, Koço Koçollari, Kutbi Gjeçi, Lame Gjokuta, Latife Nora, Leonidha Rapo, Lipe Çavo, Lufto Çani, Mahmut Bedo, Medi Mema, [Mehmet] Skreli, […] Velço, […]hani, […]rizi, […]ahiri, Mufit Zeso, Murat Bardhi, Muzafer Kotroçi, Neki Lamçe, Neshat Kondi, Novruz Xhaka, Nuri Luci, Halil Imeri, Hamit Pula, Hamza Malo, Hasan Çerepi, Hiqmet Dusha, Persefoni Kokëdhima, Polo Seferi, Qebis Fetiu, Rapo Leskua, Remzi Cako, Rexhep Kaçi, Riza Çani, Rushan Goxho, Sadik Buzo, Sami Golemi, Seit Fesko, Selim Bleta, Sejdi Minga, Sinan Liza, Sulo Çeli, Sulo Buzheli, Sulo Shusi, Sulo Spaho, Suho Lala, Shuquri Memo, Shuquri Sinani, Shuko Jupo, Tahir Xhuvani, Xhafer Murati, Xhemal Stroka, Xhelal Sejdo, Xheladin Beqiri, Xhevit Bunaci, Xhevaire Broka, Xhezo Proda, Zeno Dinaj, Ziadin Çarçani.	J. Zhulla, "Lapidari i Batalionit 'A. Zeneli'" (1969).	3.284
380	40.159624	20.08534301	204.6	Humelicë	Lavdi dëshmorëve të Luftës Antifashiste Nac Çl. Delo Rrapi 1900–1943, Leonidha Rrapi 1919–1943, Tilo Guga 1902–1943, Illi Prifti 1900–1944.		3.277
381	40.16686899	20.04883303	289.1	Picar			3.275
382	40.17170602	19.93555396	993.9	Golëm	Lavdi dëshmorëve të fshatit Golëm. Demo Demaj, Fejzo Demaj, Çerçis Demaj, Vito Demaj, Kamer Dina, Sefer Meta, Sadush Cune, Sabri Shameti, Sulo Hysi, Sulo Korkuti, Dervish Meta, Elham Kaso, Rakip Bedo, Brahim Koçiu, Bajram Taka, […] Lazo, Dule Bello, Dari Shameti, Xhevo Banushi, Medi Taka.		3.274

ALS	GJERËSI LATITUDE	GJATËSI LONGITUDE	LARTËSI ELEVATION	VEND PLACE	MBISHKRIM INSCRIPTION	OTHER DATA TË DHËNA TË TJERA	FAQE PAGE
383	40.24040401	20.10208704	514.2	Hormovë	Lavdi dëshmorëve. Abas Dhromi, Ali Imeri, Abas Beqiri, Alem Dyrdedi, Bajram Llaçi, Braho Grosha, Caush Çela, Çafa Miha, Çano Gjinushi, Çaush Miha, Ceno Kasa, Elmas Kokona, Faslli Dhromi, Hasan Dema, Haxhi Qyrdedi, Hazbi Beja, Hurma Skëndi, Hetem Sinani, Idris Alia, Ismail Tota, Luto Çako, Liço Dema, Meto Guça, Miftar Miha, Nevro Berda, Neki Çela, Resul Miha, Ramo Dina, Remzi Dhromi, Brahim Camo, Sulo Kokona, Sadik Grosha, Sali Osmëni, Sefedin Zhapa, Sherif Y. Kuca, Sherik S. Kuca, Shipe Fatia, Shahin Llaçi, Tare Shehu, Xhelo Baca.		3.247
384	40.24283099	20.10171002	604.1	Hormovë	Lavdi dëshmorëve. Abas H. Dhrami, Ali S. Imeri, Bajram A. Llaçi, Braho K. Grosha, Çaush Ç. Çela, Ceno A. Kasa, Çaush M. Miha, Çafa B. Miha, Çano Q. Gjinushi, Elmas Ç. Kokona, Faslli A. Dhrami, Haxhi S. Qyrdedi, Hazbi Sh. Beja, Hetem B. Sinani, Idris S. Alia, Ismail M. Tota, Liço V. Dema, Meto Sh. Guçe, Mehmet H. Kokona, Miftar R. Miha, Neki F. Çela, Resul M. Miha, Ramo D. Dina, Remzi R. Dhrami, Sulo Z. Kokona, Sadik K. Grosha, Sali F. Osmëni, Sherif J. Kuca, Sherik S. Kuca, Shipe Xh. Fatia, Shahin B. Llaca, Tare [K.] Shehu, Xhelo [?] Baca.		3.245
385	40.23969901	20.103016	532.6	Hormovë	Në këtë vend janë vendosur eshtrat e hormovitëve të masakruar nga shovinistët grekë në vitin 1914.		3.248
386	40.21188199	20.120057	458.0	Tërbuq	Lavdi dëshmorëve të fshatit. Thanasi 1921–43, Pilo 1923–44, Vangjel 1905–44, Mitro 1926–44 Zherdi. // Misto Dedi 1921–44.		3.260
387	40.198056	20.139389	623.0	Labovë e Vogël	Lavdi dëshmorëve të L.A.N.Ç. Prokop Meksi, Gjergjo Stefani, Rone Kromidha, Lame Kolete, Dido Noti, M[er]o [...]o, Sokol Meksi, Thoma Tola, Theofan Tomari, Koço Xhava[ra], [Ma]rko Kolet[e].		3.270
388	40.141805	20.143455	231.3	Nokovë	[...me] forcat milice. [Ranë] dëshmorë [...] Kaci [...].		3.281
389	40.15721697	20.16438302	471.4	Erind	Lavdi dëshmorëve të fshatit. // Misto Mame [HP] 1921–1942 // Mihal Duri [HP] 1916–1942 // Istref Ruçi 1928–1945 // Lato Braho 1916–1942 // Mako Dedi 1921–1944 // Sefer Bojo 1923–1944 // Sofi Noti 1925–1944 // Shero Kaçi 1900–1942 // Shazo Bushi 1923–1945 // Vaso Çelari 1926–1944 // Xhafer Llapi 1928–1945 // Vitori Dedi 1886–1944 // Sokrat Gjoka 1910–1943 // Mete Xhaferi 1900–1944 // Vaso Bisha 1926–1944		3.278
390	40.04618299	20.14914698	430.9	Lazarat	Lavdi dëshmorëve të Lazaratit. Bastri Gerveshi, Çerçiz Rabi, Hasan Skëndi, Muhedin Krishti, Muhamet Gjolleshi.		3.306
391	40.03283397	20.17665999	217.6	Derviçan			3.308
392	40.07481398	20.135977	304.2	Gjirokastër	Lavdi dëshmorëve të lagjes Palorto. Fato Berberi [HP], Astrit Toto, Bashkim Kokona, Bukuri Bazo, Eqerem Hoxha, Fete Gjini, Isa Xhuli, Jonuz Xhezo, Muhamet Bakiri, Musa Çeno, Pertef Kokona, Ramadan Mano, Reshat Zani, Riza Hoxha, Fadil Mezini, Fiqo Bakiri, Mazllëm Shahsivari, Veli Saraçi.		3.298

ALS	GJERËSI LATITUDE	GJATËSI LONGITUDE	LARTËSI ELEVATION	VEND PLACE	MBISHKRIM INSCRIPTION	OTHER DATA TË DHËNA TË TJERA	FAQE PAGE
393	40.07102301	20.13698601	368.7	Gjirokastër	Bule Naipi – Heroine e Popullit –, Asim Mero, Astrit Karagjozi, Astrit Zemani, Azbi Shehu, Barjam Makri, Imaet Dumi, Ibrahim Sako, Jaço Braja, Jupe Dumi, Mariz Çamani, […]avani, Hysen Koçi, Laze Selimi, Muzafer Kotroçi, Mufit Rebi, Mufit Reso, Murat Muço, Niazi Karagjozi, Petrit Gega, Reiz Selimi, Sado Meleqi, Saliko Braja, Surja Sinani.		3.302
394	40.07375099	20.13939497	325.6	Gjirokastër		H. Dule, "Lapidar kushtuar luftrave të Skënderbeut" (1968).	3.300
395	40.074572	20.13804104	318.4	Gjirokastër	Pionierëve të gjuhës shqipe që në vitet e errëta të robërisë mbajtën gjallë dashurinë për liri, arsim, kulturë.	Mumtaz Dhrami, Ksenofon Kostaqi, Stefan Papamihali, "Obelisku kushtuar pionierëve të arsimit shqip."	3.299
396	40.07717298	20.140321	271.7	Gjirokastër	Lavdi dëshmorëve të Luftës N.Çl. lagjës "11 janari". 1. Jonuz Cuci, 2. Jonuz Galanxhi, 3. Niazi Hadëri, 4. Petro Llukani, 5. Rakip Malile, 6. Ismail Qosej.		3.295
397	40.07586197	20.13741399	272.2	Gjirokastër	Lavdi dëshmorëve të Luf. Ant. Nc. Çl. të lagjes Varosh. Koço Koçollari, Muin Balashi, Koço Kaftani, Thoma Roze, Zoto Buzo, Lame Hido, Koço Qurku, Gole Gushi, Ropi Jani, Kapo Baco, L. Gjobek.		3.297
398	40.076256	20.14575097	261.4	Gjirokastër	24.12.1943 // Qyteti i gurtë mbeti në shekuj kala për liri.		3.296
399	40.03389202	20.26153397	414.0	Libohovë	Lavdi dëshmorëve të atdheut.		3.307
400	40.07173397	20.25699198	423.1	Suhë	Më 4 prill 1943 këtu në Këshilli Krahinor krijoi Këshill Nac.–Çlirimtar Krahinor Libohovë ku mori pjesë Heroi i Popullit Asim Zeneli.		3.301
401	40.09258202	20.25251697	715.1	Stegopull	Kushtuar partizanëve të Batalionit Misto Mame.		3.293
402	40.10250896	20.301146	473.7	Grykë e Selckës			3.292

ALS	GJERËSI LATITUDE	GJATËSI LONGITUDE	LARTËSI ELEVATION	VEND PLACE	MBISHKRIM INSCRIPTION	OTHER DATA TË DHËNA TË TJERA	FAQE PAGE
403	40.16551397	20.31122097	883.3	Sheper	Në këtë vend u formuan Brigadat e VIII S. dhe XIV S., të cilat nën udhëheqjen e P.K.Sh. shkruan me gjak faqe të lavdishme në epopenë e madhe të Luftës N.Çl. // Lavdi dëshmorëve të Brigadës së: Br. VIII S.: Ali Abazi, Ali Zhupaj, Andon Poçi, Arshi Lengo, Arshi Manaj, Arshi Lilo, Adem Bektashi, Agush Shahini, Avdyl Haxhi, Axhem Çela, Barhim Azisi, Brahim Selimi, Bido Mehmeti, Bido Elezi, Demir Dhrimo, Elham Kasaj, Enver Llaqi, Eqerem Hoxha, Faik Mullaj, Faslli Asllani, Fejzi Beqiraj, Gani Toto, Gligor Boriçi, Gori Spiro, Hamit Pulaj, Hamit Ago, Hamdi Lakaj, Harallamb Kostalloto, Hasan Telha, Hasan Durkaj, Hasan Ramadani, Hasan Latifi, Hasan Kushta, Haxhi Shehu, Hekuran Seferaj, Hekuran Kamberi, Hito Gaço, Hysen Qamo, Hysen Gugaj, Ibrahim Elmazi, Ilo Çami, Inajete Karalliu, Ismail Çako, Ismail Mustafaraj, Isuf Qamili, Isa Xhaferaj, Izet Nexha, Izet Ahmeti, Jani Leka, Jani Sterjo, Jaho Kalo, Jorgo Bakiri, Kiço Joanidhi, Kosta Çavo, Kristo Gogo, Kudret Dalipaj, Loli Lamko, Luco Gucaj, Lutfi Dule, Llano Hasani, Maliq Doganaj, Male Banaj, Mehmet Jonuzi, Mersin Muharem, Mehmet Dervishi, Mustafa Runa, Mustafa Fejzo, Muharem Sabri, Muhamet Zeqo, Nasho Zera, Nazif Fejzillari, Nazif Molishti, Nazif Canaj, Ndreko Dricaj, Nevir Merko, Nexhip Çene, Neki Nebiaj, Nevro Berdaj, Ormen Boro, Pano Xhixho, Pandeli Della, Pasho Velaj, Pasho Bana, Polo Qurku, Dazim Velaj, Qemal Mustafaraj, Ram Arapi, Ramiz Dani, Rakip Brahimi, Razo Zeneli, Remzi Canaj, Remzi Bardhi, Reshat Zani, Riza Islami, Rushan Pula, Sado Meleqi, Sadik Bakaj, Sabri Serani, Saliko Shuaipi, Sinan Lizaj, Sose Musaj, Spiro Partali, Spiro Ruva, Stavro Babi, Sulo Shahini, Surja Kasi, Shazo Habipi, Shaban Isufi, Shaqo Tafani, Shefit Durmishaj, Shuko Ramo, Shyqyri Velaj, Tefik Bedo, Trandafile Nenaj, Triunf Idrizi, Thodhori Ngjela, Thodhori Mastora, Vangjel Zoka, Vangjel Mano, Vasil Kosta, Veli Brahushi, Xhafer Llapi, Xhafer Banaj, Xhelo Sakaj, Ymer Xhaferi, Zaim Ballaxhia, Zenel Spahaj, Zenel Qazimi, Zenel Jakupi, Zylfo Baboci. Br. XIV S.: Ali Gorici, Andon Cili, Antonio Xhuzeppe, Anife Meta, Beqir Dauti, Çerçiz Robej, Demo Zeqiri, Dhurim Ajdini, Filo Faslli, Grigor Diamanti, Hasan Bejleri, Hysen Lika, Idriz Mici, Isa Zhuli, Jorgji Gjini, Mehdi Bolena, Merxhan Arapi, Neki Qazimi, Nikolla Xhuveli, Sabedin Osmani, Sefer Koshi, Seit Gaci, Shefit Shabani, Shero Muharemi, Zeqir Hoxha, Zoto Buzo.		3.276

ALS	GJERËSI LATITUDE	GJATËSI LONGITUDE	LARTËSI ELEVATION	VEND PLACE	MBISHKRIM INSCRIPTION	OTHER DATA TË DHËNA TË TJERA	FAQE PAGE
404	39.993923	20.28547796	579.8	Vllahogoranxi	Këtu tradhëtarët e vendit më 2.8.1943 terrorizuan e vranë 23 fshatarë. Dhimitër Bakulla, Irakli Leka, Harallam Baxheli, Jani Karadhima, Jani Makri, Jorgo Baxheli, Kosta Karadhima, Kosta P. Karadhima, Kosta Leka, Kosta Bakulla, Kosta Vllaho, Kristo Çelo, Mihal Bakulla, Spiro Çelo, Thoma Baxheli, Theodhos Baxheli, Thoma Dh. Baxheli, Vasil Anagnosti, Vasil Seloti, Vangjel Papa, Vangjel Misha, [2 emra].		3.310
405	39.99904501	20.27388596	399.3	Nepravishtë	Lavdi dëshmorëve.		3.309
406	39.97527603	20.23500097	225.5	Goricë			3.312
407	39.91132999	20.35849004	347.5	Kakavijë	Lavdi kufitarëve tanë syshqiponjë që ranë me trimëri për mbrojtjen e kufijve të shtrenjta të atdheut. // Sherif Hysi, Myfit Hasa, Qemal Dema, Fatmir Shehu, Bendo Buzo, Osman Sadushi. // Bardhok Rica, Altin Dauti, Zace Biraci, Sali Shehu. // Llesh Pal Çupi, Xhemal Vladi, Arsen Gjini, Hamit Qyli, Hasan Kazmaj, Myftar Ladi.	K. Kostaqi, S. Papamihali, "Lapidar kushtuar forcave kufitare" (1971).	3.320
408	39.94032802	20.22348298	558.1	Qafë e Muzinës	Këtu më 19 dhe 26 shtator 1943 janë zhvilluar luftime të ashpra të forcave partizane të Batalionëve Asim Zeneli dhe Thanas Ziko kundër forcave të divizionit alpin gjerman.		3.318
409	39.94143996	20.17968804	420.5	Pecë			3.317
410	39.95010098	20.16496497	306.5	Kardhikaq	Lavdi dëshmorit të fshatit tonë Panajot Lepto.		3.314
411	39.949687	20.09768603	208.8	Delvinë	Lavdi dëshmorëve që ranë në luftën e Delvinës 21.7.1944. 1. Lejla Malo, 2. Llambi Llambraqi, 3. Polo Bezhani, 4. Selfo Abedini, 5. Ajet Sulejmani, 6. Hysen Hyseni, 7. Idriz Bajo, 8. Rait Bajo, 9. Veliko Rexho, 10. Veli Myrto, 11. Nazmi Taho, 12. Jani Papa, 13. Llambi Nika, 14. Vangjel Kali, 15. Urani Bari, 16. Thanas Jani, 17. Kosta Çati, 18. Petro Anagnosti, 19. Sadik Xhepe, 20. Jorgo Çavo, 21. Antonio Xhermoci, italian, 22. Ndoc Kruciano, italian.		3.315
412	39.94803803	20.10042096	212.5	Delvinë	Lavdi dëshmorëve të atdheut. Vepr[a] ju[a] j burim frymëzimi për brez[at] e sotëm e [të] ardhëshëm.		3.316
413	39.94001001	20.06511102	93.0	Bamatat	Lavdi dëshmorëve. Etem Musai, Jasini Kseno, Seit Gaçi.		3.319
414	39.86888403	20.02693196	119.6	Qafë Gjashtë	Lavdi dëshmorëve që ranë më 9.10.1944 për çlirimin e Sarandës. Anipe Meta, Ali Gorica, Dhurim Ajdini, Idriz Mici, Isa Zhuli, Kosta Karkashina, Kristo Karkashina, Miho Gjino, Sefer Kushi, Sinan Ballaci, Thanas Koçi, Thoma Roze, Zeqir Demo, Zoto Buzo.		3.323
415	39.84838399	20.02438403	21.8	Sarandë			3.324
416	39.81197904	20.01217	35.7	Manastir	Dëshmorëve që ranë këtu në përpjekje me forcat naziste më 2.10.1943. Astrit Toto, Sadik Rusto, Niko Stefani, Miltiadh Marjani, Selim Myftari.		3.326
417	39.70964204	20.07634596	31.9	Mursi	Lavdi dëshmorëve të L.N.Çl. Sotir V. Deli, Kosta C. Deli, Leonidha K. Deli, Kiço K. Gërbura, Loli J. Xharo, Jani K. Korro, Koço A. Rubje, Loli J. Kolo, Loli S. Papa, Kiço N. Koça.		3.328

ALS	GJERËSI LATITUDE	GJATËSI LONGITUDE	LARTËSI ELEVATION	VEND PLACE	MBISHKRIM INSCRIPTION	OTHER DATA TË DHËNA TË TJERA	FAQE PAGE
418	39.69038998	20.118519	29.5	Shkallë	I kushtohet [d]ëshmorëve të fshatit Mursi rënë në L.A.N.Ç. data 23.9.1943. Sotier Deli, [Ko]sta Deli, [Kiço G]ërbura, […]. // Kush[tuar …] fsh[at …].		3.329
419	39.65693898	20.17305401	382.0	Konispol	Ju kush lindur nëna për një botë të re, lule more trima që ratë për atdhe.		3.331
420	39.65772101	20.18228902	402.2	Konispol	Kushtua rezistencës 55 ditore të Popullit të krahinës së Konispolit nga 5 gusht 28 shtator 1943 kundër pushtuesve gjermanë. Nder e respekt për të rënët! // Lavdi dëshmorëve. Adif Veliu, Ajet Sulejmani, Ferik Çarçani, Halil Munga, Halit Selmani, Hysen Veliu, Koço Gërbura, Koço Rubie, Kosta Delie, Lole Xharo, Mehmet Bejdo, Mehmet Kaso, Maliq Rena, Nimet Rushiti, Remzi Tare, Kaso Asefi, Braho Beci, Mehmet Agushi, Thoma Lula, Sefer Bajo, Sulo Lame, Selman Xhallari, Sefer Arapi, Sotir Deliu, Telo Plaku, Taip Kercelli, Vangjel Koloj, Kaso Kaleshi, Zihni Shaqiri, Leonidha Deliu.		3.330
421	39.78846202	20.12398199	30.7	Livadhja			3.327
422	39.83589998	20.10915801	128.5	Jermë	Më 20 nëntor 1943 u formua Bataloni Pandeli Boçari. // Lavdi dëshmorëve të L.A.N.Çl. të popullit shqiptar. // Dëshmorëve të Batalonit: Urani Bari, Petraq Anagnosti, Sotir Bajraba, Kosta Çati, Vasil Murati. Dëshmorëve të Jermës: Vangjel Pando, Miho Bokollo, Spiro Mitro.		3.325
423	39.87350003	20.06543599	14.9	Çaush			3.321
424	39.86958199	20.017721	55.7	Sarandë			3.322
425	39.95957103	19.96235702	269.7	Shën Vasil	Koste Aleksi 1820 1848. Kost Aleks barak me koqe, për patridhë ç'u përpoqe, Kost Aleks barak me lule, për patridhë kokën ç'e humbe. Dedicated to Kost Aleksi sacrificed in the fight, against the Turkish invaders. // Anastas Mertiko, Aristidh Mertiko, Gaqe Mertiko, Illo Lepuri, Kico Dhima, Leo Mertiko, Miho Vjeri, Naçe Vjeri, Pilo Jovani, Pilo Dhima, Pipo Vjero, Pipo Spiro, Qirjako Vjero, Tolo Jovani, Thodhori Vogli, Kalo Koststefani.		3.313
426	39.991838	19.91517202	246.8	Lukovë	Lavdi dëshmorëve. Vasiliqi Lazri, Arqile Kosta, Filip Hajdhi, Koço Mëhilli, Kiço Shameti.		3.311
427	40.06148902	19.85792999	97.5	Borsh	Lavdi dëshmorëve të kombit. Sheh Mehmet Aliu, Hodo Vasili, Fejzo Çika, Iljas Hajdini, Malo Vasili, Xhafer Koçi, Daut Vasili, Muharrem Gabaj, Neim Dajko, Halo Vasili, Hajredin Hila, Sali Ceka, Tahir Çika, Xhafer Koçiu, Avdulla Vasili, Ramadan Kosova. // Lavdi dëshmorëve të L.A.N.Çl. Kabo Kabi, Qazim Pali, Cano Hajdini, Telat Noga, Hiqmet Leka, Dhurim Hajdini, Tahir Poga, Turabi Hizmo, Sadet Ceka, Idriz Mici, Sadik Cama, Husein Hajdini. // Dëshmorë të L.A.N.Ç. të rënë në Borsh. Fuat Mati Fierë, Sofo Meksi Labovë, Ali Çani Mashkullorë, Sulo Hyseni Golëm, Gligor Diamanti Nartë, Alem Shehu F. Bardhë, Tahir Xhuvani F. Bardhë, Shuqo Jupe Tepelenë, Koço Qillo Përmet, Sulo Spaho Tepelenë, Ahmet Hosi Bolenë, Sadik Cama Borsh, Tahir Poga Borsh.		3.304
428	40.06445797	19.85007104	27.3	Çorraj			3.303

ALS	GJERËSI LATITUDE	GJATËSI LONGITUDE	LARTËSI ELEVATION	VEND PLACE	MBISHKRIM INSCRIPTION	OTHER DATA TË DHËNA TË TJERA	FAQE PAGE
429	40.05759696	19.82070403	5.4	Qeparo Fushë	Lavdi dëshmorëve të L.N.Ç. Persefoni Kokëdhima Heroine e Popullit, Jorgo F. Vongli, Katina P. Çaku, Niko Th. Aleksi, Hil A. Aleksi, Vangjel J. Luçi, Kristo P. Çaku.		3.305
430	40.130027	19.77416603	699.6	Pilur	Këtu më 24 maj 1944 me partizanë nga bregu i detit u formua Batalioni i 5të i Brigadës së 6të S. // 1976		3.285
431	40.14050396	19.69489996	341.4	Vuno	Lavdi dëshmorëve të fshatit Vuno. // Kozma Nushi, Heroi i Popullit // Llambro Andoni, Heroi i Popullit // Zaho Koka, Heroi i Popullit // Arqile Vjero // Amali Andoni // Eftihi Baka // Foto Goxho // Herkole Koleka // Irakli Thani // Llambro Sheti // Kleomen A. Ndrenika // Niqita Andoni // Naço Koço // Pano Dhimegjoka // Pilo Varfi // Stefo Cura // Thoma Simo.		3.283
432	40.14076397	19.68825697	369.9	Vuno	Në këtë vend në qershor 1944, në përleshje me nazistët gjerman ra në fushën e nderit dhe të lavdisë Heroi i Popullit Zaho Koka.		3.282
433	40.19674997	19.59560702	1020.9	Qafë e Llogarasë	15 VI 1920 // [...]hor [... Llog]ara 1920.		3.271
434	40.21915899	19.57958702	758.0	Llogara	Në këtë vend më 11 shtator 1943 forcat partizanë bashkë me fshatarët e krahinës së Dukatit të udhëhequra nga shoku Hysni Kapo u përleshën me forcat gjermane dhe çarmatosën garnizonin fashist italian Llogarasë.		3.258
435	40.27556802	19.50688097	123.8	Dukat i Ri	Lavdi dëshmorëve të Dukatit. // Sado Koshena, Heroine e Popullit, Selim Gerneci, Murat Kali, Hodo Zeqiri, Hysen Beqiri, Zyke Matani, Ahmet Xhelili, Aleks Leka, Gani Miu, Hasan Mëhilli, Hasan Kushta, Hasan Tava, Hito Kashuri, Hysen Muçostepa, Jazo Hasko, Kaso Petoshati, Maliq Kulluri, Prenjo Petoshati, Qani Kulluri, Rexhep Dautaj, Refit Jazo, Sadedin Alushi, Sulejman Xhelili, Thanas Zoto, Xhuvel Xhemali, Xhafer Çapo. // Salem Vangjeli.		3.236
436	40.324231	19.51064897	21.8	Tragjas	Lavdi dëshmorëve të fshatit Tragjas. // Heronj të Popullit: Zonja Çurre, Kastriot Muço, Maliq Muço, Shyqyri Alimerko. Dëshmorë të Luftës Nacionalçlirimtare: Ago Gjomemo, Agron Sinani, Ali Kabello, Azbi Metaj, Azem Troqe, Donika Dule, Dudi Metaj, Fejzo Gjomemo, Hanko Gjata, Hasan Mertiri, Humo Troqe, Hyri Çurre, Kafaze Gjomemo, Kujtim Hoxha, Lilo Sjoni, Merjeme Gjomemo, Musa Gjomemo, Mustafa Rushiti, Rahime Stepa, Razi Ormeni, Salo Kabello, Selim Mertiri, Sulejman Bejo, Sulo Alimerko, Tahir Dervishi, Zonje Trode, Zeqir Imeri, Viktor Shyti, Xhafer Rexhepi, Bejko Gjomemo 1920, Haxhi Pulo 1920, Zenel Ramohiti 1920.		3.218
437	40.46576899	19.56156199	145.2	Sherishtë	O djema për në Vlorë, përmbi tela të kaptojmë, vdekjen të mos të mendojmë, Shqipërinë ta çlirojmë. // Më 18 qershor 1920, luftëtarët popullor, në këtë vend, treguan trimëri të rrallë në luftimet e zhvilluara kundër pushtuesve italiane.		3.174

ALS	GJERËSI LATITUDE	GJATËSI LONGITUDE	LARTËSI ELEVATION	VEND PLACE	MBISHKRIM INSCRIPTION	OTHER DATA TË DHËNA TË TJERA	FAQE PAGE
438	40.44681902	19.58655104	64.2	Drashovicë	5 qershor 3 shtator 1920. Lufta e Vlorës në vitin 1920 është një epope e shkëlqyer e fshatarësisë patriotike të Vlorës e Kurveleshit, Tepelenës e Mallakastrës e të gjithë popullit shqiptar që hodhën në det pushtuesit italianë. // Evropa shkruajnë e thonë, ç'është kështi si dëgjojmë, bënet dyfek në Vlorë, shqipëtarët po lëftojnë, me një mbret dyzet milione. Po me se lëftojnë vallë, me sëpata me hanxharë, dyfeqet lidhur me gjalmë, fishekët në xhep i mbajnë, në tri ditë bukë hanë. // 14 shtator 4 tetor 1943. Lufta heroike e Drashovicës që zhvilloi populli i rrethit të Vlorës nën udhëheqjen e shokut Hysni Kapo kundër pushtuesve gjermanë përbën një ndër betejat më të lavdishme të Luftës Nacionalçlirimtare. // E tunde, parti, e tunde, me djema e vajza si nure. // Moj Mavrovë e Drashovicë, ç'hata bëre atë ditë, me topa me alitrik, e bëre natëne ditë. Hysni Kapua si petrit, përmbi tela ç'u vërvit, gjermanët në gjuh u flit, dorëzohu mor jezit.	Mumtaz Dhrami, "Monumenti Drashovicë 1920–1944."	3.179
439	40.38890401	19.605814	94.8	Kotë	1920		3.192
440	40.37528903	19.70867101	481.3	Ploçë	Lavdi dëshmorëve të fshatit Ploçë. Rënë në vitin 1920: 1. Mehmet Abaz Abazi. Rënë në Luftën Nacionalçlirimtare: Alem Demir Abazi, Jaçe Demir Abazi, Kadri Sulejman Zeneli, Karafil Bilbil Aliaj, Bilal Muhamet Islamaj, Faslli Qamil Abazi, Durmish Cane Tozaj, Ydai Teslim Muarremi, Bego Lulo Abazi, Rrapo Azis Fegaj.		3.195
441	40.38135996	19.71092901	502.7	Amantia			3.194
442	40.39689196	19.731161	338.4	Sevaster	Lavdi të rënëve për liri. Aben Mamutaj, Azbi Serjani, Avdul Devolli, Bilal Islamaj, Duro Pashaj, Dane Dalanaj, Feg Haxhiraj, Ferik Devolli, Hysen Haxhiraj, Haredin Xhaferi, Ismet Imeri, Idai Teslimi, Laver Binaj, Mero Shametaj, Petref Beqiri, Qani Nuredinaj, Resmi Hoxhaj, Riza Devolli, Shero Tozaj, Sheme Kananaj, Sherif Musaraj, Nebi Llanaj, Pasho Mahilaj, Hysni Jozunaj, Reshit Birçaj, Xhafer Kanaj. Viktimat e Luftës: Llano Llanaj, Jemine Kamberaj, Salushe Reshitaj, Bexhete Reshitaj, Seit Likaj, Sulejman Selamaj, Haxhi Hyskaj, Ormen Ormenaj, Avdi Likaj, Gjysh Zanaj, Abedin Zanaj, Haxhi Sinanaj, Aspri Sinanaj, Çize Shoraj, Sako Fyraj, Dife Rrapaj, Han Fyraj, Banush Dalana.		3.190
443	40.38384503	19.80624801	563.2	Mali i Bardhë			3.193
444	40.36021602	19.68194699	377.4	Vajzë	Lavdi dëshmorëve të fshatit Vajzë. Perlat Rexhepi, Hero i Popullit, Axhem Vezelaj, Faik Shakaj, Fetah Resulaj, Gani Resulaj, Hasan Sinanaj, Haxhi Deraj, Hetulla Kapaj, Isa Vezelaj, Jonuz Karemani, Lelo Habilaj, Maliq Habilaj, Mete Mysteaku, Mustafa Bellaj, Qëndro Bellaj, Refat Kasaj, Sadit Brahimaj, Sheremet Caushaj, Teki Goxhaj, Xhefo Shakaj, Zihni Rexhepi, Bego Hito 1920, Feçor Lulo 1920, Muhamet Maska 1920, Mezan Bedari 1920, Shako Nazaj 1920.		3.202
445	40.33698801	19.63980203	129.0	Gumenicë			3.212

ALS	GJERËSI LATITUDE	GJATËSI LONGITUDE	LARTËSI ELEVATION	VEND PLACE	MBISHKRIM INSCRIPTION	OTHER DATA TË DHËNA TË TJERA	FAQE PAGE
446	40.31769698	19.64306803	155.7	Gjorm			3.223
447	40.31475803	19.64475003	175.9	Gjorm	Këtu më 12 dhjetor 1943 ra në luftë kundër [pus]htuesve gjermanë [Ab]as Shehu, [Hero] i Popullit.		3.224
448	40.28956303	19.66152096	209.4	Lepenicë	Këtu [n]ë […] më [31?] dhjetor 1942 p[opu] lli […] forcat e Brigadës V S. dhe të grup[…] dytë thyen disa herë trupat armike.		3.234
449	40.26919601	19.66944303	239.9	Brataj	Hero i Popullit Laze Nuro, 1898–1944. // Lavdi dëshmorëve Brataj. Laze Nuro Ferraj 1944, Hero i Popullit, Damëk Xhelo Zotaj 1943, Barjam Xhebro Xefraj 1942, Bajram Nexhip Sulaj 1944, Beqir Ali Koçaj 1944, Dervish Dero Koçaj 1944, Goxho Ali Nikaj 1944, Selim Goxho Nikaj 1943, Sabri Ahmet Habilaj 1944, Serian Faslli Habilaj 1944, Hava Xhafer Meçaj 1944, Refit Myrte Amataj 1943, Muraz Dano Gjuri 1943, Demal Rustem Guri 1943, Meçan Selam Aliaj 1943, Memo Beqir Kondi 1943, Xhebro Musa Xefraj 1944, Hito Selim Mingaj 1951, Hyso Nuro Ferraj 1952, Miahmut Xhafer Nikaj 1920, Tare Selman Haderi 1920.		3.238
450	40.26837098	19.66938101	239.5	Brataj	Këtu në Brataj 10-02-1944 nazistët gjerman për hakmarrje masakruan 30 djem dhe burra të Vranishtit. Ahmet Ramadan Demo, Azbi Murat Ramadani, Avdi Ismail Memaj, Alim Seit Karroqja, Arap Rrushit Janushi, Arshi Sejdi Xhebraj, Ahmet Nuredin Xhebraj, Dervish Qamil Caraj, Dino Barjam Çelaj, Demir Zoto Metaj, Hamit Azem Lamaj, Haro Ali Çino, Haris Sadedin Varfi, Imer Bilbil Basho, Mersin Zoto Metaj, Merçan Selam Shakaj, Mingo Barjam Çeloleskaj, Nazer Arif Premti, Faik Rushit Janushi, Faik Fein Shakaj, Rakip Meto Duka, Sulejman Mersin Limoj, Shaban Arif Llanaj, Sinan Ali Xhama, Sali Ibrahim Xhama, Razi Nesim Shyti, Ormen Bazo Begaj, Osmën Murat Tartari, Yzeir Muço Kongjoni, Zeqir Kamber Llanaj.		3.239
451	40.26351501	19.66842396	284.6	Brataj	Në këtë vend më 29 janar 1944 ra heroikisht në lu[ft …] kundër forcave na[zistë] partizani nga Vra[nishti] Laze Seferi. Komandanti i Kompanisë së Parë të Batalionit të Kartërt të Brigadës së Pestë.		3.240
452	40.251419	19.67604001	229.2	Tërbaç	Lavdi dëshmorëve të Brigadës V Sulmuese	Lapidari i Brigadës së 5-të (1969).	3.242
453	40.25119697	19.67475104	231.4	Tërbaç	Rruga luftarake e Brigadës Vtë Sulmuese. Legjendë: Marshimi dhe ndekja e armikut nga Brigada e V Sulmuese prej Vlorë deri në Sanxhak Jugosllavi (periudha janar 1944 mars 1945). Marshimi e ndjekja e armikut dhe kthimi në atdhe i Brigadës V Sulmuese prej Novi-Varosh Jugosllavi deri në Gjirokastër (periudha mars 1945 mars 1946).		3.243
454	40.24834201	19.68916398	275.9	Tërbaç ▸ Hor			3.244
455	40.23953204	19.70583701	222.1	Hor	Përjetë me Enverin.		3.249

ALS	GJERËSI LATITUDE	GJATËSI LONGITUDE	LARTËSI ELEVATION	VEND PLACE	MBISHKRIM INSCRIPTION	OTHER DATA TË DHËNA TË TJERA	FAQE PAGE
456	40.20645797	19.74266801	258.9	Kallarat	1920 1944 // Lavdi dëshmorëve. // Lavdi dëshmorëve të atdheut. Mumin Selam Bajramaj 18.10.1942, Hero i Popullit, Adil Lame Petanaj 20.5.1944, Avdul Demir Demiraj 25.7.1944, Ali Sulo Memushaj 8.10.1944, Ali Birçe Ribaj 10.12.1946, Filo Faslli Breshanaj 15.9.1944, Ferik Miftar Golloshaj 25.9.1944, Ferik Teslim Strataj 2.8.1949, Hamza Malo Qejvanaj 8.2.1944, Hasan Laze Qejvanaj 20.9.1944, Hamdi Shaip Shera 10.5.1944, Islam Tasim Janjaj 7.9.1944, Lilo Dine Habilaj 20.9.1943, Nuredin Selam Breshanaj 14.3.1944, Nexhip Shaip Sheraj 18.12.1943, Nelo Nazer Hysaj 20.2.1945, Ormen Boro Ribaj 8.6.1944, Shuko Ramo Karabollaj 8.6.1944, Tare Çelo Gjonaj 6.6.1944, Zuber Shaip Sheraj 3.2.1946, Eiham Sulo Elezi 9.8.1998, Xhevair Musa Golloshaj 1920, Çelo Mustafa Boshi 1914, Dervish Sali Maçaj 1914, Hyso Balil Xhaferaj 1914, Murat Avdul Demiraj 1914, Ramadam Muhamet Hoxhaj 1914. // Mumin S. Bajramaj, Hero i Popullit.		3.265
457	40.205802	19.75248297	277.2	Kallarat	Këtu më 5 shkurt 1943 u formua Rinia A.N.Ç.L. e Kallaratit.		3.266
458	40.182979	19.83672	415.0	Kuç	Lavdi bijve dhe bijave të Kuçit që dhanë jetën për çlirimin dhe mbrojtjen e atdheut.		3.272
459	40.21052303	19.69349398	302.8	Vranisht	Këtu më 25 gusht 1943 u formua çeta partizane Sali Murati. // Lavdi dëshmorëve. Sali Murati, Hero i Popullit, Hysen Çino, Hero i Popullit, Aliko Alikaj, Andrea Kanani, Arshi Majko, Asqerie Hasanaliaj, Axhem Basho, Azbi Ramadani, Azem Lamaj, Bashkim Tahiri, Beshir Limaj, Cane Myftari, Dervish Cara, Dervish Skëndomemaj, Dino Çelaj, Dritan Haxhiaj, Faik Janushaj, Hajro Çino, Halil Shkurti, Halim Karroqaj, Hamit Lamaj, Hariz Varfi, Hito Majko, Hyso Hysaj, Iljaz Tahiraj, Ismail Shakohoxha, Laze Seferi, Leqnidha Begaj, Maliq Ahmeti, Maliq Shyti, Maman Hasanaliaj, Mato Limaj, Mehmet Koko, Mehmet Majko, Mershin Metaj, Musa Basho, Myftar Tahiraj, Nazif Qerimi, Nuredin Shkurti, Qamil Asllani, Qamil Bitri, Qerim Shakohoxha, Razi Shyti, Razip Leskaj, Remzi Hasanaj, Rexhep Çino, Rystem Leskaj, Sabedi Gjikondi, Sali Xhamaj, Sezai Seferi, Sinan Xhamaj, Sulejman Limaj, Syrjat Hasanaj, Shaban Seferi, Shaban Llanaj, Shefit Bitri, Trendafile Hasanaliaj, Xhevdet Çino, Yzeir Bajramaj, Yzeir Kongjonaj, Zeqir Llanaj. // Hero i Popullit Sali Murati (Vranishti) 1880–1926. // Heroi i Popullit Hysen Çino 1920–1944. //		3.261

ALS	GJERËSI LATITUDE	GJATËSI LONGITUDE	LARTËSI ELEVATION	VEND PLACE	MBISHKRIM INSCRIPTION	OTHER DATA TË DHËNA TË TJERA	FAQE PAGE
459				vijon:	Në Brataj më 10 2 1944 nazistët gjermanë për hakmarrje masakruan 30 djem dhe burra të Vranishtit: 1. Ahmet Ramadan Demo, 2. Azbi Murat Ramadani, 3. Avdi Ismail Memaj, 4. Alim Seit Karroqja, 5. Arap Rushit Janushi, 6. Arshi Sejdi Xhebraj, 7. Ahmet Nuredin Xhebraj, 8. Dervish Qamil Caraj, 9. Demir Zoto Metaj, 10. Hamit Azem Lamaj, 11. Dino Barjam Çelaj, 12. Haro Ali Çino, 13. Haris Senedin Varfi, 14. Imer Bilbil Basho, 15. Mersin Zoto Metaj, 16. Merçan Selam Shakaj, 17. Mingo Barjam Çeloleskaj, 18. Nazer Arif Premti, 19. Faik Rushit Janushi, 20. Faik Fein Shakaj, 21. Rakip Meto Duka, 22. Sulejman Mersin Limoj, 23. Shaban Arif Llanaj, 24. Sinan Ali Xhama, 25. Razi Nesim Shyti, 26. Sali Ibrahim Xhama, 27. Ormen Bazo Begaj, 28. Osmën Murat Tartari, 29. Yzeir Muço Kongjini, 30. Zeqir Kamber Llanaj. // Në operacionin e dimrit 1943–1944 nazistët gjermanë masakruan rrugëve të Vranishtit më 17–18.12.1943: 1. Asqeri Azem Hasanaliaj, 2. Bejushe Sherif Bitri, 3. Trendafile Hasanaliaj, 4. Ilias Lulo Tahiraj, 5. Hamide Çobo Bitri, 6. Rubie Shyti, 7. Sabedi Haxhi Gjikondi, 8. Shefit Hysni Bitri, 9. Yzeri Muço Barjami. Nëpër shtëpi dhe rrugëve duke çarë rrethimin më 9–10 2–1944: 1. Hamet Birbil Basho, 2. Daut Selman Sino, 3. Dalan Kasem Kaçi, 4. Dervish Aliko Toto, 5. Demo Jemin Limoj, 6. Çelo Muço Brahimi, 7. Emilha Meto Premti (Limoj), 8. Hyso Dalan Shakohoxhaj, 9. Ismail Rushit Shakohoxhaj, 10. Jonuz Birbil Bashoj, 11. Myftar Luloj Tahiraj, 12. Muço Barjam Barjami, 13. Mato Limoj, 14. Nazo Adam Osmëni, 15. Velide Shako Limoj, 16. Qerim Ismail Shakohoxhaj, 17. Rexhep Lulo Çino, 18. Xhevdet Qerim Shakohoxhaj. // Në këtë vend më 15 tetor 1942 është formuar Këshilli Antifashist N.Ç.L. i fshatit Vranisht.		
460	40.47068599	19.49074798	7.5	Vlorë	1912	K. Rama, M. Dhrami, Sh. Hadëri, "Monumenti i Pavarësisë" (1972).	3.172
461	40.47109301	19.49093096	11.3	Vlorë	28 XI 1912		3.170
462	40.47085304	19.49368299	26.8	Vlorë	Lavdi dëshmorëve të kombit.		3.171

ALS	GJERËSI LATITUDE	GJATËSI LONGITUDE	LARTËSI ELEVATION	VEND PLACE	MBISHKRIM INSCRIPTION	OTHER DATA TË DHËNA TË TJERA	FAQE PAGE
463	40.47559703	19.49755803	22.2	Vlorë	Lavdi dëshmorëve të lagjes Partizani. Abas Dine, Abas Avdulla, Ali Demiri, Beg Noshi, Beqri Agalliu, Cane Rapushi, Dilaver Kamberi, Dervish Hoxha, Elham Doçi, Fadil Ferko, Fiçor Hoxha, Feim Mustafaj, Fixo Spahiu, Gjysh Duro, Gjysh Zeqiri, Hysni Hoxha, Hamza Laperi, Hakim Çaushi, Hasan Aliu, Hekuran Braçe, Hasan Doçi, Izet Mucaj, Inajete Kondo, [Jon]us Peja, [...] Maska, [...] Coni, [Mehmet D]auti, [Muh]amet Dino, [Mysl] ym Hameti, [...] Çaçi, [...] Lelaj, [...] Kosta, [...] Likaj, [Ejup] Kondo, Muhamet Velaj, Mystehak Murati, Muhamet Kabashi, Mustafa Kuci, Novrus Hajdini, Novrus Dino, Nexhip Zaçe, Nuredin Cano, Njazi Selami, Petrit Bisha, Qerim Bilaj, Qenoro Mersini, Qazim Imami, Ramadan Ramo, Rapush Çarçani, Ramadan Nebiu, Refat Myslymi, Rrapo Kapllani, Sami Imami, Sofie Arapi, Sabri Shkurti, Selim Çarçani, Sherif Nuredini, Shyqyri Demiri, Teme Alushi, Vangjel Vasili, Xhafer Shaqiri, Xhemal Shano, Halim Hyseni, Nystret Xhelo, Novruz Abazi, Qerim Kuqi, Tofik Barjami, Mico Emeni.		3.166
464	40.483977	19.508555	137.2	Qafë e Koçiut	1920 // Heronjve të 1920, popullit të Vlorës, luftëtarëve të Labërisë, gjithë vullnetarëve shqiptarë, për lirinë e atdheut, rrembyën armet. Luftuan e fituan duke hedhur në det imperialistët italianë.	K. Rama, M. Dhrami, Sh. Hadëri, "Përmendore e 1920-tës" (1970).	3.164
465	40.47173498	19.58366297	55.5	Peshkëpi			3.169
466	40.47290199	19.58762996	60.0	Peshkëpi	Lavdi dëshmorëve të fshatit Peshkëpi. Dule Sherifaj, Hyso Mara, Zeqir Hoxha, Zeqir Gjoka.		3.168
467	40.50946704	19.57319297	34.1	Lubonjë	Lavdi dëshmorëve të fshatit Lubonjë. Razip Haxhi Sadikaj, Rasim Hamzaraj, Ramadan Arif Banaj, Gani Arif Banaj.		3.153
468	40.52156104	19.57706499	28.7	Picar	Dëshmori i atdheut Ramadan Banaj 1923 1944		3.145
469	40.53719698	19.63753698	46.1	Selenicë	Këtu më 1 prill 1943 çetat plake të Mallakastrës dhe të Vlorës rrethuan dhe asgjësuan forca të shumta të karabinierisë italiane.		3.128
470	40.53053102	19.63765198	77.5	Selenicë	Lavdi dëshmorëve të qytetit Selenicë. Nasi Xhogu, Qemal Hoxha, Nasi Gjordeni, Qirjo Petraj, Qirjo Bombaj, Stavro Bombaj, Vasil Koçeli, At. Andrea Gjeçi, Polikseni Gjeçi.		3.134
471	40.54980503	19.59054904	37.1	Mesarak	Lavdi dëshmorëve të fshatit Mesarak! Brahim E. Murataj, Dane I. Malaj, Elmaz M. Murataj, Gani A. Banaj, Haxhi P. Pashaj, Hetem R. Panahori, Hysni Sh. Likaj, Kamber Xh. Bushaj, Pronjo B. Xhaferaj, Ramadan A. Banaj, Taip Ç. Arapaj, Zyke I. Malaj, Xhevit R. Xhaferaj.		3.121
472	40.53517601	19.59824396	82.5	Armen	Lavdi dëshmorëve të Luftës Na-Çl. Brahim Cerri, Dane Malaj, Durmish Canaj, Hetem Panahori, Elmaz Murati, Haxhi Pashaj, Hysni Likaj, Kadri Ramadani, Kamber Bushi, Filo Ramadani, Hamet Azizaj, Fejzo Toska, Lilo Rustemi, Nazif Taullaraj, Nexhip Sinani, Pronjo Xhaferi, Riza Banaj, Sheme Bataj, Taip Arapaj, Xhevit Arapaj, Xhevit Pronjo, Zyk Malaj, Zenel Sulaj, Hasan Veliko.		3.130
473	40.50188603	19.52984998	47.5	Risili	Lavdi dëshmorit Idris Rustemi.		3.161

ALS	GJERËSI LATITUDE	GJATËSI LONGITUDE	LARTËSI ELEVATION	VEND PLACE	MBISHKRIM INSCRIPTION	OTHER DATA TË DHËNA TË TJERA	FAQE PAGE
474	40.50955103	19.53691802	29.1	Çeprat	Këtu më 8 shkurt 1943 dhanë jetën për çlirimin e vendit dëshmorët e atdheut: Lef Sallata, Mitat Dauti. Lavdi veprës të tyre.		3.152
475	40.53579602	19.52534202	39.7	Llakatund	Lavdi dëshmorëve të fshatit Llakatund. Fuat Meto Baçaj, Arshi Sejdi Danaj.		3.129
476	40.44484701	19.51904001	338.5	Kaninë		P. Çuli, "Lapidar kushtuar luftrave të Skënderbeut" (1968).	3.180
477	40.507245	19.48506497	80.1	Bestrovë			3.154
478	40.67565696	19.48904604	9.5	Levan	Miti Stroni, partizan i Grupit të Tretë të Mallakastrës, ra në luftë kundër armiqve më 13 tetor 1944. // Mehmot Salo Shahaj, Partizan Br 16 S., L. 1927 V 09-1948.		3.41
479	40.69888397	19.53802804	86.3	Peshtan	Lavdi dëshmorëve. Nezir Koçiu, Hekuran Mehmeti, Taze Çelo, Dino Hasimi, Azbi Puçe, Sherif Harruni, Miti Stroni, Sabri Lapshi, Kili Daulle, Kostandin Peto, Abedin Zylyftari, dhe 3 partizan të Brig. 16 S.		3.23
480	40.87995898	19.64137598	16.3	Goriçaj			2.262
481	40.89357203	19.62220598	6.5	Këmishtaj	20 prillë 1943 u formua Batalioni i Parë i Myzeqesë.		2.259
482	40.88484404	19.58413504	12.0	Gradishtë	Lavdi dëshmorëve. 1. Bajram Asllan Derka, 2. Feçorr Ibrahim Korroshi, 3. Hilli Nasi Gjyrgji, 4. Jani Sotir Dhima, 5. Koçi Tonçi Naçi, 6. Koli Naun Gjeçi, 7. Ismail Novruz Veizi, 8. Mihal Ristan Nako, 9. Mahmut Shahe Balshaku, 10. Naun Fani Maka, 11. Pertaq Kozma Rrushi, 12. Sotir Jani Cauli, 13. Shaban Isuf Rizvanolli, 14. Tafil Kasem Doga, 15. Vasil Tasi Shuli, 16. Xhaferr Qazim Guri, 17. Zoi Lili Qose.		2.260
483	40.99548097	19.53003799	6.0	Divjakë	Lavdi dëshmorëve të qytetit tonë. Kristo Trushi Vodo, Kozma Gori Vojo, Petro Kozma Libofsha, Marko Pet Rreza, Mihal Kozma Dhamo, Miti Zoi Zaka, Petro Kozma Prifti, Ndoni Spiro Veliu, Naun Nasi Prifti, Nasi Vangjel Todi, Hysen Xhaferr Malko, Prendi Miti Lala, Vlash Trifon Berboti, […]rtan Perik Doko.		2.236
484	40.97463199	19.79490202	134.9	Hysgjokaj	Çeta e Darsisë. Më 25 prrill 1943 u krijua çeta e parë e Darsisë me komandant Zyber Sharka. 1. Dervish Myftari nga Zibraka, 2. Latif Shena nga Jazexhias, 3. Hysen Dudija, 4. Mehmet Lamçe, 5. Murat Sharka, pjesmarrës. Lavdi dëshmorve të atdheut.		2.239
485	40.98121396	19.890721	162.9	Belsh	Kushtuar dëshmorëve e partizanëve të Luftës Nacional Çlirimtare të zonës Dumresë.		2.237
486	40.926543	19.99671	99.0	Mollas	Lavdi dëshmorëve të L.A.N.Ç. Zona Sulovë. 1. Beqir R. Sadja, 2. Elmaz I. Zdrava, 3. Ramadan Sh. Hoxha, 4. Mersin S. Dyrma, 5. Shaban S. Sula, 6. Selim D. Asllani, 7. Kodhel M. Cerriku, 8. Ismail A. Menkshi, 9. Osman B. Gjini, 10. Tahir D. Frakulli, 11. Aqif A. Asllani, 12. Xhemal J. Broshka, 13. Rushan A. Qevani, 14. Kalem V. Hoxha, 15. Selim M. Hoxha, 16. Sulejman S. Hoxha, 17. Minçe S. Hoxha, 18. Isa M. Tafa, 19. Hasan Seiti, 20. Feridun Xhindolli, 21. Nuri Gureza, 22. Xhevdet Nepravishta, 23. Kujtim R. Bezati.		2.246
487	40.95585703	20.00384099	60.0	Qyrkan			2.242

ALS	GJERËSI LATITUDE	GJATËSI LONGITUDE	LARTËSI ELEVATION	VEND PLACE	MBISHKRIM INSCRIPTION	OTHER DATA TË DHËNA TË TJERA	FAQE PAGE
488	40.98118102	20.048496	124.3	Shtëpanjë	"Dëshmorët" Haki Shohollari, Shaban Hoxhaj, ranë në përpjekje me bandat në vitin 1946.		2.238
489	40.91790997	20.12831602	155.9	Drizë	Lavdi dëshmores Shahe Nexhip Kula, rënë në.4.7.1944.		2.248
490	40.91411096	20.13128196	176.3	Drizë	Lavdi dëshmorëve rënë në Luftën e Holtës më 28-5-1944. Sadush Çunaj, Osman Gjini, Vaso Shurkulli, Lam Gjokutaj.		2.249
491	40.86020401	20.18869598	229.3	Gramsh	Lavdi {dhe} dëshmorëve. Tahir S. Sadiku, Sherif J. Kllogjri, Agush A. Agolli, Jemin D. Hoxha, Sadik D. Agolli, Bari T. Xhelili, Thoma Prifti, Bajram Ceci, Caush Senia, Estref Bajrami, Laze Dollani, Hajdar Kollarja, Dervish Muha, Banush Latifi, Veli Xh. Çekrezi, Mestan S. Shuli, Xhemal Q. Agolli, Maliq D. Vela, Shaban H. Çarçiu, Hafez Xh. Guzi, Reshit K. Hoxha, Estref M. Tafa, Ramo Beqiri, Reshit H. Bajrami, Nuri Q. Dakare, Idris H. Qajaj, Gani Xh. Zenuni, Xhezar Meçi, Rakip N. Hasa, Afez Berbiu, Koli Baba, Nazif Zhupani, Vesel Hova, Jakup Elezi, Sabri Daja, Shefqet Guzi, Sali A. Xhelo, Skënder J. Qose, Arshin B. Brami, Hamit Ll. Dollani, Zalo Xh. Xhangolli, Maksut H. Rroshi, Muharrem D. Zela, Hasan N. Kosturi, Dervish N. Miraka.		2.268
492	40.86904599	20.18347498	225.8	Gramsh	Patriotëve të Gramshit, që hapën klubin shqip "Bashkimi" më 29-7-1909.		2.264
493	40.833253	20.11429704	576.8	Tunjë	Në këtë vend më 3 Prill 1944 u krijua Këshilli Krahinor Nacional-Çlirimtar i Sulovës.		2.274
494	40.84394496	20.189159	254.3	Gramsh ▸ Kodovjat	Barjam Sadush Çekrezi, l. 1908 v. 5.2.1943; Ismail Abedin Çekrezi, l. 1913 v. 5.2.1943; Sadush Dajlan Çekrezi, l. 1915 v. 5.2.1943; Ali Musa Koçi, l. 1921 v. 5.2.1943.		2.272
495	40.825544	20.21344498	272.4	Mashan	Këtu më 5.2.1943 u vranë nga fashistët Zeqo e Hasan Dyrmyshi, aktivistë të L.N.Ç.L.		2.277
496	40.80603797	20.24937501	281.6	Kodovjat	Më 3 shkurt 1943 partizanët e çetave të Mokrës dhe Gor-Oparit me pjesmarrjen e gjërë të popullit të Verçës zhvilluan luftime të ashpëra kundër forcave të mëdha të fashistëve italianë duke zënë rob 170 italianë në këtë betejë ra dëshmor partizanë Tahir Sadiku nga Shënepremtja.		2.287
497	40.76791699	20.32295496	532.7	Bratilë	[...s]hkurt 1949. [...]limin e punimeve në rrugën Gramsh–Lozhan. Kjo rrugë u ndërtua nga një njësi xheniere e ushtrisë sonë popullore.		2.305
498	41.07706396	20.06402297	121.2	Mjekës	Mehmet Hysa, korjer i Bat. Dumres.		2.208
499	41.01954902	20.20110296	947.2	Gjinar	Më 26 shtator 1944 nga njësitët dhe bataljonet e qarkut të Elbasanit u formua Brigada e 17 Sulmuese. // Lavdi dëshmorëve të Luftës Antifashiste Nacionalçlirimtare të trevës së Shpatit. Naun Panxhi, Komandant Bat. Shpatit; Jorgji Dilo, Komisar Bat. Shpatit; Kostandin Anastas Qosja, Valësh; Jani Petri Shqau, Gjinar; Lef Anastas Berdufi, Pashtresh; Abdulla Mustafa Hida, Lukan; Kodhel File Derstila, Derstilë; Bilal Ibrahim Myrta, Derstilë; Lef Andrea Qosja, Joronisht; Lef Thanas Dedja, Zavalinë; Josif Naun Hazizi, Joronisht; Spiro Apostol Halili, Zavalinë; Avram Petri Kushta, Joronisht; Pren Filip Dedja, Nezhan.		2.232

ALS	GJERËSI LATITUDE	GJATËSI LONGITUDE	LARTËSI ELEVATION	VEND PLACE	MBISHKRIM INSCRIPTION	OTHER DATA TË DHËNA TË TJERA	FAQE PAGE
500	41.00451901	20.21743904	899.8	Pashtresh	Më 5 gusht 1944 260 partizanë të Batalionit të Shpatit e Verçë-Sulovës shkatërruan në Qafën e Kalit 500 forca balliste. Në këtë përpjekje ra heroikisht komisari i Batalionit Jorgji Dilo.		2.233
501	41.10516303	20.07551699	129.5	Elbasan	Këtu më 2 korrik 1943 në përpjekje me armiqtë e urryer italianë e tradhëtar të vendit ra heroikisht në fushën e nderit luftëtari 17 vjeçar Syrja Dylgjeri.		2.207
502	41.15219397	19.96196198	782.2	Gracen	Në 2 nëndorë 1944. Partizanët e Brigadës 17 S, goditën dhe shkatërruan, një autokollonë të madhe gjermane. Komuna Gracen.		2.198
503	41.21632903	19.94930699	406.9	Krrabë	Këtu më 2 shtator 1943 një njësit i Batalionit "Dajti" me një aksion të guximshëm kapi shtabin e një regjimenti gjerman dhe asgjësoi mbi 40 armiq.		2.186
504	41.252781	19.89280801	192.2	Bërzhitë	Në këtë rrugë prej Mushqete deri në Petrelë u vendos fati i Luftës për çlirimin e Tiranës. Më 14 dhe 15 nëndor 1944 luftëtarë të Brigadës 1-rë, 4-të, 8-të dhe 17-të i prenë rrugën një kollone gjermane prej 3000 vetesh dhe e asgjësuan. // V.F.L.P.	H. Dule, K. Miho (arkitekt), "Monumenti i Mushqetasë" (1969).	2.180
505	41.25439201	19.85543503	329.9	Petrelë	Lavdi dëshmorëve. Ludovik Sllaku, Haki Shehu, Ibrahim Hasmema, Llazar Llazari, Mustafa Bali, Masar Haxhimali, Bajram Sula, Ismail Gjata.		2.179
506	41.36112297	19.77177501	81.6	Kamëz			2.154
507	41.371095	19.60577896	28.1	Maminas	[…] tetor 1943 […]it të Pezës dhe populli i […]uan forcat naziste dhe për[…] plotësisht qarkullimin në rrugën Tir[anë–]Durrës[…] mbjellën panik në radhët e armikut.		2.152
508	41.29109301	19.81638601	369.5	Sauk			2.176
509	41.33763696	19.90293997	430.7	Surrel	Këtu në fshatin Shtepazë më 13 mars 1943 u krijua Çeta Partizane "Dajti."		2.157
510	41.31004801	19.92980003	558.0	Priskë e Madhe	Këtu më 23 gusht 1943 u formua Batalioni Partizan i Dajtit. Priska ishte një nga bazat e rëndësishme ku punoi komiteti qarkor i PKSh për Tiranë. Më 2 tetor 1944 u mbajt aktiv[iteti] i rinisë komuniste për Shqipërinë […].	Mumtaz Dhrami, Sofokli Koci, "Lapidari monumental i Priskës" (1978).	2.171
511	41.42515702	19.73824899	39.0	Tapizë	Lavdi dëshmorëve të LANÇ. Hajdar Zogu, Ramazan Karaj, Xhemal Haka.		2.149
512	41.48700197	19.726445	37.3	Fushë-Krujë	Heroine e Popullit Qerime (Shota) Halil Galica 1895–1927 ra në luftë për liri e pavarësi.		2.143
513	41.53092298	19.72026997	23.0	Borizanë	Lavdi dëshmorëve të atdheut. 1906: Ali Farruku, Ali Paturri, Imer Vathi, Liman Farruku, Myslym Shima, Muharrem Qerrushi, Ismail Shima. 1915: Haxhi Qira, Bajram Xhafa, Hasan Saja, Alush Qira, Isuf Saja, Mustafa Qira. 1942–1944: Haxhi Xhixha, Ramazan Xhixha, Hysen Fresku, Vesel Brama, Ali Metra, Kurt Cakoni. 1947–1960: Haxhi Sala, Osman Qira.		2.130
514	41.54795098	19.67837596	21.4	Thumanë	Ramazan Dulla, sekretar i organizatës baze të partisë Thumanë ra heroikisht në përpjekje më 25-8-1951 duke luftuar kundër bandave reaksionare.		2.125
515	41.61000598	19.713213	19.8	Gjonëm			2.117
516	41.671561	19.70816801	8.5	Malbardhë			2.107
517	41.68942703	19.70135302	17.3	Pllanë	Heroizmit të Bregamatasve që më 22.06.1912 shpartalluan një toborë turk.		2.102

ALS	GJERËSI LATITUDE	GJATËSI LONGITUDE	LARTËSI ELEVATION	VEND PLACE	MBISHKRIM INSCRIPTION	OTHER DATA TË DHËNA TË TJERA	FAQE PAGE
518	41.77556802	19.78515504	59.4	Rubik	8 gusht 1938. // Memorial. Greva e 400 minatorëve e Rubikut e Dervenit. // Punëtorët kerkonin: përmirësimin e kushteve të punës e të jetesës; paksimin e orëve të punës; shtimin e pagës ditore; heqjen e detyrimit për pagimin e gjobave.		2.92
519	41.77006798	19.87156098	96.9	Rrëshen			2.93
520	41.81016902	19.922143	374.7	Gëziq	Në kujtim të betejës së Gziqit për çlirimin e vendit nga okupatori gjerman 22–26.10.1944.		2.82
521	41.84830097	19.97170804	551.2	Mali i Matit			2.77
522	41.85662102	19.98268196	488.5	Shpal			2.76
523	41.85886703	19.98913402	480.3	Blinisht	Mirditasit në shekuj për liri dhan jetën si ju! Llesh Gjomarkaj, Tun Nikolla, Mark N. Baraktari, Frrok Gj. Vokrri, Frrok Melyshi, Nikoll P. Gjomarku, Preng M. Perzefi, Tanush Gj. Lufi, Dom M. Gjani, Dode Gj. Gera, Mdrec N. Bardhi, Pep M. Lufi, Zef Sh. Sinani, Preng P. Ruçi, Mëhill P. Kola, Ndue N. Luli, Ndrec Gj. Ndreca, Preng N. Gjoni, Bardhok P. Ndoka, Ndue N. Nikolli, Frrok Gj. Sherri, Prend N. Gega, Zef K. Prenga, Dede Vila, Mark B. Rama, Dode Ll. Marku, Pjeter N. Gera, Preng D. Gega, Simon Suma, Llesh P. Baraktari, Preng Ç. Prenga, Pjeter Gj. Ahengu, Bardhok Gj. Paloka.		2.75
524	42.04930899	19.99018502	622.3	Fushë-Arrëz ▶ Rrapë			2.55
525	42.04784802	19.98153498	671.2	Fushë-Arrëz ▶ Rrapë			2.56
526	42.042754	19.977755	735.5	Rrapë	Rrapë 2 nëntor 1944. Lufta e lavdishme e Rrapës nga Brigada XXII S. e partizanët e Pukës.		2.58
527	42.03502497	19.93184304	953.9	Rrapë ▶ Pukë	4 nëntor 1944 vritet pioneri trim Met Hasa, Heroi i Popullit.		2.61
528	42.03430999	19.92461298	916.3	Rrapë ▶ Pukë	4 nëntor 1944 ra dëshmor […] i atdheut […] e […]terbuni.		2.62
529	42.04080203	19.89922897	814.7	Pukë	Lavdi dëshmorëve. // Dëshmorë të rënë për liri e pavarësi: Frrok K. Gjergji, Ndue M. Rucaj, Keqan Q. Neziri, Mustafe A. Braha, Deme I. Brahimi, Rexhe A. Baci, Kurt N. Cina, Myftar S. Selmani, Ndoc M. Deda, Çup P. Qafa, Prenge N. Curri, Zeke N. Curri, Sali T. Salihi, Zenel M. Aga, Qerim S. Sokoli. Dëshmorë të rënë pas vitit 1939: Ali A. Bytyqi, Zoje I. Djaloshi, Rrustem P. Toska, Nikoll V. Gjura, Pashke P. Hajdari, Preng Ll. Doda, Zenel K. Çoba, Ymer K. Çoba, Leke N. Berisha, Shaban N. Uka, Bardhok D. Jaku, Dodë M. Lleshi, Mehmet B. Muslia, Mark Gj. Kolgjoka, Ndue P. Mëhilli, Pjetër P. Jaku, Vat M. Ndou, Prend N. Nika, Sadik R. Selmani, Gjokë Ll. Lleshi, Prenda B. Lleshi, Zef P. Faslia, Frrok K. Peraj, Zeke M. Lleshi, Nikoll M. Çuku, Mark N. Deda, Pjetër Z. Kovaçi, Aleksander P. Filipi, Nikoll Ç. Vorfi, Luke P. Mhilli, Zef M. Ndou, Ismet U. Laçi, Gjin M. Ndoj, Mark Gjergji, Qazim S. Hyseni.		2.59
530	42.07830702	20.05338298	588.2	Kryezi	Banorët e këtyre anëve luftuan me guxim dhe trimëri për liri dhe pavarësi kundër pushtuesve osmanë. Kryengritja e verës së vitit 1911.		2.46
531	42.32010498	20.06223301	230.8	Gri			2.26

ALS	GJERËSI LATITUDE	GJATËSI LONGITUDE	LARTËSI ELEVATION	VEND PLACE	MBISHKRIM INSCRIPTION	OTHER DATA TË DHËNA TË TJERA	FAQE PAGE
532	42.36169598	20.10977198	331.7	Çernicë			2.21
533	42.37700502	20.125277	313.2	Sopot	[...Lu]ftës Antifashiste në Tropojë.		2.18
534	42.40817104	20.12009899	717.9	Kërrnajë			2.13
535	42.41678696	20.143643	691.8	Myhejan			2.12
536	42.40242398	20.16763704	393.8	Tropojë			2.16
537	42.40350399	20.16727997	391.6	Tropojë	Këtu më 6 nëndor 1944 u krijua Brigada e 25të S. e përbërë nga partinzanët e malsisë të Tropojës dhe të Hasit. Dëshmorët e Brigadës: Ahmet Elezi, Avdul Kanxhi, Ali Haxhia, Ali Dema, Ali Isufi, Ali Shabani, Bajram Haxhia, Dervish Isufi, Elez Hyseni, Fasli Rustemi, Halil Gjonaj, Hasan Hyseni, Imer Ahmeti, Imer Beqiri, Jup Bajrami, Mal Bajrami, Islam Avdia, Liman Arifi, Miftar Syla, Muj Avduli, Mushak Kadria, Mehmet Osmani, Ramadan Zmajli, Rexhep Tahir, Oso Dauti, Prekë Mani, Ragip Sadiku, Rrustem Zmajli, Shaban Sadiku, Sali Hajdari, Sherif Abdullari, Sherif Brahimi, Ukshin Rrustemi, Uke Sulejmani, Zeqir Brahimi, Zmajl Neza, Zhuj Selmani.		2.15
538	42.38349999	20.137314	304.3	Viçidol ▸ Sopot			2.17
539	42.35459701	20.09666202	236.1	Bajram Curri	Këtu më 8 shtator 1943 nën kushtimin e P.K.Sh. (sot P.P.Sh) populli i Tropojës vendosi me hedh gjitha forcat në luftë të pandërpremë kundër okupatorit fashist dhe tradhtarve të vendit për çlirimin e plot t'atdheut dhe vendosjen e pushtetit popullor.		2.23
540	42.356105	20.09604997	264.4	Bajram Curri			2.22
541	42.36715503	20.07620498	348.8	Margegaj	[...] viti 1800 mblidheshin kuvendet p[ër] mbrojtjen [e] atdheut k[undër] pushtuesve.		2.20
542	42.37615502	20.07575504	363.8	Koçanaj			2.19
543	42.407086	20.02899198	412.1	Koçanaj ▸ Dragobi	Këtu më 12 maj 1942 u formua çeta e parë partizane e Malësisë së Gjakovës–Tropojës.		2.14
544	42.43250504	19.99193097	528.2	Dragobi	Elez Demiraj Dragobi 1920–1941 ra dëshmor duke luftuar heroikisht kundër forcave mercenare fashiste më: 9 maj 1941.		2.11
545	42.45160103	19.89069602	931.5	Valbonë			2.10
546	42.456428	19.93861201	694.1	Valbonë ▸ Dragobi	Në nderim të Bajram Curri 1862–1925, Hero i Popullit.		2.9
547	42.34957801	20.08431002	307.0	Bajram Curri			2.24
548	42.28911004	20.21030604	605.8	Pac			2.29
549	42.30188197	20.38284601	652.5	Qafë Prushë		Lapidari i Brigadës V-të Sulmuese.	2.27
550	42.30179496	20.383017	658.1	Qafë Prushë		Lapidari i Çetës së Bajram Currit.	2.28
551	42.20931198	20.40304899	484.8	Krumë			2.33
552	42.19945603	20.41132998	469.0	Krumë	Këtu u varros plaku i maleve Bajram Curri, patriot i madh, demokrat revolucionar, Heroi i Popullit, vrarë më 29 mars 1925. Trupi i tijë qëndroni në këtë vend dëri në vitin 1952. Në shenjë kujtimi e mirënjohje të thellë për veprën e tij të pavdekshme populli i Hasit që i qëndroi besnik deri në vdekje heroit të Dragobisë i ngre këtë lapidarë. // Bajram Curri 1862–1925.		2.34
553	42.19535703	20.41516998	479.6	Krumë	Këtu më 22 IX 1943 u krijue çeta e parë e partizanëve të krahinës së Hasit.		2.35

ALS	GJERËSI LATITUDE	GJATËSI LONGITUDE	LARTËSI ELEVATION	VEND PLACE	MBISHKRIM INSCRIPTION	OTHER DATA TË DHËNA TË TJERA	FAQE PAGE
554	42.08105997	20.42245503	359.6	Kukës		K. Rama, "Busti i heroinës së popullit Qerime Shota Galica" (1968).	2.45
555	42.07520597	20.42567602	361.7	Kukës	Popullit trim të Lumës në luftën heroike për liri e tërësi toksore kundër shovinisteve serb në vitet 1912–1913.		2.49
556	42.02296098	20.41345898	361.7	Nangë			2.63
557	42.01571901	20.41643296	371.8	Nangë	Në qershor 1967 përfundoi ndërtimi i kanalit të madh të Lumës 16 km i gjatë e kapacitet 1200 ha.		2.64
558	41.993785	20.412226	489.3	Bicaj	VFLP. 9 shtator 1943 në Bicaj u formue çeta partizane e Lumës.		2.66
559	41.99261497	20.41227596	506.9	Bicaj			2.67
560	41.97313601	20.403208	728.5	Kolesjan			2.70
561	42.08699503	20.41372703	353.0	Kukës			2.43
562	42.07710204	20.42273498	356.4	Kukës	Kushtuar lidhjes shqiptare të Prizrenit 1878.		2.48
563	42.10996698	20.49595904	453.0	Bardhoc			2.39
564	42.12148304	20.50840499	444.1	Bardhoc i Ri	[Më 5] shtator 1944 [forca]t partizane [të] batalionit të Lumës, të Perlat Rexhepit, të Bajram Currit, të Kosovës dhe të çetës së Hasit kyren aksion luftarak kundër autokolonës gjermane tek Hanilaçit.		2.38
565	42.07795599	20.47033899	462.2	Pobreg	Në vitin 1913 [u] masakruan 70 [bu]rr[a], gra dhe fëmijë të fshatit Pobreg nga shovi[n]istët [ser]bë.		2.47
566	41.98723496	20.52357498	1026.3	Topojan	Më 15–20 tetor 1913 u masakruan barbarisht 620 burra dhe djem të fshatrave Topojan, Brekijë e Xhaferaj, të cilët luftuan për mbrojtjen e atdheut kundër shovinistëve serb.		2.68
567	42.08721497	20.28849796	619.8	Kryemadh			2.42
568	42.10098904	20.23148803	432.7	Shëmri			2.40
569	42.09490201	20.20824501	646.1	Mgullë	Këtu më 15 mars 1943 njisiti partizan i Tropojës në bashkëpunim me një njisit të Kosovës vranë 30 fashistë italian dhe kapën shumë material luftarak. Mgullë 1971.		2.41
570	42.04668503	19.89792801	791.5	Pukë	Pukë 2 mars 1942 themelohet organizata e rinisë antifashiste.		2.57
571	41.98025702	19.78806901	335.6	Gomsiqe			2.69
572	41.96095803	19.64056201	60.7	Kovaç			2.71
573	42.00245901	19.617276	22.9	Mjedë	Lavdi heronjëve dhe dëshmorëve të L.A.N.Ç. të zonës Vau-Dejës. Naim Daut Gjylbegu, Ndoc Kole Mazi, Ahmet Haxhi Haxhia, Ndoc Ded Marku, Hydajet Kasem Lezha, Hamdi Selman Sukaj, Latif Zyber Zambaku, Saudin Daut Hoxha, Tahir Nut Tahiri, Veli Reshit Sukaj, Ndue Jak Tanushi, Zef Pjetër Tanushi, Pashuk Ndoc Deci, Dila Geg Peci, Pjetër Frrok Prenga, Preng Frrok Prenga, Dod Frrok Prenga, Filip Shtjefan Hila, Kin Mati Kulli, Frrok Kol Caka, Kole Bib Luka, Ndoc Bib Kaçorri, Palok Zef Pashuku, Gjon Pjetër Mjeku, Jak Gjon Nikolli, Kole Nikoll Huba, Marash Hil Martini, Mark Zef Luka, Ndoc Shtjefan Kini, Nduc Gjok Ndreca, Frrok Preng Pacani.		2.65
574	42.05704004	19.55642397	23.7	Renc	Lavdi dëshmorëve të fshatit tonë. Kolë Matija, Rrok Simoni.		2.53

ALS	GJERËSI LATITUDE	GJATËSI LONGITUDE	LARTËSI ELEVATION	VEND PLACE	MBISHKRIM INSCRIPTION	OTHER DATA TË DHËNA TË TJERA	FAQE PAGE
575	42.05393001	19.53229699	24.7	Shkodër		Sh. Hadëri, "Monumenti i Heronjve të Vigut" (1969).	2.54
576	42.06528297	19.51116798	12.9	Shkodër			2.51
577	42.06795	19.51428898	21.3	Shkodër	[…] u çlirua më 2[9 nëntor 1944 …] u [formua] Brigada e 27-të Sulmuese Partizane e [Ush]trisë [Nacional Çlirimtare …].		2.50
578	42.06138697	19.51356998	18.6	Shkodër			2.52
579	42.08531102	19.50953602	15.7	Dobraç		Lapidar kushtuar Çerçiz Topullit. (~1940).	2.44
580	42.13362398	19.487875	28.2	Vrakë	Vasil Shanto, Hero i Popullit, l. 17.8.1913 v. 1.2.1944.	H. Kruja, "Busti i heroit të popullit Vasil Shanto" (1971).	2.37
581	42.184782	19.458968	34.9	Gruemirë			2.36
582	42.21180098	19.43707103	62.1	Koplik	Lufta e Koplikut 1920.		2.32
583	42.33507397	19.436936	20.1	Hani i Hotit	Kushtuar luftës dhe figurës historike të heroit legjendar shqiptar Ded Gjo Luli (Dedvukaj) 1840–1915. "Ded Gjo Luli, shkru ka letër, / T'parit Shkodrës o ia ka çu, / Se Shqipnia nuk don tjetër, / Veç don vedin me sundu."	H. Kruja, S. Kraja, "Lapidar kushtuar kryengritjeve te 1911-tës" (1971).	2.25
584	42.26690403	19.49695302	332.4	Zagorë	Mirnjohje dhe lavdi veprës së tyre për lirinë e atdheut 1918. // Has Brahim Lohja, Haxhi Selman Kurtaj, Salo Avdyl Kurtaj, Brahim Musli Kurtaj, Kasem Musli Kurtaj, Selman Met Çelaj, Sadik Zeqir Hasaj, Brahim Lad Ladaj, Zeqir Tafil Ujkisufaj. Mirnjohje fisnikërisë së! Dom Simon Dodja (Nemsja) dhe Ujke Hilal Zaraj. Ilmi Kurti 2013.		2.30
585	42.23403197	19.53450001	277.6	Reç	Kushtuar luftës Reçit 30–31 gusht 1943.		2.31
586	42.03991598	19.49565098	16.1	Bahçallëk	Tetor 1979. // Sup me sup jug e veri, / U ngri Bahçallëku i ri, / Ky bashkim popull–parti, / Monument në Shqipëri. // 15 prill 1979. // Për kurorëzimin me sukses të aksionit të madh për zhdukjen e pasojave e tërmetit të 15 prillit 1979 në frymë të lartë revolucionare derdhën djersën e tyre mbi 20 000 aksionistë nga rrethet Tiranë, Vlorë, Fier, Elbasan, Durrës, Lushnjë, Gramsh, Krujë, Tropojë, Shkodër e tjerë.		2.60
587	41.92876599	19.55102401	14.7	Barbullush	U kushtohet 17 dëshmorëve të fshatit Barbullush që u masakruan nga nazistët gjermanë.		2.72
588	41.81722901	19.64153599	7.4	Balldren			2.81
589	41.80916696	19.60031899	1.3	Shëngjin			2.83
590	41.78069397	19.64446999	5.8	Lezhë	2 mars 1444. Kuvendit të Lezhës që nën udhëheqjen e Skënderbeut bashkoi popullin shqiptar i cili me luftën e tij heroike u bë mburojë e pakapërcyeshme e truallit arbëror kundër pushtimit osmanlli. 12 janar 1962.	O. Paskali, "Lapidar kushtuar Kuvendit të Lezhës" (1968).	2.89
591	41.77928497	19.64696101	9.8	Lezhë			2.90
592	41.77750801	19.65214396	10.1	Lezhë	Lavdi dëshmorëve.		2.91
593	41.47591196	19.74891798	69.8	Fushë-Krujë			2.146

ALS	GJERËSI LATITUDE	GJATËSI LONGITUDE	LARTËSI ELEVATION	VEND PLACE	MBISHKRIM INSCRIPTION	OTHER DATA TË DHËNA TË TJERA	FAQE PAGE
594	41.48270398	19.76639399	134.6	Fushë-Krujë		Th. Thomai, "Lapidar kushtuar luftrave te Skënderbeut" ose "Obelisku i Betejës së Zidollit (24 prill 1467)" (1968, rikonstruktuar në 2012 nga arkitekti Enea Papa).	2.145
595	41.48947002	19.76680202	240.5	Krujë	Këtu më 22 shtator 1943 partizanët e Batalionit "Krujë–Ishëm," "Mati," dhe "Dibra," bashkë me forcat vullnetare antifashiste italiane të ardhura nga divizioni "Firencë," luftuan trimërisht kundër forcave naziste gjermane.		2.142
596	41.50194498	19.77734998	380.3	Krujë	Këtu më 10-7-1943 partizanët e çetës Krujë-Ishëm kryen aksionin e parë luftarak kundër një autokollone italiane e tradhëtarëve. Ra dëshmor Ali Islam Leti.		2.139
597	41.50929004	19.784516	418.3	Krujë	Më 22-8-1943 ranë heroikisht duke luftuar për çlirimin e qytetit kundër pushtuesve gjermanë partizanët: Prokop Myzeqari, Sulejman Beka, Tanush Frashëri, Haxhi Zhgjuni.		2.137
598	41.51468304	19.787621	492.0	Krujë	Kushtuar Brigadës XXIII S. të Ushtrisë Nacional Çlirimtare. // Dëshmorët e Brigadës XXIII S. Abaz Veseli, Adem Gjeli, Ali Metra, Avdi Kazani, Riza Beka, Bakushe Visha, Besim Beja, Gani Buzhiqi, Islam Shehu, Luigj Kurti, Njazi Ali Meka, Llesh Spaçi, Mustafa Dervishi, Mustafa Mezini, Ramazan Zambaku, Ibrahim Liçi, Rexhep Shira, Shaban Lika, Turabi Duro, Vat Bushi, Vesel Brama.		2.134
599	41.51165198	19.79365697	565.3	Krujë	Sedat Babani, Shemshi Baboçi, Hysen Greca, Haxhi Meka, Sefer Klenja, Stefan Pandi.		2.136
600	41.512649	19.78516703	460.7	Krujë	Lavdi dëshmorëve.		2.135
601	41.43486603	19.68786897	30.1	Ahmetaq	Këtu më 10 7 1944 ra duke luftuar si trimat kundër forcave tradhëtare të Legalitetit, i riu komunist 17 vjeçar Zeqir Sh. Daci, partizan i Kompanisë II të Batalionit Krujë–Ishëm.		2.147
602	41.43095504	19.67229003	261.1	Prezë	Lavdi dëshmorit të L.A.N.Ç. Vesel Xhebexhiu, partizan i çetës Pezë.		2.148
603	41.73025603	19.96742296	261.4	Perlat		Nuk u përfshi.	
604	41.78149402	20.08693398	762.0	Kurbnesh		Nuk u përfshi.	
605	41.834341	20.18120399	934.4	Krej-Lurë	Kushtuar veprës patriotike të Nikollë Kaçorrit 1876–1917. "… bir i Lurës si shqipja e malit, / krah i djatht i Ismail Qemalit …"		2.80
606	41.73710296	20.31311997	401.6	Arras	Kushtuar luftës kundër serbëve në vitet 1918–1921.		2.96
607	41.73486097	20.31822598	424.7	Arras			2.97
608	41.71678003	20.32337104	381.5	Sinë e Poshtme			2.100
609	41.67792203	20.33492197	410.9	Fushë-Muhurr	Lavdi dëshmorëve të LANÇ zonës Muhurr. Aqif Qoka, Adem Dobi, Ramadan Deva, Xhetan Laci.		2.106
610	41.68914397	20.41745396	645.6	Tomin	Lavdi dëshmorëve të Brig. I-S. Babul Hysniu, Dhimitër Shkurti, Reshit Çelirema, Shepki Bajrami, Alfredo Sebastiano, italian, si dhe partizanëve të Brig. XXIII S. që luftuan heroikisht për çlirimin e atdheut kundër gjermanëve këtu më 16.09.1944.		2.103

ALS	GJERËSI LATITUDE	GJATËSI LONGITUDE	LARTËSI ELEVATION	VEND PLACE	MBISHKRIM INSCRIPTION	OTHER DATA TË DHËNA TË TJERA	FAQE PAGE
611	41.684231	20.43219597	665.2	Peshkopi			2.104
612	41.66149199	20.44644403	750.7	Peshkopi ▸ Maqellarë	Kushtuar betejës heroike të partizanëve të Brig. IVë të Vë dhe atyre dibranë, kundër pushtuesve gjermanë në qershor 1944. // Sponzorizoi Halil Trupja.		2.108
613	41.64932096	20.45743598	784.6	Kicë	Lavdi dëshmorve të L.A.N.Ç. të zonës Melan. Ferit Xhajku, Haki Zerja, Mustafa Bunguri, Rukie Roshi, Xhetan Hoda, Zenel Rama.		2.111
614	41.58815	20.48212697	617.1	Maqellarë	Në kujtim të dëshmorëve të Luftës Nacional Çlirimtare të zonës Maqellarë. Nazmi Rushiti, Asllan Kosiçi, Sadik Nurçe, Jashar Kertulla, Shaqir Sala, Vebi Jashari, Abdurahim Lleshi, Ismail Sallai, Shaban Muça, Myrteza Zuna, Tush Asllani, Zabit Kerkuti.		2.120
615	41.58147197	20.45034497	552.8	Vojnik			2.122
616	41.58087501	20.43479302	446.6	Topojan			2.123
617	41.58197103	20.37866897	657.4	Zogjaj			2.121
618	41.55192501	20.42820401	487.2	Homesh	Kushtuar luftës së partizanëve të Brig. 4 S. kundër pushtuesve gjerman më 15 korrik 1944.		2.124
619	41.53242401	20.42327997	510.9	Shupenzë	Kushtuar dëshmorëve Ibrahim Daçi e Ferhat Lezi të rënë në gusht 1946 në Mazhicë duke luftuar për likujdimin e bandave të tradhëtarëve të vendit.		2.127
620	41.50815999	20.31518997	615.9	Valikardhë			2.138
621	41.51533398	20.28195304	660.9	Fushë-Bulqizë	Latif Perkola, dëshmor i Luftës Nacional Çlirimtare.		2.133
622	41.49131002	20.21436598	758.6	Bulqizë	7–14 shator 1942. Aksioni i çetës së Dibrës për marrjen e minierës.		2.141
623	41.40639103	20.19743504	783.2	Peshk		Nuk u përfshi.	
624	41.48436603	20.10631504	454.2	Klos-Katund	Këtu në Klos-Katund më 18 korrik 1942 u formua çeta partizane e Matit, ndër të parat çeta në Shqipëri.		2.144
625	41.49469203	20.09357404	433.9	Klos			2.140
626	41.546314	20.05865696	407.0	Klos ▸ Burrel	[Kë]tu në Xherën të Ç[… më] 30 dhjetor [194?] partizanë e Matit [në] bashkëpunim me popu[llin] goditi një autokolonë fashiste italiane ku u vranë 1[?] ushtarë armiq, u dogjën dy […].		2.126
627	41.59153604	20.02601003	200.4	Suç	Gusht 1943.		2.119
628	41.5978738	19.9991298		Burrel			2.118
629	41.65271496	19.91305601	261.4	Baz ▸ Bushkash			2.110
630	41.65603898	19.91089004	231.6	Baz ▸ Bushkash	Më 5 XI 1974 aksidentalisht ranë këtu Gjo Alin e Lindita Zefi 1945–1970.		2.109
631	41.69476002	19.813911	72.3	Shkopet	Etem Muka ra dëshmor në ndërtim të rrugës [D]ritës … 26-XI-1952.		2.101
632	41.64203399	20.01426598	164.4	Urakë ▸ Burgajet			2.113
633	41.64336101	20.158972	1125.9	Vig			2.112
634	41.63291699	20.21415199	810.8	Murrë	Kushtuar Brigadës 5të Sulmuese dhe komisarit Hysni Kapo që luftuan më 17–20 korrik 1944 dhe marshuan drejt veriut.		2.115
635	41.62486299	20.274167	823.3	Selishtë	Kushtuar dëshmorve Hazis Pasha, Tahir Losha e Mustafa Delishi.		2.116
636	41.634701	20.36799503	562.9	Katund i Ri	Lavdi dëshmorëve të LANÇ dhe kombit të zonës Luzni. Aqif Konesha, Myrteza Damzi, Sali Derjani, Shaban Murrja, Xhafer Shahini, Xheladin Seferi.		2.114

ALS	GJERËSI LATITUDE	GJATËSI LONGITUDE	LARTËSI ELEVATION	VEND PLACE	MBISHKRIM INSCRIPTION	OTHER DATA TË DHËNA TË TJERA	FAQE PAGE
637	41.72162896	20.39331199	679.2	Sohodoll	Kushtuar dëshmorëve të Luftës Nacional Çlirimtare Rexhep Zuna, Haxhi Xhediku.		2.98
638	41.72105304	20.37177896	533.6	Brest i Poshtëm			2.99
639	41.74177201	20.33251603	388.0	Laçes			2.95
640	41.74370597	20.33023397	386.1	Fushë-Çidhën	Kushtuar kujtimit të dëshmorëve të Brigadës I "S" dhe të Batalionit Partizan të Dibrës të rënë në luftën e 8 korrikut 1944 kundër forcave reaksionare.		2.94
641	41.80637998	20.33759002	394.1	Zall-Dardhë	Kushtue dëshmorëve që ranë në luftë për çlirimin e atdheut. Maliq Topuzi, Shaban Hoxha, Selim Ndreu, Dervish Hasani, Sali Hoxha.		2.84
642	41.80601897	20.33780501	388.6	Zall-Dardhë	Kuvendi i Dardhës 1921.		2.85
643	41.91902001	20.38724902	822.0	Malqenë/ Bushtricë			2.73
644	41.86850698	20.42434297	965.3	Bushtricë	Popullit [tr]im të Bushtricës për luftën kundër pushtuesit osman e shovinistëve serb.		2.74
645	41.84050103	20.36488703	809.3	Kalis			2.79
646	41.84347501	20.44717602	1174.1	Ploshtan			2.78
647	41.80309704	20.41348496	853.4	Sllovë	Elez Isufi Ndreu, Isuf Xhelil Ndreu, Cen Elez Ndreu kan ba jetën e tyne kundra serbve në mbrojtjen e liris së Shqipnis.		2.86
648	41.80107499	20.40638298	899.9	Sllovë	Çeta partizane e Sllovës u formua në shkurt 1943. // Në kujtim të dëshmorëve të vrarë nga okupatori gjerman në Sllovë më 24 nëntor 1943. // Ismail R. Strazimiri, Mersin E. Ndreu, Dalip T. Çorja, Telat T. Çorja, Sulejman M. Xhepa, Bije M. Plaku, Fiqiri G. Shehu, Dije H. Shehu, Aqif Z. Gjoka, Islam Ll. Ndreu, Naxhi H. Çorja, Xhavit T. Sulollari, Hyse Xh. Maliku, Sulejman M. Dranga, Arif D. Çera.		2.87
649	41.79992096	20.39439803	919.5	Sllovë	Brig[ada] XV[III] Sulmu[es]e. // U ç[…] në emër të shtabit të përgjithshëm dhe […] përshëndetjet e zjarrit gjithë partizanëve, komandantëve dhe komisarëve të Brigadës XVIII Sulmuese …		2.88

ALS	GJERËSI LATITUDE	GJATËSI LONGITUDE	LARTËSI ELEVATION	VEND PLACE	MBISHKRIM INSCRIPTION	OTHER DATA TË DHËNA TË TJERA	FAQE PAGE
650	41.68044599	20.42036299	661.9	Peshkopi	Ejup Qatipi, Nazmi Rustemi, Gjok Doçi, Abaz Ndreu, Abdi Kazani, Abdurrahim Lleshi, Ahmet Cani, Ali Tolia, Ali Ajazi, Alush Stojku, Beqir Baçi, Demir Gashi, Dervish Hasa[naj], Dine Bajra[mi], Donica Har[?]o, Sulejman Skan[...], Aqif Zeneli, Aqif Qoku, Arif Llosha, Bajram Kasa, Bajram Cara, Irfan Hajrullai, Ibrahim Osmani, Isak Metalia, Islam Çaushi, Ismail Strazimiri, Ismail Sallai, Ismail Caka, Liman Kaba, Mahmut Cami, Maliq Topuzi, Man Jella, Mehmet Ajazi, Mahmut Isaku, Memish Shevroja, Hilmi Pijaneci, Hysen Prapaniku, Hysni Ndreu, Hysni Krrusa, Hibe Palikuqi, Ibrahim Doçi, Idriz Kaba, Elez Mena, Ejup Cami, Emin Gjergji, Fasli Cami, Hajdar [...]ku, Gani [...]a, Ha[...]ani, Kalos[...]vai, Ka[...]a, Ka[...]hafa, Koç[...]gji, Lam[...], Lat[...], Halil Hasa, Hamdi Lleshi, Hamza Shehu, Haxhi Xhediku, Hasan Luma, Haxhi Merdini, Hazis Pasha, Mentor Menzexhiu, Mexhit Tola, Musa Agolli, Musa Cami, Muharrem Sinani, Mustafa Bunguri, Myrteza Damzi, Myrteza Zuna, Nazmi Kaba, Nesim Kaza, Niazi Seferi, Osman Skura, Petrit Strazimiri, Qamil Menga, Rahman Deda, Ramadan Cami, Ramadan Dema, Ramiz Hyseni, Refik Sharku, Rifat Kaloshi, Rifat Manjani, Rexhep Zhuna, Rexhep Zebi, Riza Doda, Riza Leka, Rukije Roshi, Sabri Caka, Sabri Reçi, Sadik Selmani, Sami Bajrami, Sali Derjani, Sefer Cami, Sefer Seferi, Sefedin Hoxha, Selim Ndreu, Sinan Lami, Spiro Velko, Stefan Luarasi, Shaban Jegeni, Shaban Hoxha, Shaban Muça, Shaban Koja, Shaban Murrja, Shaqir Sala, Shehat Alibaj, Shemsi Haka, Shaqir Pupuleku, Tahir Kadriu, Tahsim Shehu, Tahir Losha, Tofik Lola, Vehbi Jashari, Veli Koleci, Xhafer Shahini, Xhemal Lita, Xhetan Laçi, Ferat Lezi, Ferit Xhajku, Hasan Koçi, Jusuf Gjini, Jonuz Basha, Mexhit Lezi, Myslim Tola, Xhetan Dema, Xhevdet Bajrami, Zenel Paci, Zenun Avdia, Arif Haxhijahia, Asllan Keta, Asllan Kosiqi, Rakip Disha, Rahman Haxhijahia, Rexhep Hoshafi, Ramiz Manjani, Shaban Xhajku, Nexhat Agolli, Haki Zerja.		2.105
651	41.51555702	20.39687597	553.9	Sofraçan			2.132
652	41.53207901	20.44260697	458.7	Gjoricë e Poshtme	[Kët]u më 26 korik 1943 u formua Batalioni i Parë Partizan i Dibrës me komandant shokun Haxhi Lleshi.		2.128
653	41.53179897	20.44312002	461.6	Gjoricë e Poshtme	Këtu më 26 korik 1943 u formua Batalioni Partizan [i Dibrës] me komandant shokun Haxhi Lleshi.		2.129
654	41.52115596	20.43391703	674.6	Çerënec			2.131
655	41.37278597	20.46886403	1241.7	Klenjë			2.151
656	41.36727696	20.46982703	1206.3	Klenjë	Në kujtim e dës[hmo]rëve të rënë për çlirimin e atdheut Spiro Velko, Gani Nina, Sefer Seferi.		2.153
657	40.91370502	20.55516796	929.0	Trebinjë	Lavdi dëshmorëve Shefki Muço, Nikolla Marolli, Bendo Buzo.		2.250

ALS	GJERËSI LATITUDE	GJATËSI LONGITUDE	LARTËSI ELEVATION	VEND PLACE	MBISHKRIM INSCRIPTION	OTHER DATA TË DHËNA TË TJERA	FAQE PAGE
658	40.8289208	20.7373542		Grabovicë ▸ Pretushë	Me 2 gusht 1942 ra në luftë me fashistët italian dëshmori: Tafil Rexhep Selmani. Përjetë kujtimi i tij.	Nuk u fotografua.	
659	40.9133241	20.6463307		Pogradec	Këtu më 13 shtator 1943 u bë përpjekja e parë e forcave partizane të Brigadës së Irë S në rrethin tonë kundër okupatorëve gjermanë. Në përpjekje ra heroikisht Hasan Mhilli, komisar kompanie.	Nuk u fotografua.	

INDEX OF NAMES ·
TREGUESI I EMRAVE

Names in this index refer to ALS numbers. Corresponding images in volumes 2 and 3 may be found in the section "Monument Descriptions," pp. 149–214.

All names are collated by last name, following Albanian alphabetical order: a, b, c, ç, d, dh, e, ë, f, g, gj, h, i, j, k, l, ll, m, n, nj, o, p, q, r, rr, s, sh, t, th, u, v, x, xh, y, z, zh.

Alternative names and spellings in the index are signalled by ►, and between parentheses if in the secondary literature. Uncertain readings are marked by a question mark. Emended characters or (parts of) names are between square brackets.

In the references to secondary literature, the following abbreviations are used:

- YP: Resul Bedo (ed.), *Yje të pashuar: Flasin heronj të Luftës Nacional–Çlirimtare*, vols. 1 & 2 (Tiranë: Drejtoria Politike e Ushtrisë Popullore të RPSH, 1971); Komiteti Kombëtar i Veteranëve të Luftës të Popullit Shqiptar në bashkëpunim me Komitetet e Veteranëve të Rretheve (ed.), *Yje të pashuar: Dëshmorë të Luftës Nacionalçlirimtare*, vols. 3, 4 & 5 (Tiranë: 8 Nëntori, n.d.)[*]; Resul Bedo, *Yje të pashuar*, vol. 7 (Tiranë, 1999); id., *Yje të pashuar*, vol. 8 (Tiranë, 2000); id., *Yje të pashuar*, vols. 9 & 10 (Tiranë, 2001); id., *Yje të pashuar*, vol. 11 (Tiranë, 2002); id., *Yje të pashuar*, vol. 12 (Tiranë, 2004); id., *Yje të pashuar*, vol. 17 (Tiranë, 2007); *Yje të pashuar*, vol. 19: *2 gusht 1949, Provokacioni* (Tiranë, n.d.); id., *Yje të pashuar*, vol. 20 (Tiranë: Julvin 2, 2010)[†]
- YPM: Ndue Dodbiba, Preng C. Lleshi (eds.), *Yje të pashuar të Mirditës (1939–1953)* (Mirditë: Komiteti i Veteranëve të LANÇ-it, Mirditë, 2001)

Emrat në këtë tregues i referohen numrave ALS. Pamjet koresponduese në vëllimin e dytë dhe të tretë mund të gjenden në seksionin "Përshkrimet e Monumenteve", f. 149–214.

Të gjithë emrat janë indeksuar sipas mbiemrit, duke ndjekur rendin alfabetik të gjuhës shqipe: a, b, c, ç, d, dh, e, ë, f, g, gj, h, i, j, k, l, ll, m, n, nj, o, p, q, r, rr, s, sh, t, th, u, v, x, xh, y, z, zh.

Variante dhe shqiptime të ndryshme emrash në tregues janë të shënjuara nga ►, dhe ndërmjet kllapash nëse gjenden në referencat dytësore. Shkronjat, emrat ose pjesët e emrave të ndrequra gjenden ndërmjet kllapave katrore.

Në referencat dytësore përdorën shkurtimet e mëposhtme:

- YP: Resul Bedo (red.), *Yje të pashuar: Flasin heronj të Luftës Nacional–Çlirimtare*, vëll. 1 & 2 (Tiranë: Drejtoria Politike e Ushtrisë Popullore të RPSH, 1971); Komiteti Kombëtar i Veteranëve të Luftës të Popullit Shqiptar në bashkëpunim me Komitetet e Veteranëve të Rretheve (red.), *Yje të pashuar: Dëshmorë të Luftës Nacionalçlirimtare*, vëll. 3, 4 & 5 (Tiranë: 8 Nëntori, p.d.)[‡]; Resul Bedo, *Yje të pashuar*, vëll. 7 (Tiranë, 1999); Resul Bedo, *Yje të pashuar*, vëll. 8 (Tiranë, 2000); Resul Bedo, *Yje të pashuar*, vëll. 9 & 10 (Tiranë, 2001); Resul Bedo, *Yje të pashuar*, vëll. 11 (Tiranë, 2002); Resul Bedo, *Yje të pashuar*, vëll. 12 (Tiranë, 2004); Resul Bedo, *Yje të pashuar*, vëll. 17 (Tiranë, 2007); *Yje të pashuar*, vëll. 19: *2 gusht 1949, Provokacioni* (Tiranë, n.d.); Resul Bedo, *Yje të pashuar*, vëll. 20 (Tiranë: Julvin 2, 2010)[§]
- YPM: Ndue Dodbiba, Preng C. Lleshi (red.), *Yje të pashuar të Mirditës (1939–1953)* (Mirditë: Komiteti i Veteranëve të LANÇ-it, Mirditë, 2001)

---

[*] Reprints from the first volumes of *Yje të pashuar*, printed before 1990 (vols. 1–6), may be found in the anniversary edition Resul Bedo, *Yje të pashuar*, vol. 15: *Heronj të popullit* (Tiranë, 2004), as well as in *Yje të pashuar*, vol. 10; id., *Yje të pashuar*, vol. 14: *Yjet ndrisin më shumë kur janë pranë njëri-tjetrit* (Tiranë, 2005) is an anthology of martyr siblings, couples, and families taken from previous volumes; id., *Yje të pashuar*, vol. 16 (Tiranë, n.d.) contains citations and lyrics taken from previous volumes; and id., *Mendime për "Yje të pashuar"* (Tiranë, 2008), the 18th volume in the series, contains reflections and correspondence.

[†] I was unable to access vol. 6

[‡] Ribotime nga vëllimet e para të *Yje të pashuar*, botuar para 1990 (vëll. 1–6), mund të gjenden në botimin përvjetor Resul Bedo, *Yje të pashuar*, vëll. 15: *Heronj të popullit* (Tiranë, 2004), ashtu si në *Yje të pashuar*, vëll. 10; Resul Bedo, *Yje të pashuar*, vëll. 14: *Yjet ndrisin më shumë kur janë pranë njëri-tjetrit* (Tiranë, 2005) është një antologji e vëllezerve, motrave, çifteve dhe familjeve të marra nga vëllime të mëparshme; Resul Bedo, *Yje të pashuar*, vëll. 16 (Tiranë, p.d.) përmban citime dhe këngë nga vëllime të mëparshme; dhe Resul Bedo, *Mendime për "Yje të pashuar"* (Tiranë, 2008), vëllimi i 18-të i serisë, përmban reflektime dhe korrespondenca.

[§] Qe e pamundur të aksesoj vëll. 6

A

Abazi, Alem Demir – 440
Abazi, Ali – 403
Abazi, Bego Lulo – 440
Abazi, Dine – 283
Abazi, Faslli Qamil – 440
Abazi, Jaçe Demir – 440
Abazi, Mehmet Abaz – 440
Abazi, Novruz – 463; YP 12, 195 (Nevruz Sherif Abazi)
Abazi, Sulo – 224
Abdia, Zanun – 129; YP 7, 225 (Zenun Abdia)
Abdi[ha]xhia, Hysen – 25
Abdihoxha, Kadri – 25; YP 2, 426
Abdullari, Sherif – 537
Abedini, Selfo – 411; YP 4, 216
Ademaj, Adem – 183
Ademi, Dajlan – 46
Adhami, Thani – 129
Afezolli, Elise Spiro – 93
Afka, Hysen – 245
Aga, Zenel M. – 529
Agai, Qazim Musa – 332
Agalliu, Beqri – 463
Agalliu, Ëngjell – 209
Agalliu, Hysen – 209
Agalliu, Ramiz Osman – 207, 209
Agalliu, Skënder – 209
Agastra, Feti – 96, 129; YP 17, 120
Agastra, Islam – 33, 96
Ago, Ahmet – 244
Ago, Bedri Rushit – 230
Ago, Enver – 239
Ago, Hamit – 282, 403
Ago, Xhezo – 239
Agolli, Agush A. – 491
Agolli, Gani Haki – 155
Agolli, Ilmi Ibrahim – 156
Agolli, Mazllëm – 129
Agolli, Mestan Halil – 156
Agolli, Musa – 650; YP 4, 257; YP 7, 211
Agolli, Nexhat – 650; YP 7, 211
Agolli, Qazim – 236; YP 20, 114
Agolli, Raif Ibrahim – 156
Agolli, Sadik D. – 491
Agolli, Sinan Istref – 155
Agolli, Skënder – 100
Agolli, Telha – 159
Agolli, Xhemal Q. – 491
Agushi, Et'hem – 244
Agushi, Mehmet – 420

Ahengu, Pjetër Gj. – 523
Ahmetaj, Lamçe – 338
Ahmeti, Bedri – 378; YP 17, 145
Ahmeti, Imer – 537
Ahmeti, Izet – 403
Ahmeti, Maliq – 459
Ahmeti, Nezir – 129
Ahmeti, Xhezmi – 283
Ahmetlli, Zenel – 129
Ajazi, Ali – 650
Ajazi, Mehmet – 129, 650
Ajdini, Dhurim – 403, 414
Akopjan, Degran – 129
Ala, Vasil – 25
Aleksi, Hil A. – 429
Aleksi, Josif – 209; YP 1, 339
Aleksi, Kost – 425
Aleksi, Niko Th. – 429
Ali, Muhamet – 129
Ali, Sabri – 129
Ali, Syrja – 84
Alia, Idris S. – 383, 384
Aliaj, Karafil Bilbil – 440
Aliaj, Meçan Selam – 449
Aliaj, Qemal – 350; YP 10, 174
Aliaj, Rakip – 14
Aliaj, Sami – 351
Aliaj, Sefer – 352
Aliaj, Vesel – 209
Alibaj, Shehat – 650
Alikaj, Aliko – 459
Alimehmeti, Qazim – 19; YP 2, 434
Alimehmeti, Ruzhdi – 33
Alimema, Haxhi Shaip – 372 ▶ Haxhi Alimemaj
Alimema, Hekuran Avdulla – 372 ▶ Hekuran Alimemaj
Alimemaj, Haxhi – 373 ▶ Haxhi Shaip Alimema
Alimemaj, Hekuran – 373 ▶ Hekuran Avdulla Alimema
Alimenaj, Selim – 245
Alimerko, Sulo – 436
Alimerko, Shyqyri – 436; YP 1, 236
Alimetaj, Nasip – 245
Alin, Gjo – 630
Aliu, Bajram – 245
Aliu, Daut – 245
Aliu, Gjysho – 245, 379
Aliu, Hamdi – 209
Aliu, Hasan – 463; YP 12, 184 (Hasan Muharrem Aliu (Veliu))
Aliu, Ibrahim – 245
Aliu, Jashar – 25
Aliu, Kasëm – 129
Aliu, Memet – 283

Aliu, Rakip – 129
Aliu, Ramadan – 41, 46
Aliu, Sheh Mehmet – 427
Alushi, Sadedin – 435
Alushi, Teme – 463
Alla, Dum – 164; YP 1, 258
Allamani, Xhafer – 19
Allkaj, Anaz – 351
Allkaj, Qani – 351
Allushi, Adil – 168; YP 17, 276 (Fadil Alushi)
Amataj, Refit Myrte – 449
Ameti, Myslym O. – 255
Anagnosti, Petraq – 422 ▸ Petro Anagnosti
Anagnosti, Petro – 411; YP 20, 110 ▸ Petraq Anagnosti
Anagnosti, Vasil – 404
Andoni, Amali – 431
Andoni, Josif – 245
Andoni, Llambro – 431; YP 2, 318; YP 20, 171
Andoni, Niqita – 431
Andoni, Themistokli Stefan – 59, 61
Andoni, Thimaq – 129
Andrea, Josif – 209
Ania, Etem – 245
Antonio, C[...] – 19
Antonio, Guiseppe – 19, 189
Aqlami, Raif – 97
Aralupi, Nezir – 129
Aranitasi, Hajder – 238
Aranitasi, Ramiz Qazim – 230, 232, 238; YP 1, 137
Arapaj, Taip – 471, 472
Arapaj, Xhevit – 472
Arapi, Adratik – 209
Arapi, Ali – 25
Arapi, Gani – 286
Arapi, Jakup – 245
Arapi, Merxhan – 403
Arapi, Myslim – 209
Arapi, Ram – 403 ▸ Ramadan B. Arapi
Arapi, Ramadan B. – 326 ▸ Ram Arapi
Arapi, Sefer – 420
Arapi, Sofie – 463
Arapi, Shefit – 209
Arapi, Xhevdet – 189
Arbri, Thoma – 209
Arifi, Liman – 19, 537
Asderiu, Barxho – 355
Asefi, Kaso – 420
Asllani, Adem – 25; YP 19, 13 (Adem Elmaz Asllani)
Asllani, Aqif A. – 25, 486
Asllani, Faslli – 403
Asllani, Kadri – 209
Asllani, Mustafa – 245, 360; YP 4, 168

Asllani, Qamil – 459
Asllani, Ramadan – 283
Asllani, Selim D. – 25, 486
Asllani, Tush – 614
Asllani, Xhevdet – 129
Asqeri, Baxho – 245
Avdia, Islam – 537
Avdia, Zenun – 650
Avdiu, Avdyl – 209
Avdiu, Ramadan – 65
Avdiu, Tefik – 29
Avduli, Muj – 537
Avdulla, Abas – 463
Avrami, Niko – 244
Azbiu, Hamid – 245
Azbiu, Shezai – 245
Azisi, Barhim – 403
Azizaj, Hamet – 472

B

Baba, Koli – 491
Babai, Izmail – 209
Babani, Fuat – 96; YP 1, 124
Babani, Murat – 33
Babani, Sedat – 96, 599; YP 2, 358
Babani, Servet – 96
Babi, Eqerem A. – 79 ▸ Eqrem Babi
Babi, Eqrem – 129 ▸ Eqerem A. Babi
Babi, Stavro – 403
Baboçi, Shemshi – 599; YP 3, 134 (Shemsho Baboçi); YP 7, 217 (Shemsi Baboçi)
Baboçi, Zylfo – 403
Baca, Xhelo – 383, 384
Baci, Rexhe A. – 529
Backa, Hysen – 137
Backa, Ismahil – 65 ▸ Ismail Backa
Backa, Ismail – 80 ▸ Ismahil Backa
Backa, Rahman – 224
Baco, Kapo – 397; YP 1, 233
Bahja, Dervish – 25
Bahushi, Ali – 25
Bajo, Idriz – 411; YP 7, 95; YP 9, 107;
Bajo, Rait – 411; YP 7, 95 (Reiz Bajo); YP 9, 107
Bajo, Sefer – 420
Bajraba, Sotir – 422
Bajraktar[i], Hasan – 25; YP 4, 82
Bajraktari, Mehmet – 25; YP 4, 82
Bajramaj, Mumin Selam – 456
Bajramaj, Yzeir – 459
Bajrami, Dine – 129, 650

Basho, Axhem – 459
Basho, Hamet Birbil – 459
Basho, Imer Bilbil – 450, 459
Basho, Musa – 459
Basho, Shefqet – 129
Bashoj, Jonuz Birbil – 459
Bataj, Sheme – 472
Baxheli, Harallam – 404
Baxheli, Jorgo – 404
Baxheli, Theodhos – 404
Baxheli, Thoma – 404
Baxheli, Thoma Dh. – 404
Baze, Barjam – 373; YP 12, 11 (Bajram Arshi Bazo)
Bazo, Bukuri – 392 ► Bukurie Bazo
Bazo, Bukurie – 245; YP 2, 453 (Bukuroshe Bazo); YP 20,
    226 ► Bukuri Bazo
Baçaj, Fuat Meto – 475
Baçe, Musa I. – 127
Baçi, Beqir – 650
Baçi, Gori – 209; YP 20, 26 (Gori Trush Baçi)
Baçi, Llukan – 209; YP 20, 26 (Lluka Trush Baçi)
Beci, Braho – 420
Becolli, Hamet Hysen – 59
Bedari, Mezan – 444
Bedo, Mahmut – 245, 379
Bedo, Rakip – 382
Bedo, Tefik – 403
Bedulla, Tefik – 129
Bega, Cane – 373; YP 10, 46 (Cane Shaqo Bega)
Bega, Dhimitër – 25; YP 5, 131 (Dhimitër S. Bega)
Bega, Musa – 209
Bega, Nikollaq – 209
Begaj, Leqnidha – 459
Begaj, Nezir – 351
Begaj, Ormen Bazo – 450, 459
Begaj, Seit – 351
Begaz, Ferida – 317; YP 4, 239 (Feride Bega)
Begeja, Jonuz – 25
Begolli, Ahmet – 129
Begu, Qazim – 19
Begja, Jonus – 174
Begjaj, Qemal – 236
Behari, Sami – 209
Beja, Besim – 598; YP 8, 57 (Besim Mustafa Beja)
Beja, Hazbi Sh. – 383, 384
Bejaj, Hekuran Metush – 355
Bejdo, Mehmet – 420
Bejdulla, Hysen – 244, 286
Bejko, Avni – 244
Bejko, Barjam Selfo – 355
Bejko, Dine Osmën – 355
Bejko, Haki – 129; YP 4, 231

Bejko, Ismail Osmën – 355
Bejko, Memo Nexhip – 355; YP 11, 163; YP 19, 98
Bejko, Qazim – 209
Bejko, Riza Osmën – 355
Bejleri, Hasan – 403; YP 8, 102 (Hasan Osman Bejleri)
Bejo, Sulejman – 436; YP 5, 36 (Sulejman B. Bejo); YP 12,
    219
Beka, Riza – 598
Beka, Sulejman – 597
Bekolli, Skënder – 137
Bektashi, Adem – 403
Bektashi, Ahmet – 278
Bektashi, Feim Riza – 136
Bektashi, Rustem – 244
Bektashi, Seit – 129
Bel[…], Myslim – 365
Belibashi, Kadri – 209
Belshi, Vasil – 25
Beltronji, Antonio – 245
Bellaj, Mustafa – 444
Bellaj, Qëndro – 444; YP 11, 66 (Qëndro Sadush Bellaj);
    YP 17, 198 (Qendro Bello)
Bello, Dule – 382
Bello, Karafil – 379; YP 2, 29
Beqa, Gani – 373
Beqiraj, Azbi – 209
Beqiraj, Fejzi – 403
Beqiraj, Kodhel M. – 356
Beqiri, Abas – 383
Beqiri, Dalip Bajram – 321
Beqiri, Haxhi – 365; YP 7, 221
Beqiri, Hysen – 435
Beqiri, Imer – 537
Beqiri, Musa – 25
Beqiri, Petref – 442
Beqiri, Ramo – 491
Beqiri, Shahin – 25
Beqiri, Xheladin – 236, 373, 379; YP 2, 139
Beqiri, Çame H. – 356
Beragozhdi, Rahman – 46; YP 8, 238
Berati, Teki – 209
Berberi, Ahmet – 245
Berberi, Fato – 245, 379; YP 2, 266 (Fato Dudumi); YP 7,
    240
Berberi, Ferhat – 19
Berbiu, Afez – 491
Berboti, Vlash Trifon – 483
Berda, Nevro – 383 ► Nevro Berdaj
Berdaj, Nevro – 403 ► Nevro Berda
Berdufi, Lef Anastas – 25, 499
Bergu, Late Hasan – 332
Berisha, Belul – 25

C

Ceno, Sulo – 29, 245
Ceno, Çobo – 379
Cenollari, Xhevahir – 209
Cenolli, Muhamet – 78
Cenolli, Sali R. – 127
Cenoymeri, Hamdi – 19
Cera, Dhori Klime – 59
Cercizi, Enver – 19
Cereni, Hysen – 209
Cerova, Kamber – 238
Cerova, Riza – 153
Cerri, Brahim – 472
Cerriku, Kodhel M. – 25, 486
Cico, Koci S. – 62
Ciko, Llambi Laze – 321
Cili, Andon – 403
Cili, Dajlan – 209
Cina, Kurt N. – 529
Cipi, Anastas – 245
Comani, Refat – 209
Coni, […] – 463
Corushi, Hetem – 283
Cuci, Jonuz – 396
Cune, Sadush – 382
Cura, Stefo – 431
Curri, Bajram – 546, 552
Curri, Prenge N. – 529
Curri, Zeke N. – 529

Ç

Çaçi, […] – 463
Çakalli, Anastas – 25
Çako, Koço – 19; YP 11, 141
Çako, Luto – 383
Çakri, Asllan – 25
Çaku, Katina P. – 429
Çaku, Kristo P. – 429
Çali, Hamdi – 164
Çallo, Besim Rexhep – 92
Çamani, Mariz – 393
Çami, Ilo – 403; YP 7, 91
Çami, Qazim – 183; YP 9, 217 (Qazim Myftar Çami
    (Tare))
Çani, Ali – 378, 427
Çani, Lufto – 379 ▶ Luto Çani
Çani, Luto – 245; YP 8, 74 ▶ Lufto Çani
Çani, Mufto – 378
Çani, Riza – 245, 279, 378; YP 8, 78
Çani, Shuqeri – 378
Çarcani, Shaban M. – 356

Çarçani, Zano D. – 356
Çarçani, Ferik – 420
Çarçani, Rapush – 463
Çarçani, Selim – 463
Çarçani, Ziadin – 379; YP 4, 181
Çarçiu, Jonuz – 25; YP 19, 74 (Jonuz Sali Çarçiu)
Çarçiu, Shaban H. – 491; YP 9, 272 (Shaban Ali Çarçiu)
Çati, Kosta – 411, 422
Çaushaj, Sheremet – 444; YP 11, 73 (Sheremet Çerçiz
    Çaushi)
Çaushi, Hakim – 463; YP 12, 183 (Hakim Çaush Veliu)
Çaushi, Islam – 650
Çaushi, Kasëm – 19; YP 7, 108 (Kaso Çaushaj)
Çaushi, Muharem – 209
Çaushi, Naum – 19
Çavo, Jorgo – 411
Çavo, Kosta – 403; YP 2, 161
Çavo, Lipe – 245, 379
Çeço, Vaiterçis – 251
Çeka, Ali – 25
Çeka, Ibrahim – 25
Çeka[…], Sali – 25
Çekrezi, Barjam Sadush – 494
Çekrezi, Ismail Abedin – 494
Çekrezi, Sadush Dajlan – 494
Çekrezi, Veli Xh. – 491
Çeku, Koli Dhosi – 73
Çela, Axhem – 403
Çela, Çaush – 383, 384
Çela, Ferit – 209
Çela, Hekuran Hetem – 230
Çela, Hysni – 19, 25, 170, 173
Çela, Mexhit – 197
Çela, Neki F. – 383, 384
Çela, Selim – 197, 198, 224
Çela, Shaban – 197, 198, 224
Çela, Taip – 239
Çela, Tome Xhevair – 230
Çelaj, Dino Barjam – 450, 459
Çelaj, Selman Met – 584
Çelari, Vaso – 389
Çeli, Sulo – 379; YP 5, 215 (Sulo M. Çela)
Çeliku, Nesim – 82
Çelirama, Reshit – 25, 610
Çelmeta, Baki – 189
Çelmeta, Isuf – 189
Çelo, Kristo – 404
Çelo, Spiro – 404
Çelo, Taze – 479; YP 2, 371 (Taze Çela)
Çeloleskaj, Mingo Barjam – 450, 459
Çene, Nexhip – 403
Çeno, Musa – 392

D

Dautaj, Saliko – 209

Dautaj, Zenel – 345 ▸ Zenjel Dautaj

Dautaj, Zenjel – 344 ▸ Zenel Dautaj

Dauti, Ali – 245

Dauti, Altin – 407

Dauti, Beqir – 403

Dauti, Brahim – 198, 224

Dauti, Mitat – 474; YP 1, 121 (Mit'hat Dautaj)

Dauti, Oso – 537; YP 5, 378 (Oso Daut Cakraj)

Dauti, Selman – 245

[D]auti, [Mehmet] – 463; YP 12, 186 (Mehmet Malko Dauti)

Dautllari, Neim H. – 62

Daçi, Ibrahim – 619

Debrova, Myslim – 25

Debrova, Selime – 25

Deci, Pashuk Ndoc – 573

Deda, Mark N. – 529

Deda, Ndoc M. – 529; YP 2, 272

Deda, Rahman – 650

De[d]aj, Nefo Sulo – 372; YP 11, 116 (Nefo Dede)

Dedi, Mako – 389

Dedi, Misto – 386

Dedi, Vitori – 389

Dedja, Lef Thanas – 25, 499

Dedja, Pren Filip – 25, 499

Deli, Kosta C. – 417, 418

Deli, Leonidha K. – 417 ▸ Leonidha Deliu

Deli, Sotier – 418 ▸ Sotir V. Deli, Sotir Deliu

Deli, Sotir V. – 417 ▸ Sotier Deli, Sotir Deliu

Deliallisi, Qemal – 164; YP 7, 159 (Qemal Qazim Deliallisi)

Deliallisi, Zylyf – 164

Delie, Kosta – 420

Delilaj, Enver – 244

Delilaj, Lulo – 244

Deliri, Abdul – 245

Delishi, Mustafa – 635

Deliu, Leonidha – 420 ▸ Leonidha K. Deli

Deliu, Mahmud – 25; YP 19, 92 (Mahmut Adem Deliu)

Deliu, Sotir – 420 ▸ Sotir V. Deli, Dotier Deli

Della, Pandeli – 403

Dema, Ali – 537

Dema, Hasan – 383

Dema, Liço V. – 383, 384

Dema, Qemal – 407

Dema, Ramadan – 650

Dema, Sihat – 373

Dema, Xhetan – 650

Demaj, Çerçis – 382; YP 7, 42 (Çerçiz Fejzo Demaj, Çerçiz Dema)

Demaj, Demo – 382; YP 7, 41 (Demo Fejzo Demaj, Demo Dema)

Demaj, Fejzo – 382; YP 7, 41 (Fejzo Xhafo Demaj, Fejzo Dema)

Demaj, Ismet – 209

Demaj, Sali – 209

Demaj, Seit – 351

Demaj, Vito – 382; YP 7, 42 (Vito Dema)

Demiraj, Avdul Demir – 456

Demiraj, Bush Alem – 372, 373

Demiraj, Elez – 544; YP 3, 21

Demiraj, Murat Avdul – 456

Demiraj, Rexhep – 338

Demirazi, Jzet S. – 127

Demirazi, Ramadan A. – 127

Demiri, Ali – 463

Demiri, Avdul – 355, 379; YP 3, 346 (Abdul Demiri)

Demiri, Faik – 129

Demiri, Hasan – 129

Demiri, Hilmi – 46

Demiri, Musa – 25

Demiri, Shyqyri – 463; YP 12, 189 (Shyqiri Demiri)

Demirsha, Qamil H. – 127

Demo, Ahmet Ramadan – 450, 459

Demo, Qemal Memet – 304

Demo, Zeqir – 414

Demolli, Arif Q. – 79

Demolli, Ethem T. – 79

Demolli, Faik D. – 79

Deraj, Haxhi – 444; YP 3, 410

Derbiu, Afes – 236

Derjaj, Arif – 19, 189

Derjani, Sali – 636, 650

Derka, Bajram Asllan – 482

Derstila, Kodhel File – 25, 499

Dervishaj, [M]uho – 236

Dervishhasani, Nazmi – 25

Dervishi, Abas – 224

Dervishi, Ali – 224

Dervishi, Azbi – 197

Dervishi, Azis – 209

Dervishi, Baba Feizo – 224

Dervishi, Esma – 197

Dervishi, Gani – 100

Dervishi, Isuf – 25

Dervishi, Kamber – 45

Dervishi, Mehmet – 403

Dervishi, Mustafa – 598

Dervishi, Nahim – 65

Dervishi, Nexhmi – 65

Dervishi, Qamil – 224

Dervishi, Rustem – 19

Dervishi, Safet – 33

Hanaj)

Goxhi, Rushan – 355; YP 5 (Rushan M. Goxhi)

Goxho, Foto – 431

Goxho, Lulo – 224; YP 8, 155 (Lulo Abaz Goxhi)

Goxho, Rushan – 245, 379

Grabocka, Irakli – 144

Grabocka, Kiço – 139; YP 4, 24

Grabocka, Kosif – 144

Grabocka, Syrja – 238; YP 2, 385

Grabova, Dhimitraq Th. – 142

Gradeci, Sulo – 238

Gramshi, Baftjar – 209

Granaj, Dajlan – 129; YP 8, 69 (Dajlan Dervish Gramaj)

Grazhdani, Loni – 100; YP 1, 151

Grazhdani, Piro – 46, 100

Greca, Hysen – 599

Greca, Ibrahim – 19

Greku, Jorgji – 209

Gremshi, Kadri – 209

Gremshi, Syrja – 238

Greshica, Sulo Zenel – 343

Greço, Kiço – 141; YP 1, 89 (Kiço Vangjel Greço); YP 7, 236

Greço, Petro – 46

Gropa, Qerim – 331

Grori, Hamdi – 19; YP 4, 305; YP 20, 215

Grosha, Braho K. – 383, 384

Grosha, Sadik K. – 383, 384

Groshka, Xhemal – 25

Grybeci, Niazi – 46

Grykshi, Hamit – 25

Gucaj, Luco – 403

Guça, Meto – 383 ▶ Meto Sh. Guçe

Guçe, Meto Sh. – 384 ▶ Meto Guça

Guga, Tilo – 380; YP 8, 288

Gugaj, Hysen – 403

Gupanjaku, Qamil – 25

Gupi, Myrteza – 77

Gura[g]jaku, Tajar – 25

Gur[a]kuqi, Qamil – 25

Gureza, Nuri – 486

Guri, Bektash Abaz – 230

Guri, Demal Rustem – 449

Guri, Hetem Feta – 230

Guri, Xhaferr Qazim – 482

Gushi, Gole – 397

Guta, Palo – 75

Guzi, Hafëz Xh. – 491; YP 8, 97 (Hafëz Xhezo Guzi)

Guzi, Shefqet – 491

GJ

Gjani, Dom M. – 523

Gjani, Vangjel – 25

Gjashta, Isuf – 164, 189

Gjashta, Muharem – 244

Gjashta, Teki – 245, 285; YP 1, 365

Gjata, Abaz – 129

Gjata, Emin – 162

Gjata, Hanko – 436; YP 7, 80

Gjata, Ismail – 505

Gjata, Koco Llazi – 93

Gjata, Mihal Llazi – 304

Gjata, Vasil – 168; YP 11, 253 (Vasil Todi Gjata)

Gjata, Veri – 209

Gjatolli, Ibrahim – 129

Gjeci, Vangjel Loli – 230

Gjeçi, At. Andrea – 470

Gjeçi, Koli Naun – 482

Gjeçi, Kutbi – 245, 355, 379; YP 7, 103

Gjeçi, Polikseni – 470

Gjeleshi, Hysen – 129

Gjeli, Adem – 598; YP 4, 311; YP 20, 214

Gjerazi, Stavri – 84; YP 20, 130 (Stavri Gjerasi)

Gjergji, Emin – 650

Gjergji, Frrok K. – 529

Gjergji, Mark – 529

Gjergji, Nikolla Naun – 321

Gjergji, Uani Naun – 321

Gjergji, Vangjel – 129; YP 4, 242 (Vangjel Gjergo)

Gjergo, Ropi – 129

Gjergo, Stillo – 129

Gjermeni, Kristaq Rr. – 326

Gjika, Gaqi – 209, 216

Gjika, [Jo]va[n] – 236

Gjika, Llambro – 283

Gjika, Vasil Trushi – 230

Gjiknuri, Vasil – 236

Gjikondi, Sabedi Haxhi – 459

Gjini, Arsen – 407

Gjini, Fate – 245 ▶ Fete Gjini

Gjini, Fete – 392; YP 2, 142; YP 7, 268 ▶ Fate Gjini

Gjini, Jorgji Themi – 321, 403

Gjini, Jusuf – 650

Gjini, Ligor N. – 326

Gjini, Nazif – 129

Gjini, Osman B. – 25, 486, 490

Gjini, Spiro – 25

Gjini, Vangjel – 306

Gjino, Aspasi Ilo – 73; YP 10, 73 (Aspasia Thanas Gjino)

Gjino, Miho – 414

H

Halili, Refat – 245
Halili, Sali – 33
Halili, Sami – 245
Halili, Spiro Apostol – 25, 499
Halimi, Eqerem – 25
Hamdiu, Fejzulla – 46
Hameti, Jonus – 209
Hameti, [Mysl]ym – 463
Hamiti, Elmas – 283
Hamiti, Haxhi R. – 198, 224, 326
Hamzaj, Riza – 338
Hamzallari, Hyrjet – 129; YP 17, 101
Hamzaraj, Rasim – 467
Hana, Ali – 33
Hania, Heto – 283
Hankollari, Kudret – 281; YP 10, 148 (Kudret Qerim
    Hankollari)
Har[?]o, Donica – 650
Harizi, Alem – 245; YP 7, 20
Harizi, Shaziman – 186
Harshini, Hamit – 46
Harruni, Sherif – 479
Hasa, Baftjar Xhelo – 230
Hasa, Branush Duçe – 230
Hasa, Duçe Mehmet – 230
Hasa, Halil – 650
Hasa, Mehmet Duçe – 230
Hasa, Met – 19, 527; YP 3, 367; YP 7, 256; YP 20, 204
Hasa, Mihal – 25
Hasa, Murat Vesel – 230
Hasa, Myfit – 407
Hasa, Myrto Abdurraman – 230
Hasa, Rakip Adem – 230
Hasa, Rakip N. – 491
Hasa, Riza Duçe – 230
Hasa, Sali Halim – 230
Hasa, Shaqir Adem – 230
Hasa, Shefqet Elmas – 230
Hasaj, Sadik Zeqir – 584
Hasalliu, Tahir – 189; YP 12, 223
Hasanaj, Dervish – 129, 650 ▶ Dervish Hasani
Hasanaj, Hasan – 373
Hasanaj, Qani – 209
Hasanaj, Ramo – 245
Hasanaj, Remzi – 459
Hasanaj, Syrjat – 459
Hasanaj, Zace Asllan – 372, 373
Hasanaliaj, Asqeri Azem – 459 ▶ Asqerie Hasanaliaj
Hasanaliaj, Asqerie – 459; YP 11, 284 (Asqerie A. Aliaj) ▶
    Asqeri Azem Hasanaliaj
Hasanaliaj, Maman – 459
Hasanaliaj, Trëndafile – 459; YP 11, 284 (Trëndafile Çobo

Aliaj)
Hasani, Demir – 129
Hasani, Dervish – 641; YP 12, 19 ▶ Dervish Hasanaj
Hasani, Emin – 245, 379
Hasani, Jonuz – 129
Hasani, Llano – 403
Hasani, Muharrem – 245
Hasani, Vasfi – 69
Hasankolli, Dalip – 129
Hasanllari, Laver – 129
Hasanxhebraj, Lale Rrapo – 372, 373
Hasimaj, Feta – 338
Hasimaj, Tetem – 338
Hasimi, Dino – 479
Hasko, Gjolek – 378; YP 9, 82 (Gjolekë Abdyl Haska)
Hasko, Ibrahim – 197
Hasko, Jazo – 435
Hasko, Raxhai – 197
Hasko, Sabri – 197
Hasmema, Ibrahim – 505
Havale, Ilia Marko – 93
Havale, Stavri Llambi – 93
Havale, Vasillaq Koli – 93
Haxhaj, Abaz – 352
Haxhaj, Muho Rremo – 355
Haxhi, Avdulla Sabri – 92
Haxhi, Avdyl – 403
Haxhia, Ahmet Haxhi – 573; YP 2, 273; YPM 66
Haxhia, Ali – 537
Haxhia, Arif – 129
Haxhia, Bajram – 537
Haxhia, Kadri – 96
Haxhia, Mustafa – 224
Haxhia, Njazi Xhafer – 92
Haxhia, Rahman – 129
Haxhia, Shyqyri – 129; YP 2, 412
Haxhia, Ziver – 129
Haxhiaj, Avni – 351; YP 9, 37 (Avni Axhem Haxhia)
Haxhiaj, Baftjar – 351
Haxhiaj, Dritan – 459
Haxhifilipi, Theodhor – 25
Haxhijahia, Arif – 650
Haxhijahia, Rahman – 650
Haxhimali, Masar – 505 ▶ Masar Maxhimihali
Haxhimihali, Masar – 19 ▶ Masar Maxhimihali
Haxhiraj, Feg – 442
Haxhiraj, Hysen – 236, 442
Haxhiu, Gani – 129
Haxhiu, Gurali – 129
Haxhiu, Muharrem – 238
Haxhiu, Veiz – 129
Haxhiu, Xhevdet – 351; YP 8, 309 (Xhevdet Ismail

I

J

K

Kercelli, Taip – 420

Kerdani, Azis – 224

Kerkuti, Zabit – 614

Kerma, Lab – 283 ▸ Labë Kerma

Kerma, Labë – 177 ▸ Lab Kerma

Kerri, Naun – 314

Kertulla, Jashar – 614

Keta, Asllan – 650

Keçi, Latif – 164

Keçi, Rexhep – 164

Këmbora, Servet J. – 326; YP 4, 249

Kini, Ndoc Shtjefan – 573

Kita, Ilo – 144

Kita, Llaqi – 144

Kita, Marko – 144; YP 8, 170

Kita, Pandi – 144

Kita, Sotir – 144

Klenja, Sefer – 599

Klosi, Islam – 224; YP 4, 227

Kllogjri, Sherif J. – 491

Kobuzi, Koto P. – 255

Kobuzi, Miti P. – 256

Kodra, Beqir H. – 62

Kodra, Nevruz – 158; YP 17, 133 (Nevruz Ibrahim Kodra)

Kodra, Sefer – 209

Kodra, Vasfi R. – 127

Koja, Shaban – 650

Kojko, Xhestan – 129

Koka, Jonus – 209

Koka, Nexhip – 209

Koka, Qeriba – 283, 373; YP 2, 159

Koka, Zaho – 431, 432; YP 2, 172

Kokëdhima, Persefoni – 245, 379, 429; YP 2, 185; YP 7, 239

Koko, Mehmet – 459

Kokomani, Nezir – 164

Kokona, Bashkim – 392; YP 2, 187

Kokona, Elmas. – 383, 384

Kokona, Mehmet H. – 384

Kokona, Pertef – 392; YP 4, 103

Kokona, Sulo Z. – 383, 384

Kokoneshi, Vasil – 25

Kokoshi, Osmën – 209

Kola, Mëhill P. – 523

Kola, Thoma P. – 256

Kola, Zarif – 209

Kolaneci, Emin – 129

Koleci, Veli – 650

Koleka, Herkole – 431

Kolete, Lame – 387; YP 2, 437 (Lame Koleta)

Kolet[e], [Ma]rko – 387

Kolgjoka, Mark Gj. – 529

Kollarja, Hajdar – 491

Kolo, Loli J. – 417

Koloj, Vangjel – 420

Koloneci, Mitro – 33

Kolonja, Skënder – 19

Kollombo, Atem – 137

Kollozi, Vexhit – 209

Kona, Dhori – 19; YP 3, 425

Kondakçiu, Gjergji Leksi – 230, 319; YP 1, 415

Kondakçiu, Leksi – 319

Kondi, Avi – 209

Kondi, Barjam Adem – 356, 357

Kondi, Memo Beqir – 449

Kondi, Muhamet – 236; YP 4, 184

Kondi, Muharem – 209

Kondi, Neshat – 379; YP 8, 205 (Neshat Dulla Kondi)

Kondo, [Ejup] – 463; YP 7, 227 (Ejyp Kondo)

Kondo, Inajet – 283 ▸ Inajete Kondo

Kondo, Inajete – 463; YP 5, 333 (Inajete I. Kondo) ▸ Inajet Kondo

Kondo, Nail – 189

Kondo, Ruhi – 209; YP 4, 308

Kondrikolli, Qamil – 137

Konduri, Dhimitër – 168; YP 2, 466

Konesha, Aqif – 636

Kongoli, Musa – 25

Kongoli, Xhaferr – 25; YP 3, 201 (Xhafer Kongoli)

Kongjoni, Yzeir Muço – 450, 459

Koni, Mesut – 25

Konomi, Anastas – 244; YP 4, 173

Konomi, Ligor M. – 255

Konxhe, Petraq – 209; YP 17, 172 (Petraq Kozma Konxhe)

Kopa[…], Thoma Ndoni – 230

Korbi, Hasan – 25, 170, 173

Kordalli, Muharrem – 129

Korkuti, Sulo – 382; YP 10, 249 (Sulo Shaqir Korkuti)

Koro, Damin – 245; YP 1, 449 (Damin Korro)

Koromani, Arshi Esat – 230

Koromani, Konçe Harshi – 230

Koroveshi, Ismahil – 65

Koroveshi, Kiço – 128; YP 12, 91 (Kiço Vani Koroveshi)

Koroveshi, Kristo – 129

Koroveshi, Lluk – 209

Koroveshi, Zoi – 209

Korça, Ethem – 189

Korça, Koço – 129

Korra, Bajram – 129

Korro, Jani K. – 417

Korroshi, Feçorr Ibrahim – 482

Kosiqi, Asllan – 614 ▸ Asllan Kosiçi

Kosiçi, Asllan – 650 ▸ Asllan Kosiqi

Kosova, Ajet – 209

Kosova, Muhamet – 209
Kosova, Ramadan – 427
Kosova, Yzeir – 209
Kosta, […] – 463
Kosta, […]tro – 314
Kosta, Aleks Th. – 255
Kosta, Arqile – 426
Kosta, Jani – 209, 212
Kosta, Kiço – 46
Kosta, Mina – 129
Kosta, Nini Th. – 255
Kosta, Vasil – 403
Kostalloto, Harallamb – 403
Kostandini, Erminiq – 186
Kostandini, Naun – 313
Kostani, Midhi – 141; YP 1, 89; YP 7, 236
Koststefani, Kalo – 425
Kosturi, Hasan N. – 491
Kosturi, Kostaq – 105
Kosturi, Refat – 19
Kosturi, Skënder A. – 3; YP 3, 255
Koshena, Sado – 435
Koshi, Sefer – 403; YP 11, 224 (Sefer Bedo Koshi)
Kota, Odhise – 105
Kote, Ilia – 244; YP 9, 111 (Ilia Thimi Kote)
Kote, Uani Simon – 321
Kotelli, Stefan – 129; YP 9, 260 (Stefan Arqile Kotelli)
Koti, Fane – 283
Kotmilo, Sotir – 128
Kotmilo, Traqi – 128
Kotollaku, Mehmet – 209; YP 19, 96
Kotori, Faslli – 245; YP 17, 117 (Faslli Tefik Kotorri)
Kotorri, Ilo – 129
Kotroçi, Muzafer – 379, 393
Kotherja, Fehmi – 25; YP 4, 116
Kotherja, Mustafa – 25
Kovaçi, Fari – 65
Kovaçi, Llazo – 129; YP 10, 179 (Llazar (Llaska) Dhimitër Kovaçi)
Kovaçi, Pandeli P. – 255
Kovaçi, Petro J. – 255
Kovaçi, Pjetër Z. – 529
Kovaçi, Sali – 65
Koxhaku, Kostaq – 209
Koça, Kiço N. – 417; YP 10, 146 (Kiço Naqe Koço)
Koçaj, Beqir Ali – 449
Koçaj, Dervish Dero – 449
Koçeli, Vasil – 470
Koçi, Ali Musa – 245, 494; YP 2, 66
Koçi, Hasan – 129, 650
Koçi, Hysen – 167, 393
Koçi, Lami – 319

Koçi, Muharem – 209
Koçi, Nebi – 96
Koçi, Taulla Idris – 230 ► Taullah Idris Koçi
Koçi, Taullah Idris – 321 ► Taulla Idris Koçi
Koçi, Thanas – 414
Koçi, Xhafer – 427
Koçi-Belli, Rakip – 129 ► Rakip Koçibelli
Koçibelli, Muhamet – 138; YP 9, 174
Koçibelli, Rakip – 138 ► Rakip Koçi-Belli
Koçiu, Brahim – 245 ► Ibrahim Koçiu
Koçiu, Ibrahim – 379, 382 ► Brahim Koçiu
Koçiu, Nezir – 479
Koçiu, Xhafer – 427
Koçivjan, Seran – 129
Koço, Miltiadh – 209
Koço, Nako – 245 ► Naço Koço
Koço, Naço – 431; YP 4, 295; YP 7, 261 ► Nako Koço
Koçollari, Koço – 245, 355, 379, 397; YP 4, 206
Krasniqi, Adem – 25; YP 1, 336 (Adem Krasniqi)
Krastafilaku, Petraq – 105
Kreka, Enver I. – 58
Kreka, Veli Jaçe – 59
Kreka, Xhemal Sadik – 59; YP 9, 296
Kremenari, Elmas – 283
Kreshova, Pandi – 46
Kristo, Loni – 244
Krishti, Muhedin – 390
Kroj, Haki – 158; YP 20, 13
Kroj, Mersin – 158
Kroj, Nevruz – 158; YP 20, 13 (Nevruzi Kroj)
Kroj, Rushan – 158; YP 20, 13
Kromidha, Rone – 387
Kruciano, Ndoc – 411
Krushova, Hajder – 238
Krushova, Nevruz – 129
Kruti, Aleks Th. – 256
Kruti, Thanas Th. – 256
Kryemadhi, Gani – 189
Kryeziu, Sali – 33
Krrusa, Hysni – 650
Kseno, Jasini – 413
Kuca, Sherif – 283
Kuca, Sherif J. – 384
Kuca, Sherif Y. – 383
Kuca, Sherik S. – 383, 384
Kuci, Mustafa – 463
Kuka, Abdyl – 283; YP 2, 157 (Avdul Kuka)
Kuka, Mato – 373
Kula, Shahe Nexhip – 489
Kule, Joti – 209, 216, 300
Kule, Llazar – 209 ► Llazar Vangjel Kuli
Kuli, Llazar Vangjel – 207 ► Llazar Kule

LL

M

Myrta, Musa – 283; YP 20, 35 (Musa Myrtaj)
Myrtaj, Bahri – 379
Myrteza, Haxhi – 140
Myrteza, Raif – 129
Myrteza, Rakip – 129
Myrtezai, Kodhel – 245
Myrto, Ramazan – 168
Myrto, Rrahman – 19
Myrto, Veli – 411
Myslimi, Kaso – 245
Mysliu, Qemal – 361; YP 5, 31 (Qemal H. Mysliu); YP 7, 13
Myslymi, Refat – 463
Mysteaku, Mete – 444
Myzeqari, Koli – 209; YP 2, 480 (Kol Myzeqari)
Myzeqari, Prokop – 597; YP 1, 246
Myzeqari, Sefer – 25, 174
Myzeqari, Zylfo – 209 ▸ Zylyf Myzeqari
Myzeqari, Zylyf – 209 ▸ Zylfo Myzeqari
Myzyri, Abdyl – 25; YP 1, 349
Myzyri, Dyle – 26
Myzyri, Haxhire – 25, 26; YP 1, 349
Myzy[ri], Ymer – 25

N

Naci, Andon – 168
Naci, Taqi – 311
Naçi, Koçi Tonçi – 482
Naipi, Bule – 393; YP 2, 183; YP 7, 239
Naka, Llazi – 313
Nako, Avni Neim – 230
Nako, Loni – 65; YP 9, 147 (Loni Konstandin Nako)
Nako, Manol – 46; YP 17, 143
Nako, Mihal Ristan – 482
Nako, Trifon Vasil – 321
Nako, Vasil Uan – 321
Nakollari, Josif K. – 256
Nakollari, Pandeli K. – 256
Nakollari, Polikron O. – 256
Nanaj, Hyso D. – 356
Nanaj, Mimin – 19
Nano, Thoma – 19
Nanushi, Jovan – 25
Nase, Petro – 283
Nasi, Petraq – 107, 129; YP 8, 223 (Petraq Ilo Nasi)
Nasi, Petro K. – 256
Nasi, S. – 106
Nasi, Spiro K. – 256
Nasi, Vasil K. – 256
Nasi, Zarik Nasi – 230, 319
Naska, Kozma – 25, 209; YP 1, 427

Nasufi, Asllan – 224
Nashi, Pandi Ilo – 73; YP 3, 263
Nashi, Vanthi Ilo – 73; YP 10, 73 (Evanthi Koli Nashi)
Natanaili, Thimi – 168; YP 17, 277 (Thimio Nathanail)
Nathanaili, Jani – 168
Nathanaili, Mico – 168
Naumi, Jovan – 46
Nazaj, Shako – 444
Nazif, Bariq – 67
Nazif, Ramadan – 67
Ndini, Thanas – 129
Ndoj, Gjin M. – 529
Ndoka, Bardhok P. – 523
Ndoni, Th. – 106
Ndou, Vat M. – 529
Ndou, Zef M. – 529
Ndreca, Ndrec Gj. – 523
Ndreca, Nduc Gjok – 573
Ndreca, Ndue – 19
Ndreka, Themi Lami – 321
Ndreko, Kozma – 224
Ndreko, Ndreko – 317
Ndrenika, Kleomen A. – 431
Ndreu, Abaz – 650
Ndreu, Cen Elez – 647
Ndreu, Elez Isufi – 647
Ndreu, Hysni – 129, 650; YP 10, 114 (Hysni Bajram Ndreu)
Ndreu, Islam Ll. – 648
Ndreu, Isuf Xhelil – 647
Ndreu, Mersin E. – 648
Ndreu, Selim – 129, 641, 650
Ndreu, Stefan Llambi – 207, 209
Ndrijo, Pandi Gaqo – 73
Nebiaj, Elmaz – 286
Nebiaj, Neki – 286, 403
Nebiu, Ramadan – 463
Nedelko, Miti – 107; YP 8, 243
Nenaj, Trandafile – 403
Nepravishta, Xhevdet – 486; YP 2, 202
Neviçishti, Nuri – 129
Nexha, Izet – 403
Nexhipi, Hodo – 33
Nexhipi, Neim – 129
Neza, Zmajl – 537
Neziri, Arif – 129
Neziri, Faik – 25
Neziri, Keqan Q. – 529
Neziri, Selim – 65
Nezha, Xhemal – 33; YP 9, 305 (Xhemal Rakip Nezha)
Ngjela, Hasan – 209
Ngjela, Thodhori – 403
Ngre[…], Vangjel Bushi – 230

Ngresi, Vasil – 236
Nico, Koli – 128
Nika, Kolo C. – 255
Nika, Llambi – 411
Nika, Prend N. – 529
Nika, Toli – 209
Nikaj, Goxho Ali – 449; YP 4, 94; YP 20, 173
Nikaj, Miahmut Xhafer – 449
Nikaj, Selim Goxho – 449; YP 4, 94; YP 20, 173
Niko, Koli – 19
Nikolla, Tun – 523
Nikolli, Jak Gjon – 573
Nikolli, Miter Vasil – 321
Nikolli, Ndue N. – 523
Nina, Gani – 129, 656
Nivica, Sali – 373
Noga, Telat – 168, 427; YP 2, 463
Noja, Zoi – 209
Noke, Ismet – 245
Nona, Qerim Zylyf – 207, 209
Nora, Baxhul – 379
Nora, Latife – 245 ▸ Latife Norra
Norra, Latife – 379; YP 2, 490; YP 7, 263; YP 20, 229 ▸
    Latife Nora
Noshi, Beg – 463
Noti, Dido – 387
Noti, Sofi – 389; YP 4, 277 (Sofie Noti)
Nuredinaj, Qani – 442
Nuredini, Sherif – 463
Nuredini, Veladin – 46
Nurellari, Ferit – 209
Nurçe, Hysen T. – 127
Nurçe, Qemal – 127
Nurçe, Sadik – 614
Nurçe, Tefik – 127
Nushi, Kozma – 168, 431; YP 2, 496; YP 17, 277

O

Ocka, Jashar E. – 79, 129
Ohrani, Nuri – 67
Ohri, Xhemil – 209
Orhani, Riza – 264
Orlando, Kostandin – 236
Ormenaj, Ormen – 442
Ormeni, Razi – 436
Oshafi, Gëzim – 209
Osmani, Ibrahim – 167, 650
Osmani, Mehmet – 537
Osmani, Mustafa – 129
Osmani, Qemal – 129

Osmani, Refat – 84
Osmani, Sabedin – 403
Osmëni, Nazo Adam – 459
Osmëni, Sali F. – 383, 384

P

Pacani, Frrok Preng – 573
Paci, Zenel – 650
Paj[…]ari, Jak[op] B[…] – 134
Pajo, Enver – 80
Pajo, Shaban – 80, 129
Pal[?]uçi, Hysen – 25
Pali, Qazim – 427; YP 3, 76
Pali, Taqo – 129
Palikuqi, Hibe – 650; YP 2, 302
Paloka, Bardhok Gj. – 523
Palloi, Vangjel – 236
Pambaku, Josif Jovan – 186, 321
Pan[…], Leki(?) – 74
Panahori, Hetem R. – 471, 472
Pandeli, Niko – 129; YP 20, 108
Pandi, Stefan – 599
Pando, Vangjel – 422; YP 2, 470
Pando, Vasil – 46
Pane, Alo – 158
Pane, Zyfer – 158
Pane, Çelnik – 158
Panellari, Istref – 158
Pani, Petro – 177 ▸ Petro Pano
Pano, Petro – 283 ▸ Petro Pani
Panolli, Leki Jani – 73; YP 10, 21 (Aleksandër (Leki) Jani
    Panolli)
Panxhi, Naum – 25; YP 3, 352 ▸ Naun Panxhi
Panxhi, Naun – 499 ▸ Naum Panxhi
Papa, Hajrulla – 245
Papa, Harallamb – 244
Papa, Jani – 411
Papa, Loli S. – 417
Papa, Miti – 314; YP 10, 189
Papa, Vangjel – 404
Papahristos, Harillaos – 142
Papajorgji, Kiço S. – 255
Papajorgji, Pano K. – 255
Papri, Sulejman – 25; YP 5, 104 (Sulejman I. Papri)
Partali, Spiro – 403
Pasha, Hazis – 635, 650
Pashaj, Duro – 442
Pashaj, Gani – 209
Pashaj, Haxhi P. – 471, 472
Pashi, Enver – 129

Pashko, Jorgji – 129
Pasho, Hetem – 283
Pasho, Zair M. – 79; YP 5, 77 (Zahir M. Pasho)
Pashollari, Nuri M. – 58
Pashuku, Palok Zef – 573
Patriku, Veiz – 209
Paturri, Ali – 513
Pavari, Lumo – 244; YP 3, 301
Pavli, Dhoske P. – 255
Pavliqoti, Gani – 100; YP 9, 80 (Gani Adil Pavliqoti)
Peçi, Avran I. – 256
Peçi, Balil – 379; YP 2, 276; YP 8, 74 ► Bilal Peçi
Peçi, Bilal – 29, 245 ► Balil Peçi
Peçi, Dila Geg – 573; YP 10, 82 (Dila Gegë Peçi)
Peçi, Niko – 209, 300; YP 10, 210; YP 12, 136 (Niko Konstandin Peço)
Peja, [Jon]us – 463
Pekmezi, Trajan S. – 3
Pelo, Llazi – 311
Pema, Mihal – 209
Pendavinji, Nasi – 107; YP 5, 52 (Nasi Gjeli Thimio (Pendavinji))
Pendavinji, Ndreçi – 129
Pepa, Idriz – 25
Pepa, Seit – 25; YP 9, 247 (Seit Sevit Pepa)
Pepi, Mehmet – 274, 275; YP 2, 258
Peraj, Frrok K. – 529
Perkola, Latif – 621
Pernero, Augusto – 283
Perzefi, Preng M. – 523
Petalla, Jakup – 25
Petalla, Mustafa – 25
Petanaj, Adil Lame – 456; YP 2, 98 (Adil Petani)
Peto, Kostandin – 479
Petoshati, Kaso – 435
Petoshati, Prenjo – 435; YP 7, 154
Petraj, Qirjo – 470
Petraq, A. – 106
Petreli, Spiro Ilo – 92, 129
Petro, Qimo – 238
Petro, Thanas – 129
Peza, Mine – 6; YP 1, 24
Peza, Myrvete – 189; YP 3, 267
Pignateli, Gussepe – 129
Pijaneci, Hilmi – 650
Pilafi, Baki – 25
Pipa, Todi Joti – 304
Pirgu, Qani – 129
Piro, Dhori K. – 61
Pirro, Hekuran Mustafa – 230
Pirro, Sulo Ramadan – 230
Pisku, Hekuran – 209; YP 19, 64 (Hekuran Sulo Pisku)

Pitja, Shefik – 25
Plaka, Haki – 25
Plaka, Xhemal – 25; YP 20, 149
Plaku, Bije M. – 648
Plaku, Frosina Thimi – 93; YP 7, 60
Plaku, Haki – 19
Plaku, Jorgo Josif – 93; YP 9, 131
Plaku, Muharrem – 164
Plaku, Shaban Tahir – 207, 209
Plaku, Taqo Sotir – 93
Plaku, Telo – 420
Plasa, Demir – 129 ►Demirali Plasa
Plasa, Demirali – 65 ► Demir Plasa
Poçi, Andon – 403
Poda, Rapo – 69, 85
Podgorija, Zylfo – 46
Poga, Tahir – 427; YP 17, 248 (Tahir Hiqmet Poga)
Pojan, Bardhyl – 65; YP 3, 294 ► Bardhyl Pojani
Pojan, Esat – 65 ► Esat Pojani
Pojan, Feime – 65; YP 9, 68 (Feime Tahir Pojani)
Pojan, Qazim – 65
Pojan, Sefie – 65
Pojani, Bardhyl – 122; sh edhe Bardhyl Pojan
Pojani, Esat – 122 ► Esat Pojan
Pojani, Sotiraq – 129
Polo, Kadrit – 209
Poloqi, Mihal – 84
Poloska, Midat – 33 ► Mit'hat Poloska
Poloska, Mit'hat – 84; YP 8, 181 (Mitat Ilmi Poloska) ► Midat Poloska
Poloska, Vangjel – 84
Polovina, Neshat – 209
Ponçara, Zenel – 129
Popa, Badhyl – 25; YP 3, 150
Popa, Jani – 168
Popa, Jovan – 25
Popa, Petraq – 25
Popllo, Gavril Spiro – 93 ► Gavrill Popllo
Popllo, Gavrill – 46 ► Gavril Spiro Popllo
Prapaniku, Hysen – 650
Prastaj, Selfo Zyflo – 355
Premti, Emilha Meto (Limoj) – 459
Premti, Nazer Arif – 450, 459
Prenga, Dod Frrok – 573
Prenga, Pjetër Frrok – 573; YP 2, 150
Prenga, Preng Frrok – 523, 573
Prenga, Zef K. – 523
Prifti, Guri – 129
Prifti, I. – 106
Prifti, Illi – 380
Prifti, Jorgji Th. – 53, 129; YP 5, 248
Prifti, Josif – 209

Rushiti, Dilaver – 129
Rushiti, Mustafa – 436
Rushiti, Nazmi – 614; YP 1, 58
Rushiti, Nimet – 420
Rushiti, Shuko – 245
Ruva, Spiro – 403
Ruzi, Hysen – 238
Ruçi, Hazis – 25
Ruçi, Istref – 389
Ruçi, Preng P. – 523
Ruço, Ligor – 129

RR

Rrapaj, Dife – 442
Rrapaj, Haziz M. – 356
Rrapaj, Pëllumb – 209 ▸ Pëllumb Rrapo
Rrapi, Delo – 380
Rrapi, Leonidha – 380; YP 1, 282
Rrapo, Filip – 189
Rrapo, Pëllumb – 209 ▸ Pëllumb Rrapaj
Rreza, Marko Pet – 483
Rriska, Vangjel – 144
Rroshi, Maksut H. – 491
Rrota, Demrali – 84
Rruseni, Hamdi – 25
Rrustemi, Ukshin – 537
Rrushi, Pertaq Kozma – 482

S

Sabri, Muharem – 403
Sabriu, Flamur – 245
Sade, Beqir – 25
Sade, Ramazan – 25
Sadellari, Jano P. – 255
Sadikaj, Fetah – 351
Sadikaj, Luto Refat – 351
Sadikaj, Myftar – 351
Sadikaj, Nazif – 360; YP 11, 191 (Nazif Shefik Sadikaj)
Sadikaj, Ramadan – 209
Sadikaj, Razip Haxhi – 467
Sadiku, Daut – 245
Sadiku, Feim – 379
Sadiku, Halil – 29
Sadiku, Halit – 245
Sadiku, Ragip – 537
Sadiku, Shaban – 537
Sadiku, Tahir S. – 491, 496
Sadiku, Xhemal – 209

Sadja, Beqir R. – 486
Sado, Vllash – 245; YP 7, 205 (Vlash Sata)
Sadushi, Osman – 25, 407
Sahatçiu, Mustafa – 25, 129
Saja, Hasan – 513
Saja, Isuf – 513
Sakaj, Xhelo – 403
Sakaj, Zenel – 338
Sako, Braho – 177, 283 ▸ Ibrahim Sako
Sako, Ibrahim – 393; YP 5, 336 (Ibrahim I. Braho) ▸ Braho Sako
Sala, Asllan – 140
Sala, Faslli – 236
Sala, Haxhi – 513
Sala, Myftar – 19
Sala, Shaban – 129
Sala, Shaqir – 129, 614, 650
Salaj, Muhamet – 344, 346
Salaj, Nazif – 344, 345, 346
Salaj, Shefit – 350
Salaria, Selam M. – 356
Salca, Gori Vangjel – 207, 209
Salia, Faslli – 209
Saliaj, Ali – 351; YP 10, 23 (Ali Sulo Saliaj)
Saliaj, Dane – 338
Saliaj, Ferko – 338
Saliaj, Muharem – 209
Saliaj, Sali – 338
Saliasi, Abedin – 238
Salihi, Sali T. – 529
Saliu, Hazis – 25
Saliu, Ramazan – 25
Saliu, Xhevair – 129
Salla, Riza – 25
Salla, Sabri – 25
Sallabanda, Aleko – 209, 212
Sallai, Ismail – 614, 650
Sallata, Lef – 474; YP 1, 121
Sanxhaku, Xhevair Muarrem – 230
Saraçi, Veli – 392
Saraçi, Xhezmi – 129
Sari, Shefki Idris – 59
Sari, Shefki S. – 61
Saro, Thodhoraq – 129
Saro, Thomaq – 129
Saxhanaku, Maliq – 224 ▸ Maliq Saxhdaku, Maliq Sazhdanaku
Saxhdaku, Maliq – 219 ▸ Maliq Saxhanaku, Maliq Sazhdanaku
Sazhdanaku, Maliq – 209 ▸ Maliq Saxhanaku, Maliq Saxhdaku
Sebastiano, Alfredo – 610

Sefa, Ibrahim – 329; YP 19, 70 (Ibrahim Ram Sefa)

Sefa, Murat – 19

Seferaj, Hekuran – 403 ► Hekuran Seferi

Seferi, Andrea – 128

Seferi, Dalip – 373

Seferi, Hekuran – 373; YP 12, 66 (Hekuran Maze Seferi) ►
   Hekuran Seferaj

Seferi, Isuf – 224, 329

Seferi, Laze – 451, 459

Seferi, Niazi – 650 ► Njazi Seferi

Seferi, Njazi – 129 ► Niazi Seferi

Seferi, Polo – 245, 379

Seferi, Sefer – 650, 656

Seferi, Sezai – 459

Seferi, Shaban – 459; YP 1, 65

Seferi, Tare – 373

Seferi, Xheladin – 636

Seit, Ramadan – 67

Seiti, Hasan – 486

Seiti, Ramadan – 46

Sejati, Shezai Hazbi – 251

Sejda, Sherif – 209

Sejdarasi, Xhevit – 129, 152

Sejdiaj, Duro Zenel – 372, 373

Sejdiaj, Tare – 373 ► Taro Ahmet Sejdiaj

Sejdiaj, T[ar]o Ahmet – 372 ► Tare Sejdiaj

Sejdini, Demir – 129

Sejdo, Islam – 80

Sejdo, Xhelal – 379

Sejdolli, Baki J. – 127

Sejdolli, Fize – 127

Sejdolli, Pashako T. – 127

Sejdolli, Zeqir Q. – 127

Sejko, Bedo – 245; YP 3, 342 (Bido Sejko)

Selamaj, Sulejman – 442

Selami, Asllan – 209

Selami, Njazi – 463

Selca, Fetah – 129; YP 20, 64 (Fetah Xhelo Selca)

Selenica, Abedin – 33

Selfo, Bajram – 245

Selimaj, Muharem – 209

Selimi, Astrit – 245

Selimi, Brahim – 403

Selimi, Laze – 393

Selimi, Reiz – 393

Selimi, Xhafer – 46

Selko, Tafil – 45

Selmani, Armen – 245

Selmani, Halit – 420

Selmani, Mehdi Rexhep – 59

Selmani, Musa Daut – 337; YP 11, 175

Selmani, Myftar S. – 529

Selmani, Sadik R. – 529, 650; YP 8, 268 (Sadik Ramë
   Selmani)

Selmani, Shefqet – 129

Selmani, Tafil Rexhep – 59, 658; YP 1, 36 (Tafil Rexhepi)

Selmani, Zhuj – 537

Seloti, Vasil – 404

Sena, Barjam – 209 ► Barjam Senaj

Senaj, Barjam – 209 ► Barjam Sena

Senia, Caush – 491

Senja, Xhemal – 25, 178

Serafini, Lefter – 129; YP 10, 162 (Lefter Serafim Serafimi)

Seranaj, Azbi Ramadan – 351

Serani, Sabri – 14, 403

Seriani, Bido – 14

Serjani, Azbi – 442

Serjani, Dido – 209

Serjani, Ismail – 367

Sertani, Neim – 129; YP 10, 206 (Neim Haxhi Sertani)

Sili, Argjil – 142

Sili, Gaqo A. – 142

Simaku, Koço – 168

Simaku, Vani Qëndro – 73; YP 10, 28 (Vani Andrea
   Simaku)

Simo, Thoma – 431

Simon, Naun Zoi – 230

Simoni, Rrok – 574

Sina, Avdi – 25

Sina, Destan – 33

Sina, Ramazan – 25

Sina, Sheme – 129

Sinaj, Rexhep – 338

Sinan, Sabri – 25

Sinanaj, Aspri – 442

Sinanaj, Gani – 209

Sinanaj, Hasan – 444

Sinanaj, Haxhi – 442

Sinani, Abdulla – 25

Sinani, Agron – 436

Sinani, Banush – 25

Sinani, Çelo – 245, 379; YP 2, 378; YP 7, 256

Sinani, Hazis – 25

Sinani, Hetem B. – 383, 384

Sinani, Kadri – 25

Sinani, Latif – 197

Sinani, Muharrem – 129, 650

Sinani, Nexhip – 472

Sinani, Rabushe – 338

Sinani, Spiro – 25

Sinani, Surja – 393

Sinani, Sherif – 46

Sinani, Shuquri – 379 ► Shyqyri Sinani

Sinani, Shyqyri – 245 ► Shuqyri Sinani

TH

U

V

X

XH

Zotaj, Damëk Xhelo – 449; YP 3, 142 (Damën Zotaj)
Zotaj, Dona – 338
Zotaj, Ferrik – 338
Zotaj, Gani – 338
Zotaj, Hasan – 352
Zotaj, Hasim – 338
Zotaj, Xhevit – 344
Zotka, Sami – 209
Zotkaj, Hysni – 209
Zoto, Mihal – 19; YP 5, 361 (Mihal Th. Zoto)
Zoto, Thanas – 435
Zuka, Dake Jashar – 230
Zuna, Myrteza – 614, 650
Zuna, Rexhep – 19, 637
Zvuani, Harani – 129
Zyberi, Hysni – 244
Zyberi, Xhemil – 209
Zyberi, Çerçiz – 209
Zyfi, Bektash – 81
Zyfi, Qemal – 81
Zyka, Isuf – 224
Zyka, Jashar Shero – 230
Zyka, Sali Dajlan – 230
Zylali, Bari – 129 ▸ Barjam Zylali
Zylali, Barjam – 209 ▸ Bari Zylali
Zylyftari, Abedin – 479
Zylyftari, Arben – 209
Zylyftari, Aredin – 224
Zyma, Ismail – 25
Zyrdiu, Xhemal – 245

ZH

Zhaka, Ndreko – 245
Zhapa, Sefedin – 383
Zharreza, Osmën Braçe – 337
Zheka, Stefan – 245
Zherdi, Mitro – 386; YP 20, 9 (Dhimitri Lame Zherdi)
Zherdi, Pilo – 386; YP 20, 8 (Pilo Lame Zherdi)
Zherdi, Thanasi – 386; YP 20, 7 (Thanas Lame Zherdi)
Zherdi, Vangjel – 386; YP 20, 8 (Vangjel Niko Zherdi)
Zhgjuni, Haxhi – 597; YP 3, 130
Zhilla, Bektash Zenel – 59
Zhilla, Ismail Mehmet – 59
Zholeku, Fiqri – 97
Zholeku, Qemal – 97
Zhuka, Gani I. – 326
Zhuli, Isa – 403, 414
Zhuna, Rexhep – 650
Zhupa, Ali – 14 ▸ Ali Zhupaj
Zhupa, Ali Xh. – 356; YP 2, 220

Zhupa, Myslym Saraç – 356, 357
Zhupa, Sulo – 367
Zhupa, Teme S. – 356
Zhupaj, Ali – 403 ▸ Ali Zhupa
Zhupani, Dajlan Avdyl – 93
Zhupani, Enver Dajlan – 93
Zhupani, Nazif – 491

▬

[…], [?]ha[…] – 334
[…], [V]asok[…] – 134
[…], Kaci – 388
[…], Kristo – 74
[…], Lam[…] – 650
[…], Lat[…] – 650
[…], Ma[…] – 334
[…]a, Gani – 650
[…]a, Ka[…] – 650
[…]ahiri, […] – 379
[…]ani, Ha[…] – 650
[…]avani, […] – 393
[…]elmeta, Ba[…] – 19
[…]gji, Koç[…] – 650
[…]hafa, Ka[…] – 650
[…]hani, […] – 379
[…]ku, Hajdar – 650
[…]o, M[er]o – 387
[…]oni, Naun – 314
[…]rizi, […] – 379
[…]vai, Kalos[…] – 650

Mario – 245
Negri – 245
Volpata – 224

Γκιοκας, Δημητρης – 142
Κονιτσης, Βουρπια[…] – 142
Παπαχρηστος, Χαριλαος – 142
Σουλης, Αθανασιος – 142

INDEX OF PLACES ·
TREGUESI I VENDEVE

INDEX OF DATES ·
TREGUESI I DATAVE

1444

2 mars · March 1444 – 590

1800

1800 – 541

1820

1820 – 425

1828

1828 – 425

1840

1840 – 583

1847

1847 – 299, 343

1860

1860 – 357

1862

1862 – 546, 552

1865

1865 – 357

1866

1866 – 357

1870

1870 – 357

1875

1875 – 357

1876

1876 – 605

1878

1878 – 562

1880

1880 – 357, 459

1884

1884 – 357

1885

1885 – 357

1886

1886 – 389

1890

1890 – 357

1892

1892 – 244

1941

1941 – 314, 372, 544
9 maj · May 1941 – 544
8 nëntor · November 1941 – 120
21 nëntor · November 1941 – 99

1942

1942 – 59, 373, 389, 449, 513
10 shkurt · February 1942 – 9
2 mars · March 1942 – 570
14 mars · March 1942 – 238
1 prill · April 1942 – 370
25 prill · April 1942 – 187
12 maj · May 1942 – 543
14 qershor · June 1942 – 154
18 korrik · July 1942 – 624
2 gusht · August 1942 – 658
5 shtator · September 1942 – 227
7 shtator · September 1942 – 622
14 shtator · September 1942 – 622
16 shtator · September 1942 – 17, 21
17 shtator · September 1942 – 6
18 shtator · September 1942 – 226
28 shtator · September 1942 – 16
1 tetor · October 1942 – 106
9 tetor · October 1942 – 277
11 tetor · October 1942 – 243
15 tetor · October 1942 – 459
18 tetor · October 1942 – 456
22 tetor · October 1942 – 2
nëntor · November 1942 – 351, 352
6 nëntor · November 1942 – 250
28 nëntor · November 1942 – 269, 371
29 nëntor · November 1942 – 269
2 dhjetor · December 1942 – 363
4 dhjetor · December 1942 – 285
6 dhjetor · December 1942 – 223
24 dhjetor · December 1942 – 73
25 dhjetor · December 1942 – 73
26 dhjetor · December 1942 – 320
27 dhjetor · December 1942 – 261
31? dhjetor · December 1942 – 448

1943

1943 – 47, 59, 96, 160, 175, 210, 233, 244, 361, 365, 373, 379,
    380, 386, 389, 449

shkurt · February 1943 – 648
3 shkurt · February 1943 – 496
5 shkurt · February 1943 – 342, 457, 494, 495
8 shkurt · February 1943 – 474
14 shkurt · February 1943 – 438
13 mars · March 1943 – 252, 509
15 mars · March 1943 – 569
prill · April 1943 – 351, 352, 372
1 prill · April 1943 – 469
4 prill · April 1943 – 400
12 prill · April 1943 – 174
14 prill · April 1943 – 372
20 prill · April 1943 – 304, 481
21 prill · April 1943 – 218
25 prill · April 1943 – 484
28 prill · April 1943 – 197
30 prill · April 1943 – 197
4 maj · May 1943 – 362
14 maj · May 1943 – 279
15 maj · May 1943 – 257
16 maj · May 1943 – 106
5 qershor · June 1943 – 139
9 qershor · June 1943 – 235
13 qershor · June 1943 – 235
21 qershor · June 1943 – 358
22 qershor · June 1943 – 291
23 qershor · June 1943 – 232
26 qershor · June 1943 – 302
27 qershor · June 1943 – 362
2 korrik · July 1943 – 280, 361, 501
6 korrik · July 1943 – 185, 260
10 korrik · July 1943 – 144, 596
11 korrik · July 1943 – 255
13 korrik · July 1943 – 309
16 korrik · July 1943 – 45
26 korrik · July 1943 – 652, 653
gusht · August 1943 – 627
2 gusht · August 1943 – 190, 404
5 gusht · August 1943 – 219, 420
12 gusht · August 1943 – 189
13 gusht · August 1943 – 73
15 gusht · August 1943 – 148
22 gusht · August 1943 – 597
23 gusht · August 1943 – 510
25 gusht · August 1943 – 459
30 gusht · August 1943 – 585
31 gusht · August 1943 – 585
shtator · September 1943 – 325
2 shtator · September 1943 – 503
8 shtator · September 1943 – 539
9 shtator · September 1943 – 73, 124, 558
10 shtator · September 1943 – 309

1944

5 tetor · October 1944 – 181
6 tetor · October 1944 – 198
8 tetor · October 1944 – 456
9 tetor · October 1944 – 414
10 tetor · October 1944 – 197
12 tetor · October 1944 – 315
13 tetor · October 1944 – 478
16 tetor · October 1944 – 157, 318
18 tetor · October 1944 – 205
20 tetor · October 1944 – 266
22 tetor · October 1944 – 520
26 tetor · October 1944 – 520
28 tetor · October 1944 – 1
1 nëntor · November 1944 – 308
2 nëntor · November 1944 – 502, 526
3 nëntor · November 1944 – 178, 272
4 nëntor · November 1944 – 245, 527, 528
6 nëntor · November 1944 – 537
10 nëntor · November 1944 – 33, 177
11 nëntor · November 1944 – 14, 27
12 nëntor · November 1944 – 171, 177
14 nëntor · November 1944 – 504
15 nëntor · November 1944 – 504
17 nëntor · November 1944 – 1
29 nëntor · November 1944 – 245, 577

1945

1945 – 8, 59, 244, 367, 373, 389, 630
15 janar · January 1945 – 304
20 shkurt · February 1945 – 456
mars · March 1945 – 453
6 dhjetor · December 1945 – 245

1946

1946 – 59, 373, 488
3 shkurt · February 1946 – 456
mars · March 1946 – 453
gusht · August 1946 – 619
11 nëntor · November 1946 – 327
10 dhjetor · December 1946 – 456

1947

1947 – 513
20 gusht · August 1947 – 73

1948

1948 – 59
29 gusht · August 1948 – 183
shtator · September 1948 – 478

1949

1949 – 355
? shkurt · February 1949 – 497
2 gusht · August 1949 – 456

194?

31 mars · March 194? – 286
15 maj · May 194? – 214
30 dhjetor · December 194? – 626

1950

1950 – 59

1951

1951 – 169, 449
25 gusht · August 1951 – 514

1952

1952 – 449, 552
26 nëntor · November 1952 – 631

1953

28 shtator · September 1953 – 304

1955

18 tetor · October 1955 – 304

1960

1960 – 513

1967

1967 – 557

1970

1970 – 630

1971

1971 – 569

1972

1972 – 8
4 tetor · October 1972 – 351

1974

5 qershor · June 1974 – 630

1976

1976 – 430

1977

8 korrik · July 1977 – 640

1979

1979 – 373
15 prill · April 1979 – 586
tetor · October 1979 – 586

1982

27 mars · March 1982 – 351

1985

1985 – 373

1998

9 gusht · August 1998 – 456

2010

2010 – 356

2013

2013 – 584

INDEX OF MILITARY FORMATIONS OF THE ALBANIAN NATIONAL LIBERATION ARMY AND POLITICAL ORGANS AND ORGANIZATIONS · TREGUESI I FORMACIONEVE TË USHTRISË NACIONALÇLIRIMTARE TË SHQIPËRISË DHE I ORGANEVE E ORGANIZATAVE POLITIKE

K

NJ

O

P

SH

www.ingramcontent.com/pod-product-compliance
Lightning Source LLC
Chambersburg PA
CBHW080955170526
45158CB00010B/2808